孟子文獻集成

孟子文獻集成編纂委員會　編纂

山東人民出版社

圖書在版編目（CIP）數據

孟子文獻集成. 第一一五卷 / 《孟子文獻集成》編纂委員會編. --濟南：山東人民出版社, 2020.1

ISBN 978-7-209-12326-6

Ⅰ. ①孟… Ⅱ. ①孟… Ⅲ. ①儒家 ②《孟子》－研究資料－匯編 Ⅳ. ①B222.55

中國版本圖書館CIP數據核字(2019)第227485號

項目統籌: 胡長青
責任編輯: 劉嬌嬌
裝幀設計: 武　斌
項目完成: 文化藝術編輯室

孟子文獻集成（第一一五卷）
《孟子文獻集成》編纂委員會 編

主管單位　山東出版傳媒股份有限公司
出版發行　山東人民出版社
社　　址　濟南市英雄山路165號
郵　　編　250002
電　　話　總編室（0531）82098914
　　　　　市場部（0531）82098027
網　　址　http://www.sd-book.com.cn
印　　裝　山東新華印務有限責任公司
經　　銷　新華書店

規　　格　16開（210mm×285mm）
印　　張　61
字　　數　490千字
版　　次　2020年1月第1版
印　　次　2020年1月第1次
印　　數　1-200
ISBN 978-7-209-12326-6
定　　價　900.00圓

《孟子文獻集成》編纂委員會

編　　務　劉　晨　楊雲雲　孫　姣　李　濤　劉嬌嬌　張艷艷
趙　菲　呂士遠

組織實施

中國孟子研究院
山東人民出版社

序

《孟子文獻集成》是在孟子故里鄒城市委市政府鼎力支持下，由中國孟子研究院、山東人民出版社協同合作，共同致力完成的一項大型儒家文獻的搜集、整理、出版學術工程。

一

孟子是中國歷史上偉大的思想家、政治家、教育家，是僅次於孔子的儒家學派重要代表人物。戰國時期，戰爭頻仍，『角戰英雄，六經泥蟠，百家飆駭』（《文心雕龍·時序》），孔學既黜，儒道中衰。孟子遵夫子之道，批邪説，正人心，發揚光大孔子學説，復興儒學，成爲孔子之後最重要的儒家傳人和先秦原始儒學理論體系的主要奠基人。韓愈論儒家道統由堯、舜、禹、湯、文、武、周公代代相傳，言及『文、武、周公傳之孔子，孔子傳之孟軻。軻之死，不得其傳焉』（《原道》），又説『自孔子没，群弟子莫不有書，獨孟軻氏之傳得其宗』（《送王塤秀才序》）。可見，後世尊孟子爲『亞聖』，稱儒學爲『孔孟之道』，實爲孟子歷史地位使然！

《孟子》一書，是孟子及其弟子編著的全面反映孟子思想的儒家經典著作。漢文帝時，即曾設立《孟子》學博士，全國推闡。六朝時期，玄學、佛學興盛，儒學式微，《孟子》亦受冷落，但唐宋以後，隨着孟子地位的大幅提昇，《孟子》一書越來越受到統治者和學者文人的廣泛重視。唐代大儒韓愈倡論中國文化道統，其《原道》之説，影響甚大，已掀『孟子熱』；北宋時期，《孟子》與《論語》俱列入『十三經』之數；南宋朱熹作《四書章句集注》，將《孟子》列『四書』之中。南宋統治者更將其正式列入官方之學，設爲科舉考試科目，欽定爲必讀經典，學孟子、讀《孟子》，蔚然而成社會風氣。此後，孟子地位進一步提昇：元文宗封孟子爲『亞聖公』，尊其爲『百世之師』；明清兩朝更大推『四書』，地位儼然超越『五經』。《孟子》與《論語》並行，上自帝王，下至百姓，家有之，户誦之，『所研究者惟「四書」，所辨訂者亦惟「四書」』（《四庫全書總目·四書大全提要》語）。孟子思想，深入人心；《孟子》之學，遍佈各地；《孟子》

文獻，汗牛充棟。

根據我們的初步調查，歷代《孟子》文獻有兩千種之多。這些文獻，依孟子學史的發展，大致形成了以下幾点較鮮明的時代特徵：宋元文獻多義理闡發，以朱熹《孟子章句集注》爲代表；明代以王夫之《讀四書大全説》爲代表，多從心性之學挖掘孟子豐富的思想内涵；清代孟子學最盛，不僅産生了以乾嘉學者戴震《孟子字義疏證》、崔述《孟子事實録》爲代表的大量考據、辨僞著作，還出現了集前人研究成果之大成的焦循《孟子正義》。大致可以説，以東漢趙岐《孟子章句》爲發端，歷代學者多所闡釋研究。尤其宋元以來，孟學實爲千年『顯學』。《孟子》文獻内容所涉注釋訓詁、義理闡發、思想挖掘、考證辨僞等所有方面，其對孟子及《孟子》文本的研究廣度、深度可謂前無古人，後難爲繼。尤爲重要的是，歷代學者秉持儒家人生理念，一生所繫，立德立言，以『爲往聖繼絶學』爲生命追求之本，往往傾一生之力終注一經。孟子文獻不僅真實地展示了孟學及儒學發展的歷史，也留下了代代學者治學的心路，實在是應該认真进行挖掘整理的傳統文化瑰寶。

然而，毋庸諱言，孟子文獻的收集整理向未受到應有的重視。這固然與二十世紀以來，儒學命運多舛有關：批孔之時，孟子亦受其累；近數十年來，『孔子熱』不斷升温，孟子受冷落的現象却未有大的改觀，歷代孟子文獻迄未收集整理即是一例。據我們不完全統計，包括臺灣在内的中國圖書館，現存宋元至清代的刻本與鈔本計有一千二百餘種之多。由於各種原因，百分之九十餘未曾整理出版，而百分之七十以上仍處於人所罕见的塵封狀態。歷史的責任，現實的需要，未來的期盼，都在呼唤能有一套《孟子文献集成》的編纂出版。

二

二〇一三年四月底，孟子研究院在孟子故里山東省鄒城市正式成立。時值一年一度的『孟母文化節』，同時進行的還有由鄒城市、《光明日報》國學版、山東師範大學山東省齊魯文化研究院共同策劃主辦的『孟子公開課』開講儀式。來自國内各著名高校的部分主講學者和與會專家對孟子研究院成立後的學術規劃提出了許多建設性意見，多位專家提出了編纂《孟子文獻集成》的建議。

同年十月二十九日至三十日，孟子研究院學術委員會第二次會議在主任陳來先生主持下於鄒城召開。會議就《集成》的立項和編纂事宜進行了認真深入地討論，參閱審查了初選孟子文獻書目，形成了以下四點共識：一是孟子文獻的搜集、整理向稱薄弱，絶大多數迄未面世，影響了孟學研究的深度和廣度。編纂《集成》，填補空白，意義重大。二是要在廣泛搜集、精心選編的基礎上，力求將《集成》做成收羅全、質量高、權威性强的精品學術工程。三是应制定具体工作規劃，選編文獻时代可由遠及近；文獻收集範圍，宜先國内後國外，分段完成，穩步推進，確保質量。四是在孟子研究院學術委員會基礎上，应增加部分孟子研究專家，充實到《集成》學術委員會；選聘孟學研究、版本目録、館藏出版等方面專家，組建高層次、有效率的編纂部和工作班子，扎實有效開展工作。

在經過編纂部四次召開籌備會議和系列籌備工作基礎上，二〇一四年五月，在濟南召開了特邀專家選目審查論證會。來自北京大學、中國人民大學、山東大學等全國各地的十餘位孟子和孟學史專家就編纂部提供的《集成》選編總目（國内）進行了認真研析、讨论審查。這次會議的召開更堅定了大家对編纂《集成》的信心和認識，許多專家從長期孟學研究的切身感受中充分肯定編纂《集成》的重大意義，一致認爲：這是一項立足當前又澤被後世的重大學術工程；目前国内編成的經典文獻集成中唯獨没有孟子文獻集成，这不僅是文化建設的一种缺憾，也从多个方面影響了孟子研究的深入和拓展，从这个意義上説，該項目的实施确是一項填補空白、意義深遠的學術工程。專家們特别指出，這項重大學術工程，由山東，特别是孟子故里鄒城市支持，由孟子研究院、山東省齊魯文化研究院牽頭承擔，正是歷史責任與當前文化建設的最佳選擇。相信《集成》的出版，對於提昇孟學研究、促進孟子研究院發展、推动山東文化强省建設，贡献巨大，意義深遠。會議還就選目原則形成以下共識：一是《集成》應當是一套研究孟子文獻的集大成之作，所收以獨立成書的研究《孟子》專書爲主，兼顧其他，儘量收全。對孟子文獻的含義可以放得寬一些，對書名没有『孟子』的，例如以『四書』『諸子』爲書名的，也要注意在考察辨析基礎上做好，要高標準、高質量。二是《集成》應兼顧古籍的重要性與稀見性，做到常見書精選善本，重要文獻不遺漏。三是海外孟子文獻應作爲一個工作目標，與海外學者合作，广匯博收，規劃編纂。四是時代大致截止到清末，現代部分可作爲『附編』或單獨列編收集出版，部分難以收入文獻應附列存目。這次專家會議的意見，得到二〇一四年六月五日召開的孟子研究院第二次學術委員會的重視和確認。

在籌備、啓動《集成》的整個過程中，得到鄒城市主要領導及社會各界鼎力支持。山東人民出版社主動、積極地參與了各項工作。二〇一四年八月二十八日，在山東省第五届文博會上，省有關領導和衆多媒體記者見證了孟子研究院與山東人民出版社共同簽訂《〈孟子文獻集成〉編纂出版協議書》的过程。

經過編纂委員會及有關方面的共同努力和各相關圖書館的大力支持，宋元時期傳世文獻已基本全部收録，共四十八種，分裝十四册，已於二〇一六年初首批出版發行。其中，收録宋元刻本十四種，海外善本四種，第一次影印的即有十六種，屬於披沙揀金的珍本，將爲孟子文獻及思想研究提供寶貴資料。

第二輯精選明代孟子文獻八十一種，分裝爲三十二册影印，已經於二〇一七年三月出版。

第三輯爲明代文獻的第二批，共收入著作四十五種，分裝爲二十册影印，其中五種來自日本，三種來自美國；其他部分也多爲稀見的珍本和善本，已經於二〇一八年三月出版。

第四輯，共收録著作六十二種。其中，明代著作四十八種，分裝爲二十四册；清代著作十四種，分裝爲十册。共出版三十四册。底本皆爲精選珍本善本，其中，明代刻本四十種，清代刻本二十二種。又有二十三種來自日本，多爲國内未見，彌足珍貴。

本次出版爲《孟子文獻集成》第五輯，清代文獻之第二部分，也是《集成》編纂以來，收録文獻最多的一輯。共收入著作三百六十八種，分裝爲一百册；至此，自康熙朝至清末絶大部分與《孟子》相關文獻已基本囊括。其中：來自日本的珍稀文獻八種；稿抄本二十六種；孤本二十二種，國内未出版者達三分之二以上。

編纂出版《孟子文獻集成》，既有利於深入挖掘孟子思想精髓，洞見《孟子》世代傳承的歷史場景，又有利於珍貴文獻的保護、傳承和共享、共用，是惠及當代、澤被後世的文化善舉。值此共出版二百册之際，我們對國内外各有關圖書館和學界同仁的鼎力支持與真誠合作表達崇高的敬意和誠摯的感謝！

讓我們黽勉同心，共同努力，以期這一重大學術工程的圓滿完成。

王志民

二〇一五年四月十二日第一稿
二〇一八年三月八日修改第二稿
二〇一八年十二月十二日修改第三稿
二〇一九年十月六日修改第四稿

凡例

一、《孟子文獻集成》匯聚歷代關於《孟子》之著述，要其旨歸，不外經學之考證、義理之推闡、文章之批點，故舉凡注釋、析義、批點等書皆酌加收録，大致以著者時代先後爲次，俾經學之大，義理之善與夫文章之美，庶幾由此而知。

二、《孟子文獻集成》選用底本多未經整理，或孤傳海外，或秘庋深閣，學者既不能徧歷中外而窺其概貌，又不能盡探二酉而知其大略，不能無憾焉。今集爲一編，則學者循覽而知《孟子》一經之本末，歷代著述之昇沉。

三、各書或得自日本、美國，或攝自國家圖書館、天津圖書館、上海圖書館、浙江圖書館、山東大學圖書館等。底本皆經選擇，其存世孤秘，列爲首選，而後出佳槧，流佈稀少，亦資採摭。

四、諸書著録書名、卷數、著者時代、姓名、撰著方式及版本，覽者便焉。

五、著者真僞，學者所重，凡有歧異，均於著者前加『題』字，略示區別。

六、諸家解《孟》之作，或爲獨立成書者，或爲總集内別裁而出者，或以『四書』著述總題者，今所匯集，以能獨立析出者爲斷。其單篇零什，概所不收。

七、裁出之書，凡原有題名者，概依原題，而於版本項注其從來；凡無獨立題名者，則仍用大題，而括注『孟子』二字；其不能析離者，則全書收録。

八、是編博訪廣蒐，固難周徧，續有所得，拟輯《補編》，庶免遺珠之憾。伏望博雅君子，匡其不逮，補其未備，是所幸焉。

目録

四書述朱（孟子）十四卷

清　黄昌衢彙編

清康熙刻本

序

四書解義肇於二程而成於朱子朱子之爲集註也先輯二程之說及其門人高第張

范謝游等九家之言爲集義又本注疏參釋文會諸老先生之說間附所聞於師友得於心思者爲詳說集義詳說

旣成旋加磨刮刪繁撮要不啻數百過而後集註乃成又疏其所以去取之意爲或問蓋其用心精密苟一字未安

一語未順覃思靜慮更易不置或經數日而未已故其言明潔親切辭約而旨富義精而味長所謂懸諸日月不刊

之書者此其是也後之學者朝誦夕記習爲固然而忘其裒輯之初用心精密如此也未學膚受耳食爲資偶有異

聞矜爲創獲而不知彼之所
見爲新奇可喜者皆朱子當
日之所棄而不取者也而或
詡詡焉欲以一知半解掩集

詿之長亦謬矣明制以經義
取士首重四書其所立於學
官以爲文藝標準者乃考亭
之集詿也猶慮辭約義精人

未易曉於是命諸儒纂修大全以發明集註之藴迨後有蔡氏蒙引林氏存疑則又補大全之所未備其說益加詳

焉要皆奉考亭爲鼻祖紹其
支流餘系俾俎豆不祧者也
然大全博採諸家往往與集
註不合未免有龐雜之病蒙

引存疑句解字析其失也煩
非痛加剪截讀之亦易生厭
婺源黄生康謡少遊錫山受
業於張處士秋紹之門秋紹

私淑顧高二先生而顧高故
宗朱者也正學相承淵源有
自黄生患羣言淆亂而莫知
所適從於是有述朱之作其

書以大全蒙引存疑爲主而
輔以他氏之說間有未當者
則出己意以斷之大全取其
協於朱者去其岐於朱者蒙

引存疑則挹其菁華而芟其榛莽擇之精語之詳不隨俗以爲同不矯世以立異其爲功於集註亦猶衆星之拱北

百川之歸海也學者有得於
是豈惟舉業之筌蹄哉即以
是求聖人之道亦可優柔厭
飫而自得之矣是爲序

康熙戊辰春王吉水李振裕

書於澄江官舍

四書述朱序

新安黃子康謠讀書吾郡之
潤浦幾及廿年一日抱所編
四書述朱廿七卷請序於余

余時方里居將入都門亟閲一過未有以應也居歳餘公退燕坐輒取其書讀之逌然當心𨕖爲之序曰嗟乎自堯

舜禹以十六字親相授受歷
湯文武周公異世同道中統
不祧至吾孔子彙數聖之心
傳不得如數聖行其道於天

序二

下乃其修六經教萬世不過
發數聖未盡傳之秘而已故
其自言曰述而不作謙詞也
亦質詞也要之其事雖述其

功倍作矣追曾子子思孟子
通其說達而廣之是眞能述
孔子者也有功孔子不小而
有功於堯舜禹湯文武周公

序三

愈不小則是述作之相爲表

裏在聖門已然而述者之事

正未易言也後之讀四子書

者僅僅字釋句解而不知尋

其真由是襲舛承訛因陋就
簡專守流俗訓詁之說於聖
賢底藴未能窺見十之二三
烏可乎哉烏可乎哉漢唐以

序四

來代不乏名儒著爲箋疏惟
貌其郛郭綴其枝葉而止譔
之閫奧多未盡合有宋周張
二程諸賢出始大有所發明

而吾紫陽朱子遂會通諸儒之義集其成而訂爲集註是又朱子之述孟子子思曾子以上述乎孔子也功在萬世

詎容泯諸厥後若大全若蒙引若存疑淺說達說及說約諸書遞出有全囿乎朱註中者有損益乎朱註外者然其

間或爲舉業波染蔀蔽偶有標騁臆見之病焉余聞朱子有言曰月來日去自見所謂温故而知新又曰不用某許

多工夫看某底不出不用聖
賢許多工夫亦看聖賢底不
出夫聖賢言語聖賢道之所
寄也底藴至無有盡學者能

積累求之與爲無盡自有知
新之處并謂逞我臆見别於
故外求新也康誥博綜諸家
而約守朱子發凡起例編成

是書倘所謂温故知新而窺見前聖後賢之底藴者非耶雖然吾黨居今師古不貴乎口述其言而貴乎躬述其道

今康謠年力方壯銳志好修誠能因朱子之言思朱子之心進求朱子之道正心誠意以爲學也居敬窮理以相需

序

並進也卓然起爲易世之季通直卿無論升朝伏野胥有所樹立澤被斯人于以遂淑朱門非爲越俎吾知是書將

與朱子集註並垂宇宙不徒與大全蒙引以下諸家絜短較長矣康謠尚勉旃去潤浦三百里而遥爲錫山吾友菰

序九

川子隱居其下生平畝修朱
學而汲汲焉務發皇之固康
謡夙所北面而習其傳者試
以余説告之菰川子其必首

之以爲然

旹

康熙歲次戊辰陽月既望京

江張玉書題於燕臺旅次

四書述朱序

昔人著書將以明體達用施澤當世垂教後人非僅伸其一家之說而與文士絜度短

長也本其立德而後立言善
其立言而當立功可徒以言
求之哉宋有朱子固孔孟再
生朱子念孔孟志行先王之

道而時君不能用斯文未喪
乃傳有四書燦然與六經共
垂爲萬世木鐸故亦畢精集
註用抒其行道濟時之藴殆

如春秋之作所謂見諸實事

非託諸空言者世徒以訓詁

目之非矣予嘗循其言思之

如註學習曰必效先覺明善

復初即中庸之擇善固執也
註明明德曰因其所發而遂
明之即孟子之察識擴充也
此教人從實下手工夫也註

富之則曰制田里薄稅斂註
教之則曰設學校明禮義說
皆周匝無遺而註庠序學校
且明疏鄉學國學以表內外

相維註井地大畧又附載横
渠議復古制買田一方晝爲
數井之法見其公私兩濟令
古咸安葢論學論政莫非實

際也若夫註爲政正名而引
璬堂胡氏請立公子郢之議
揆于孤竹之立其中子非示
人以處事之法乎註對齊王

問卿而補論三仁貴戚不能
行于紂霍光異姓乃能行于
昌邑非發明經權之用不可
以一律拘乎若朱子集註者

誠可坐言起行顧後世非特不能用也又從而詆之此繇釋老異端欲侮吾儒與向者新學之好翻案耳學者靡然

慼之則亦未有破之者也破之如何夫亦居高疾呼正名定分示之以孔朱之舊鵠而已矣世運熙隆政清教洽

聖主方表章先儒大臣務推明

正學凡五經四書講議業已

奉

勅次第成書道一風同翕然丕

應矣顧
經筵啓沃之編未必徧于海澨
其方聞一曲之子詎無尚錮
于舊聞而不知購讀者謂詠

歌鼓吹非吾黨事乎新安黄
于康謠積學士也甫壯即舉
明經篤志求道於宋明諸儒
靡不尚論而獨尊朱子於朱

子諸書靡不研究而尤好四書集註于是纂爲述朱十七卷布于雞林會丁在吳門乃來謁捧其書介袁子士旦辱

問序余一覽其發凡躍然以喜及讀而忘倦至終卷肅然起敬也葢讀下簡則經註相從文從理順讀上簡則章節

相次詞省義精與初學讀之而可以繇粗入精與宿儒讀之而可以徹微鑿遠一似自有集註便當有斯述者何採

輯盡善若是意者黄子躬行
心得不自覺其手筆之合與
抑即將來用行之籍與如使
黄子於孔朱之道不惟以書

明之而且以身行之安在三
不朽之非一事將使朝野宗
依則黄子不獨爲集註功臣
而併爲向來訓詁家雪恥也

是予所深望也余先視摧雙

江今復以踈庸忝膺

特簡來撫江右念江右故朱子

宦學地考南康救荒之功則

愧無其政尋鹿洞會講之跡
又愧無其學山川如舊歲月
更新令我增古今人不相及
之感耳黄子家本虹井得深

表嫡傳者何日扁舟過我一
指示之
昔
康熙戊辰陽月上浣雪苑宋

學書于潯陽舟次

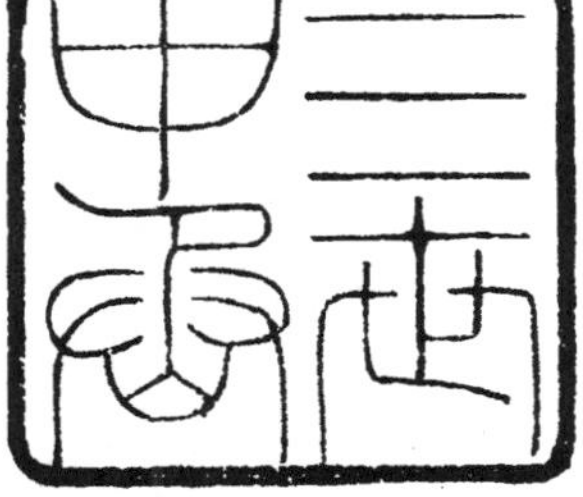

四書述朱序

天之所以成就一人與人之所以流傳千古俱非偶然余曩歲督課成均得與天下賢

錢補堂

才相接其間文章經濟彪炳一時載筆分符多所表見可謂盛矣而求其窮性命達天人闡微言續大義者則指不

多屈黃子康謠以明經來京
師與其兄方叔自先弟文碩
先後遊余門方叔自先學問
精醇尤工書法數不得志於

有司不得已各就一官去文
碩器識弘遠負才任俠酒後
耳熱往往以詩歌丹青抒寫
其抑塞磊落之奇惜乎其皆

未遇也獨康謠具氷雪之聰
明窺聖賢之閫與退而讀書
於山水間師友淵源直肩道
統殆深有得於天人性命之

源者乎取四子書而闡繹之。彙編述朱寄以請序夫四書之有朱註猶天地之有日月也經緯燦著義藴昭垂自曲

學輩出而淆亂之詆朱畔註

議論紛紜龎雜煩冗如雲翳

太虛苟不得長風一掃曷能

揭日月而行中天耶今詳閱

此編集註之一句一字皆關
經義全存之而不删者是能
善讀朱註者也註中或前後
背馳斟酌焉而不泥竟芟去

而無疑者欲使毫髮無遺憾
也。《大全》、《蒙引》、《存疑》及諸家
説合註者留之，不合註者去
之，是遵註之大關，述朱之本

意也前總大旨以括全章肯
綮後列順講以表一節精神
不特聖賢道理於此畢昭而
制藝金針莫不盡渡也標羣

言於上簡附已見以發明採
秘笈名言以廣識訂人物事
實以備考自此而四書精義
不蔓不遺無微不顯無隱不

彰求之則易如指掌觀焉而燎若列眉誠後學之津梁前聖之統緒也守此一編諸書可束流傳千古夫復何疑夫

以康誥之才與其所用心何
難取科第列清華以黼黻盛
治若然則欲著書立言以垂
不朽吾知其有所不能此天

所以運康謠之遇合者正所以成康謠之德業也觀康謠可以知天意矣推天意併可以知方叔自先文頏矣黃子

其各勉乎哉

旹

康熙二十七年歲次戊辰秋

日雲中田喜霽撰

四書述朱自序

五經四書斯人之布帛菽粟也凡民莫不知饑飽知寒温然衣焉不知其文食焉不知其味者往往多有要亦無害其爲生養也若夫儒者之於經書佩之以爲言體之以爲行而用以覺斯世淑斯

人猶黃帝垂衣裳取諸乾坤以辨上下以定民志庖犧氏爲飲食上法天地先養聖賢次養萬民可無進求其所以然乎且五經聖作四書明述下學之法必由委尋源則讀四書者尤讀五經之楷梯不可以不先務也宋時始有四書名

目前此漢詁唐疏事出荒略不足淺論
而宋人猶未得要領彼眉山之說中庸
横浦之須論語涑水盱江之議孟子以
及慈湖之疑大學其言具在迄今取而
讀之吾幾不能識其所云至濂雒諸儒
之言大醇矣尚多引而不發不能無離

合是不得不取斷於考亭所謂集羣儒之大成者耶惟是朱子作易本義不盡遵伊川爲詩經集傳悉芟小序若常欲伸一已之說者而於四書則爲集註薈萃衆註不名一家其不同何也嘗以臆度之五經各自爲經可以隨人立傳而

四書出五經删定之後由孔傳孟指歸
既一說雖舉偏其法故當稍變端木稱
夫子焉不學何常師之有伊尹謂德無
常師主善爲師善無常主協於克一蓋
善有萬也而至一存焉所謂至一者何
亦曰理而已說書之家用心不同而斯

理無二古今人我範圍莫過固不得以私意與前聖既以是理先言之後賢即以是理附解之無非理而言者亦無似理而非者是故四書者布帛之文菽粟之味也失之遠搜高議則其弊與忽忘等得集註而天下之至文真味盡出而

無遺矣學者於此苟能推朱子之心觀中正之理其於集註自無牴牾穿鑿於其間由此問塗鄒魯當無憂背馳即上而偏證五經亦何異同之判哉衢庸碌無聞埋首章句年來不揣謭陋偶憶師傳友教取四書纂爲講義擬名述朱以

自考課非敢望爲朱子功臣期免於朱子罪人已耳竊嘗聞潛溪先生之言矣曰孔子天之孝子朱子又孔子之孝子然則朱承孔而孔承天天無他即理也吾儕希聖希天總不外一理字愧余愚下不足以知之願與同志者共研之故

當書成輒自疏其管中之見以捋就正
如此其編集義例次第及歲月緣起詳
具發凡中

康熙戊辰長至婺江後學黃昌衢謹書

凡例 共計十五則

一是書取名述朱惟以尊朱註爲主故每節標錄白文之後即全載集註原文使讀者得按字捱句涵泳推求自有入處朱子有言若無某的功夫亦看某底不出吾黨固不可效村塾訓蒙妄自刪竄半字也內有兩說並存互相發明者亦仍之如前後背馳則竟芟卻此等不過

十之一耳與白文俱用大書只低一格以存經註之辨

一集註後每條依口氣順講一段用小字書之其文體一遵江陵直解然直解方順忽斷於理有礙又如講古之欲明明德於天下節屢點本字便似侵下修身爲本末可全倣也今參以淺說達說見說家訓彙解及近時曹氏吳氏兩正解

融會成之而斟酌去取則斷於陳氏之
日講四書解義益其說彙合諸家正當不易
欽奉
御製序頒行爲
功令所在經帷場屋均當信從所謂爲下不
倍能無凛諸
一每章之首先纂全旨一條以明提綱挈
領之義其上簡集說亦分通章逐節標

題不同

一章句集註得大全諸儒發明之大全所未及者又得蔡氏蒙引林氏存疑發明之幾無遺藴矣然朱註亦有不可泥者如講泰伯章兼王讓周讓商講孔子行不分去齊去魯之類是也蒙引存疑亦有難偏信者如講誠中形外堅主小人之惡說講所求乎子等句屬自已子臣

爭友至誠前知章善不善卽指禍福之類是也各有徵辨具本條之下非敢故爲翻案

一諸儒議論反覆翻駁與順講語氣不同故列之上簡以便讀者分覽此先講後意之變例

一諸說取之大全蒙引存疑三書居多近世大儒若薛文清羅文莊呂文簡顧端

文高忠憲諸先正皆功存正學故取其全書特加繕錄其餘名家碎金片玉亦間搜入至如俗下講章選家批語一字不敢濫收

一人物事實有與本文相印証者皆考經據傳附錄一二以資發明外此不敢泛塡備考以矜博雅

一上簡所錄即下簡所講總不出本章書

內其寫法必令上下相照無抄前落後之病

一朱子學庸章句兩序語孟兩序說向來說家多遺忽之今具存簡端并採大全註疏要語附綴其下覺段落分明本末備著於讀四書之法已思過半矣

一書中字句有眉目有段落故用圈點勾勒以識之雖非尊經之正法或寓後學

之指南

一集註有正訓有圈外朱子極有深意今仍照原本分别存之從此玩索便可由考亭而窺鄒魯

一大學補傳必不可或闕論語錯簡必不可穿鑿皆仍朱子之舊其餘分章分節亦槩從原本他書有意爲分合者非所知也

一諸說之後閒附一二臆說雖冒罪乎狂瞽冀見正於大方

一歲甲子偕錫山張子荆南及羣季寓讀西津連試不售退而編摩是書固不得志於時者之所爲也先受教於　菰川張夫子承示大義昭於日星今皆纂入編中繼就正於　素存張夫子　子淯田夫子並蒙許可且手授所編

日講解義以誨盍之及書成持以謁　醒齋
李夫子又稱賞不容口遂從臾授梓撰
于初心曷敢與宇内名家爭衡耶故凡
遠近師友曾賜鑒定者總不敢襲名
場署號首簡祈觀者諒之
一余從伯父宮暢翁隱居味道多蓄名家
秘書特以中州白氏羣言折衷江右楊
氏大全摘要金沙于氏十先生述語自

家鄉寄且命若思諸弟共事蒐討葢家庭授受之緣弟兄賞晰之樂固未可忘也附志之

婺江後學黄昌衢謹識

四書述朱卷目

告子章句上
卷之二十五
告子章句下
卷之二十六
盡心章句上
卷之二十七
盡心章句下

右述朱講義大學一卷中庸分二卷論語分十卷孟子分十四卷共二十七卷朱子曰學焉者無不有以知其性分之所固有職分之所當爲而各俛焉以盡

其力旨哉斯言予嘗反復求之而歎乎其未有得也今見予從兄康謡有述朱之編殆眞有承先啓後之心而不虛此語矣乎其爲書言近指遠自有大人先生之弁言在而余承命較訂刻既竣迺定卷目因念先文肅勉齋公爲朱子高弟羽翊經傳而吾父兄復能相承勿替雖不敢望前賢而擬諸當年作行狀補儀禮之遺意固千載如一堂矣凡我子弟能無勉旃

康熙二十七年歲次戊辰一陽月昌儼附識

藜照樓藏板

四書述朱卷目終

孟子序說摘錄大全諸說

邢昺疏曰孔子自衛反魯然後樂正雅頌各得其所乃刪詩定書繫周易作春秋孟子退與齊梁述堯舜之道而著作焉此大賢擬聖而作者也其言曰說詩者不以文害辭不以辭害志以意逆志爲得之矣其言若欲使後人深求其意以解其文不但施於說詩也

慶源輔氏曰子思之門人無顯名於後者而孟子眞得子思之傳則疑親受業於子思者爲是而集注兩存其說蓋自古聖賢固有聞而知之者不必待耳傳面命而後得也又以中庸一書觀之所以傳授心法開示蘊奧如此其至則當時門弟子豈無見而知之者孟子從而受之愈益光明亦宜有之也

吳氏程曰按孟子自魏惠王三十五年游梁至襄王七年而燕人畔距孔子卒一百六十七年是爲周赧王之三年而孟子著書之歲固猶在其後也況孔子夢奠時伯魚

孟子序說

史記列傳曰孟軻（趙氏曰孟子魯公族孟孫之後漢書注云字子車一說字子輿）騶人也（騶亦作鄒本邾國也）受業子思之門人（子思孔子之孫名伋索隱云王劭以人爲衍字而趙氏註及孔叢子等書亦皆云孟子親受業於子思未知是否）道旣通（趙氏曰孟子通五經尤長於詩書程子曰孟子曰可以仕則仕可以止則止可以久則久可以速則速孔子聖之時者也故知易者莫如孟子又曰王者之迹熄而詩亡詩亡然後春秋作又曰春秋無義戰又曰春秋天子之事故知春秋者莫如孟子尹氏曰以此而言則趙氏謂孟子長於詩書而已豈知孟子者哉）游事齊宣王宣王不能用適梁梁惠王不果所言則見以爲迂遠而闊於事情（按史記梁惠王之三十五年乙酉孟子始至梁其後二十三年當齊湣王之十年丁未齊人伐燕而孟子在齊故古史謂孟子先事齊宣王後乃見梁惠王襄王齊湣王獨孟子以伐燕爲宣王時事與史記荀子等書皆不合而通鑑以伐燕之歲爲宣王十九年則

之沒已六載子思固長不然亦非幼矣子思享年六十有二去孔子四五十年而卒而孟子始生其不得親受業可見故孟子但曰私淑諸人而集注以爲子思之徒於論語序說止稱門人

西山眞氏曰七篇之書其出乎中庸者非一其曰四端云者則未發之中中節之和也蓋仁義禮智性也所謂大本也惻隱羞惡辭讓是非情也所謂達道也其曰禹稷顏回同道孔子仕止久速者則君子而時中也其曰鄉愿亂德者則小人而無忌憚也其曰子莫執中者時中之反也其曰北宮黝孟施舍之勇者南北方之強也其曰仁之實事親義之實從兄禮之實節文二者則仁者人也親親爲大義者宜也尊賢爲大親親之殺尊賢之等禮所生也其曰堯舜性之湯武反之則自誠明之謂性自明誠之爲教也其曰天下國家之本在身則爲天下國家有九經也至於誠者天之道思誠者人之道一章之義悉本於中庸尤

是孟子先游梁而後至齊見宣王矣 當是之時秦用商鞅
然考證亦無他據又未知孰是也
楚魏用吳起齊用孫子田忌天下方務於合從連衡以攻伐爲賢而孟軻乃述唐虞三代之德是以所如者不合退而與萬章之徒序詩書述仲尼之意作孟子七篇 趙氏曰凡二百六十一章三萬四千六百八十五字韓氏曰孟軻之書非軻自著軻既沒其徒萬章公孫丑相與記軻所言焉耳愚按二說不同史記近是

韓子曰堯以是傳之舜舜以是傳之禹禹以是傳之湯湯以是傳之文武周公文武周公傳之孔子孔子傳之孟軻軻之死不得其傳焉荀與楊也擇焉而不精語焉而不詳 程子曰韓子此語非是蹈襲前人又非鑿空撰得出必有所見若無所見不知言所傳者何事

足以見淵源之所自

朱子曰此非深知所傳者何事則未易言也

愚按韓子原道篇博愛之謂仁行而宜之之謂義由是而之焉之謂道此一是字即指上仁義說其後言堯舜禹湯文武周公孔子迭傳之緒只以道相傳其以道相傳只以仁義相傳而已是字原有着落非若後儒作懸空鶻突語程朱不直說破而曰不知言所傳者何事又曰未易言者欲令學者反求而自得之耳

朱子曰韓子謂荀楊大醇小疵非是由田駢慎到申不害韓非之徒觀之則荀楊爲大醇耳　又曰程子說荀楊等語是就分金秤上說下來

新安陳氏曰夫楊墨行至安在其能廓如也皆是難詞揚中之抑只看向無孟氏三

又曰孟氏醇乎醇者也荀與楊大醇而小疵 程子曰韓子論孟子甚善非見得孟子意亦道不到其論荀楊則非也荀子極偏駁只一句性惡大本已失楊子雖少過然亦不識性更說甚道

又曰孔子之道大而能博門弟子不能徧觀而盡識也故學焉而皆得其性之所近其後離散分處諸侯之國又各以其所能授弟子源遠而末益分惟孟軻師子思而子思之學出於曾子自孔子沒獨孟軻氏之傳得其宗故求觀聖人之道者必自孟子始 程子曰孔子言參也魯然顏子沒後終得聖人之道者曾子也觀其啟手足時之言可以見矣所傳者子思孟子皆其學也

又曰楊子雲曰古者楊墨塞路孟子辭而闢之廓如也夫

句斡轉而斷之以孟氏功不在禹下盡之矣孟子闢楊墨功不在禹治水下者洪水溺人之身異端陷溺人心心溺之禍甚乎身溺故也

楊墨行正道廢孟子雖賢聖不得位空言無施雖切何補然賴其言而今之學者尚知宗孔氏崇仁義貴王賤霸而已其大經大法皆滅亡而不救壞爛而不收所謂存十一於千百安在其能廓如也然向無孟氏則皆服左衽而言侏離矣故愈嘗推尊孟氏以爲功不在禹下者爲此也

或問於程子曰孟子還可爲聖人否程子曰未敢便道他是聖人然學已到至處愚按至字恐當作聖字

程子又曰孟子有功於聖門不可勝言仲尼只說一箇仁字孟子開口便說仁義仲尼只說一箇志孟子便說許多養氣出來只此二字其功甚多

慶源輔氏曰：言性善，使資質美者聞之，必有復其本然而充其善；資質不美者聞之，亦知所自警而不流於惡。言養氣，使氣質剛柔不齊者勇猛奮發于道義而無巽懦怯弱之弊。皆發夫子所未發，其功多蓋在此。

覺軒蔡氏曰：聞之程子，又曰：仲尼元氣也，顏子春生也，孟子并秋殺盡見。仲尼無所不包，顏子示不違如愚之學於後世，有自然之和氣，不言而化者也。孟子則露其材，蓋亦時然而已。仲尼天地也，顏子和風慶雲，孟子泰山巖巖之氣象也。觀其言皆可見之矣。仲尼無迹，顏子微有迹，孟子其迹著。孔子儘是明快人，顏子儘豈弟，孟子儘雄辨。

又曰：孟子有大功於世，以其言性善也。

又曰：孟子性善養氣之論，皆前聖所未發。

又曰：學者全要識時，若不識時，不足以言學。顏子陋巷自樂，以有孔子在焉。若孟子之時，世既無人，安可不以道自任。

又曰：孟子有些英氣，才有英氣，便有圭角，英氣甚害事。如顏子便渾厚不同，顏子去聖人只毫髮間，孟子大賢亞聖之次也。或曰：英氣見於甚處？曰：但以孔子之言比之便可見。且如冰與水精非不光，比之玉，自是有溫潤含蓄氣象，無許多光耀也。

慶源輔氏曰此數句判斷二帝三王及漢唐以後爲治之道所以不同明白詳盡

楊氏曰孟子一書只是要正人心教人存心養性收其放心至論仁義禮智則以惻隱羞惡辭讓是非之心爲之端論邪說之害則曰生於其心害於其政論事君則曰格君心之非一正君而國定千變萬化只說從心上來人能正心則事無足爲者矣大學之修身齊家治國平天下其本只是正心誠意而已心得其正然後知性之善故孟子遇人便道性善歐陽永叔却言聖人之教人性非所先可謂誤矣人性上不可添一物堯舜所以爲萬世法亦是率性而已所謂率性循天理是也外邊用計用數假饒立得功業只是人欲之私與聖賢作處天地懸隔

見梁章

朱子曰。首節因惠王之禮而見之。行道之本心也。下因惠王之問而闢之。正君之學術也。開首說箇仁義以闢功利。便是七篇頭腦。

四書述卷之十四

婺江黃[illegible]著述
錫山張璧金荆南參訂
弟　昌侃廷直　昌僑若旃　仝校

孟子

孟子七篇總總論而作。以仁義為標的。以性善為宗。古以人倫為規矩。以人皆可為堯舜為鞭策。以雞鳴夜氣、乍見怵惕、呼蹴不受為指點。知言養氣。大學問也。井田學校。大經濟也。貴王賤霸。大權衡也。不見諸侯。不受萬鍾。大操守也。闢楊墨。黜子莫。辭告子。惡鄉愿。及斥許行、白圭、景春、宋牼之徒。大功用也。守先待後。大歸宿也。願學孔子。大本領也。其切指人心。救世難俗。則尤在善利舜跖之關。幾希去存之界。為宜其承三聖而正萬世也歟。

梁惠王章句上　凡七章

見梁章全旨　此章見人君當躬行仁義以王。何必曰利二句為綱。中間指陳利害反覆相形。見利乃所以為害。仁義原未嘗不利。人主斷不可舍仁義而言利也

孟子見梁惠王

梁惠王魏侯罃也都大梁僭稱王謚曰惠史記惠王三十五年卑禮厚幣以招賢者而孟軻至梁

孟子素守不見諸侯之義。梁惠王以禮招賢因往見之冀其道之可行也

王曰叟不遠千里而來亦將有以利吾國乎

叟長老之稱王所謂利蓋富國彊兵之類

惠王即問孟子曰叟不以千里為遠而來。夫豈徒哉亦將有以利益吾國而使之富彊者乎

首節　問孟子不見諸侯其見惠王何也。朱子曰不見諸侯不先往見也。見惠王答其禮也

次節　西山真氏曰當時王道不明人心陷溺惟知有利而已故惠王利國之問發於見賢之初

史氏程曰叟非絕句當連下文

俞氏曰惠王以叟稱孟子古人尚年以叟老為相尊之詞非必果有年也

四節　新安陳氏曰此章始末兼言仁義中单言義者蓋仁有温然慈愛之意義有截然斷制之意取其斷制以勝私去利則義之用爲尤切兼言仁義該體用之全也单言義取功用之切也

正解曰後義先利雖説臣下却根上好利來单以義言與利對也取千取百各安於分之所當得便是義與仁義之義無涉

孟子對曰王何必曰利亦有仁義而已矣

仁者心之德愛之理義者心之制事之宜也此二句乃一章之大指下文乃詳言之後多放此

孟子對曰王欲圖國事何必以利爲言治國之道亦有仁與義而已矣外此别無可言也

王曰何以利吾國大夫曰何以利吾家士庶人曰何以利吾身上下交征利而國危矣萬乘之國弑其君者必千乘之家千乘之國弑其君者必百乘之家萬取千焉千取百焉不爲不多矣苟爲後義而先利不奪不饜

此言求利之害以明上文何必曰利之意也征取也上取乎下下取乎上故曰交征國危謂將有弑奪之禍乘車數

也萬乘之國者天子畿內地方千里出車萬乘千乘之家者天子之公卿采地方百里出車千乘也千乘之國諸侯之國百乘之家諸侯之大夫也弒下殺上也饜足也言臣之於君每十分而取其一分亦已多矣若又以義爲後而以利爲先則不弒其君而盡奪之其心未肯以爲足也。

所謂王不當言利者蓋王乃一國之表也使王惟利是求自纂曰何以利吾國此端一倡人率先而效之爲大夫者亦將曰何以利吾家士庶人亦皆曰何以利吾身上欲利其國則取利於下下欲利其身家則取利於上上下交相征利而國日以危矣將見萬乘之國或弒其君者必是千乘之家千乘之國弒其君者必是百乘之家夫其君萬乘而臣取千焉其君千乘而臣取百焉十分取一不爲不多亦可以相安矣尚以義爲後而以利爲先則貪欲橫恣不弒其君而盡奪之其心未肯以爲饜足也國豈有不危者哉言利之害如此

五節　雲峯胡氏曰人性有五仁義爲先人倫有五君親爲先所以孟子揭此於七篇之首然此二句本文仁義二字指下之人而言集註必自人君躬行上說來者蓋上文先言王而後言大夫士庶惟上之人求利而後下皆求利故集註於此揭人君躬行仁義而無求利之心故其下化之而自有仁義之利也

末節　胡雲峯曰程子以爲拔本塞源者所以救當時流弊之極朱子以爲遏端託始者所以謹大學者心術之初

新安陳氏曰孟子一書以遏人欲存天理爲主何必曰利遏人欲也亦有仁義存天理也自此以後鮮有不可以此六字該貫一章旨者

愚按末節只申前語斷結上文然倒換其、

未有仁而遺其親者也未有義而後其君者也

此言仁義未嘗不利以明上文亦有仁義而已之意也遺猶棄也後不急也言仁者必愛其親義者必急其君故人君躬行仁義而無求利之心則其下化之自親戴於己也

若仁義則不然使人君躬行仁義以倡於上而大夫士庶皆化而爲仁義仁則必愛其親未有仁而或遺棄其親者也義則必急其君未有義而或後其君者也仁義之效如此

王亦曰仁義而已矣何必曰利

重言之以結上文兩節之意　此章言仁義根於人心之固有天理之公也利心生於物我之相形人欲之私也循天理則不求利而自無不利徇人欲則求利未得而害已

詞名亦日有辨盖惟去利始懷仁義故先言何必曰利即以仁義進之所謂不塞不流不止不行也然不可於仁義之內夾襍利心故既言仁義復以去利辨之所謂正其誼不謀其利也此纔見得拔本塞源勿認作掉弄筆舌

沼上章

東陽許氏曰此章關鍵全在偕樂獨樂上文王與民同樂夏桀結怨本已與亡乃其效也

首節次節　饒氏曰王意謂賢者未必樂此自家有慚孟子説惟是賢者樂此出王之意外

隨之所謂毫釐之差千里之謬此孟子之書所以造端托始之深意學者所宜精察而明辨也

王欲爲國亦惟圖忠君親上之效而曰仁義而已矣何必求利速害而以利爲言哉

沼上章全旨　此章引梁王公樂於民所謂偕樂非與民同臺池鳥獸之樂也欲王行仁政使民各得其樂耳

孟子見梁惠王王立於沼上顧鴻鴈麋鹿曰賢者亦樂此乎

沼池也鴻鴈之大者麋鹿之大者

一日孟子進見惠王適王立於池沼之上顧視夫鴻鴈麋鹿王見孟子至因有慚愧之意乃問曰賢者之君亦樂此臺池鳥獸乎

孟子對曰賢者而後樂此不賢者雖有此不樂也

此一章之大旨

三節　詩傳曰國之有臺所以望氛祲察災祥時觀遊節勞佚也謂之靈者言其倏然而成如神靈所爲也
許東陽曰麋鹿魚鳥各得其所咸遂其性可見文王之德被萬物觀兩在字而下文魚麀云云尤見文王仁及物而物感動處物且如是於人可知

孟子對曰王意賢者未必以此爲樂以臣觀之必賢者而後能樂此若不賢者雖有此可樂者亦不能樂也

詩云經始靈臺經之營之庶民攻之不日成之經始勿亟庶民子來王在靈囿麀鹿攸伏麀鹿濯濯白鳥鶴鶴王在靈沼於牣魚躍文王以民力爲臺爲沼而民歡樂之謂其臺曰靈臺謂其沼曰靈沼樂其有麋鹿魚鼈古之人與民偕樂故能樂也

此引詩而釋之以明賢者而後樂此之意詩大雅靈臺之篇經量度也靈臺文王臺名也營謀爲也攻治也不日不終日也亟速也言文王戒以勿亟也子來如子來趨父事也靈囿靈沼臺下有囿囿中有沼也麀牝鹿也伏安其所

不驚動也濯濯肥澤貌鶴鶴潔白貌於嘆美辭牣滿也孟子言文王雖用民力而民反歡樂之既加以美名而又樂其所有蓋由文王能愛其民故民樂其樂而文王亦得以享其樂也

何以明之大雅靈臺之詩云文王經始乎靈臺方經之以度其地營之以正其位但見庶民皆來攻治不日而已成之雖其經始之時王恐煩民戒令勿亟而庶民踴躍如子趨父事不召自來也臺下有囿王在靈囿則見麀鹿攸伏而不驚麀鹿濯濯而肥澤白鳥鶴鶴而鮮潔囿中有沼王在靈沼則見於牣充滿於沼中者魚之躍也蓋合囿沼之物無不得其所焉夫文王用民之力為臺為沼宜乎勞而生怨矣而民乃趨成而歡樂之稱其臺曰靈臺稱其沼曰靈沼言其倏然而成若神靈之所為者而又樂其囿之有麋鹿沼之有魚鱉焉民樂文王之樂如此蓋由古之人仁愛其民其所欲與聚所惡勿施而與之偕樂故民亦樂其有此臺池鳥獸而文王所以能享其樂也此賢者而後樂

此節　陳新安曰同一臺池苑囿鳥獸魚鼈而賢者循天理之公愛民而與之同樂則民樂君之樂而民得享其樂不賢者狥人欲之私不恤民而自樂則民欲君之亡若安得有此樂天理人欲同行而異情

此之徵也

湯誓曰時日害喪予及女偕亡民欲與之偕亡雖有臺池鳥獸豈能獨樂哉

此引書而釋之以明不賢者雖有此不樂之意也湯誓商書篇名時是也日指夏桀害何也桀嘗自言吾有天下如天之有日日亡吾乃亡耳民怨其虐故因其自言而目之曰此日何時亡乎若亡則我寧與之俱亡蓋欲其亡之甚也孟子引此以明君獨樂而不恤其民則民怨之而不能保其樂也

商書湯誓之篇曰此日何時而喪亡予寧與汝偕亡蓋民怨夏桀而欲其亡之甚如此夫人君不恤

盡心章

首節　邢疏曰、耳矣者、言至極也、

蒙引曰、何也二字、是推在歲凶上去。末段集註明白。乃以民不加多歸罪於歲凶。若曰意亦歲凶所爲、人力終無如之何也。

其民至於民怨之。而欲與之偕亡、則其亡可立待、雖有臺池鳥獸、豈能晏然於上、而獨享其樂哉。此所謂不賢者雖有此、不樂也。

盡心章全旨

此章照盡心二字、體發行小惠不足以得民、行王道則可以致王。末節罪歲、正破梁王病源。

梁惠王曰、寡人之於國也、盡心焉耳矣。河內凶、則移其民於河東、移其粟於河內。河東凶亦然。察鄰國之政、無如寡人之用心者。鄰國之民不加少、寡人之民不加多、何也。

寡人、諸侯自稱、言寡德之人也。河內、河東、皆魏地。凶、歲不熟也。移民以就食、移粟以給其老稚之不能移者。

惠王告孟子曰、寡人之於治國也、憂勤撫字、蓋竭盡其心力焉耳矣。河內告凶、則移其民之壯者於河東以就食、移河東之粟於河內、以給其老稚之不能移者。至河東凶、則移民移粟亦然。察鄰國之政、無有如寡人若此之用心者。

次節 存疑曰戰以勝敵爲上走之遠近弗計也猶治以王道爲上小惠之能行與否弗計也行小惠不可望民加多欲民加多惟在行王道耳故下二節遂言王道

則鄰國之民宜消耗而乃不加少寡人之民宜繁衍而乃不加多其故何也無乃歲凶爲殃民生日減雖人力竟無如之何耶

孟子對曰王好戰請以戰喻塡然鼓之兵刃既接棄甲曳兵而走或百步而後止或五十步而後止以五十步笑百步則何如曰不可直不百步耳是亦走也曰王如知此則無望民之多於鄰國也

塡鼓音也兵以鼓進以金退直猶但也言此以譬鄰國不䘏其民惠王能行小惠然皆不能行王道以養其民不可以此而笑彼也楊氏曰移民移粟荒政之所不廢也然不能行先王之道而徒以是爲盡心焉則末矣

三節　陳新安曰法制未備謂聖人未行井田法以前天地自然之利謂穀魚材木之類樽節愛養謂不違農時不用數罟斧斤時入之類王道之始謂王制未備王道未成不過初年事下節集註云是王道之成也正與此王道之始相對

孟子對曰王素好戰請以戰為喻夫戰者塡然鼓之兩軍俱進兵刃既接勝敗以分敗者棄甲曳兵而走或走至百步而後止或走至五十步而後止以五十步之近笑彼百步之遠則王以為何如王曰不可走五十步者但未至百步耳是亦敗走也烏可以近而笑遠乎孟子曰王如知此五十步不可以笑百步則無望民之多於鄰國矣蓋雖鄰國不恤其民而王能行小惠均未之能行王道也

不違農時穀不可勝食也數罟不入洿池魚鼈不可勝食也斧斤以時入山林材木不可勝用也穀與魚鼈不可勝食材木不可勝用是使民養生喪死無憾也養生喪死無憾王道之始也

農時謂春耕夏耘秋收之時凡有興作不違此時至冬乃役之也不可勝食言多也數密也罟網也洿窊下之地水

所聚也古者網罟必用四寸之目魚不滿尺市不得鬻人不得食山林川澤與民共之而有厲禁草木零落然後斧斤入焉此皆爲治之初法制未備且因天地自然之利而樽節愛養之事也然飲食宮室所以養生祭祀棺槨所以送死皆民所急而不可無者今皆有以資之則人無所恨矣王道以得民心爲本故以此爲王道之始

試爲王陳王道凡立政必先養民凡有興作不違奪其農時則五穀饒穰不可勝食也細密之網不入於洿池則魚鱉滋養不可勝食也斧斤樵採以待草木零落之時而後入山林則材木蕃植不可勝用也穀與魚鱉不可勝食材木不可勝用則飲食宮室有所資而民之養生無憾祭祀棺槨有所藉而民之喪死無憾養生喪死無憾則民心得而邦本固法制教化皆可由此而立是王道之始事也

四節　南軒張氏曰衣帛食肉必曰五十七十者民之欲無窮而桑蠶畜養之利有限不爲之制則爭逐其欲而老者或不得衣之食之矣又使知老者之當養其老幼之有別教亦行乎其中矣日用飲食無非教也不待庠序而後教也

許東陽曰庠序之教教以人倫於其常教之中又于孝悌二者重申明之而篤之尤力也

五畝之宅樹之以桑五十者可以衣帛矣雞豚狗彘之畜無失其時七十者可以食肉矣百畝之田勿奪其時數口之家可以無饑矣謹庠序之教申之以孝悌之義頒白者不負戴於道路矣七十者衣帛食肉黎民不饑不寒然而不王者未之有也

五畝之宅一夫所受二畝半在田二畝半在邑田中不得有木恐妨五穀故於墻下植桑以供蠶事五十始衰非帛不煖未五十者不得衣也畜養也時謂孳字之時如孟春犧牲毋用牝之類也七十非肉不飽未七十者不得食也百畝之田亦一夫所受至此則經界正井地均無不受田

雙峯饒氏曰：五畝宅、百畝田，是法制；五十衣帛、七十食肉，是品節。有法制無品節，則泛而不足用；有品節無法制，則於何處取用。

陳新安曰：極栽成輔相，總言田桑畜養之事，以左右民，就富教斯民說。

之家矣。庠序，皆學名也。申，重也，丁寧反覆之意。善事父母爲孝，善事兄長爲悌。頒，與斑同，老人頭半白黑者也。負，任在背；戴，任在首。夫民衣食不足，則不暇治禮義；而飽煖無教，則又近於禽獸。故旣富而教以孝悌，則人知愛親敬長而代其勞，不使之負戴於道路矣。衣帛食肉但言七十，舉重以見輕也。黎，黑也。黎民，黑髮之人，猶秦言黔首也。少壯之人雖不得衣帛食肉，然亦不至於饑寒也。此言盡法制品節之詳，極裁成輔相之道，以左右民，是王道之成也。

以王道之成言之：一夫受五畝之宅，牆下樹之以養蠶之桑，則帛有所出，而五十者可以衣帛矣；雞豚狗彘之畜，無失其孕字之時，則肉有所出，而七十者可以食肉矣；一夫受百畝之田，凡有興作，勿奪其農時，則穀有所出，而數口

藜照樓

末節

正解曰：不知檢，既有以致民之死；不知發，又無以救民之死。其罪全在我矣。曰非我也，歲也，只就寡人之民不加多何也。及一則曰河內凶，一則曰河東凶看出。

之家可以無饑矣。衣食既足，則禮義可興，於是謹庠序之教，教以人倫，教以詩書禮樂，又以孝悌爲自行之本，申明其義，以丁寧誥誡之，則人知愛親敬長，樂代其勞，頒白者無或負且戴於道路之中矣。夫七十之老者衣帛食肉，黎民之少長者不饑不寒，生養遂而教化行，則人心無不愛戴，四方無不歸附，如是而不能統一天下以至於王者，竟未之有也。

狗彘食人食而不知檢，塗有餓莩而不知發；人死，則曰：「非我也，歲也。」○[illegible]是何異於刺人而殺之，曰：「非我也，兵也。」王無罪歲，斯天下之民至焉。

檢，制也。莩，餓死人也。發，發倉廩以賑貸也。歲，謂歲之豐凶也。惠王不能制民之産，又使狗彘得以食人之食，則與先王制度品節之意異矣。至於民饑而死，猶不知發，則其所

承教章

前四節　陳新安曰政謂虐政梃刃政殺人。

承上章歲兵之意而敷衍之。

移特民間之衆而已乃以民不加多歸罪於歲凶是知刃之殺人而不知操刃者之殺人也不罪歲則必能自反而益修其政天下之民至焉則不但多於鄰國而已

今王平日不行王政反使狗彘食人之食而不知檢制至於塗有餓莩又不知發倉廩以賑貸之人死則曰非我不盡心也歲凶爲之也是何異於以兵刺人而殺之曰非我殺之也兵爲之也夫兵不能代操兵者之罪歲能代失政者之罪乎王誠惕然反己無歸罪於歲而盡心以行王道則天下之民皆來歸矣豈但加多於鄰國而已哉

承教章全旨　此章見人君當除虐政以恤民也三節先以梃刃形起虐政殺人四節正是虐政殺人之實五節言率獸食人的爲父母斯民之意所以發其不忍之心也末節又引仲尼之言謂作俑無後形起使民饑而死欲其急戒殺人之政也

梁惠王曰寡人願安承教

陳新安曰此因前章術彘食人食至有餓莩之意而發言之即以虐政殺人也

承上章言願安意以受教

惠王告孟子曰夫子謂行小惠不若行王道所以教我者至矣然而國政多端善言必再寡人願安意以承受夫子之教幸盡言而無隱

孟子對曰殺人以梃與刃有以異乎曰無以異也

梃杖也

孟子對曰今試問王殺人以梃與兵刃有以異否乎王曰同一致人於死無以異也

以刃與政（指虐政）有以異乎曰無以異也

孟子又問而王答也

孟子又問以刃與虐政殺人有以異否乎王曰同一致人於死無以異也

曰庖有肥肉廄有肥馬民有饑色野有餓莩此率獸而食人

五節　陳新安曰爲人君者有作民父母之責固未嘗有率獸食人之心惟狥欲而不恤民則其流至此而不自覺故以率獸食人箴其昏迷之錮習而以爲民父母觸其惻隱之本心

也

厚斂於民以養禽獸而使民饑以死則無異於驅獸以食人矣

孟子曰王如知此則今日之政當有在所更張者矣蓋王之庖有肥肉焉王之廐有肥馬焉而民則有饑色矣野則有餓莩矣因獸病民以至於饑而死是率獸而食人也是即其殺人之政無異於刃者也

獸相食且人惡之爲民父母行政不免於率獸而食人惡在其爲民父母也

君者民之父母也惡在猶言何在也

夫獸與獸相食且人惡其同類而相殘況君者民之父母爲民父母而行政不免於率獸食人則是以子民之責而反爲殘民之事惡在其爲民之父母也

末節　蒙引「獸相食」一節，極言人君以子民之責而反爲殘民之事。作俑一節，又痛言民之不可殘也。

仲尼曰：「始作俑者，其無後乎！」爲其象人而用之也。如之何其使斯民饑而死也？

俑，從葬木偶人也。古之葬者，束草爲人以爲從衛，謂之芻靈，略似人形而已。中古易之以俑，則有面目機發，而太似人矣。故孔子惡其不仁，而言其必無後也。孟子言此作俑者，但用象人以葬，孔子猶惡之，況實使民饑而死乎？

昔仲尼有言曰：始作俑以從葬者，其人必無後乎。仲尼何以惡之如此？爲其作俑象人而用之以殉葬也。夫象人以葬，非眞致人於死，猶爲可惡，如之何以虐政殘民，實實使斯民饑而死也。

晉國章全旨　此章見人君不必報怨，而當行仁政。孟子欲動梁王處在「百里可王」一句。行仁政乃其致王之本也。行仁政而王，則怨不期報而自報矣。

晉國章

首節　慶源輔氏曰惠王之志疑若剛勇而有為者然細考之史則其敗於三國皆非善變也徒以爭城爭地不失之愚則失之狎爭既如此猶不知自反乃干見賢之際並叙其喪敗而欲為死者一洗之此正如匹夫愚人勢窮無聊不勝其忿而求一快者所為耳豈有人君之度而知所謂大勇之理哉

梁惠王曰晉國天下莫強焉叟之所知也及寡人之身東敗於齊長子死焉西喪地於秦七百里南辱於楚寡人恥之願比死者一洒之如之何則可

魏本晉大夫魏斯與韓氏趙氏共分晉地號曰三晉故惠王猶自謂晉國惠王三十年齊擊魏破其軍虜太子申十七年秦取魏少梁後魏又數獻地於秦又與楚將昭陽戰敗亡其七邑比猶為也言欲為死者雪其恥也

惠王告孟子曰吾晉國在先世時天下莫有如其強盛者叟之所素知也及至寡人之身東與齊戰而敗長子死焉西喪失河西之地於秦方七百里南又困辱於楚不能與抗此寡人貽恥辱於先人也願為先人一洒其恥不知如之何則可

次節　地字略頓，方百里連說，此一章大旨。下皆推明此意。

三節　陳新安曰：省刑則不戕民生，薄賦則民得養生，所以為仁政之大目。輔慶源曰：深耕易耨，則薄稅斂之所致也。重稅厚斂則民不聊生，民不聊生則其于農事亦苟且鹵莽而已。壯者以暇日修其孝弟忠信，入以事父兄，出以事長上，則省刑罰之所致也。嚴刑峻罰則民不樂生，民不樂生則其于人道亦何暇修為之哉。愚按：省刑薄斂原一串事，深耕易耨及修禮義，先養後教，相因說來，只宜渾承仁政，不必分貼省薄兩條，如輔氏之說。

孟子對曰：地方百里而可以王。

百里小國也，然能行仁政（此意在下），則天下之民歸之矣。

孟子對曰：王勿憂喪敗之餘不足以自振，所有之地僅是百里，而可以王於天下，況以堂堂千里之梁乎？

王如施仁政於民，省刑罰，薄稅斂，深耕易耨，壯者以暇日修其孝悌忠信，入以事其父兄，出以事其長上，可使制梃以撻秦楚之堅甲利兵矣。

省刑罰，薄稅斂，此二者仁政之大目也。易，治也。耨，耘也。盡己之謂忠，以實之謂信。君行仁政，則民得盡力於農畝，而又有暇日以修禮義，是以尊君親上而樂於效死也。

所謂百里可王，亦惟行仁政而已。王如果施仁政於民，刑罰則省之，不戕民命；稅斂則薄之，以養民生。使民得以安

四節　使不得耕耨四句，言外便有此惟救死而恐不贍，奚暇修孝弟忠信之意。

五節　說紂以前兩節分說，此節總說。蓋於梁總斷也，而彼字，緊對二王字，陷溺即指上奪其民時數句。　蒙引曰：誰與王敵，非敵不過也，如紂之前徒倒戈是也。

業力農，春深於耕，夏易於耨，而民之壯者，又以其閒暇之日，修明其孝弟忠信之義，入以此事其家之父兄，出以此事其國之長上。是則衣食既足，禮義又興，民皆有勇而知方。一旦有事，可使斬木爲梃，以撻秦楚之堅甲利兵矣。

彼奪其民時，使不得耕耨以養其父母，父母凍餓，兄弟妻子離散。

彼謂敵國也。

夫秦楚之堅甲利兵，未易當也，而可以制梃撻之者，以彼秦楚之君不能省刑薄斂，奪其民力農之時，使不得深耕易耨以養其父母，使其父母凍餓，衣食無所供，兄弟妻子離散，室家不能保，不仁極矣。

彼陷溺其民，王往而征之，夫誰與王敵？

陷，陷於阱。溺，溺於水。暴虐之意。征，正也。以彼暴虐其民，而率吾尊君親上之民往正其罪，彼民方怨其上，而樂歸於

承節　張南軒曰：夫王政之所以不行者，以時君謀利計功之念深，每每致疑而莫肯力行故也。使其以先王之治爲必可法，以聖賢之言爲必可信，而力行之，則孰禦焉？

陳新安曰：逞忿報怨，私欲也；行仁救民，公理也。行仁則自無敵，不得已而用兵，亦正之之征也。不行仁而惟報私怨，忿爭而已矣。竟惟怨不可報，敗亡常必由之，此章亦所以遏人欲擴天理也。

淺說曰：勿疑者，勿疑百里可王之言也，非勿疑仁者無敵之言。

我則誰與我爲敵哉

彼陷溺其民於水，如此民怨之深矣。王乃率吾尊君親上之民往而征之，以正其暴虐之罪。夫民方樂歸之不暇，夫誰有與王爲敵者乎？此彼之堅甲利兵，我可以制梃而撻之也。

故曰仁者無敵，王請勿疑

仁者無敵，蓋古語也。百里而王，以此而已。恐王疑其迂濶，故勉使勿疑也。　孔氏曰：惠王之志在於報怨，孟子之論在於救民，所謂惟天吏則可以伐之。

是以古語有云仁者無敵，言民心所歸，則強弱大小非所較也。此所謂百里可王，亦有見於此耳。上請勿疑了言斷然以發政施仁爲務，雖以梁王可也，何雪恥之足云。

襄王章全旨　通是出語人而述其問答如此，不嗜殺人四字極重。天下莫不與節，正不嗜殺者能一之故也。

襄王章

首次二節　蒙引曰孟子見梁襄王爲其容貌詞氣之間皆不當人意蓋將去之故出語云云既有去志而述此以語人者此一段議論所關係於世道君道者甚大不可以不傳故出以語人而且以垂後世

孟子見梁襄王

襄王惠王子名赫　惠王子襄王嗣位孟子見之

出語人曰望之不似人君就之而不見所畏焉卒然問曰天下惡乎定吾對曰定于一

語告也不似人君不見所畏言其無威儀也卒然急遽之貌蓋容貌詞氣乃德之符其外如此則其中之所存者可知王問列國分爭天下當何所定孟子對以必合于一然後定也

既出而語人曰容貌辭氣主德之符我今見王遠而望之不似人君之度近而就之不見可畏之威且卒然而問曰

三節　定以勢言兵革寧息也一以權言政歸一統也

四節　蔡覺軒曰好生不嗜殺天地生物之心也必得天地此心然後可爲天之子爲民之父母此言萬世人牧之龜鑑

五節　孰能一之之問見得王無志內不能發憤爲雄孰能與之之問見得王無識外不能明知民心所在

當今天下紛爭如何安定吾對曰得天下一統則安定矣

孰能一之

王問也

王因復問曰今之諸侯各君其國孰能統一之

對曰不嗜殺人者能一之

嗜甘也

吾對曰惟以不忍爲心以好生爲德而不嗜殺人者爲能統一之

孰能與之

王復問也

王又問吾曰列國分土而治民各有主孰能舍其主而歸與乎

末節。慶源輔氏曰誠能不嗜殺人則舉天下皆在吾仁愛之中又孰有渙散乖戾而不一歸於我哉固非以不嗜殺人爲一天下之具也

對曰天下莫不與也王知夫苗乎七八月之間旱則苗槁矣天油然作雲沛然下雨則苗浡然興之矣其如是孰能禦之今夫天下之人牧未有不嗜殺人者也如有不嗜殺人者則天下之民皆引領而望之矣誠如是也民歸之由水之就下沛然誰能禦之

周七八月夏五六月也油然雲盛貌沛然雨盛貌浡然興起貌禦禁止也人牧謂牧民之君也領頸也蓋好生惡死人心所同故人君不嗜殺人則天下悅而歸之

[illegible]劉曰天下之民莫不歸與也王亦知夫苗乎當七八月之間天氣亢旱則苗之生意稿矣天忽油然作雲沛然下雨則苗之稿者浡然而興起矣其興之如是孰能禦之使止耶今夫天下之君職爲人牧者皆繁刑厚斂爭城爭野

宣王章、

首於二節　龜山楊氏曰：齊宣王見孟子於雪宮曰：賢者亦有此樂乎、而孟子答以憂子之言則何者之事、非無此也、孟子務明其君以當道、則桓文之事、特記過而已、大匠不為拙工改廢繩墨、故曰無已則王乎、

未有不嗜殺人者也、如有一不嗜殺人者、則天下之民欣然向慕、皆引領而望、欲以之為君矣、誠望之如此、其切則民之歸之、其勢猶水之就下、沛然一往、孰能禦之、使止耶、而何天下之不與之也。

宣王章全旨

通章重保民而王、一部所以保民者、推不忍之心、以行仁政而已、首二節、因齊王志伯功、而示以王道之可言、德何如三節、因齊王有不忍之心、而示以是心之足王、王曰然至遠庖廚也、啟王察識是心、王說曰至詩度之、啟王擴充是心、抑王至孰能禦之、揣王之不能擴充、病在求大欲、告之反本而行仁、吾惛至末、因王有志行仁、告之反本而制恒產、總以黜霸崇王為主、以保民而王為綱、以是心足王為脉、以不忍二字為骨、以制恒產為實、蓋制恒產正行王道、以保民所以能致王也

齊宣王問曰：齊桓晉文之事可得聞乎

齊宣王姓田氏、名辟疆、諸侯僭稱王也、齊桓公晉文公皆霸諸侯者

朱子曰無道桓文之事事者嘗霸之事儒者
未嘗講求如桓公霸諸侯一匡天下則誰
不知至於經營霸業之事儒者未嘗言也

三節　輔慶源曰保如保赤子之保
陳新安曰王道甚大其要只在保民保民而
王一句爲此章之綱領
正解曰保民略輕而王莫之能禦連看保民

齊宣王問於孟子曰昔五霸迭興齊桓晉
文爲盛其經營伯業之事可得聞其概乎

孟子對曰仲尼之徒無道桓文之事者是以後世無傳焉臣
未之聞也無已則王乎

道言也董子曰仲尼之門五尺童子羞稱五伯爲其先詐
力而後仁義也亦此意也以已通用無已必欲言之而不
止也王謂王天下之道

孟子對曰臣學本之仲尼仲尼之徒無有道桓文之事者
是以後世無得而傳焉臣未嘗聞之也王如必欲臣言則
惟王天下
之道乎

曰德何如則可以王矣曰保民而王莫之能禦也

保愛護也

便是德勿云德足以保民○

四節　存疑曰釁鐘非牛不可○以羊易之使不得○只是齊王一時仁心發動不可遏抑姑以此替之○全要得他不及計較處亦是孟子開導其君爲此遷就之語耳其事之是否○非所計也○

吳蘇石曰若無罪句○作人之無罪○畢竟添痕○即指牛說好○

王曰○人君之德何如則可以王天下矣○孟子對曰○王道莫要於○保○民若人君能保愛其民則近者悅服遠者嚮慕而王天下○莫能禦而止之也○

曰若寡人者可以保民乎哉曰可曰何由知吾可也曰臣聞之胡齕曰王坐於堂上有牽牛而過堂下者王見之曰牛何之對曰將以釁鐘王曰舍之吾不忍其觳觫若無罪而就死地對曰然則廢釁鐘與曰何可廢也以羊易之不識有諸

胡齕齊臣也釁鐘新鑄鐘成而殺牲取血以塗其釁隙也觳觫恐懼貌孟子述所聞胡齕之語而問王不知果有此事否

王曰保民遂可以致王○使若寡人者○亦可以保民乎哉○對曰可也○王曰何由知吾之可也○對曰臣曾聞王之臣胡齕

有之節○饒雙峯曰、語孟一書言心學甚詳。此是第一節心字。是心何心也。人之本心也。即此本心而推之、所謂先王有不忍人之心、斯有不忍人之政者也。須看集註察識擴充四字。察識屬知、擴充屬行。

陳新安曰、是心足以王矣、一句最緊切。觀王有此愛物之心、即可知王有仁民之心、而可以保民矣。所以指言王之此心、即是足以王天下之本。真氏云、王道不外乎保民、而保民又不外乎此心是也。

曰、王一日坐於堂上、有牽牛而行過於堂下者。王見之問曰、牛將何往。牽牛者對曰、將殺之以血釁鍾。王曰、舍之、吾不忍其觳觫恐懼、似他無罪而就死地、誠可矜也。牽牛者對曰、既舍牛、則將廢釁鍾之事歟。王曰、釁鍾大事、何可廢也。其以羊易之。胡齕之言如此、不識果有此事乎。

曰有之曰是心足以王矣百姓皆以王爲愛也臣固知王之不忍也

是心足王句內止含有擴充意、無察識意。下二句方是欲其察識。

王見牛之觳觫而不忍殺、即所謂惻隱之心、仁之端也。擴而充之、則可以保四海矣。故孟子指而言之、欲王察識於此而擴充之也。愛、猶吝也。

王曰、誠有是事。對曰、即是易牛之心、足以保民而王矣。彼將百姓見王以羊易牛、皆以王爲愛惜財費而然、臣固知王之痛其觳觫而不忍也。

誠有節　設爲曰然謂夫子之言誠然也亦大概首句之詞誠有百姓照上爲愛句齊國以下照上不忍句便是依樣葫蘆語

王無異節　正解曰是誠何心哉言爲愛爲不忍自家心事自家也不識了是自疑之辭我非愛其財而易之以羊也言我本是不忍而非愛是自解之辭宜乎百姓之謂我愛也言不忍於牛而忍於羊則似非不忍而似愛矣又反以愛而自認此數何想引嘆惜牛羊何擇一難生來故下以見牛未見羊也解之若只就以小易大生解是牛

王曰然誠有百姓者齊國雖褊小吾何愛一牛即不忍其觳觫若無罪而就死地故以羊易之也

言以羊易牛其迹似吝實有如百姓所譏者然我之心不如是也

王曰夫子之言誠然也實有百姓以爲我愛者然齊國雖褊小吾亦何至愛一牛之利即總所謂不忍其觳觫若無罪而就死地故以羊易之也此心惟夫子能諒之爾

曰王無異於百姓之以王爲愛也以小易大彼惡知之王若隱其無罪而就死地則牛羊何擇焉王笑曰是誠何心哉我非愛其財而易之以羊也宜乎百姓之謂我愛也此設難以窮詰之

異怪也隱痛也擇猶分也言牛羊皆無罪而死何所分別

羊何擇一句爲虛設下見牛未見羊也反贅矣。

無傷句　朱子曰術猶方便也術字本非不好的事只緣後來把做變詐看了便道是不好知不知天下事有難處須着有箇巧妙道理始得當齊王見牛之時惻隱之心已發於中又見釁鐘事大似住不得只得以所不見者而易之既周旋那事又不過

而以羊易牛乎孟子故設此難欲王反求而得其本心王不能然故卒無以自解於百姓之言也

孟子欲王察識此心王只就愛與不忍之言申說一番全不見察識之意孟子因以愛奪其不忍曰王無怪異乎百姓之以王爲愛也以羊之小易牛之大其迹似愛彼惡知王之心爲不忍其無罪而就死乎王若果痛其無罪而就死地則牛無罪羊亦無罪何所別擇而以羊易牛乎孟子故設此難欲王反求而得其本心王卒不能察識乃笑曰是以羊易牛之心誠何心哉我本不忍其無罪而就死非愛其財而易之以羊也今云羊亦無罪而死則不得謂之不忍而似乎愛矣宜乎百姓之謂我爲愛也

按王笑曰三語王終不能察識矣故孟子下節明示之

曰無傷也是乃仁術也見牛未見羊也君子之於禽獸也見其生不忍見其死聞其聲不忍食其肉是以君子遠庖廚也

無傷言雖有百姓之言不爲害也術謂法之巧者蓋殺牛

抑了這不忍之心。此心乃得流行。若當時無箇措置。便邉抑了這不忍之心。遂不得而流行矣。此乃所謂術也。

正解曰。仁術。動全不忍之心上。勿以牛得全。鍾得釁乎說。爲鍾得釁不可謂仁術也。

胡雲峰曰。一本心已發在於擴充。未發在於預養。

既所不忍。釁鐘又不可廢。於此無以處之。則此心雖發而終不得施矣。然見牛則此心已發而不可遏。未見羊則其理未形而無所妨。故以羊易牛。則二者得以兩全而無害。此所以爲仁之術也。聲謂將死而哀鳴也。蓋人之於禽獸同生而異類。故用之以禮。而不忍之心施於見聞之所及。其所以必遠庖廚者。亦以預養是心。而廣爲仁之術也

孟子啟之曰。雖百姓皆以王爲愛。亦無害也。夫以羊易牛。是於難處之中。得善處之法。令不忍殺牛之心。於此而得以曲全。乃行仁之善術也。雖云羊與牛皆無罪。然見牛則不忍之心已感物而動。未見羊則有可愛之理而未動於心。故以羊易牛耳。凡君子之於禽獸也。見其生。則不忍見其死。聞其哀死之聲。則不忍食其肉。是以君子雖以禮用之。有不得已。而必身遠庖廚。使不忍之心常存於見聞未接之先。而仁不可勝用也。王以未見之羊易已見之牛。不

王說節　胡雲峰曰齊王於其本心略能察識自此以下孟子皆教之以擴充

陳新安曰此心之所以合於王者何也王此句亦問得緊切與孟子是心足以王矣一句相照應

忍之心施於見聞之所及正君子不忍見死聞聲之意也而何嫌於百姓之言乎

王說曰詩云他人有心予忖度之夫子之謂也夫我乃行之反而求之不得吾心夫子言之於我心有戚戚焉此心之所以合於王者何也　此節見王能識其本心以下四節皆啟其擴充是心

詩小雅巧言之篇戚戚心動貌王因孟子之言而前日之心復萌乃知此心不從外得然猶未知所以反其本而推之也

王聞孟子之言而說曰小雅巧言之詩云他人有心予忖度而得之正夫子今日之謂也夫以羊易牛之事我乃自行之反而求之茫然不得吾之心為何心夫子以是乃仁術見牛未見羊言之遂於我前日不忍之心戚戚然有動於中焉此非夫子忖度之我何自而得其心哉但此心甚微王道甚大謂是心足王不知其所以合於王者何謂也

有復節　張南軒曰親親而仁民仁民而愛物此天理之大同由一本而其施有序也豈有於一物則能不忍而不能保民者蓋方見牛而不忍者無以蔽之而其愛物之端發見也其不能加恩於民者有以蔽之而仁民之理不著也然即愛物之端可以知仁民之理素具能反而循其不忍之實則其所謂仁民者固可得也

曰有復於王者曰吾力足以舉百鈞而不足以舉一羽明足以察秋毫之末而不見輿薪則王許之乎曰否今恩足以及禽獸而功不至於百姓者獨何與然則一羽之不舉為不用力焉輿薪之不見為不用明焉百姓之不見保為不用恩焉故王之不王不為也非不能也

復白也鈞三十斤百鈞至重難舉也羽鳥羽一羽至輕易舉也秋毫之末毛至秋而末銳小而難見也輿薪以車載薪大而易見也許猶可也今恩以下又孟子之言也蓋天地之性人為貴故人之與人又為同類而相親是以惻隱之發則於民切而於物緩推廣仁術則仁民易而愛物難

不爲節　蔡氏曰此節只完得不爲也非不能也二句之意。按註不待外求數句須透下節勿入議。

今王此心能及物矣，則其保民而王，非不能也，但自不肯爲耳。

王未悟是心足王之故，則猶未知推其心以保民。孟子乃設喩以發之，曰：今有白於王者，曰：吾力足以舉百鈞之重，而不足以舉一羽之輕；明足以察秋毫之末之細，而不見輿薪之大。則王信其言而許之乎？曰：否，不許也。孟子又言：人君恩及於禽獸至難，功至於百姓爲易。今不忍一牛之恩足以及禽獸而保之，之功不至於百姓，此其故獨何與？然則一羽之不舉，非無力也，但爲不用其力耳；輿薪之不見，非無明也，但爲不用其明焉；百姓之不見保，非無恩也，但爲不用其恩焉。使一用恩，則百姓可保而王業不難致矣。故王之不王，乃能之而不爲也，非欲爲之而不能也。

曰：不爲者與不能者之形何以異？曰：挾泰山以超北海，語人曰：我不能，是誠不能也。爲長者折枝，語人曰：我不能，是不爲也，非不能也。故王之不王，非挾泰山以超北海之類也；王之

老吾節　蒙引曰及人之老自吾老而推之老吾老則自何地而推之曰舉斯心加諸彼而已惟勿反其序則是　斯心對彼而言向寡妻兄弟家邦盡皆彼也此一章必

不王是折枝之類也

形狀也挾以腋持物也超躍而過也爲長者折枝以長者之命折草木之枝言不難也是心固有不待外求擴而充之在我而已何難之有

王曰不爲者與不能者之形狀何以異孟子曰設有如挾泰山之重以超越北海之淵此異常之事語人曰我不能是誠不能無疑也至於以長者之命而爲之折枝則初非難事語人曰我不能是不肯爲也非不能也明矣不爲與不能之形其異如此今王有足王之心而不肯用其息故王之不王非挾泰山以超北海之類而阻於不能也王之不王是折枝之類而自不爲也

老吾老以及人之老幼吾幼以及人之幼天下可運於掌詩云刑于寡妻至于兄弟以御于家邦言舉斯心加諸彼而已

字是骨子。大過人是以保四海之功業言。所以能保四海者。惟能推恩而已。
張南軒曰。孟子非使之以其愛物者及人。蓋使之因愛物以循其不忍之實。而反其所謂一本者。以親親而仁民。仁民而愛物。此所謂王道也。
饒雙峰曰。運於掌。言其近而易。天下雖大。只由一家老老幼幼推去。又何難且遠之有
眞西山曰。由親以及民。由民以及物。此古人之善推也。能及物而不能及民。此宣王之不善推也
陳新安曰。末二句。再問難以詰之。十分精神。文法亦有照應收拾。

故推恩足以保四海不推恩無以保妻子古之人所以大過人者無他焉善推其所為而已矣今恩足以及禽獸而功不至於百姓者獨何與老吾老至善推所爲正發用恩之易以明是心足王之實下復詰不用恩之故

老以老事之也吾老謂我之父兄人之老謂人之父兄幼以幼畜之也吾幼謂我之子弟人之幼謂人之子弟運於掌言易也詩大雅思齊之篇刑法也寡妻寡德之妻謙辭也御治也不能推恩則衆叛親離故無以保妻子蓋骨肉之親本同一氣又非若他人之同類而已故古人必由親親推之然後及於仁民又推其餘然後及於愛物皆由近以及遠自易以及難今王反之則必有故矣故復推本而

權然後節　朱子曰物易見心無形度物之輕重長短易度心之輕重長短難度物差

再問之

所謂王不難於致王者亦有見於推恩之易耶苟盡孝弟以老吾之老即推是老老之心以及於民使人皆得以老其老施慈惠以幼吾之幼即推是幼幼之心以及於民使人皆得以幼其幼如此則舉天下無一不被吾老老幼幼之恩其恩之著於天下也特運之掌耳何難之有大雅思齊之詩云刑于寡妻至于兄弟以御及于邦家蓋言人具此心心具此仁舉此心而加之寡妻則寡妻以正舉此心而加之兄弟則兄弟以和舉此心而加之家邦則家邦隨之以治總不外一心之運用而已所謂老幼吾之老及人之老幼者幾非自斯心而推之乎故能推此心以施恩則德澤恰冒四海之大可以保之而無難不能推此心以施恩則恩誼衰薄妻子至近亦不能以保之矣古之帝王其功業隆盛所以大過於人者豈有他道亦惟親親而仁民仁民而愛物自近及遠自易至難善推其所為而已矣今恩足以及禽獸而功不至於百姓倒行逆施不能如古人之善推者果何故哉

權然後知輕重度然後知長短物皆然心為甚王請度之

了只是一事心差了時萬事俱差所以心爲甚　又曰愛物宜輕仁民宜重此是權度以此去度　又曰本然之權度亦只是此心此心本然萬理皆具應物之時須是仔細看合如何便是本然之權度也如齊王見牛而不忍之心見此是合權度處及至興甲兵危士臣結怨於諸侯又却忍爲之便是不合權度失其本心

權稱錘也度丈尺也度之謂稱量之也言物之輕重長短人所難齊必以權度度之而後可見若心之應物則其輕重長短之難齊而不可不度以本然之權度又有甚於物者今王恩及禽獸而功不至於百姓是其愛物之心重且長而仁民之心輕且短失其當然之序而不自知也故上文既發其端而於此請王度之也

王亦未反求諸心耳如權既設然後知物之輕重度既設然後知物之長短凡天下之物必用權度以稱量之莫不皆然而心之應物有輕重長短之宜不可不度以本然之權度其關係之大爲尤甚今王恩及禽獸愛物之心重且長功不至於百姓仁民之心輕且短失其當然之序者亦未度以本然之權度耳王請度之則知仁民之心當重而長愛物之心當輕而短庶權度不差而施恩有序矣

抑王節　存疑曰上既以恩及禽獸功不至於百姓詰王請度之抑王興甲兵條是說齊王功不至百姓乃以興兵構怨之故上註所謂今王反之則必有故正指此也蓋此是齊王病痛根源處他那愛民之心所以輕且短者皆由於此

胡雲峯曰上一節一心字亦指本心而言蓋謂本心之中有自然之權度非自外來也此節一心字與後數箇欲字便非本心矣本心難於擴充而欲心易於蔽錮此王道所以不行也

王曰否節　蒙引曰王之所以功不至百姓與兵構怨累之也王之所以興兵構怨者將以求吾所大欲蔽之也

陳新安曰所大欲者人欲之橫流所以不能仁民而擴天理之公也

抑王興甲兵危士臣構怨於諸侯然後快於心與

蒙上文動下意

抑發語辭士戰士也構結也孟子以王愛民之心所以輕且短者必其以是三者爲快也然三事實非人心之所快有甚於殺觳觫之牛者故指以問王欲其以此而度之也

夫王愛民之心所以輕且短者抑王豈是與動其甲兵危以其士臣以構結仇怨於諸侯然後快足於心與驅萬民於死地視殺一觳觫之牛爲何如焉不以此而度之也

王曰否吾何快於是將以求吾所大欲也

不快於此者心之正也而必爲此者欲誘之也欲之所誘者獨在於是是以其心尚明於他而獨暗於此此其愛民之心所以輕短而功不至於百姓也

上之節　陳新安曰所大欲在此。所以初發
問便欲開桓文霸圖事

王曰否。此三者非可快之事也吾何快於是特吾
有所大欲焉吾將以此求之不得已而爲之耳。
曰王之所大欲可得聞與王笑而不言曰爲肥甘不足於口
與輕煖不足於體與抑爲采色不足視於目與聲音不足聽
於耳與便嬖不足使令於前與王之諸臣皆足以供之而王
豈爲是哉曰否吾不爲是也曰然則王之所大欲可知已欲
辟土地朝秦楚莅中國而撫四夷也以若所爲求若所欲猶
緣木而求魚也
便嬖近習嬖幸之人也已語助辭辟開廣也朝致其來朝
也秦楚皆大國莅臨也若如此也所爲指興兵結怨之事
緣木求魚言必不可得

若是節　陳新安曰千里者九齊楚燕秦趙魏韓宋中山也

孟子曰王之所大欲可使臣得聞之與王但笑而不言孟子因詰之曰豈爲肥甘之味不足於口與輕煖之衣不足於體與抑爲華采之色不足視於目與聲音之美不足聽於耳與便習嬖幸之人不足使令於前與以臣觀之王之諸臣於此數者皆足以供之而無缺而王之欲豈爲是哉宣王荅否是何足爲大欲吾不爲是而求之也孟子曰然則王之所大欲可得而知已蓋欲開闢我土地朝服彼秦楚而臨蒞中國外而安撫四夷儼然一統眞大欲也然求是大欲必有大道以若此興兵構怨之所爲求若此一統無外之所欲猶因緣喬木而求魚決無必得之理也

王曰若是其甚與曰殆有甚焉緣木求魚雖不得魚無後災以若所爲求若所欲盡心力而爲之後必有災曰可得聞與曰鄒人與楚人戰則王以爲孰勝曰楚人勝曰然則小固不可以敵大寡固不可以敵衆弱固不可以敵彊海內之地方千里者九齊集有其一以一服八何以異於鄒敵楚哉蓋亦

反其本矣

殆蓋皆發語辭鄒小國楚大國齊集有其一言集合齊地其方千里是有天下九分之一也以一服八必不能勝所謂後災也反本說見下文

王曰小求大欲而不可得甚至若緣木求魚之甚與曰殆有甚於此焉緣木求魚雖不得魚亦無後來災禍以若所爲求若所欲竭盡心力而爲之非惟無功後來比必有災王曰後災之說可得聞與曰如鄒人與楚人交戰則王以爲孰能取勝王曰必楚人勝曰知楚之必勝鄒然則天下國之小者固不可以敵大人民之寡者固不可以敵衆兵力之弱者固不可以敵彊理勢之必然也今總計海內之地方千里者約有九區齊國集合其地僅方千里不過有其九分之一也王欲以千里之一服海內千里之八何以異於以鄒而敵楚哉其不勝而敗也必矣所謂有後災者以此王如欲遂大欲之求則自有根本之務不必計小大衆寡彊弱而可以得志於天下蓋亦反其本而已矣

今王節　張南軒曰夫欲朝秦楚莅中國內世俗言則以爲有志自聖賢觀之苟不本乎公理特出於快求矜伐之私耳齊王惟汲汲於濟其私非惟不克濟而禍患隨之蹈私欲固危道也由孟子所言以發政施仁則公理之所存可大之業自可馴致此天理人欲之分也

正解曰發政施仁包得廣下文制産特仁政之大耳中間包尊賢使能耕者九一市廛不征關譏不征等項故曰使天下仕者云云

今王發政施仁使天下仕者皆欲立於王之朝耕者皆欲耕於王之野商賈皆欲藏於王之市行旅皆欲出於王之塗天下之欲疾其君者皆欲赴愬於王其如是孰能禦之此言行仁之效

行貨曰商居貨曰賈發政施仁所以王天下之本也近者說遠者來則大小彊弱非所論矣蓋力求所欲則所欲者反不可得能反其本則所欲者不求而至與首章義同

所謂本者何仁政是也今王以不忍之心行保民之政發政而施仁不但齊之民被其澤而心悅將使天下之仕者皆欲立於王之朝以行其道耕者皆欲耕於王之野以安其業商賈之貿遷者皆欲藏於王之市行旅之往來者皆欲出於王之塗天下之疾其君而欲除其虐者皆欲來訴告於王其如是則四方來歸孰能禦之而土地辟秦楚朝中國四夷皆附王之大欲不求而得矣何必興兵構怨爲哉

吾惛節　惛者不明。故須明敎。而後面孟子言制民之産。故亦以明君言之。

無恒節　輔慶源曰。恒産常生之業。則下文所言五畝之宅百畝之田是也。恒心常有之善心。則下文所言善與禮義是也。善又禮義之總名。

王曰吾惛不能進於是矣願夫子輔吾志明以教我我雖不敏請嘗試之　此下六節因王有志行仁告之反本以制恒産

王曰王天下誠不外乎仁政但吾資質昏昧未能遠進於此願夫子輔助吾欲爲之志凡政如何而發仁如何而施明以教我我雖不敏請嘗試而行之

曰無恒産而有恒心者惟士爲能若民則無恒産因無恒心苟無恒心放辟邪侈無不爲已及陷於罪然後從而刑之是罔民也焉有仁人在位罔民而可爲也

恒常也産生業也恒産可常生之業也恒心人所常有之善心也士嘗學問知義理故雖無常産而有常心民則不能然矣罔猶羅網欺其不見而取之也

明君節　李衷一曰是故緊承上恒產所係之大旨來明君即仁人所謂能保民者必使二字貫下四句有經畫周詳意驅即教善即恒心民從之也輕有所賴藉而爲善所謂有恒產而有恒心也此是泛言其理

仰足二句是制產周于老幼樂歲二句是制產裕于凶豐驅而之善合本節讀應序中孝悌二義

孟子曰仁政莫先於養民養民莫先於制產凡無常生之恒產而猶有恒有之善心者惟嘗學問知禮義之士爲能之若夫民則無恒產因而無常心苟無有常心則放縱偏辟邪枉淫侈無所不爲而人皆犯罪矣爲人君者平時不能制恒產以養民及至陷民於有罪之地然後從而加之以刑則是欺愚民無知而陷害之乃罔民也焉有仁人在上位罔民之事而可爲也

是故明君制民之產必使仰足以事父母俯足以畜妻子樂歲終身飽凶年免於死亡然後驅而之善故民之從之也輕

輕猶易也此言民有常產而有常心也

恒產所係之重如此是故明君爲治計口授田其制民之產也必使仰焉足以奉事其父母俯焉足以畜養其妻子豐樂之歲則終身安飽即凶荒之年亦可免於死亡民之得遂其生如此然後設教驅而之於善故民有所賴藉而爲善其從之也自輕省而不費力矣此所謂民有恒產因有恒心者也

今也節　正解曰、今也制民之產名爲制產、卻不遵古之法、且奪其農時厚其稅斂故仰不足云云　此與上節反看亦只泛言當時之君。

王欲節　陳新安曰、則盍反其本矣與前蓋亦反其本矣當對觀發政施仁是所以王天下之本使民有常產又是發政施仁之本也

末節　胡雲峰曰、此章甚詳。集註斷之甚約。蓋欲黜霸功則心之所向者正。能行王道則心之所充者大。先王有不忍人之心斯有不忍人之政今雖有不忍之心而不能

今也制民之產仰不足以事父母俯不足以畜妻子樂歲終身苦凶年不免於死亡此惟救死而恐不贍奚暇治禮義哉

贍足也此所謂無常產而無常心者也

今爲上者制民之產不遵古法使民仰不足以事父母俯不足以畜妻子雖當樂歲亦終身困苦一遇凶年即不免於死亡當此之時民惟有救死而恐不足奚暇治禮義以爲善哉此所謂無常產因無恆心也

王欲行之則盍反其本矣

盍何不也使民有常產者又發政施仁之本也說見下文

王欲發政施仁行保民之道亦反求其本以制民恆產而已矣

五畝之宅樹之以桑五十者可以衣帛矣雞豚狗彘之畜無失其時七十者可以食肉矣百畝之田勿奪其時八口之家

推之以行不忍之政無他奪於功利之私也功利二字依舊是向霸功上去入於彼必出於此世安有不黜霸功而能行王道者故此孟子所以斷然以爲仲尼之徒所不道也

說約曰按此節雖趙註云爲齊梁各陳不嫌其重然前對小惠爲王者之大道此對伯功爲王者之正道亦各有頭項也孫篇中曰興兵構怨曰求大欲曰辟土地朝秦楚云云依舊是齊桓晉文一則話此節即了無以則王意爲一章大照應結局耳又不可不知

可以無饑矣謹庠序之教申之以孝悌之義頒白者不負戴於道路矣老者衣帛食肉黎民不饑不寒然而不王者未之有也此言制産之法重前三段教在制産之後應上有恒産而有恒心

此言制民之産之法也趙氏曰八口之家次上農夫也此王政之本常生之道故孟子爲齊梁之君各陳之也楊氏曰爲天下者舉斯心加諸彼而已然雖有仁心仁聞而民不被其澤者不行先王之道故也故以制民之産告之

此章言人君當黜霸功行王道而王道之要不過推其不忍之心以行不忍之政而已齊王非無此心而奪於功利之私不能擴充以行仁政雖以孟子反覆曉告精切如此

而蔽錮已深終不能悟是可嘆也

制恒産之法何如每夫授五畝之宅牆下樹之以桑則帛有所出而五十者可以衣帛矣雞豚狗彘之畜無失其孕字之時則肉有所出而七十者可以食肉矣每夫授百畝之田勿奪其農時則穀有所出八口之家可以無饑矣恒産既制則恒心可生於是設庠序而謹其教之之道又於其中申明之以孝悌之義則民知愛親敬長樂代其勞而頒白者不負戴於道路之中矣夫老者衣帛食肉黎民不饑不寒則老老幼幼之恩無不被足以保四海而無難矣然而不王者未之有也所謂保民而王者正以此區區伯功何足道哉

四書述朱卷之十四 終

大全諸說合參

莊暴章

首節　蒙引曰好樂何如疑有病於治也暴未有以對也意歸在此

四書述朱卷之十五

婺江黃昌衢康謠彙編

錫山張麗金荊南參訂

弟　昌伊若尹

昌儦庭友　仝較

孟子

梁惠王章句下

莊暴章全旨　此章見人君當公好樂之情以好樂甚齊其庶幾句爲主末節正發明此意同樂即甚也則王矣即齊其庶幾也

莊暴見孟子曰暴見於王王語暴以好樂暴未有以對也曰好樂何如孟子曰王之好樂甚則齊國其庶幾乎

次節　許東陽曰王語暴以好樂蓋論及所好之俗樂暴未有以對蓋莊暴亦知俗樂之不足好欲諫而未得其辭故以告孟子王變色是愧前與暴論者不可聞於孟子故其下直言之

三節　吳蘇右曰王之好樂甚是激切告君之詞要得歆動齊王意樂以情言不在聲容上說

莊暴齊臣也庶幾近辭也言近於治

齊臣莊暴入見孟子曰昔暴見於王王語暴以喜好音樂暴未有言以對也敢質之夫子曰好樂何如其有妨於治否乎孟子曰好樂何妨若王之好樂誠甚而極其量則齊國其庶幾於治乎

他日見於王曰王嘗語莊子以好樂有諸王變乎色曰寡人非能好先王之樂也直好世俗之樂耳

變色者慚其好之不正也

莊暴不能復問孟子他日乃見於王曰王嘗語莊子以好樂有諸乎王慚其好之不正乃變乎色曰寡人非能好先王之雅樂也但好今世俗之樂耳何足為夫子道及哉

曰王之好樂甚則齊其庶幾乎今之樂由古之樂也

今樂世俗之樂古樂先王之樂

四節、項仲昭曰、獨樂二段。不是問他、全。是啟發他公心。以爲言、樂張本。可得聞與。只指好樂甚而齊庶幾。不兼問今樂猶古樂。意所重不在此。樂樂、鼓樂以爲樂也

五節 爲王言好樂甚不甚之情 下二節正言不甚與甚。末節是言庶幾。

曰、可得聞與。曰、獨樂樂、與人樂樂、孰樂。曰、不若與人。曰、與少樂樂、與衆樂樂、孰樂。曰、不若與衆。

孟子曰、王之好樂甚、則齊其庶幾於治乎、今之樂、無異於古先王之樂也

獨樂不若與人、與少樂不若與衆、亦人之常情也

王曰、夫子所謂好樂甚而齊其庶幾者、可得聞其說與。孟子先即常情以引之、曰、獨作樂以爲樂、與人作樂以爲樂、二者孰爲可樂。王曰、不若與人之爲適也。曰、與少人作樂以爲樂、與衆人作樂以爲樂、二者孰爲可樂。王曰、不若與衆人之爲暢也。

臣請爲王言樂、

此以下皆孟子之言也

孟子曰、王如知此、則好樂之公私得失、從可知矣。臣請爲王而一一陳之於前也。

六節　陳新安曰因好樂而及田獵以王亦好田獵故也○

今王鼓樂於此百姓聞王鐘鼓之聲管籥之音舉疾首蹙頞而相告曰吾王之好鼓樂夫何使我至於此極也父子不相見兄弟妻子離散今王田獵於此百姓聞王車馬之音見羽旄之美舉疾首蹙頞而相告曰吾王之好田獵夫何使我至於此極也父子不相見兄弟妻子離散此無他不與民同樂也

鐘鼓管籥皆樂器也舉皆也疾首頭痛也蹙聚也頞額也人憂戚則蹙其額極窮也羽旄旌屬不與民同樂謂獨樂其身而不恤其民使之窮困也○

如今王爲鼓樂之樂於此百姓聞王擊鐘鼓之聲吹管籥之音舉皆疾首蹙額而相告語曰吾王好鼓樂以爲樂夫

右節　饑雙峰曰庶幾無疾病民惟恐君不
安樂有愛之欲其生之意若時日害喪則
惡之欲其死矣
存疑曰吾王庶幾無疾病與何以能鼓樂也
是設辭之詞言吾王適來庶幾幸無疾病
與[illegible]然地能鼓樂也曰庶幾曰何以皆
形容之詞不可作自相問答語氣

何使我至此困窮之極也父與子不相見兄弟妻子皆離
散乎今王更田獵於此百姓聞王車馬馳驅之音見羽旄
飛揚之美舉皆疾首蹙頞而相告語曰吾王好田獵以爲
樂矣何使我至此困窮之極也父與子不相見兄弟妻子
皆離散乎民不樂王之樂如此此無他故益由
平日獨樂其身而不恤其民不與民同樂也

今王鼓樂於此百姓聞王鍾鼓之聲管籥之音舉欣欣然有
喜色而相告曰吾王庶幾無疾病與何以能鼓樂也今王田
獵於此百姓聞王車馬之音見羽旄之美舉欣欣然有喜色
而相告曰吾王庶幾無疾病與何以能田獵也此無他與民
同樂也

與民同樂者推好樂之心以行仁政使民各得其所也
又如今王鼓樂於此百姓聞王鍾鼓之聲與管籥之音舉
皆欣欣然有喜悅之色而相告曰吾王庶幾幸無疾病與

本節　張南軒曰：與民同樂者，固樂之本也。好世俗之樂者，私欲也；與民同樂者，公理也。孟子不遽詆其所好，而獨擴之以公理，可謂善啟君者。

何其能鼓樂以為樂也？今王更田獵於此，百姓聞王車馬之音，見羽旄之美，舉皆欣欣然有喜悅之色，而相告曰：吾王庶幾無疾病與？何其能田獵以為樂也？民之樂王之樂如此，此無他故，由王平日能行仁政，推其樂以及民而與民同樂也。

今王與百姓同樂，則王矣。

好樂而能與百姓同之，則天下之民歸之矣，所謂齊其庶幾者如此。　范氏曰：戰國之時，民窮財盡，人君獨以南面之樂自奉其身，孟子切於救民，故因齊王之好樂開導其善心，深勸其與民同樂，而謂今樂猶古樂，其實今樂古樂何可同也？但與民同樂之意，則無古今之異耳。若必欲以禮樂治天下，當如孔子之言，必用韶舞，必放鄭聲。蓋孔子

文囿章

首節

金氏曰孟子言事多因其語意以開導之初不辨其事之有無虛實

之言爲邦之正道孟子之言救時之急務所以不同楊氏曰樂以和爲主使人聞鍾鼓管絃之音而疾首蹙頞則雖奏以咸英韶濩無補於治也故孟子告齊王以此姑正其本而已

使今王好樂而果能推好樂之心以行仁政與百姓同樂其樂則近者悅遠者來可以王於天下矣所謂好樂甚而齊其庶幾者如此今樂古樂又何擇焉

文囿章全旨

通章重與民同之一句是人君當公利以恤民也囿之大小不在制度上較惟就民心上分

齊宣王問曰文王之囿方七十里有諸孟子對曰於傳有之

囿者蕃育鳥獸之所古者四時之田皆於農隙以講武事然不欲馳騖於稼穡場圃之中故度閒曠之地以爲囿然

次節若是其大乎爲驚訝之詞便是發自辭之端齊王在制度上說大小孟子是在民心上說大小。

文王七十里之囿其亦三分天下有其二之後也與傳謂古書

宣王問孟子曰嘗聞文王之囿地方七十里有之乎孟子對曰於傳蓋有之也

曰若是其大乎曰民猶以爲小也曰寡人之囿方四十里民猶以爲大何也曰文王之囿方七十里芻蕘者往焉雉兔者往焉與民同之民以爲小不亦宜乎

芻草也蕘薪也

王曰囿何若此其大乎孟子曰當日之民猶以爲小也王曰寡人之囿方四十里而民猶以爲大何也曰文王之囿雖方七十里而民之芻以牧養蕘以採薪者皆往其中以取焉民之雉以逐禽兔以逐獸者皆往其中以取焉囿之所有無不與民同之民享其利而不知爲君之囿與七十里之廣也所以爲小不亦宜乎。

本節　趙岐注曰：設陷阱者，不過丈尺之間。今王陷阱乃方四十里。
陳新安曰：前篇罔民，與此爲阱，皆是借網取獸以諷切時君之禽獸其民。

臣始至於境，問國之大禁，然後敢入。臣聞郊關之內有囿方四十里，殺其麋鹿者如殺人之罪，則是方四十里爲阱於國中。民以爲大，不亦宜乎？

禮：入國而問禁。國外百里爲郊，郊外有關。阱，坎地以陷獸者，言陷民於死也。

若王之囿有不然者。臣始初至於王之境，問國之大禁，知所避忌，然後敢入。臣乃聞郊關之內，有囿方四十里，其禁有殺其囿中之麋鹿者，即如殺人之罪。夫以取囿之所有而殺人，則是以方四十里之地爲阱坎於國中而陷民於死也。民視死地，兢兢畏之，況此四十里乎？其以爲大，不亦宜乎。

交鄰章全旨

此章見人君當仁智以睦鄰，勇以除暴。然要看得一串。除暴所以通交鄰之變，勇所以濟仁智之所不及也。總言能懲小忿，則能卹小事大，以交鄰國；能養大勇，則能除暴救民以安天下。當玩。

文鄰章

首節　蒙引曰惟仁者爲能以大事小惟智者爲能以小事大見齊王之於鄰國其大者則當以智者之道處之其小者則當以仁者之道處之二端之外無餘法矣

齊宣王問曰交鄰國有道乎孟子對曰有惟仁者爲能以大事小是故湯事葛文王事昆夷惟智者爲能以小事大故大王事獯鬻句踐事吳

仁人之心寬洪惻怛而無較計大小强弱之私故小國雖或不恭而吾所以字之之心自不能已智者明義理識時勢故大國雖見侵陵而吾所以事之之禮尤不敢廢湯事見後篇文王事見詩大雅大王事見後章所謂狄人即獯鬻也句踐越王名事見國語史記

宣王問於孟子曰交鄰講好有道乎孟子對曰有國之鄰於我者有大小鄰之施於我者有順逆彼以逆施我以忿報和好之所以不修也惟仁者誠意惻怛度量寬洪爲能以己國之大事鄰國之小未嘗忿其不恭而加伐是故湯

次節　輔慶源曰保天下保其國言仁智者之氣象規模有此效也非謂仁者智者之心欲其如此也

存疑曰保天下之氣象這句尚在保天下上看保一國之規模亦然

嘗事葛文王事昆夷此其証也惟智者通曉事理審度時勢爲能以小國事大國未嘗因其侵陵而廢禮故大王事獯鬻句踐事吳此其証也

以大事小者樂天者也以小事大者畏天者也樂天者保天下畏天者保其國

天者理而已矣大之字小小之事大皆理之當然也自然合理故曰樂天不敢違理故曰畏天包含徧覆無不周徧保天下之氣象也制節謹度不敢縱逸保一國之規模也

夫大之字小小之事大皆理之當然也以大事小者忘其勢之在己誠心愛人自然而合乎理樂天者也以小事大者順其勢之在人安分自守不敢或違乎理畏天者也樂天者包含徧覆無一物之不容四海雖廣皆在吾怙冒之中不足以容保天下乎畏天者制節謹度無一事之敢忽敵國雖偪在我無可乘之釁豈不足以保守其國乎

三節　陳新安曰引詩不及樂天一邊亦偶然耳。

愚按引詩畏天句似尚証畏天于時保之却兼証保天下益樂天者必兼畏天隣鄰國大小施之耳須融講畏樂爲妙

王請節　趙氏曰血氣所爲之勇如溝澮之水暴集隨涸故謂之小義理所發之勇大開廣闢日不能已故謂之大

詩云畏天之威于時保之

詩周頌我將之篇時是也

周頌我將之詩云畏上天之明威不敢縱逸於是可保守天命而不失此畏天者保其國之謂也

王曰大哉言矣寡人有疾寡人好勇

言以好勇故不能事大而恤小也

宣王曰夫子論仁知交鄰之道而有以保國保天下大哉斯言矣但寡人有疾好尚剛勇若稍見鄰國侵慢則忿怒不勝烏能事大而恤小乎

對曰王請無好小勇夫撫劍疾視曰彼惡敢當我哉此匹夫之勇敵一人者也王請大之

疾視怒目而視也小勇血氣所爲大勇義理所發

詩云節　陳新安曰。怒者勇之發也。因王赫斯怒一怒字。發出一怒安民之說。蓋自赫怒舉兵以對于天下。而生出此意。

孟子對曰。好勇何傷。王請無好小勇耳。夫按劍在手。怒目而視曰。彼何敢當我哉。此匹夫血氣之勇。僅可以敵一人者也。何足爲好。王如好之。則請大其勇可也。

詩云。王赫斯怒。爰整其旅。以遏徂莒。以篤周祜。以對于天下。此文王之勇也。文王一怒而安天下之民。

詩大雅皇矣篇。赫赫然怒貌。爰於也。旅眾也。遏。詩作按。止也。徂往也。莒詩作旅。徂旅謂密人侵阮徂共之眾也。篤厚也。祜福也。對答也。以答天下仰望之心也。此文王之大勇也。

夫大勇何如。觀大雅皇矣之詩云。密人作亂。侵阮國。其莒往至於共。文王赫然奮怒。於是整飭其師旅。以遏密人徂共之旅。使我周威振德揚。以篤厚其福。天下大畏小懷。有以答其仰望之心。此文王之所以爲勇也。文王一怒除

書曰節　輔慶源曰。寵異謂天寵異武王于天下也。亶聰明。是以天德寵異之也。作元后。是以天位寵異之也。心志謂天下之心志也。人之作亂。皆過越其心志之故耳。若守其心志。無所過越。則何至有作亂之事乎。此武王以天下之重自任也。

客人之亂。四方諸侯。皆不敢凌弱暴寡。兵革寧息。遂以安天下之民。其勇何如其大也

書曰天降下民作之君作之師惟曰其助上帝寵之四方有罪無罪惟我在天下曷敢有越厥志一人衡行於天下武王恥之此武王之勇也而武王亦一怒而安天下之民。

書周書泰誓之篇也然所引與今書文小異今且依此解之寵之四方寵異之於四方也有罪者我得而誅之無罪者我得而安之我既在此則天下何敢有過越其心志而作亂者乎衡行謂作亂也孟子釋書意如此而言武王亦大勇也。

又泰誓之書曰。天降生下民。立我為之君為之師。亦惟謂我能助上帝以安民故以君師之任寵異之於四方。上

末節　饒雙峰曰：怒得是，便是天理；怒得不是，便是人欲。孟子之論，大槩要分别天理人欲於當權之間，如同樂獨樂之類。

雲峰胡氏曰：大學以智仁勇三者並言，此勇字亦當連前仁智字並言。仁智中之勇，是謂大勇。

紹聞編云：湯與大王、文王、武王，平時則能恤小事大，以交鄰國；有事則能除暴救民，以安天下。是此章意雖兩節，而理實相通也。

天立我之意如此，則凡有罪者，我得而誅之；無罪者，我得而安之。既有我在，天下豈敢有過越其心志，而作亂以虐民者乎？以是觀之，設當時有一人横行倡亂於天下，武王必以爲己之恥而誅之矣。此武王之所以爲勇也。武不容一人作亂於天下，則亦一怒而安天下之民也，勇何大也。

今王亦一怒而安天下之民，民惟恐王之不好勇也。

王若能如文武之爲，則天下之民望其一怒以除暴亂而拯己於水火之中，惟恐王之不好勇耳。○此章言人君能懲小忿，則能䘏小事大以交鄰國；能養大勇，則能除暴救民以安天下。張敬夫曰：小勇者，血氣之怒也；大勇者，理義之怒也。血氣之怒不可有，理氣之怒不可無。知此，則可以見性情之正，而識天理人欲之分矣。

雪宮章

首節　輔慶源曰、離猶別也、別在其所居宮室之外、故曰離宮、

當今天下之君、爲暴者多、民之被困亦甚矣、王誠能法文武之所爲、亦一怒除殘、以安天下之民、將見天下之民皆望王拯已於水火之中、惟恐王之不好勇也。王何以好勇爲病哉。蓋鄰國無道、僅及於我、則懲小忿而以仁智事之、鄰國無道、禍及天下之民、則奮大勇而除之。二者固並行而不悖也。

雪宮章全旨　此章見人君當公樂於民、首三節、因齊王誇禮遇之隆、引之以與民同樂、下六節、不但舉齊之故典、欲王法祖而納誨、中數節、乃借晏子之言、發自己之意、補助卹民。正憂樂同民之實、流連荒亡、正憂樂不同民之事、便欲宣王以先王爲法、以今時爲戒、意未及景公悅晏子之言、行先王之典、則徵諷以納己之言、而與民同樂也。如此看、方覺後一段有關係、若但謂欲齊王用其言、而舉齊之故典、以爲法、未免閒語太長矣。

齊宣王見孟子於雪宮。王曰、賢者亦有此樂乎。孟子對曰、有。人不得、則非其上矣。

雪宮、離宮名。言人君能與民同樂、則人皆有此樂。不然則

二節　大全蔡氏曰、用上句以陰助下句。不平說，

三節　輔慶源曰、君以民之樂爲樂，則民亦以君之樂爲樂。如是則君以民爲體，民以君爲心。天下雖大，兆民雖多，其懽欣愉悅，疾痛痾癢，無切于吾之身矣。君能體仁如此，則天下之民其將何往，雖欲無王，不可得也。

下之不得此樂者，必有非其君上之心。明人君當與民同樂，不可使人有不得者，非但當與賢者共之而已也。

齊宣王館孟子于雪宮，而就見之。王因誇其禮遇之隆，而語孟子曰：賢士亦有此安居之樂乎？孟子對曰：人君以此待賢，則賢者得有此樂也。但人皆願有此樂，若不得其樂，則必有非怨其上之心矣。非但當與賢者共之也。

不得而非其上者，非也；爲民上而不與民同樂者，亦非也。

下不安分，上不卹民，皆非理也。

大民不得其樂而非其上者，不安爲下之分，固非也；爲民上而不與民同樂，以致民之非怨，而失爲君之道，亦非也。

樂民之樂者，民亦樂其樂；憂民之憂者，民亦憂其憂。樂以天下，憂以天下，然而不王者，未之有也。

樂民之樂，而民樂其樂，則樂以天下矣；憂民之憂，而民憂

樂以天下二句就上四句看出兼君民言但以君作主

昔者節　此下四節只重先王二字景公原志比先王故晏子備述先王觀而亦及今時之弊隨之以先王無流連云云繫以惟君所行正進以法先王也何修二字正與下行字相應只是引他法古不是要法景公

其憂則憂以天下矣

所謂與民同樂者如安居粒食民之樂也誠能樂民之樂而皆爲致之則民亦見臺池鳥獸而歡悅聞鍾鼓管籥而色喜而樂君之樂矣貧窮無告民之憂也誠能憂民之憂而勿以施之則民亦有事爲之趨有難爲之赴而憂君之憂矣夫樂不以已而以民致民亦樂其樂則上下之樂歸于大同是樂以天下也憂不以已而以民致民亦憂其憂則上下之憂歸于大公是憂以天下也憂樂相通上下無間則天下之人莫不傾心歸附然而不成王業而王天下者未之有也

昔者齊景公問於晏子曰吾欲觀於轉附朝儛遵海而南放於琅邪吾何修而可以比於先王觀也

晏子齊臣名嬰轉附朝儛皆山名也遵循也放至也琅邪齊東南境上邑名觀遊也

晏子節　蒙引曰、天子適諸侯曰巡狩。又必解曰巡狩者巡所守也。諸侯朝於天子曰述職。又必解曰述職者述所職也。正以見其無非事者。言一則爲巡諸侯所守而行。一則爲述所職於天子而行。是皆無非事者。非訓解之詞。省耕省斂。又在巡狩述職之外。天子諸侯皆然。夏諺獨言王者。蓋畿內之諺也。

存疑曰、無非事者、非字當無字看。

趙氏曰巡所守者。自上察下也。述所職者。自下達上也。省耕斂不是巡狩述職時便省民不足不給也。天子只是省其畿內。至于天下。則但巡狩以考其田野之治否。而爲之賞罰耳。　春時舊穀既沒。新穀未升。民之乏絕。正在此時。若有不足。則不能盡力于耕。一年之計俱失矣。秋時民之所收或

夫樂民之樂。憂民之憂者何如。昔齊先公景公問其臣晏子曰。吾意欲觀於轉附朝儛之山。復遵海南下。至於琅邪之邑。不知何所修爲而得比於先王之遊觀。使當時後世皆以爲盛事也。

晏子對曰善哉問也天子適諸侯曰巡狩巡狩者巡所守也諸侯朝於天子曰述職述職者述所職也無非事者春省耕而補不足秋省斂而助不給夏諺曰吾王不遊吾何以休吾王不豫吾何以助一遊一豫爲諸侯度

述陳也省視也斂收穫也給亦足也夏諺夏時之俗語也豫樂也巡所守巡行諸侯所守之土也述所職陳其所受之職也皆無有無事而空行者而又春秋巡行郊野察民之所不足而補助之故夏諺以爲王者一遊一豫皆有恩

穀一歲之用。或不穀一歲之用皆在此時。若不察知預處。則民將有艱阻失所者矣。故省而補助之。夏諺只帶省耕、省斂、不必通管巡狩述職。

今也節　陳新安曰。以上晏子言先王之法。此下言當時之弊。

饒雙峰曰。師行而糧食。君之行也以師。其食也以糧。為諸侯度指先王言。為諸侯憂指時君言。

輔慶源曰。王者之命諸侯。豈固欲其如此哉。

惠以及民。而諸侯皆取法焉。不敢無事慢遊以病其民也。

晏子對曰、一觀遊之事。而欲法先王之所為。善哉君之問也。以先王之觀言之。天子適諸侯之境。名曰巡狩。謂之巡狩者。巡行諸侯所守之土。而察其政事之治否也。諸侯來朝於天子。名曰述職。謂之述職者。自陳其所受之職。而試其功績於王庭也。一往一來。皆非無事而空行者。而又春秋巡行郊野。春為省民之耕。察其中播種有不足者。發倉廩以補之。秋為省民之斂。察其間收穫有不給者。發倉廩以助之。其惓惓為民者又如此。故夏時之諺有云。吾王若不行遊。則誰知吾之不足。而吾何以休。吾王若不豫樂。則誰知吾之不給。而吾何以助。一遊一豫。皆有恩惠以及吾民。而為四方諸侯之法度焉。此先王之觀也。

今也不然。師行而糧食。饑者弗食。勞者弗息。睊睊胥讒。民乃作慝。方命虐民。飲食若流。流荒亡。為諸侯憂、

今謂晏子時也。師。衆也。二千五百人為師。春秋傳曰。君行

不過使之愛養斯民而已。逆王命則虐必及其民矣。晏子主言齊事而云爲諸侯憂。故知爲附庸之國縣邑之長也。

從流節　饒氏曰、荒是廢時。亡是失事。

胡訓曰、流是流蕩而無節。連是留連而不已。

師從糧謂糗糒之屬。睊睊側目貌。胥相也。讒謗也。慝怨惡也。言民不勝其勞而起謗怨也。方逆也。命王命也。若流如水之流無窮極也。流連荒亡解見下文。諸侯謂附庸之國縣邑之長、

若今日也則不然。但一遊觀。即有師隨行。師行則有糧食供億之煩。夫征之擾。使民之饑者弗得食。勞者弗得息。睊睊然側目而視。相與口出謗言。而民乃作慝。不勝其怨恨焉。夫天子之命諸侯。本欲其上宣德意。下安民生也。今方逆王命。以恣虐下民。飲食之侈靡。如水之流而無窮極。至於流連荒亡無所不至。爲所屬之諸侯憂焉。

從流下而忘反謂之流。從流上而忘反謂之連。從獸無厭謂之荒。樂酒無厭謂之亡。

、、、、、

此釋上文之義也。從流下謂放舟隨水而下、從流上謂挽

先王節　指南曰、上文平說個先王之法。與今時之弊。至此、直說出先王無今時之弊如前所陳。惟在君力行之也。行字正與上何修修字相應。直是丁寧他倣先王而行也。註不必泥。

末節　趙氏惠曰、景公所作角徵樂。以其爲民爲事也。

陳新安曰舜之韶、遺音必有在齊者。孔子在齊聞韶。景公樂亦名招。可見。　上文俱引

舟遊水而上、從獸田獵也、荒廢也、樂酒以飲酒爲樂也、亡猶失也、言廢時失事也

所謂流連荒亡者。何如。從流下以遊蕩而忘反。謂之流。從流上以留戀而忘反。謂之連。從獸而無厭。至於廢時。謂之荒。樂酒而無厭。至於失事。謂之亡。此今時之弊也。

先王無流連之樂、荒亡之行、惟君所行也

言先王之法、今時之弊、二者惟在君所行耳

先王曾無流連之樂。荒亡之行。如今時者。君欲比於先王。惟在君之所行也。能行先王之法。則亦先王矣。否則向慕雖殷。豈能比於先王觀也哉。

景公說、大戒於國、出舍於郊、於是始興發補不足、召大師曰爲我作君臣相說之樂、蓋徵招角招是也、其詩曰畜君何尤

景公晏子事實。只末一句是孟子說。說約曰引景晏事大段是望其納誨意多然主意亦終在同民也。
眞西山曰易之大小畜皆以止爲義。凡止君之欲者乃所以爲愛君也。縱君之欲者其得爲愛君乎。忠臣之心。惟恐其君之有欲奸臣之心。惟恐其君之無欲

畜君者好君也

戒告命也出舍自責以省民也興發發倉廩也大師樂官也君臣巳與晏子也樂有五聲三曰角爲民四曰徵爲事招舜樂也其詩徵招角招之詩也尤過也言晏子能畜止其君之欲宜爲君之所尤然其心則何過哉孟子釋之以爲臣能畜止其君之欲乃是愛其君者也○尹氏曰君之與民貴賤雖不同然其心未始有異也孟子之言可謂深切矣

景公聞晏子之言而說之遂欣然欲行先王之法。乃大申戒令。示國人以更始之意。出舍郊外。察民間之疾苦。於是始興發倉廩以補助民之不足者。其於晏子之言。信能見之於行矣。既又召大師而命之曰。爾爲我作君臣相說之

明堂章

首節 通義金氏曰。天子巡狩四岳。朝諸侯於方岳之下。倣明堂之制而爲堂。故泰山之下有明堂。

樂。以詠一時之雅。當時所作之樂。卽今所傳之徵招角招是也。而其詩之被於樂者。有曰畜君何尤。言人臣能畜止其君之欲者。是忠愛其君之至也。又何過之有哉。先齊之遺事。如此。夫晏子所言。先王之法。與民同憂樂者也。今時之弊。憂樂之不恤其民者也。王如以先王先公爲法。雖以齊王無不可也。

明堂章全旨 此章見人君當行王政。通章總是誘進之詞。明堂之當毀不當毀無論。但能行王政則自不必毀。好貨。好色。亦無妨。但推己之心。而與民同之。卽所以行王政無非委曲引到行王政上去。叠明堂而王天下。乃所以歆動之也。

齊宣王問曰。人皆謂我毀明堂。毀諸已乎。

趙氏曰。明堂泰山明堂。周天子東巡守朝諸侯之處。漢時遺址尚在。人欲毀之者。蓋以天子不復巡守。諸侯又不當居之也。王問當毀之乎。且止乎。

次節　王政照下文言。非居明堂朝諸侯之政也。

三節　許東陽曰文王未嘗稱王。而所行却是王政。

家引曰或謂發政施仁指上文耕者九一至罪人不孥非也發政施仁是虛字先者專之也亦非先恤窮民而後行九一世祿之法也人君一行政便是此數者一時出令但此數窮民尤在所宜留意耳故曰尤宜憐恤必在所先也此先字亦如後義先利之先字不可拘以時之先後爲言。　凡民之老幼文王則導其妻子使養其老而恤

宣王問於孟子曰明堂在齊久矣衆人皆謂我毀明堂果當毀之乎抑止而勿毀乎。

孟子對曰夫明堂者王者之堂也王欲行王政則勿毀之矣

明堂王者所居以出政令之所也能行王政則亦可以王矣何必毀哉

孟子對曰夫明堂者王者所居之堂也王若欲行王政即可以一海內而朝諸侯則不必毀矣

王曰王政可得聞與對曰昔者文王之治岐也耕者九一仕者世祿關市譏而不征澤梁無禁罪人不孥老而無妻曰鰥老而無夫曰寡老而無子曰獨幼而無父曰孤此四者天下之窮民而無告者文王發政施仁必先斯四者詩云哿矣富人哀此煢獨

其幼。鰥寡孤窮之人。則無父母妻子之養。
而官養之者也

岐周之舊國也九一者井田之制也方一里爲一井其田九百畝中畫井字界爲九區一區之中爲田百畝中百畝爲公田外八百畝爲私田八家各受私田百畝而同養公田是九分而稅其一也世祿者先王之世仕者之子孫皆教之教之而成材則官之如不足用亦使之不失其祿蓋其先世嘗有功德於民故報之如此忠厚之至也關謂道路之關市謂都邑之市譏察也征稅也關市之吏察異服異言之人而不征商賈之稅也澤謂瀦水梁謂魚梁與民同利不設禁也孥妻子也惡惡止其身不及妻子也先王養民之政導其妻子使之養其老而恤其幼不幸而有鰥

四節　蒙引曰王如好貨。與百姓同之。推已好貨之心以及民也。推已之心以及民便是耕者九一。仕者世祿云云矣。好色與民同亦然。

寡孤獨之人無父母妻子之養則尤宜憐恤故必以爲先也詩小雅正月之篇哿可也煢困悴貌

王曰王政可得聞與。對曰古以諸侯而行王政者莫若文王。昔者文王之治岐也。於耕者則行九一之法。而斂從其薄。於仕者則有世祿之賞。而報從其厚。於關市則譏察非常。而不征商賈之貨。於澤梁則任民取利。而不設禁以自專。於有罪之人。止罪及其身。而不并累其妻子。是澤之所被者衆矣。至於老而無妻曰鰥夫。老而無夫曰寡婦。老而無子曰獨夫。幼而無父曰孤子。此四者艱難困苦。乃天下之窮民而無所告訴者。文王發政施仁。雖於人無所不濟。而於斯四者必尤加憐恤。務使之各得其所焉。小雅正月之詩云。哿矣富人。哀此煢獨。文王必先此四者。正以其可哀也。所謂王政蓋如此。

王曰善哉言乎曰王如善之則何爲不行王曰寡人有疾寡人好貨對曰昔者公劉好貨詩云乃積乃倉乃裹餱糧于橐

于橐思輯用光弓矢斯張干戈戚揚爰方啟行故居者有積倉行者有裹糧也然後可以爰方啟行王如好貨與百姓同之於王何有

王自以爲好貨故取民無制而不能行此王政公劉后稷之曾孫也詩大雅公劉之篇積露積也餱乾糧也無底曰橐有底曰囊皆所以盛餱糧也輯安集也言思安集其人民以光大其國家也戚斧也揚鉞也爰於也啟行言往遷於豳也何有言不難也孟子言公劉之民富足如此是公劉好貨而能推己之心以及民也今王好貨亦能如此則其於王天下也何難之有

五節　陳新安曰孟子之言有因其近似而發揮之以足己意者如公劉好貨本無事實只乃積乃倉一句大王好色亦無事實只爰及姜女一句而已然欲開導時君意正詞辨

存疑曰公劉好貨大王好色詩中本無此意孟子特就其中看出一箇意思來引導其君耳公劉詩只用故居者有積倉行者有

王曰善哉夫子之言乎真王者愛民之道也孟子曰王如以臣言爲善則何爲不見之於行王曰寡人有疾寡人好貨專利自封則取民無制如何能行此王政對曰好貨無妨昔者公劉亦嘗好貨大雅公劉之詩云公處西戎之時乃田有露積乃家有倉廩乃裹其餱糧于槖于囊之中而爲遷都之計思以輯和其民人用光顯其國家乃與矢斯張也干與戈戚與揚俱備也於是方啓行而遷於豳焉由詩言觀之公劉之遷豳非一時移■故必使民之居者有積倉行者有裹糧也然後可以爰方啓行而立國安集焉非公劉推好貨之心以及民焉能若此王如好貨與百姓同之使民各享其富足之利則於王天下何難之有能公好貨之心即所以行王政也王何以此爲病哉

王曰寡人有疾寡人好色對曰昔者大王好色愛厥妃詩云古公亶父來朝走馬率西水滸至于岐下爰及姜女聿來胥宇當是時也內無怨女外無曠夫王如好色與百姓同之於王何有

裏糧然後可以爰方啟行兩句點出民富足意而公劉好貨能與民同之意就在其中故承之曰王如好貨與百姓同之於王何有太王詩只用當是時也內無怨女外無曠夫兩句而大王好色能與民同之意就在其中故承之曰王如好色與百姓同之於王何有聖賢說道理有借古人之言發自家意思者此類是也

王又言此者好色則心志蠱惑用度奢侈而不能行王政也大王公劉九世孫詩大雅緜之篇也古公大王之本號後乃追尊爲大王也亶父大王名也來朝走馬避狄人之難也率循也滸水涯也岐下岐山之下也姜女大王之妃也胥相也宇居也曠空也無怨曠者是大王好色而能推己之心以及民也

王曰寡人有疾寡人又好色、心志蠱惑則用度奢侈如何能行此王政孟子曰好色亦無妨昔者大王亦嘗好色而鍾愛其妃大雅緜之詩云古公亶父因狄人之侵而避之乃於來朝策馬而走率循西水之滸以至於岐山之下於是及其妃姜女聿來相與擇宅而居焉由詩言觀之可見大王亦有妃匹之愛矣當是時也大王之民內而無怨恨無家之女外而無曠獨無室之夫非大王推好色之心以及民烏能若此王如好色與百姓同之使民各遂其宅家

王之臣章
首節　正解曰託妻子只是望他照管衣食非寄於其家也非是自楚反彼乃凍餒其妻子蓋反之日始知彼之凍餒其妻子也
次節　周禮秋官註群士上訟獄之不决者致於士師士師察其詞之曲直以告司寇

之願則於王天下亦何難之有能公好色之心亦所以行王政也王又何以此爲病哉

王之臣章全旨　此章見人君當盡君道首二節設言不友不忠之事引起末節而見齊王明於處人末節正言人君不能治國令諷齊王而見齊王憚於責己

孟子謂齊宣王曰王之臣有託其妻子於其友而之楚遊者比其反也則凍餒其妻子則如之何王曰棄之

託寄也比及也棄絶也

齊宣王不治其國孟子因設二事以發問之曰朋友有相周之義設王之臣有寄託其妻子之衣食於其友而之楚遊者及其自楚而反也則友固凍餒其妻子如此則王之臣當何如以處之王曰受人之託而負義如是非可交之友也宜棄絶之

曰士師不能治士則如之何王曰已之

於是從而斷之弊之及今之施於邦國者
士師則從而致之。

末節 輔氏曰四境之內不治只大槩冷諷他不着齊王身上 顧左右以釋其愧言他事以亂其辭有諱疾忌醫之心無責己求言之意

饒雙峰曰自責下問集註是爲他開兩條路當言此則寡人之罪也這便是自責又當言如何可以治人這便是下問

士師獄官也其屬有鄉士遂士之官士師皆當治之已罷去也

孟子又問之曰人臣以盡職爲能設爲士師者不能治其所屬之士使刑獄失宜王當何如以處之王曰立人之朝而曠職如是非可用之臣也宜罷去之

曰四境之內不治則如之何王顧左右而言他

孟子將問此而先設上二事以發之及此而王不能答也其憚於自責恥於下問如此不足與有爲可知矣

孟子曰然則爲一國之君政事廢弛人民困苦而四境之內不治則如之何王乃目顧左右而言他事焉既不自任其咎又不能求教此豈足與有爲哉

故國章全旨 此章見人君當慎於用賢首節泛論世臣爲故國所重而責齊王進退之輕下因王欲求知人

故國章

首節　說約曰、昨日今日見率易之意。

之明而示以進賢之道。精神全在如不得已四字。左右皆曰賢一條。正是如不得已處。至於用刑。亦本如不得已之心而用之。只帶言如此然後可以爲民父母。是難之之詞。正見進退人才。必不可不愼之意。此所以預養親臣以爲世臣之地也。

孟子見齊宣王曰。所謂故國者。非謂有喬木之謂也。有世臣之謂也。王無親臣矣。昔者所進。今日不知其亡也。

世臣累世勳舊之臣。與國同休戚者也。親臣君所親信之臣。與君同休戚者也。此言喬木世臣。皆故國所宜有。然所以爲故國者。則在此而不在彼也。昨日所進用之人。今日有亡去而不知者。則無親臣矣。況世臣乎。

孟子一日見齊宣王曰。人君基業相承。歷世久遠之爲故國。所謂故國者。非謂有喬木足以壯觀瞻之謂也。乃有忠

三節　存疑曰凡不得已者皆猶豫留難遲慢不急向前曰如不得已則非眞不得已特如之耳蓋以欲得賢才將之又審至再至三至四遲慢留難有似於已不欲用他遲於他人要用不得已而用之者將使卑踰尊疏踰戚是說所以如不得已處無進

貞世篤之臣休戚與共宗社生民實憑藉之之謂也然他日之世臣本今日之親臣以今觀之王輕視臣下無親信之臣矣有昔者所進今日已亡去而不知者焉親臣且無況世臣乎然則齊亦何得爲故國乎

王曰吾何以識其不才而舍之

王意以爲此亡去者皆不才之人我初不知而誤用之故今不以其去爲意耳因問何以先識其不才而舍之耶

宣王曰前此亡去者皆不才之人我初不知而誤用之故今不以其去爲意耳自今以往吾何以預識其不才而舍之使所用者皆眞才不致後日之輕視乎

曰國君進賢如不得已將使卑踰尊疏踰戚可不慎與

如不得已言謹之至也蓋尊尊親親禮之常也然或尊者親者未必賢則必進疏遠之賢而用之是使卑者踰尊疏

實不謹之於始致有不賢將求疏遠之賢
而用之是使卑者踰尊疏者踰戚也如此
則非禮之常矣此所以當如不得已也故
曰可不慎歟

兩節 陳新安曰如此方見進賢謹之之至
如不得已而然者要之用舍之道參之於
衆而參之於獨不賢者固去之勿疑矣賢
者必任之勿貳是即若所親信之臣也今
日為子之親臣他日託孤寄命即為國家
之世臣矣

蒙引曰左右皆曰不可者亦是今日所欲進
用之人不可謂是已在位之不賢者也不
可勿聽者誠恐其失賢也恐其失賢者正
欲其得真賢也故二條總歸於進賢如不

者踰戚非禮之常故不可不謹也

孟子曰知人則哲自古為難是以國君進賢當將用未用
之時其難其慎審之又審有如意不欲進迫於不得已而
進之者所以若是其謹者何蓋不謹之於始則今雖以為
賢而尊之而其人未必賢後必求卑而賢者用之是將使
卑者踰尊也今雖以為賢而親之而其人未必賢後必求
疏而賢者用之是將使疏者踰戚也失尊卑之序紊親疏
之等所傷於國體者甚
大是安可以不慎乎

左右皆曰賢未可也諸大夫皆曰賢未可也國人皆曰賢然
後察之見賢焉然後用之左右皆曰不可勿聽諸大夫皆曰
不可勿聽國人皆曰不可然後察之見不可焉然後去之
左右近臣其言固未可信諸大夫之言宜可信矣然猶恐
其蔽於私也至於國人則其論公矣然猶必察之者蓋人

得已益不與進則在退列矣進退相形固非皆一箇退人說也

五節○張南軒曰既言進退人才之道復及然可殺者蓋如舜之於四凶孔子之於少正卯天討之施有不可已者也曰國人殺之言非已殺之因國人之公心耳然則其

有同俗而爲衆所悅者亦有特立而爲俗所憎者故必自察之而親見其賢否之實然後從而用舍之則於賢者知之深任之重而不才者不得以幸進矣所謂進賢如不得已者如此

慎之之道當何如有人於此左右皆曰賢而可用未可信也諸大夫皆曰賢而可用未可信也至於國人皆曰賢而可用然後從而察之因言以觀其行因迹而求其心果親見其爲賢焉知之深而無所疑然後從而用之如左右皆曰不可用也勿聽諸大夫皆曰不可用也勿聽至於國人皆曰不可用然後從而察之果親見其不可用焉然後去之不敢輕信其賢又恐或失其賢所謂進賢如不得已者如此

左右皆曰可殺勿聽諸大夫皆曰可殺勿聽國人皆曰可殺然後察之見可殺焉然後殺之故曰國人殺之也

用是人去是人亦非吾用之去之國人用之去之也

末節　陳新安曰因用舍而及刑殺亦是孟子敷演以明其意不才者舍之有罪而甚焉者殺之也　此節總結上文用之去之殺之三節意

曹與聚曰此節雖承上兩節來要將用刑帶在進賢上說方有抑揚為民父母重在體國人之心就用賢發揮不必用好惡字涉大學語也

此言非獨以此進退人才至於用刑亦以此道蓋所謂天命天討皆非人君之所得私也

不惟用賢致慎雖用刑亦然有人於此左右皆曰可殺也勿聽諸大夫皆曰可殺也勿聽至於國人皆曰可殺然後從而察之果真見其罪之可殺焉然後從而殺之則其殺之也不出於一己之私意而出於國人之公論故曰國人殺之也

如此然後可以為民父母

傳曰民之所好好之民之所惡惡之此之謂民之父母

夫君之用舍刑殺如不得已者如此則舉一賢惟欲其與利於民除一不肖惟恐其貽害於民然後可以為民父母而無忝君人之責也否則失為民父母之道矣可不慎哉王誠慎於進賢之始則無昔進今亡之患而有親臣矣有親臣則將有世臣而國可永保而稱故矣

放桀章

首節　文蔚章曰、於傳有之。是疑詞。此亦曰於傳有之。是斷詞。語同而意異。

三節　朱子曰、賊仁是就心上說。賊義是就一事上說。其實賊義便是賊那仁的。但分而言之則如此。

正解曰以一夫字換君字、以誅字換弑字、語

放桀章全旨

此章見扶綱常杜篡弑之意。首節因齊王有放伐之問、據書以答其有。下因齊王有弑君之疑、據理以斷其非。

齊宣王問曰、湯放桀、武王伐紂、有諸。孟子對曰、於傳有之

放、置也。書云、成湯放桀于南巢

宣王問於孟子曰、湯放桀於南巢、武王伐紂於牧野、有諸乎。孟子對曰、於書傳有之。

曰、臣弑其君、可乎

桀紂天子、湯武諸侯

宣王曰、桀紂、君也。湯武、臣也。臣弑其君可乎。

曰、賊仁者謂之賊、賊義者謂之殘、殘賊之人謂之一夫。聞誅一夫紂矣、未聞弑君也

既不得為君。則亦不得名之為弒。若反言
覩之謂之君。則不可弒矣。蓋必殘賊如桀
紂。仁義如湯武。然後可行放伐之事也。

賊害也。殘傷也。害仁者凶暴淫虐。滅絕天理。故謂之賊。害義者顛倒錯亂。傷敗彝倫。故謂之殘。一夫。言衆叛親離。不復以爲君也。書曰獨夫紂。蓋四海歸之。則爲天子。天下叛之。則爲獨夫。所以深警齊王。垂戒後世也。　王勉曰。斯言也。惟在下者有湯武之仁。而在上者有桀紂之暴。則可。不然是未免於篡弒之罪也。

孟子曰天生民而立之君。以其能盡仁義之道。爲斯民之共主也。若夫賊仁者凶暴淫虐。心滅天理。則謂之賊。賊義者顛倒錯亂。事傷彝倫。則謂之殘。殘賊之人。天命去而人心離。謂之一夫。不得爲天下之共主矣。故書曰獨夫紂。蓋誅一夫紂矣。未聞弒其君也。

爲巨室全章　此章見人君當任賢以治國。上節喻用賢不如用木。下節喻任賢不如任玉工。蓋一意而兩喻

巨室章

首節　史東嘉曰言大木則可以勝大屋之任猶人所學者大則可以勝治國之大任斲而小之則不可以勝大屋之任猶賢人舍其所學則不可以勝國家之大任也

必不可以任賢愛國平對為巨室喻治國家之喻也大木而斲小之不能勝巨室之任喻賢而小用之不能勝國家之任則不任賢必不能治國家而不愛其國之意亦在其中矣兩節雖各為一喻意實相承

孟子見齊宣王曰為巨室則必使工師求大木工師得大木則王喜以為能勝其任也匠人斲而小之則王怒以為不勝其任矣夫人幼而學之壯而欲行之王曰姑舍女所學而從我則何如

巨室大宮也工師匠人之長匠人衆工人也姑且也言賢人所學者大而王欲小之也

孟子以齊宣王不能任賢屬治見而諷之曰王如為巨室則必使工師求大木以為用若工師求大木而得之則王必喜以為木之大能勝巨室之任也使匠人誤斲而小之則王必怒以為不能勝巨室之任矣任木則欲其大如此

次節説約曰雖萬鎰俱作少之之辭然作多之之辭自佳蓋物重則不得輕予人也教玉人教字即使玉人使字何以異猶云爲甚麼緣故乃如此怪嘆之辭。

夫人幼而學之壯而欲行其所學而王則曰姑舍女所學之道而從我之所爲則是賢人之學甚大而王顧欲其小之也則何其任賢不如任木哉。

今有璞玉於此雖萬鎰必使玉人雕琢之至於治國家則曰姑舍女所學而從我則何以異於教玉人雕琢玉哉

璞玉之在石中者鎰二十兩也玉人玉工也不敢自治而付之能者愛之甚也治國家則徇私欲而不任賢是愛國家不如愛玉也　范氏曰古之賢者常患人君不能行其所學而世之庸君亦常患賢者不能從其所好是以君臣相遇自古以爲難孔孟終身而不遇蓋以此耳

且治物必付之能者今有璞玉於此雖價值萬鎰之多必使玉人雕琢之知己不能而玉人能之也至於治國家則

伐燕章

首節　燕王噲因鹿毛壽之言而讓國於其相子之將軍市被與太子平攻子之不克而反攻太子搆難數月而國大亂齊令章子將五都之兵因北地之衆以伐之特乘亂幸勝耳

次節　何氏曰不取必有天殃齊王本有利燕之心特託天而遂其私耳孟子之對則不歸之天而歸之人

不委之賢者而曰姑舍女所學之道而從我之所爲則何以故而獨異於教玉人雕琢玉哉

伐燕章全旨　此章見取國當順乎民心首節齊王欲假天意以取燕下是孟子即民心而發明燕之不可取

齊人伐燕勝之

按史記燕王噲讓國於其相子之而國大亂齊因伐之燕士卒不戰城門不閉遂大勝燕

齊人乘燕亂而伐燕勝之

宣王問曰或謂寡人勿取或謂寡人取之以萬乘之國伐萬乘之國五旬而舉之人力不至於此不取必有天殃取之何如

宣王問孟子曰今燕國既破或謂寡人捐燕而勿取或謂寡人乘勝而取之衆論不一自寡人論之以齊萬乘之國

三節　朱子曰此亦齊王欲取燕故引之於文武之道非謂文王欲取商以商人不悅而止武王見商人悅巳遂取之也直是論其理如此耳

末節　陳新安曰齊王言天命孟子欲其以人心觀天命欲知天命當觀人心欲得人心當施仁政燕之可取不可取決之以此足矣

蒙引曰後一條分明是說齊未能得燕民之

伐燕萬乘之國勢均力敵乃僅五旬而舉其城功人力不遽至於此或者其天意乎天與弗取是逆天也逆天者必有天殃吾欲從而取之夫子以為何如

孟子對曰取之而燕民悅則取之古之人有行之者武王是也取之而燕民不悅則勿取古之人有行之者文王是也

商紂之世文王三分天下有其二以服事殷至武王十三年乃伐紂而有天下

孟子對曰天意幽而難知民心顯而可據王如度取之而燕民悅則取之可古之人有行此事者武王伐商而有天下是其証也度取之而燕民不悅則勿取便古之人有行此事者文王終其身以服事殷是其証也

以萬乘之國伐萬乘之國簞食壺漿以迎王師豈有他哉避水火也如水益深如火益熱亦運而已矣

恍而未便有可取之理。其曰如水益深，如火益熱，益已窺見其將有殺其父兄，係累其子弟，毀其宗廟，遷其重器之意矣。然當時猶未有其事，方是始勝之日也。如字是假如之如，非如似之如，即集註若更爲暴虐之若字。

救燕章

[首]章　陳新安曰：七十里爲政，千里畏人。立兩何爲[柱]，下文分兩節應之。

蒙引曰：取之不用孟子之言也。諸侯將謀救燕，謀已定而兵尚未興也。此非貪激於[吳]鄰之義，不過借以爲自衛之備之也。先[王]失其服人之機會，故不免有畏人之私[意]。

臣聞二句，只虛說，下一節詳言之。

簞，竹器。食，飯也。運，轉也。言齊若更爲暴虐，則民將轉而望救於他人矣。

今以齊萬乘之國，伐燕萬乘之國。燕之民亦足以抗齊，乃反簞食壺漿以迎王之師者，豈有他故哉？避燕水火之虐而望救於齊耳。假如齊更爲暴虐，如水益加深，火益加熱，則民又將望救於他人，亦運轉而已矣。敢之可輕言哉。

救燕章全旨　此章見伐國當以仁意。齊王謀寢兵，尚欲得燕，孟子謀棄燕，乃可寢兵。通本節上中以湯七十里爲政於天下，形齊以千里而畏人。是責他取燕而不行仁以召天下之兵也。

齊人伐燕，取之。諸侯將謀救燕。宣王曰：諸侯多謀伐寡人者，何以待之？孟子對曰：臣聞七十里爲政於天下者，湯是也。未聞以千里畏人者也。

千里畏人，指齊王也。

此節，林有臺曰：雲霓以上先引書而後自說，見湯師未征之先，其望之切如此。以下先自說而後引書，見湯師既征之後，其慰民之望如此。說約曰：後我后二句只證民說，又實其大悅之言也。初分後我后是證望之切，后來其蘇爲證悅之據。

齊人伐燕，乘勝而取之。列國諸侯將謀合兵伐齊以救燕。齊王恐懼，問於孟子曰：寡人取燕，諸侯多謀伐寡人者，事勢至此，將何以設備而預待之乎？孟子對曰：臣聞以七十里之小國爲政於天下而無敵者，成湯是也。未聞以千里之大國而畏人伐已者也。王何不以之自反乎。

書曰湯一征自葛始天下信之東面而征西夷怨南面而征北敵怨曰奚爲後我民望之若大旱之望雲霓也歸市者不止耕者不變誅其君而弔其民若時雨降民大悅書曰徯我后后來其蘇

兩引書皆商書仲虺之誥文也與今書文亦小異一征初征也天下信之信其志在救民不爲暴也奚爲後我言湯何爲不先來征我之國也霓虹也雲合則雨虹見則止變

三節　蒙引曰若殺其父兄當時猶未殺也下倣此故下文云止其重器。顧麟士曰下反其旄倪內亦略照父兄子弟反字有味。此節要見得與上節湯所行相反。今燕二句與上湯之征葛無異也民以爲將三句與上東面而征至望雲霓句

動也徯待也后君也蘇復生也他國之民皆以湯爲我君而待其來使已得蘇息也此言湯之所以七十里而爲政於天下也

商書仲虺之誥曰湯初興兵征伐無道自葛國始天下已信其志在救民矣由是東面而征則西夷之人怨南面而征則北狄之人怨曰何爲不先來征我之國也故湯師未至民之望之者與其來又恐其不來若大旱之望雲霓也及湯師既至則歸於市者仍不止耕於野者仍不變誅其有罪之君而弔其無罪之民若甘雨應時而降民於是乎大悅焉故書又曰待我后后來則我得蘇息矣湯之征伐順乎民心者如此此其所以七十里而爲政於天下也

今燕虐其民王往而征之民以爲將拯己於水火之中也簞食壺漿以迎王師若殺其父兄係累其子弟毀其宗廟遷其重器如之何其可也天下固畏齊之彊也今又倍地而不行

無畏也殺其父兄四句則兵誅其君四句
異矣故曰如之何其可也　若者未事之
論只是不班師不立君任兵其國擄掠老
少奪其宗器故孟子教他出令止兵或作
已然說恐非不行仁政亦不指平時說兵
是不誅君弔民而殺父兄之類便是

仁政是動天下之兵也

拯救也係累縶縛也重器寶器也畏忌也倍地幷燕而增一倍之地也齊之取燕若能如湯之征葛則燕人悅之而齊可爲政於天下矣今乃不行仁政而肆爲殘虐則無以慰燕民之望而服諸侯之心是以不免乎以千里而畏人也。

今燕無道暴虐其民王往而征之民皆以為將拯已於水火之中也簞食壺漿以迎王之師亦不異大旱之望雲霓矣乃若是殺其父兄係縛其子弟毀折其宗廟遷徙其寶器則與若時雨降者異矣如之何而可如此也夫齊之彊天下固畏忌之矣無釁可乘耳今又加燕一倍之地而不行仁政則在我有釁而人得執以爲辭是以挑動天下之兵也此王所以不免以千里而畏人也

末節　陳新安曰加此區畫略無所利于燕庶幾湯誅君弔民非富天下之爲則可逆止諸侯之兵矣

存疑曰此條爲齊王畫策正答其何以待之之問出令包下三事猶可及三字最重對上速字看緩則不及事矣

饒雙峯曰當時只是子噲子之爲亂燕民曰無罪齊王只當誅子噲子之別立君而去不當取他國如湯十一征不是全滅其國也若殺父兄云云是滅其國矣　止字正應待字

王速出令反其旄倪止其重器謀於燕衆置君而後去之則猶可及止也

反還也旄老人也倪小兒也謂所虜掠之老小也猶尚也及止及其未發而止之也　范氏曰孟子事齊梁之君論道德則必稱堯舜論征伐則必稱湯武蓋治民不法堯舜則是爲暴行師不法湯武則是爲亂豈可謂吾君不能而舍所學以徇之哉

爲今日計王惟速出捐燕之令以示人反其旄倪之已係累者止其重器之未遷者謀於燕臣民之衆擇其賢而當立者置爲燕君而後引兵去之則燕無恙而諸侯不得以救燕爲名猶可及其兵之未動而止之否則王如彼何哉

鄒與章全旨

此章告鄒君以反己得民之道穆公意全是責民孟子歸罪於有司又責其君行仁政皆窮本

鄒與章

首節　莫爲之死。言民莫有救有司而爲之死，非無一人死於戰也。如之何則可。言何如處之爲當。可使刑不至濫。民亦知罪。穆公隱然有尤民之意。

次節　說約曰：有司莫以告一句最重，是說與莫之死之故。兩莫字正對，故曰出乎

之論也。

鄒與魯鬨。穆公問曰：吾有司死者三十三人，而民莫之死也。誅之，則不可勝誅；不誅，則疾視其長上之死而不救，如之何則可也？

鬨，鬭聲也。穆公，鄒君也。不可勝誅，言人衆不可盡誅也。長上，謂有司也。民怨其上，故疾視其死而不救也。

昔鄒與魯鬨，爲魯所敗，鄒穆公乃問於孟子曰：今茲之役，吾有司赴敵而死者三十三人，而民莫有救有司而爲之死者也。將誅之，則人衆不可勝誅；若不誅，則此疾視其長上之死而不救者，無以正其罪而謝有司。不知將何如處之而爲當也。

孟子對曰：凶年饑歲，君之民老弱轉乎溝壑，壯者散而之四

爾反乎爾

末節　陳新安曰有司所以然者皆君不行仁政之故孟子對鄒君言故略有司而論

方者幾千人矣而君之倉廩實府庫充有司莫以告是上慢而殘下也曾子曰戒之戒之出乎爾者反乎爾者也夫民今而後得反之也君無尤焉

轉饑餓輾轉而死也充滿也上謂君及有司也尤過也

孟子對曰民之疾視其上者有由然也蓋凶年饑歲君之民老弱者饑餓輾轉死於溝壑之中壯者離散而之四方者幾千人矣而君倉廩之穀自實府庫之財自充有司竟無一人以告之於君散財發粟以賑給之是君與有司在上暴慢不仁而殘虐在下之民也上既虐下下有不疾怨其上者乎曾子有言曰凡人於世當戒之當戒之德怨之出乎爾者即其反乎爾者也施報蓋不爽矣夫有司平日疾視民之死而民因以疾視有司之死今而後得以出之有司者反之也君無尤焉

君行仁政斯民親其上死其長矣

勉君正本之論也。又曰死其長如同何
敢死之死謂忘身救上死且不避也乎時
親其上當危難則死其長。
淺說 親上死長此長上俱指有司親之死
之俱在危難之時親以心言死以身言乎
時非不親也但此句是應疾視長上句意
各有指也。

閒於章

首節 事齊事楚是欲於二國之中擇尤強
者專事之猶春秋時晉楚爭鄭而鄭之犧
牲玉帛偹于境上以待勝者也其不能自

君不仁而求富是以有司知重斂而不知卹民故君行仁
政則有司皆愛其民而民亦愛之矣 范氏曰書曰民惟
邦本本固邦寧有倉廩府庫所以爲民也豐年則斂之凶
年則散之卹其饑寒救其疾苦是以民親愛其上有危難
則赴救之如子弟之衛父兄手足之捍頭目也穆公不能
反己猶欲歸罪於民豈不誤哉

若能以愛民爲心而舉行仁政則有司皆體君之心爲心
而無不愛其民者矣有司既愛其民斯民當危難之時豈
親其上死其長如子弟之衛父
兄矣豈有疾視而不救者哉

只是
此意。

閒於章全旨 此章見人君當自彊以立國欲擇彊而事全靠
乎人固守全憑乎己下章彊爲善與效死弗去

立亦甚矣。

大節　陳新安曰。城池。地利也。民弗去。人和也。復致死而守義以倡之。此守國之正法也。

說約曰。與民守之。與字內有一君字。效死則但言君自效死以守國也。而民弗去。方是指民亦死守說。

滕文公問曰滕小國也間於齊楚事齊乎事楚乎

滕國名

滕君文公問於孟子曰。滕小國也。間於齊楚兩大之間。非有所事不能自保。將事齊乎。抑事楚乎。夫子爲我決之。

孟子對曰是謀非吾所能及也無已則有一焉鑿斯池也築斯城也與民守之效死而民弗去則是可爲也

無已見前篇一謂一說也效猶致也國君死社稷故致死以守國至於民亦爲之死守而不去則非有以深得其心者不能也　此章言有國者當守義而愛民不可僥倖而苟免

孟子對曰。依於人以苟安。總非可恃。是事齊事楚之謀。非吾所能及也。必欲言之。則有一道焉。鑿斯池而深之也。築

築薛章

首節 觀春秋滕侯薛侯並朝于魯則二國接壤相爲唇齒可知薛任姓奚仲仲虺之後

次節 玩不得已三字便見遷非有國之常

斯城而高之也平時與民守之及危難之際君必效死以盡其義而民心固結亦爲之死守而弗去則猶可以圖存是事理之可爲者也君亦自彊而已矣

築薛章全旨 此章見人君當爲善以自彊文公逼於齊而番所處孟子替他畫策只有彊爲善一着中言大王一段不重遷國上是要歸到爲善可王言大王逼於狄人之難不得已而去之因其能修德行仁遂興王業此爲善自彊之已效也今滕間於齊楚無地可遷惟有勉彊爲善而俟命於天而已

滕文公問曰齊人將築薛吾甚恐如之何則可

薛國名近滕齊取其地而城之故文公以其偪已而恐也

文公問孟子曰滕與薛同處齊之西境今齊人將取薛之地築以城焉其勢將及於滕吾甚恐其不免不知如之何而可免併吞之患也

孟子對曰昔者大王居邠狄人侵之去之岐山之下居焉非

法。况滕間于齊楚、無可遷之地乎。此節只
序事、伏案勉文公、主意尙在下節。

末節　紹聞編云、創業垂統泛言、或指遷國圖存言、非也。事有次第、謂之業、爲之自我謂之創、垂之於後謂之統、繼在後人、而使可繼者在我也。　創業垂統應爲善說、成功則天應子孫有王者說。

胡雲峰曰、集註兩章皆言不可僥倖、前章言守義愛民、當盡其在我者、而不可僥倖其在人者。此章是勉彊爲善、當盡其在我者、而不可僥倖其在天者。

擇而取之不得已也

邠地名。言大王非以岐下爲善、擇取而居之也。詳見下文

孟子對曰、敵國外患、自古有之。昔者大王居邠、狄人時來侵擾、大王力不能禦、遂棄邠地、去之岐山之下、建都邑而居焉。當時非謂邠地不如岐山之美、擇而取之、乃迫於狄人之難、不得已而遷之也。

苟爲善、後世子孫必有王者矣。君子創業垂統、爲可繼也。若夫成功、則天也。君如彼何哉。彊爲善而已矣。

創造統緒也。言能爲善、則如太王雖失其地、而其後世遂有天下。乃天理也。然君子造基業於前、而垂統緒於後、但能不失其政令、後世可繼續而行耳。若夫成功、則豈可必乎。彼齊也、君之力既無如之何、則但彊於爲善、使其可繼

竭力章

首節　張南軒曰大王之言忠厚不廹其遷本以全民不敢必民之歸而强之從也曰二三子何患乎無君此天地之心貞保民之主也民心自不容釋乎大王戴其仁有

而俟命於天耳○此章言人君但當竭力於其所當爲不可徼倖於其所難必○

王於後來能興王業則大王爲善之所致耳使爲君者力能爲善如大王之修德行仁則雖暫時失國後世之子孫必有王者受命而興矣然君子凡事創基業於前而垂統緒於後但爲所當爲不失其正令後世可繼續而行耳若夫成興王之功則天也君子豈有意以圖之乎今齊彊滕弱以君之力能如彼何哉只宜勉彊爲善盡其在我以俟命於天而已矣

竭力章全旨　此章見人君當審經權之宜文公求自安之策孟子告以遷國圖存之權守正俟死之經欲其擇而行之仍重守遜

滕文公問曰滕小國也竭力以事大國則不得免焉如之何則可孟子對曰昔者大王居邠狄人侵之事之以皮幣不得

素矣。然大王之事非盛德而達權，不足以與此。

許東陽曰：大王自邠遷岐，民從之如歸市。當時西北地近戎狄，皆閒曠之地，非封國之疆界，故大王得優游遷徙。若滕在中國，又介大國之間，無可遷之地，民雖或從之，亦無所往。孟子特舉大王之得民以警文公耳。故下文言效死，乃其正也。

免焉；事之以犬馬，不得免焉；事之以珠玉，不得免焉。乃屬其耆老而告之曰：狄人之所欲者，吾土地也。吾聞之也：君子不以其所以養人者害人。二三子何患乎無君？我將去之。去邠，踰梁山，邑於岐山之下居焉。邠人曰：仁人也，不可失也。從之者如歸市。

皮，謂虎豹麋鹿之皮也。幣，帛也。屬，會集也。土地本生物以養人，今爭地而殺人，是以其所以養人者害人也。邑，作邑也。歸市，人衆而爭先也。

文公問孟子曰：滕，小國也，竭力以事齊楚之大國，猶不得免侵凌之患，如之何則可？孟子對曰：昔者大王居邠，狄人侵之，初事之以皮幣，不得免焉；再事之以犬馬，不得免焉；又事之以珠玉，不得免焉。大王乃統屬其國之耆老而告

二三節　輔慶源曰遷國以圖存者大王是也守正而俟死者國君死社稷是也在文公惟有此二法故併舉以告之然權非大賢以上不能爲經則人皆當勉也故使文公審己量力擇而取其一焉夫大王之事非文公所能爲然則孟子之意固欲文公勉其當然也

愚按滕既無地可遷效死雖正法恐終是盡着竊謂孟子嘗以井田學校告滕文力行期望最大今乃事强求免而不可得何其衰也故借撑斯二者兩路廹來使文公不得不思行仁政耳引大王重在仁人非

曰狄人之所欲者非吾皮幣犬馬珠玉也乃吾土地也夫土地本生物以養人者若爭地而殺人是反以害人也吾聞之也君子以愛民爲心不忍以其所以養人者害人二三子莫患舍我遂無君我將舍此而去之於是離去邠地踰越梁山作邑於岐山之下居焉但見邠人皆曰吾君恩德及人深矣乃仁人也不可失也於是相率從之有如歸市者雖遷而爭先焉古人廹於難而遷國以圖存者如此

或曰世守也非身之所能爲也效死勿去

又言或謂土地乃先人所受而世守之者非已所能專但當致死守之不可舍去此國君死社稷之常法傳所謂國滅君死之正謂此也

或者則曰土地乃受之先人傳之子孫而世世守之者也非吾身所能專主也但當致死守之國存與存國亡與亡不可舍之而他往也古人守正以殉國者又如此

勸遷也說死守便含與民非獨死也意中

言外隱躍無窮切勿呆講始得孟子微旨

平公章

君請擇於斯二者

能如大王則避之不能則謹守常法蓋遷國以圖存者權也守正而俟死者義也審已量力擇而處之可也　楊氏曰孟子之於文公始告之以效死而已禮之正也至其甚恐則以大王之事告之非得已也然無大王之德而去則民或不從而遂至於亡則又不若效死之爲愈故又請擇於斯二者

君請揣已之力觀勢之便擇於斯二者能如大王則避之不能則謹守常法效死勿去可也此外非吾所能及也

平公章全旨

此章見君子之用舍在天不在人前二節孟子見沮於臧倉而樂正子辨之末節因正子有尤人之意而孟子以天曉之

[illegible]陳新安曰平公將見孟子必得之於[illegible]克所以沮于臧倉後克入見審問不果見之故

正解曰臧倉所謂禮義非中正之禮義反照後喪與前喪說

魯平公將出嬖人臧倉者請曰他日君出則必命有司所之今乘輿已駕矣有司未知所之敢請公曰將見孟子曰何哉君所為輕身以先於匹夫者以為賢乎禮義由賢者出而孟子之後喪踰前喪君無見焉公曰諾

乘輿君車也駕駕馬也孟子前喪父後喪母踰過也言其厚母薄父也諾應辭也

樂正子仕於魯稱孟子之賢於平公孟子至魯魯平公將出朝而往見之嬖人臧倉者知之而故請曰他日凡君出則必命有司示以所往之地今乘輿已駕馬矣有司尚未知所往敢此請命公曰將往見孟子倉曰何哉君乃輕君身之貴以先加禮於匹夫之賤者無乃以孟子為賢乎夫禮義從賢者而出其舉動行事宜必合于禮義而孟子之後喪其母乃過於前喪其父厚母而薄父賢者固如此乎若無往而見焉公曰諾遂止而不見

次節　饒氏曰、五鼎是大夫之禮、羊、豕、魚、腊、膚、三鼎、士禮、特豕、魚、腊、前以士二句且虛。下三鼎五鼎乃其實也。四句俱是祭禮。此非問辭。乃欲折倒平公也。平公亦知三鼎五鼎拘於分者。不叫做踰。若棺椁衣衾。則得自盡。故謂之踰。曰貧富不同也。鄒是斷案。折得倒。

樂正子入見曰君奚爲不見孟軻也曰或告寡人曰孟子之後喪踰前喪是以不往見也曰何哉君所謂踰者前以士後以大夫前以三鼎而後以五鼎與曰否謂棺椁衣衾之美也曰非所謂踰也貧富不同也

樂正子孟子弟子也仕於魯三鼎士祭禮五鼎大夫祭禮

樂正子乃入見平公曰、君奚爲中止而不見孟軻也。公曰、或告寡人曰孟子之後喪母過於前喪父、是以不往見也。正子曰、何哉君所謂後喪踰前喪之事。豈謂前以士之禮祭父、後以大夫之禮祭母、前以士祭、則三鼎爲薄、後以大夫祭、則五鼎爲厚與。公曰、吾所謂踰者不謂是、謂其喪母之棺椁衣衾美過其父也。曰、此非後之喪踰於前之喪、乃後之富不同於前之貧也。貧則無財不可以爲悅、富則不以天下儉其親、非有所厚薄於其間也。君何惑其言而中止不見乎。

[illegible]倍　蒙引曰此天字以氣數言　樂正子此說來兒有尤人意故孟子援天以曉之余謂孔子告景伯家法使字含稱道意尼字含毀誣意行止卽當出處字看在賢者身上說遇字有君臣契合而吾道得行之意非止一見也

樂正子見孟子曰克告於君君爲來見也嬖人有臧倉者沮君君是以不果來也曰行或使之止或尼之行止非人所能也吾之不遇魯侯天也臧氏之子焉能使予不遇哉

克樂正子名沮尼皆止之之意也言人之行必有人使之者其止必有人尼之者然其所以行所以止則固有天命而非此人所能使亦非此人所能尼也然則我之不遇豈臧倉之所能爲哉　此章言聖賢之出處關時運之盛衰乃天命之所爲非人力之可及

樂正子見孟子曰克以夫子之賢告於君君已爲克之言來見夫子也嬖人有臧倉者爲毀言以沮君君是以不果來也小人之害正如此孟子曰凡人之遇於世而行或有人使之見用其不遇而止或有人尼之不遇然其所以行所

以上實非人之所能爲也乃天命也我[illegible]俟乃時數當襲天意未欲平治天下也彼臧氏之子其人至微焉能使予不遇哉予無尤焉

大全諸說合參

當路章

首節　蒙引曰。路者人所必由也。如掌刑罰之權。則凡掌刑罰之科者必由焉。如原錢

四書述朱卷之十六

婺江黃昌衢康諧纂編
錫山張麗金荆南參訂
弟　昌德廷友　昌倫敘五　仝校

孟子

公孫丑章句上　凡九章

當路章全旨

此章見孟子有王天下之略。而霸功不足為。以齊王由反手一句最重。緊照區區霸顯說。下因公孫丑之疑而問之。以德時勢為眼目。文王有德而無時勢。故王難。齊有時勢而濟之以德。故王易。然時勢乃德之所乘。非無德而專靠時勢也。使管晏當今之時。亦只做得霸顯事。不能以齊王。此孟子所以異於管晏而不屑為也。

公孫丑問曰。夫子當路於齊。管仲晏子之功。可復許乎。

穀之概。則凡有錢穀之數者必由焉。是彼當要路。而我必經由其路。而通塞有在於彼者。故曰居要地也。

西山真氏曰齊宣既慕桓文。丑復慕管晏。蓋霸者功利之説深入人心已久。故不惟時君慕之。而學者亦慕之也。

次節　彙註曰丑固齊人。然受學門墻。豈不囿於習俗。今所言如此。故曰誠齊人也。下正見此意。

或問節　蒙引曰上云爾何曾比予於管仲。下云爾何曾比予於是。是又承得君專行政久而功烈卑言也。謂爾何乃比我於此等之得君專行政久而功烈卑者耶。

公孫丑孟子弟子齊人也當路居要地也管仲齊大夫名夷吾相桓公霸諸侯許猶期也孟子未嘗得政丑蓋設辭以問也

公孫丑問於孟子曰。夫子固有志用世矣。設令日當要路而秉齊國之政。如當日管仲晏子之功業可復自期許乎。

孟子曰子誠齊人也知管仲晏子而已矣

齊人但知其國有二子而已不復知有聖賢之事

孟子曰齊國之人。當稱道管仲晏子。子以管晏之功期我。是真齊之人也。但知有管仲晏子而已矣。

或問乎曾西曰吾子與子路孰賢曾西蹵然曰吾先子之所畏也曰然則吾子與管仲孰賢曾西艴然不悅曰爾何曾比予於管仲管仲得君如彼其專也行乎國政如彼其久也功

烈如彼其卑也爾何曾比予於是

孟子引曾西與或人問答如此曾西曾子之孫蹵然不安貌先子曾子也艴怒色也曾之言則也烈猶光也桓公獨任管仲四十餘年是專且久也管仲不知王道而行霸術故言功烈之卑也楊氏曰孔子言子路之才曰千乘之國可使治其賦也使其見於施爲如是而已其於九合諸侯一匡天下固有所不逮也然則曾西推尊子路如此而羞比管仲者何哉譬之御者子路則範我馳驅而不獲者也管仲之功詭遇而獲禽耳曾西仲尼之徒也故不道管仲之事。

管仲節　上可復許。從孟子說。故許爲自期。此爲我願。從公孫丑說。故願爲相望。

君霸節　吳蓀右曰。前可復許。是疑其不能。此不足爲。是許其不屑。管中有夫子將何所爲之意。故孟子承以齊王云云。

昔者或問乎曾西。曰。聖門有子路者。吾子自度與彼孰爲賢。曾西蹵然不安。曰。子路之才之學。吾先子之所敬畏者也。豈予之所敢與比乎。或曰。吾子既不敢比子路。然則吾子與管仲孰爲賢。曾西艴然不悅。曰。爾何乃比予於管仲。夫管仲得君。獨秉國政。其專也如彼。行政四十餘年。其久也如彼。乃不率桓公行王道而行霸術。區區功烈。其卑也如彼。爾何乃比予於如是之人耶。

曰管仲曾西之所不爲也而子爲我願之乎

曰孟子言也願望也

孟子自言。曰以曾西之言觀之。管仲乃曾西之所不屑爲也。而子乃爲我願望之乎。

曰管仲以其君霸晏子以其君顯管仲晏子猶不足爲與

顯顯名也

公孫丑曰。管仲相桓公。尊周攘夷。諸侯皆奉其命。致其君霸於天下。晏子相景公。布德緩刑。一時盛稱其賢。顯其君

以齊王節　蒙引曰此是孟子自負也以言能輔佐之也正承上文以其君霸顯二以字說來皆謂能致其君也

若是節　蒙引曰文王之德蓋指治岐之政不只就文王一身上說。許東陽曰武王周公繼之然後大行此言周公制禮作樂之後雖殷之頑民莫不率化趨善之時也

顯於當世管仲晏子之功烈。卓卓如是豈猶不足為與

曰以齊王由反手也

反手言易也

孟子曰若我當路於齊則以齊而王其易由反手間也豈特霸顯而已哉

曰若是則弟子之惑滋甚且以文王之德百年而後崩猶未洽於天下武王周公繼之然後大行今言王若易然則文王不足法與

滋益也文王九十七而崩言百年舉成數也文王三分天下才有其二武王克商乃有天下周公相成王制禮作樂然後教化大行

由湯節　饒雙峰曰故家舊臣遺俗舊民是說在下底流風之化善政之事是說在上底

蒙引曰是以難也只帶然而文王由方百里起不兼上文上文自有故久而後失之何在乎故久而後失之者言失之於武王時不在文王手頭失也

公孫丑曰以管晏爲不足爲弟子既已惑矣今又云王猶反手如是則弟子之惑益甚無論其他且以文王之德可謂至盛又享壽百年而後崩其德之施亦不爲不久然三分有二猶未徧洽於天下及武王克商永清大定周公相成王制禮作樂然後德化大行洋溢乎四海是文王尚不能及身而王今言王若反手之易者然然則文王亦不足以爲法與

曰文王何可當也由湯至於武丁賢聖之君六七作天下歸殷久矣久則難變也武丁朝諸侯有天下猶運之掌也紂之去武丁未久也其故家遺俗流風善政猶有存者又有微子微仲王子比干箕子膠鬲皆賢人也相與輔相之故久而後失之也尺地莫非其有也一民莫非其臣也然而文王猶方百里起是以難也

當猶敵也商自成湯至於武丁中間太甲太戊祖乙盤庚皆賢聖之君作起也自武丁至紂凡七世故家舊臣之家也

孟子曰文王之德何可當也其所以不及致王者非其德有不足亦其所値之故耳商業始於成湯由湯而太甲太戊祖乙盤庚以至於武丁賢聖之君凡六七作其累世德澤淪浹入於人心天下歸殷久矣久則人心固結難以變而他之也武丁値國運稍衰一加振作遂赫然中興其朝諸侯而有天下猶運之於掌也紂之去武丁世數猶未久也其在下舊臣之故家與舊民之遺俗在上教化之流風與紀綱之善政猶有存焉者又有同姓之微子微仲王子比干箕子與異姓之膠鬲皆有才德之賢人也相與同心匡救以輔相之故紂雖無道國不遽亡必待日久而後失之也夫當紂之時尺地莫非其所有也一民莫非其所臣也天下依然一統然而文王猶方百里而興起焉地狹民寡是以難於致王也

有言節　此節承上起下點出時勢二字正言王齊反手之意今時之時包時勢說

夏后節　蒙引曰勢易以齊之力量言時易以天下機會而言有其時而無其勢固不足以致王滕文公是也有其勢而無其時亦不可以致王大王王季雖日強大然商命未絕文王亦只三分有二是也

饒雙峯曰勢是指事力而言有地則有財有民則有兵地廣則財富民衆則兵強所以聚事易文王百里地狹民少所以難

齊人有言曰雖有智慧不如乘勢雖有鎡基不如待時今時則易然也（包時勢說）

鎡基田器也時謂耕種之時

知文王之所以難則知今日之所以易矣昔齊人有言曰作事者雖有智慧不如乘其勢之便乃可以有爲勢未便則智慧無所施治田者雖有鎡基不如待夫時之至乃可以有獲時未至則鎡基無所用可見時勢乃王天下之藉吾謂以齊王由反手者亦以今時之時勢則易然也

夏后殷周之盛地未有過千里者也而齊有其地矣雞鳴狗吠相聞而達乎四境而齊有其民矣地不改辟矣民不改聚矣（帶進仁政）行仁政而王莫之能禦也

此言其勢之易也三代盛時王畿不過千里今齊已有之

且王者節　吳蒸右曰且字緊承上文來言不但有勢且又有如此之時也　末二句要補仁政在饑者上要補致王在爲飲下

異於文王之百里又雞犬之聲相聞自國都以至於四境言民居稠密也

何以見其勢之易彼夏后與殷若周之盛時王畿之地未有過於千里者也而齊有千里有其地矣且民居稠密雞鳴狗吠之聲處處相聞而達乎四境而齊有其民矣有其地則地已辟而不待再辟矣有其民則民已聚而不待再聚矣地廣民衆澤可遠施由是而行仁政其一統而王天下莫之能禦止也其勢之易如此

且王者之不作未有疏於此時者也民之憔悴於虐政未有甚於此時者也饑者易爲食渴者易爲飲

當補行仁政

此言其時之易也自文武至此七百餘年異於商之賢聖繼作民苦虐政之甚異於紂之猶有善政易爲飲食言饑渴之甚不待甘美也

孔子節　此言德行之易德就政事上說即仁政是也行之速不承時勢而言此與上兩節分爲三項至下乃合而言之

饒雙峯曰德之流行即是應前面文王之德底德字蓋德是本全靠時勢不得有智慧而後可以乘勢有鎡基而後可以待時若無德雖有時勢何以行之

當今節　此節合言時勢易而德行速以明上齊由反手之意事半功倍正言王齊之易惟此時爲然又緫轉本節上數句意與今時則易然也相應

陳新安曰丑並論管晏孟子只及管仲而不及晏子蓋晏不及管而其人稍正於管其人無可議其事無可言此孟子所以置

且周自文武至今七百餘年。王者之不作未有疏濶於此時者也諸侯分爭干戈賦斂無時休息民之憔悴於暴虐之政未有甚於此時者也於此一行仁政而民即感德歸心如饑者易爲之食渴者易爲之飲其於致王也何有蓋時之易又如此

孔子曰德之流行速於置郵而傳命

置驛也郵馹也所以傳命也孟子引孔子之言如此

況德政尤易於感人者乎昔孔子有言曰德政之流行速於置郵而傳命令蓋德之感人無遠弗屆不待疾之而自速不待行之而自至也德行之本速如此

當今之時萬乘之國行仁政民之悅之猶解倒懸也故事半古之人功必倍之惟此時爲然

倒懸喻困苦也所施之事半於古人而功倍於古人由時

晏不言而専及管歟。
不動心章
此章書分作兩大截看自首至必從吾言矣。作一截此因公孫丑以動心爲問而因言不動心之道孟子之不動心由知言養氣此孟子異於告子處四十乃其不動心之候不必援孔子四十不惑爲願學伏案也自昔者宰我子貢至末爲一截此因公孫丑以聖相推而因及願學孔子之聖願學孔子在仕止久速各當其可此孔子異於夷尹處願學承接未能有行焉說下不必以願爲心之所志與不動心打合也前一截是主後一截是餘論前後兩大截中歷引許多人前截皆曾子主中之賓也告子賓中之主也此宮黝孟施舍賓中之賓也孟賁則賓之引導也後截孔子主中之賓也夷尹賓中之主也堯舜百王衆聖人賓中之賓也子夏子張子游冉牛閔子顏淵則又賓之引導也
首節　朱子曰盡心知性無所疑慮動皆合

勢易而德行速也。

當今民苦虐政之時齊國萬乘之勢而一行仁政民之感其德而悅之者猶解其倒懸之苦也孰不嚮風而歸附乎故所行之事半於古人不必積德百年而其成功必倍於古人德化洽於天下此惟在此時爲然蓋其時勢既易而德行自速是以用力少而成功多也吾謂以齊王由反手者如此而了乃以管晏之功爲我願乎。

不動心章全旨　此章以四十不動心句爲綱以知言養氣爲目告子之不動心只是借來相形說自首至何謂知言節正意已完以下皆是餘論與不動心無干

公孫丑問曰夫子加齊之卿相得行道焉雖由此霸王不異矣如此則動心否乎孟子曰否我四十不動心

此承上章又設問孟子若得位而行道則雖由此而成霸王之業亦不足怪任大責重如此亦有所恐懼疑惑而動

義。無所畏怯。雖當盛位。行大道。亦沛然行
其所無事而已。何動心之有。
恐懼疑惑。照下文養氣知言。下此四字。公孫
丑口中斷不可用。即我四十不動心。亦須
意會講始得。

若是節　趙註曰。告子之勇。未四十而不動
心。

其心乎四十強仕君子道明德立之時孔子四十而不惑
亦不動心之謂

公孫丑問曰、論天下事易。當天下事難。夫子設遇於齊。加以卿相之位。得行其生平之道焉。雖由此而成霸王之業。亦所優為而不足怪矣。但責任重大如此。亦因此而動其心否乎。孟子曰。否。我年四十。此心已不動矣。今雖得位行道。亦行其所無事而已。何動心之有。

曰若是則夫子過孟賁遠矣曰是不難告子先我不動心

丑贊孟子不動心之難。而曰是不難。是映着告子之不動心說。故接云告子先我不動心。抑告子者。欲見己之不動心。異於告子也。下言黝舍之勇。便為告子寫照。言曾子之勇。便為自己寫照。雖無後段。孟子之不動心所以異於告子者。已可概見矣。

孟賁勇士告子名不害孟賁血氣之勇丑蓋借之以贊孟

有道節　陳新安曰有主二字包得潤下文黝舍曾孟皆是有主但有精粗之分

北宮節　說因之曰黝舍二節不是實敘當時行事總是極其形容話頭看一思字視字正摹寫他意在必勝先量即舍之言亦是想像他無懼爲主而代爲之語耳

說約曰不膚撓言膚不至被刺而撓屈也不目逃言目不至被刺而轉睛逃避也便見

子不動心之難孟子言告子未爲知道乃能先我不動心則此亦未足爲難也

公孫丑曰當大任而不動心若是則夫子之心能荷天下之重比之孟賁之勇能舉百鈞之重殆過之遠矣豈不足爲難乎孟子曰人若固守其心而使之不動是亦不難即如告子亦能未至四十先我而不動其心　虛說

曰不動心有道乎曰有

程子曰心有主則能不動矣

公孫丑曰敢問心之不動亦有道乎孟子曰人之不動心雖有不同而所由不動心者則各有所主固有道也

北宮黝之養勇也不膚撓不目逃思以一毫挫於人若撻之於市朝不受於褐寬博亦不受於萬乘之君視刺萬乘之君若刺褐夫無嚴諸侯惡聲至必反之

必勝意。大段自不膚撓至不受於萬乘之君，是彼不可加於我之意。視刺萬乘至反之，是我必可加於彼之意。總是畫出必勝。

孟施節　朱子曰：量敵慮勝，是畏三軍者。此舍識別人，舍自云我則能無懼而已。許東陽曰：黝舍不動心本文在告子之下，公孫丑以孟賁比孟子，故孟子亦以勇士之

北宮姓黝名膚撓肌膚被刺而撓屈也目逃目被刺而轉睛逃避也挫猶辱也褐毛布寬博寬大之衣賤者之服也不受者不受其挫也刺殺也嚴畏憚也言無可畏憚之諸侯也黝蓋刺客之流以必勝為主而不動心者也

當聞北宮黝之養勇也其膚不至被刺而撓屈目不至被刺而轉睛逃避思以一毫挫辱於人即若撻之於市朝之中有不勝其愧恥者不受挫於褐寬博之賤亦不受挫於萬乘之君之貴其不屈於人者如此視刺萬乘之君一若刺褐夫之賤而不見有可畏憚之諸侯如諸侯以惡聲加已亦必以惡聲反之其必報乎人者如此此蓋以必勝為主而不動心者也

孟施舍之所養勇也曰視不勝猶勝也量敵而後進慮勝而後會是畏三軍者也舍豈能為必勝哉能無懼而已矣

類言之

似曾子節　饒氏曰孟施舍取必於己其氣象似曾子之反求諸己北宮黝取必於人其氣象似子夏之篤信聖人此是論二子之勇有所似非論其是非等級也然將二子所守來比量則孟施舍守其在我者爲得其所守之要耳　凡言守約不是守這約約要也言所守者得其要也守得其約則守字活言守定這約則守字死了

孟姓施發語聲舍名也會合戰也舍自言其戰雖不勝亦無所懼若量敵慮勝而後進戰則是無勇而畏三軍矣舍蓋力戰之士以無懼爲主而不動心者也

又聞孟施舍之所養勇也曰人貴敢戰我之於敵視不克勝者猶之能勝而無所退怯也彼量敵少而後進兵慮已足勝而後會戰是畏三軍之衆者也勝敗三軍之常舍豈能爲必勝哉能勇往直前無所懼而已矣此以無懼爲主而不動心者也

孟施舍似曾子北宮黝似子夏夫二子之勇未知其孰賢然而孟施舍守約也　此節是過脉以孟施舍似曾子引到曾子上去又以舍守約爲曾子之守約張本是漸次說法

黝務敵人舍專守己子夏篤信聖人曾子反求諸己故二

存疑曰舍比於黝爲得其要者黝務敵人舍專守己在人者不可必在己者有可據以力勝人者人亦以力勝之其心至於必勝而不動人或以力勝之未免爲之動矣舍專於守己而無懼戰勝無懼不勝心固也戰雖不勝我之無懼自在其心初不爲之動此舍比黝所以爲得其要也蓋務敵人心或有時而動務守己者必無時而動也

昔者節　朱子曰儀禮禮記多有縮字解與衡字作對下文直養之說蓋本於此乃一章大指所係　黝舍是不畏死而不動心告子是不認義理而不動心曾子是自反而縮而不動心

饒氏曰縮不縮指理言不惴吾往指氣言理者氣之主理直則氣壯理曲則氣餒吾之理不直雖一夫之賤亦爲之屈吾之理直雖千萬人之多在所必伸孟子因丑有過孟賁之語所以先說黝舍然後說歸曾子來。

守氣節　輔氏曰論舍之氣象雖大段有似

子之與曾子子夏雖非等倫然論其氣象則各有所似賢猶勝也約要也言論二子之勇則未知誰勝論其所守則舍比於黝爲得其要也

合二子而論之孟施舍取必於己其氣象似曾子之反求諸己北宮黝取必於人其氣象似子夏之篤信聖人夫二子之勇固未知其誰勝然而孟施舍之所守爲得其約焉蓋務於勝人或有時而不可必專於守己則無往而不自由此舍之比於黝爲得其所守之要也。

昔者曾子謂子襄曰子好勇乎吾嘗聞大勇於夫子矣自反而不縮雖褐寬博吾不惴焉自反而縮雖千萬人吾往矣

此言曾子之勇也子襄曾子弟子也夫子孔子也縮直也檀弓曰古者冠縮縫今也衡縫又曰冠縮二衡三惴恐懼

於曾子。然舍之所守。不過是一身之血氣固未嘗反之於心以自顧其直與不直也其視曾子之自反以縮不縮爲勇怯則其所守之要非舍之所能知而可比也反身謂自反循理謂縮

饒雙峰曰或問孟子之不動心如何原於曾子曰浩然之氣便是大勇以直養便是自反而縮行有不慊於心則餒便是自反而不縮

紹聞編曰按孟子歷言黝舍之養勇都不露個氣字而氣在其中直說到曾子後然後曰孟施舍之守氣只一氣字斷盡了其引曾子告子襄一段自反而不縮自反而縮此兩言乃一章血脉包括管攝處後面以直養而無害是從這個縮字來此人所知而不知配義與道集義所生都管攝這個縮字裏朱子識其意故於此條註曰又不如曾子之反身循理所守尤得其要也始露出一理字黝舍之所不能識者在此孟子告子之所以得失者在此

之也往往而敵之也

然皆非勇之大者昔者曾子謂子襄曰子好勇乎夫勇之小者不足好也吾嘗聞大勇之道於夫子矣人之所恃以常伸而不屈者理也自反而理不直則所敵者雖褐寬博之夫吾得不惴而恐懼焉自反而理直則所敵者雖千萬人之衆吾亦往而敵之矣由是觀之則曾子之勇誠大矣

孟施舍之守氣又不如曾子之守約也 此是氣與理之辨

言孟施舍雖似曾子然其所守乃一身之氣又不如曾子之反身循理所守尤得其要也孟子之不動心其原蓋出於此下文詳之

孟舍之氣象雖似曾子而其守約於黝然舍之所守者不過一身之氣無所畏怯而已又不如曾子之反身循理所守尤得其要也蓋氣有時而或屈理則無往而不伸此曾子之勇所以爲大而不動心者惟曾子爲難及也

敢問節　胡雲峰曰或疑告子不得於言已之言也孟子知言天下之言也兩言字不同愚應之曰理一而已告子於己之言且不能反求其理亦何能於天下之言而求其理孟子於天下之言能究極其理則於已之言可知也

朱子曰以下文觀之氣亦能反動其心則勿求於氣之說亦未爲盡善但心動氣之時多氣動心之時少故孟子取其彼善於此而已至於言則雖發於口而實出於心內有蔽陷離窮之病則外有詖淫邪遁之失不得於言而勿求諸心則察理不明而必以義爲外矣故斷然以爲不可志至氣次言志雖爲至然氣亦次那志所爭亦不多蓋爲告子將氣忒放低說了故說出此語　問持志養氣之爲交養何也朱子曰持志所以直其內無暴所以防於外兩者各致其功而無所偏廢則志正而氣自定氣定而志益正其於存養之功且將無一息之不存矣

曰敢問夫子之不動心與告子之不動心可得聞與告子曰不得於言勿求於心不得於心勿求於氣不得於心勿求於氣可不得於言勿求於心不可夫志氣之帥也氣體之充也夫志至焉氣次焉故曰持其志無暴其氣只舉告子之失以際見己之得

此一節公孫丑之問孟子誦告子之言又斷以己意而告之也告子謂於言有所不達則當舍置其言而不必反求其理於心於心有所不安則當力制其心而不必更求其助於氣此所以固守其心而不動之速也孟子既誦其言而斷之曰彼謂不得於心而勿求諸氣者急於本而緩其末猶之可也謂不得於言而不求諸心則既失於外而遂

輔慶源曰不言心而言志志者心之動而有所之處也但志則就其動處言故尤切耳
饒雙峰曰君子所以足容重手容恭聲容靜氣容肅行中鵞和趨中采齊皆是要無暴其氣
黄洵饒曰持志養氣不可分先後
蒙引曰不得於言本是心之失也而乃勿求於心不得於心本是氣之失也而乃勿求於氣
曹寅穀曰夫志氣之帥以下句句是破他勿求於氣之說但要抑揚說非兩平意註中三兩字兩亦字及節字紗其 論理則持其志爲重此破勿求於氣之說則無暴其氣爲重

遺其內其不可也必矣然凡曰可者亦僅可而有所未盡之辭耳若論其極則志固心之所之而爲氣之將帥然氣亦人之所以充滿於身而爲志之卒徒者也故志固爲至極而氣即次之人固當敬守其志然亦不可不致養其氣也蓋其內外本末交相培養此則孟子之心所以未嘗必其不動而自然不動之大略也

公孫丑曰敢問夫子之四十不動心與告子先夫子而不動心其道可得聞與孟子曰告子之言曰凡言有所不達而不得於言若因而反求於心則心爲之擾矣但當舍置其言而勿求於心焉凡心有所不安而不得於心苟因而求助於氣則心爲之役矣但當力制其心而勿求於氣焉此告子所以固守其心而不動之速也自我論之心本也氣末也彼謂不得於心勿求於氣急於本而緩於末猶之可也若言外也心內也彼謂不得於言勿求於心則無與

於外而遂遺其內，斷乎其不可也。然論其極，則不可者固不可，而可者亦未可也。大志運於一心，而氣之張弛隨之，所以御乎氣而爲氣之帥也。氣周乎一身，而志之運用由之，所以輔乎志而爲體之充也。夫志以立氣之體，則分有常尊，固爲至極焉。氣以達志之用，則分非獨輕，亦即其次焉。所以說人固當持守其志，使之卓然精明，不失其宰，又當無暴其氣，使之安焉充裕，不虧其用。此外內本末交相培養之道也。告子謂不得於言，勿求於氣，大豈可哉。

既曰志至焉，氣次焉，又曰持其志，無暴其氣者，何也？曰：志壹則動氣，氣壹則動志也。今夫蹶者趨者，是氣也，而反動其心。

公孫丑見孟子言志至而氣次，故問如此則專持其志可矣，又言無暴其氣，何也？壹，專一也。蹶，顛躓也。趨，走也。孟子言志之所向專一，則氣固從之。然氣之所在專一，則志亦反爲之動。如人顛躓趨走，則氣專在是而反動其心焉。所

既曰節　程子曰：志專一則動氣，氣專一則動志。若志專在淫辟，豈不動氣？氣專在喜怒，豈不動志？

朱子曰：志壹動氣，是源頭濁者，故下流亦濁也。氣動志者，卻是下流壅而不泄，反濁了上面也。　問：蹶趨多遇於卒然不虞之際，所以易得動心。朱子曰：是。

說約曰：按氣壹則動志也，一也字急帶下二句說。

劉上玉曰：近文志壹句，多講好似志帥氣一般，非是。壹字動字俱是不好底說話。本有一樣兩句爲兩解之理，但兩句不平上

句轉帶提說下句而然一也字也

知言節　朱子曰知言便是窮理不先窮理見得是非如何養得氣　饒雙峰曰孟子之言善養氣是以成德言非是說做工夫下文必有事而勿正以下却是說養氣做工夫處　說約曰知言然後能養氣亦是大概理若此處云然則多一折不見語氣矣蓋此是明不動心之故非又明能養氣之故也

以既持其志而又必無暴其氣也程子曰志動氣者什九氣動志者什一

公孫丑未達至次相須之義復問曰夫子既曰志至焉氣次焉則志重而氣輕專持其志可矣乃又曰持其志無暴其氣者何也孟子曰志與氣相關若志之所向專一固足以動夫氣而不適其常氣之所在專一亦足以動夫志而不能爲之宰也今夫人意料之外忽然而蹶仆者忽然有事而奔趨者是氣也而反以動其心不得安寧非氣壹動志之驗乎故志必當持而氣又當無暴也

敢問夫子惡乎長曰我知言我善養吾浩然之氣

公孫丑復問孟子之不動心所以異於告子如此者有何所長而能然而孟子又詳告之以其故也知言者盡心知性於凡天下之言無不有以究極其理而識其是非得失

難言節　達說曰此節問答俱就孟子身上說難言非終不言也只是道這箇微妙話

之所以然也浩然盛大流行之貌氣即所謂體之充者本自浩然失養故餒惟孟子為善養之以復其初也蓋惟知言則有以明夫道義而於天下之事無所疑養氣則有以配夫道義而於天下之事無所懼此其所以當大任而不動心也告子之學與此正相反其不動心殆亦冥然無覺悍然不顧而已爾

敢問何謂浩然之氣曰難言也

公孫丑復曰敢問夫子之不動心不待強制而自然不動者果何所長而能然孟子曰理不明則心有所疑我則盡知夫天下之言氣不充則心有所懼我則善養吾浩然之氣此所以能無疑惑恐懼而不動其心也我之異於告子者在此而已

頭如此說耶故下遂備言之非爲難言下文只苟且說幾句也

至大節　朱子曰兩箇其爲氣也至大至剛是說此氣之體段配義與道是說此氣可將如此用是說氣之功用　纔說浩然便有剛果意思如長江大河浩浩然而來也富貴貧賤威武不能淫移屈之類皆低不可以語此

輔慶源曰浩然之氣本是天地之正氣然天人一理故孟子更不分別直以爲己之氣也養而無害則全其本體而塞乎天地者不務集義而所爲一有私意遮隔了則便不流行而欿然餒之不足以充乎身而失其至大之體也

蒙引曰此一節正言浩然之氣是這般樣子氣之體段也體段猶云形像模樣非體用之體　至大至剛即是浩然以直養而無害則塞於天地之間即是復於浩然者矣

晉雲舉曰以直養而無害諸家都說直養便是無害與註不合直養照前自反而縮與

孟子先言知言而丑先問氣者承上文方論志氣而言也難言者蓋其心所獨得而無形聲之驗有未易以言語形容者故程子曰觀此一言則孟子之實有是氣可知矣

公孫丑又曰敢問所謂浩然之氣其狀何如孟子曰此固難以言語形容也

其爲氣也至大至剛以直養而無害則塞于天地之閒（本然之氣）（承難言說）

至大初無限量至剛不可屈撓蓋天地之正氣而人得以生者其體段本如是也惟其自反而縮則得其所養而又無所作爲以害之則其本體不虧而充塞無間矣程子曰天人一也更不分別浩然之氣乃吾氣也養而無害則塞乎天地一爲私意所蔽則欿然而餒知其小也謝氏曰浩

後集義說無害照前無暴其氣與後助長說直養是培其源無害是防其失斷依註說爲是然此句亦說得現成只用鄰卿依過不消着力細講若單出此句要體認分明。

配義節　饒雙峯曰合而有助譬如妻之配夫以此合彼而有助於彼者也蓋理氣不相離氣以理爲主理以氣爲輔。使人不能爲善爲是無那氣來襯貼有那氣來襯貼起做得定是有力。

語類云方集義以生此氣則須要勉強及到氣去配義與道則道義之行愈覺剛果更無疑滯尚何恐懼之有。　集義是平時工夫配義與道是卒然臨事氣配道義行將去此兩項各自有頓放處

然之氣須於心得其正時識取又曰浩然是無虧欠時

蓋其爲氣也至極其大無一事不可爲無一處不能到至極其剛死生迫之而不屈利害臨之而不撓其體段有如此者人能養之以直而又無一毫作爲之害則剛大之本體不虧而充塞于天地之間而無間矣其浩然爲何如哉

其爲氣也配義與道無是餒也　此與上節總承難言說來作極口形容之詞。

配者合而有助之意義者人心之裁制道者天理之自然。餒饑之而氣不充體也言人能養成此氣則其氣合乎道義而爲之助使其行之勇決無所疑懼若無此氣則其一時所爲雖未必不出於道義然其體有所不充則亦不免於疑懼而不足以有爲矣。

人果能養成此氣則其爲氣也能合乎道義而爲之助。凡義所當爲與道所當行者。此氣自勇往爲之使道義無所

集義節　朱子曰以直養是自反而縮。集義是以直養。然此工夫須積漸集義，自然生此浩然之氣，不是行一二件合義底事，能揜襲取浩然之氣也。集義是歲月積久之功，襲取是一朝一夕之事，從而揜取，終非已有也。　義襲是於一事之義勇而爲之，以壯吾氣，然無生底道理，只是些客氣耶，不久則消矣。　按字與非字應，襲字與生字對，其意蓋曰此氣乃集義而自生於中，非行義而襲取之於外云爾。　告子之病蓋不知心之慊處即是義之所安，其不慊處即是不合於義，故直以義爲外而不求。

不逆若無此氣則體餒而不充，而何以配乎道義哉。

是集義所生者，非義襲而取之也。行有不慊於心，則餒矣。我故曰告子未嘗知義，以其外之也。此言直養之功。

集義猶言積善，蓋欲事事皆合於義也。襲，掩取也，如齊侯襲莒之襲。言氣雖可以配乎道義，而其養之之始，乃由事事皆合義，自反常直，是以無所愧怍，而此氣自然發生於中。非由只行一事偶合於義，便可掩襲於外而得之也。慊，快也，足也。言所行一有不合於義，而自反不直，則不足於心，而其體有所不充矣。然則義豈在外哉？告子不知此理，乃曰仁內義外，而不復以義爲事，則必不能集義以生浩然

必有事節　朱子曰集義是養氣之丹頭必有事是集義之火法必有事焉言養氣當必以集義爲事須要把做事去做　正者等待期望之意如一邊集義一邊在此等待那氣生等來等去知便去助長氣未至於浩然便作起令張皇謂己剛毅無所屈

之氣矣上文不得於言勿求於心即外義之意詳見告子上篇

夫氣當養成之後理固藉氣以行而其養之之始則氣實資理以生故浩然之氣是由其平日事事求合於義積聚既久則自反常直而此氣自然發生於中非旦夕之間一事偶合於義便掩襲剛強不屈之狀而強取之也蓋所行偶合於義則其不合於義者多但行有不合於義則自反不直而不慊於心其氣自消沮而體餒而不充矣如何可義襲而取之哉夫行不合於義即不慊於心則義固根於心而不在外矣我故曰告子未嘗知義以其謂義爲在外也以義爲外則不能集義而浩然之氣何自而生哉其所未知者

必有事焉而勿正心勿忘勿助長也單承助長無若宋人然宋人有閔其苗之不長而揠之者芒芒然歸謂其人曰今日病矣予助苗長矣其子趨而往視之苗則槁矣天下之不助苗長者寡

撓使要發揮去做事便是助長必有事焉
一忽忘是論集義工夫勿正勿助長是論氣
之本體上添一件物事不得不要等待不
要催促
輔慶源曰集義而不忘其所事則氣得其養
勿正而不忘其所事則氣無所害如此則
日引日長而充塞天地之體沛然流行之
用將不期然而然矣又曰揠而害之者正
指告子而言
饒雙峰曰有事勿忘是說以直養勿正勿助
長說養而無害必有事焉而勿忘是集義
工夫正而助長是要其效而取集義襲
而何乃是此段骨子以集義爲無益而忘
之苗不耘者也以義襲爲必預期其效
而助長揠苗者也以直養而無害是養
之之道集義所生是養之之成功有事
勿忘是做工夫處
顧麟士曰必有事焉而勿正養氣之始之事
心勿忘勿助長也養氣之際之事觀其
或求无四字可見大抵四下作兩對不必

矣以爲無益而舍之者不耘苗者也助之長者揠苗者也
徒無益而又害之
必有事焉而勿正趙氏程子以七字爲句近世或并下文
心字讀之者亦通必有事焉有所事也如有事於顓臾之
有事正預期也春秋傳曰戰不正勝是也如作正心義亦
同此與大學之所謂正心者語意自不同也此言養氣者
必以集義爲事而勿預期其效其或未充則但當勿忘其
所有事而不可作爲以助其長乃集義養氣之節度也閔
憂也揠拔也芒芒無知之貌其人家人也病疲倦也舍之
而不耘者忘其所有事揠而助之長者正之不得而妄有

以有事爲一頭而正忘助相因也
語類或問正便是助長否曰正未是助長待其效而不得則漸漸助之長矣又云必有事焉而勿正心勿忘勿助長也下兩句非是復解上兩句此自有淺深亦大概可意會○

作爲者也然不耘則失養而已揠則反以害之無是二者則氣得其養而無所害矣如告子不能集義而欲彊制其心則必不能免於正助之病其於所謂浩然者蓋不惟不善養而又反害之矣

氣由集義而生非義襲而取故養氣者必以集義爲事務事事求合於義而氣之發生則聽之自然而勿預期其效其或氣有未充必集義之功未至但當心勿忘其事而不可作爲以助其長也然正助之害視忘其有事者爲尤甚愼無若宋人然宋人有憂其苗之不長而揠而助之者芒芒然歸謂其家人曰今日予疲病矣予實助苗以長矣其子趨向田閒視之苗則已槁矣今天下之養氣者不以集義爲事而勉強振作其不若宋人之助苗長者寡矣彼以氣爲無益而舍之不養者猶不耘苗者也但不能發生其氣未甚害也至於助之長者正如揠苗者也非徒無益於氣不能發生於中一被挫折則消沮退怯不復能以有爲而反害於氣矣知助長之害則知非義襲而取之矣知非義

詖辭節　饒雙峯曰詖淫邪遁是病證蔽陷離窮是病源所蔽所陷所離所窮是病源之所在。

胡雲峯曰集註釋我知言曰識其是非得失之所以然此所謂言之病者其然也所謂心之失者即所以然也特上文泛指天下之言故兼是非得失而知之此則似指告子之言故專於其失者而知之也

陳新安曰朱子與郭仲帖云孟子之學以窮理集義爲始不動心爲效蓋惟窮理爲能知言惟集義爲能養氣理明而無所疑氣充而無所懼故能當大任而不動心此章要旨此語盡之而無餘蘊此章雖未終於此而旨意止於此

存疑曰詖辭是只說得一邊不說得全緣他心中有所蔽故如此如楊氏只說義不說仁緣他爲爲我所蔽墨氏只說仁不說義緣他爲兼愛所蔽陷是蔽之深既陷溺之

襲而取則當以集義爲事矣此有事而勿正勿忘而勿助我所謂善養吾浩然之氣也

何謂知言曰詖辭知其所蔽淫辭知其所陷邪辭知其所離遁辭知其所窮生於其心害於其政發於其政害於其事聖人復起必從吾言矣此言知言之事當回顧不動心既因言以知其心又因心以知其害總是知言

此公孫丑復問而孟子答之也詖偏陂也淫放蕩也邪邪僻也遁逃避也四者相因言之病也蔽遮隔也陷沉溺也離叛去也窮困屈也四者亦相因則心之失也人之有言皆本於心其心明乎正理而無蔽然後其言平正通達而無病苟爲不然則必有是四者之病矣即其言之病而知其心之失又知其害於政事之决然而不可易者如此非

淺必務辨博以濟其說故其辭淫周遮浩瀚而無畔岸也其辭既淫則一發爲邪僻之論不可復律之以理緣他陷溺既深於是一向背却正路離去既遠故其辭如此既叛去正理便不成箇物事更說不去是其理既屈心中於是乎窮矣窮則必變其說以求通也

蒙引曰聖人復起只帶生於其心四何不連上四知說必從吾言所以明其爲理之必然非固自矜其言之必信也

心通於道而無疑於天下之理其孰能之彼告子者不得於言而不肯求之於心至爲義外之說則自不免於四者之病其何以知天下之言而無所疑哉程子曰心通乎道然後能辨是非如持權衡以較輕重孟子所謂知言是也又曰孟子知言正如人在堂上方能辨堂下人曲直若猶未免雜於堂下衆人之中則不能辨決矣

公孫丑復問曰如何謂之知言孟子曰知言者因言以知其心也如人之言有說着一邊遺却一邊者是爲詖辭我知其心見理不全有所障蔽故也有周遮浩瀚放蕩無歸者是爲淫辭我知其心淺入乎他有所陷溺故也有新奇詭僻全無正說者是爲邪辭我知其心背乎道而不返有所離叛故也有遷變其說支吾躲閃者是爲遁辭我知其心屈於理而不通有所困窮故也然蔽陷離窮之失既生於其心不但發於言者有詖淫邪遁之病而已必且施之

宰我節　輔慶源曰知言則在我在人一也知其如此則於言語辭命何患不能養氣自集義生豈非德行乎

胡雲峰曰此以後因公孫丑提出一聖字爲問故專發明一聖字

蒙引曰善爲說辭大概只是善辯善言德行善言字輕德行字重

禮樂刑政俱失其中而害於其政既發於其政則凡節目條件皆不當理而害於其事其機决然相因而至雖聖人復起亦必從吾生心害政之說而不易矣我所謂知言者蓋如此

宰我子貢善爲說辭冉牛閔子顏淵善言德行孔子兼之曰我於辭命則不能也然則夫子既聖矣乎

此一節林氏以爲皆公孫丑之問是也說辭言語也德行得於心而見於行事者也三子善言德行者身有之故言之親切而有味也公孫丑言數子各有所長而孔子兼之然猶自謂不能於辭命今孟子乃自謂我能知言又善養氣則是兼言語德行而有之然則豈不既聖矣乎此夫子指孟子也　程子曰孔子自謂不能於辭命者欲使學者

是何言節　曹雲舉曰，學不厭四句。猶云卽據夫子言之，固已備智仁之德，而不能辭聖之名矣。若推進一層，由智故學不厭，由仁故教不倦，於當日神情口角不相肖矣。玩註，智之所以自明，仁之所以及物，亦是順說也。直解推原，纂序騎墻，惟淺說存疑得之。

務本而已

公孫丑曰，孔門弟子，宰我子貢據理立言，善為說辭。冉牛閔子顏淵，有德行於身，而善言德行。孔子則言語德行兼而有之，然猶曰我於辭命則不能也。今夫子乃自謂我知言，則是有言語矣；又善養氣，則是有德行矣。言語德行兼而有之，然則夫子豈不既聖矣乎。

曰惡是何言也昔者子貢問於孔子曰夫子聖矣乎孔子曰聖則吾不能我學不厭而教不倦也子貢曰學不厭智也教不倦仁也仁且智夫子既聖矣夫聖孔子不居是何言也

惡，驚歎辭也。昔者以下，孟子不敢當丑之言，而引孔子子貢問答之辭以告之也。此夫子指孔子也。學不厭者，智之所以自明；教不倦者，仁之所以及物。再言是何言也，以深

竊聞節　朱子曰聖人道大而能博如游夏得其文學子張得其威儀皆一體也惟顏淵冉閔氣質不偏理義完具獨能具有聖人之全體但未若聖人之大而化之無限量之可言故以爲具體而微耳

拒之

孟子驚嘆曰惡子以我爲聖是何言也昔者子貢問於孔子曰夫子道德高厚其既聖矣乎孔子曰聖則吾不能我但學聖人之道而不厭又以聖人之道教人而不倦如斯而已子貢曰學而不厭則明乎萬理而無蔽乃所謂智也教而不倦則不見物我之有間乃所謂仁也仁且智夫子實既聖矣子貢孔子相答如此則夫聖人之名孔子尚不敢居而子乃謂我爲聖是何言也

昔者竊聞之子夏子游子張皆有聖人之一體冉牛閔子顏淵則具體而微敢問所安

此一節林氏亦以爲皆公孫丑之問是也一體猶一肢也具體而微謂有其全體但未廣大耳安處也公孫丑復問孟子旣不敢比孔子則於此數子欲何所處也

姑舍節　李陵陽曰問如集註之說則孟子猶有不足於顏子歟天台潘氏曰孟子非不足於顏子以顏子不幸短命而未至於聖人之域前輩云絕遜第一等事與別人做便是自棄古人之志大率如此

夷尹節　王魯齋曰乃所願則學孔子後四段盡在此句

胡雲峰曰孟子以伯夷伊尹有聖人之德而未極其全故欲學其全者以下專言孔子之聖

公孫丑曰昔者竊聞之子夏子游子張皆有聖人之一體或得其文學或得其威儀冉牛閔子顏淵則氣質不偏義理完具已具聖人之全體但未至大而化之而尚微焉耳夫子既不敢比孔子故問於數子何所處也

曰姑舍是

孟子言且置是者不欲以數子所至者自處也

孟子曰數子雖賢姑舍置之非我之所欲處也

曰伯夷伊尹何如曰不同道非其君不事非其民不使治則進亂則退伯夷也何事非君何使非民治亦進亂亦進伊尹也可以仕則仕可以止則止可以久則久可以速則速孔子也皆古聖人也吾未能有行焉乃所願則學孔子也

伯夷孤竹君之長子兄弟遜國避紂隱居聞文王之德而

若是班節　吳蘇右曰否字言非夷尹之所能班自生民二句又推開說見孔子超於千聖之表含末三節意概以道德事功言

歸之及武王伐紂去而餓死伊尹有莘之處士湯聘而用之使之就桀桀不能用復歸於湯如是者五乃相湯而伐桀也三聖人事詳見此篇之末及萬章下篇

公孫丑曰夫子既不以數子自處若伯夷伊尹其肯處之否乎孟子曰二子與我不同道彼非其君則不事非其民則不使世治則仕進世亂則退隱以清為其道者伯夷也得君則事何所事而非君得民則使何所使而非民世治亦進仕世亂亦進仕以任為其道者伊尹也若夫可以仕則進仕可以止則退止可以久則久留可以速則速去得時中之道者孔子也此皆行道其極為古之聖人也吾未能有身體而行之者焉乃我心所願幾則願學孔子之所履進退無常與時為安也我與夷尹固不同道而豈以之自處哉

伯夷伊尹於孔子若是班乎曰否自有生民以來未有孔子也。

有同與節　問伯夷伊尹之行一不義殺一不辜而得天下有所不爲何以言之也朱子曰以其遜國而逃諫伐而餓非道義一介不取與觀之則可見矣

班齊等之貌公孫丑問而孟子答之以不同也

公孫丑因皆古聖人之說而又問曰伯夷伊尹二人於孔子若是其並班乎孟子曰否孔子非夷尹所得而班也不但夷尹不得而班自有生民以來聖人雖多求其道德事功之盛未有如我孔子也

曰然則有同與曰有得百里之地而君之皆能以朝諸侯有天下行一不義殺一不辜而得天下皆不爲也是則同

有言有同也以百里而王天下德之盛也行一不義殺一不辜而得天下有所不爲心之正也聖人之所以爲聖人其根本節目之大者惟在於此於此不同則亦不足以爲聖人矣

公孫丑曰孔子雖古來所未有然既與夷尹皆謂之聖則亦有同行之處與孟子曰有之假如得百里之地而爲之

所以異節　輔慶源曰，智足以知聖人，則其智識高明矣。阿私所好而空譽之，則其識趣汙下矣。高明與汙下正相反，高明則不必至汙下矣。反覆極言之，以明三子之言必可信耳。

宰我節　陳新安曰，後世聖賢之君不作，異端漸熾，苟非得孔子祖述堯舜以詔後世，則無所據依以入堯舜之道矣。輔氏有言，當時若無孔子，今人連堯舜也不識。由此言之，則孔子爲天地立心，爲生民立命，爲

君三聖人之德之盛，自然天與人歸，皆能以朝諸侯而統一天下。若使行一不義之事，殺一無辜之人，而遂可以得天下，三聖人之心之正，必不以天下爲利而遂行之殺之，皆斷然不爲也。此則其根本節目之大而行有同處也。

曰：敢問其所以異。曰：宰我、子貢、有若，智足以知聖人。汙，不至阿其所好。

汙，下也。三子智足以知夫子之道，假使汙下，必不阿私所好而空譽之，明其言之可信也。

公孫丑曰，敢問孔子之所以異於堯舜者何如。孟子曰，昔宰我、子貢、有若知識高明，足以知聖人，其言皆實有所見。假使汙下而不高明，亦必不至阿私其所好而空譽之也。欲知孔子之所以異，但觀三子之言而可見矣。

宰我曰：「以予觀於夫子，賢於堯舜遠矣。」

程子曰：語聖則不異，事功則有異。夫子賢於堯舜，語事功

任聖繼絕學爲萬世開太平其功業豈不
賢於堯舜遠哉宰予此言可謂深知孔子
其得在言語之科宜矣
胡五峰云成一時之勳業有限開萬世之道
學無窮

子貢節　問見其禮而知其政聞其樂而知
其德是謂夫子是謂他人朱子曰只是大
概如此說子貢之意蓋言見人之禮便可
知其政聞人之樂便可知其德所謂由百
世之後等百世之王莫有能違我知見者
所以斷然謂自生民以來未有孔子也
陳新安曰差等猶言品第情實也以見禮知
政聞樂知德二句鑿之皆不能逃於洞察
之下

也蓋堯舜治天下夫子又推其道以垂教萬世堯舜之道
非得孔子則後世亦何所據哉
宰我有曰自古聖人首稱堯舜以予觀於夫子賢過於堯
舜遠矣堯舜以道治天下成一時之勳業有限夫子推其
道以垂教明萬世之道學無窮賢
何如之宰我之推尊孔子如此
子貢曰見其禮而知其政聞其樂而知其德由百世之後等
百世之王莫之能違也自生民以來未有夫子也
言大凡見人之禮則可以知其政聞人之樂則可以知其
德是以我從百世之後差等百世之王無有能遁其情者
而見其皆莫若夫子之盛也
子貢有曰不觀古人無以知今人古之王者雖在今日見
其所遺之禮或文或質則其當日之政或煩或簡可得而

末節 存疑曰豈惟民哉一句喚起下文這裏合箇類字故下文承之曰麒麟之於走獸鳳凰之於飛鳥泰山之於丘垤河海之於行潦類也聖人之於民亦類也又承上類也句而言以終豈惟民哉之意

顧麟士曰出於其類拔乎其萃便是衆孔子與一切衆人言之但其中覺得孔子尤盛與上節百王未有一例須看得活

胡雲峰曰公孫丑疑孟子動心孟子遂極言養氣知言之功公孫丑疑其知言養氣之既聖孟子遂極言夫子之聖之盛要知夫子之聖不假乎知言養氣孟子之知言養氣乃學而至聖者也前則深斥告子闢異端也後則推尊孔子承聖道也前後之言

知也聞其所遺之樂或盡善與否則其當日之德爲性爲反可得而知也我由百世之下差等以前百世之王德政之優劣皆莫有逃我之鑒別者若乃一身而備帝王之政一心而兼神聖之德自生民以來未有如我夫子者也子貢之推尊孔子如此

有若曰豈惟民哉麒麟之於走獸鳳凰之於飛鳥泰山之於（二語泛言羣聖類以）丘垤河海之於行潦類也聖人之於民亦類也出於其類拔乎其萃（民於聖兼以聚處言末二句方說到孔子在出類拔萃中尤盛）自生民以來未有盛於孔子也

麒麟毛蟲之長鳳凰羽蟲之長垤蟻封也行潦道上無源之水也出高出也拔特起也萃聚也言自古聖人固皆異於衆人然未有如孔子之尤盛者也 程子曰孟子此章擴前聖所未發學者所宜潛心而玩索也

若不相貫而實相貫學者味之

以力章

首節：朱子曰以德行仁德非止謂有救民於水火之誠心這德字說得來闊是自己身上事都做得來是無一不備了所以行出來便是仁

紹聞編曰德即仁而曰以德行仁者此章仁以心事言

有若有曰豈惟民不能爲異哉即如麒麟之於走獸也鳳凰之於飛鳥也泰山之於丘垤也河海之於行潦也均是走均是飛均是土之高均是水之流類也聖人之於民形同性同亦類也但聖人能踐其形盡其性雖與人同類而實高出於羣類之上雖與衆聚處而實後起乎羣萃之表凡爲聖人者莫不皆然然自生民以來聖人之道德事功未有盛於孔子者也豈非出類拔萃之尤者乎有若之推尊孔子如此合觀三子之言則孔子之聖古之帝王皆不能及而況於夷尹乎此吾所以願學孔子也

以力章全旨　此章定王霸之辨上節言王霸之心術誠僞不同下節言人之所以應之者其誠僞亦異通重王者一邊

孟子曰以力假仁者霸霸必有大國以德行仁者王王不待大湯以七十里文王以百里

力謂土地甲兵之力假仁者本無是心而借其事以爲功

者也霸若齊桓晉文是也以德行仁則自吾之得於心者推之無適而非仁也

孟子曰王霸之稱其來久矣然其所以名不可不辨以土地甲兵之力假仁以濟事者事雖公而心實私此謂之霸霸者必有大國然後足以介諸侯而把持天下以躬行心得之德行濟人利物之仁者政教之施皆本於心之誠然此謂之王王者不待大國自足以朝諸侯而一統天下如湯之興不過以七十里文王之興不過以百里豈待大乎

以力服人者非心服也力不贍也以德服人者中心悅而誠服也如七十子之服孔子也詩云自西自東自南自北無思不服此之謂也

○貫下形容

贍足也詩大雅文王有聲之篇王霸之心誠偽不同故人所以應之者其不同亦如此　鄒氏曰以力服人者有意

次節　朱子曰以執轅濤塗使曹伐衞之事而視夫東征西怨虞芮質成者則人心之服與不服可見若七十子之服孔子至於離流饑餓而不去此又非有名位勢力以驅之也孟子真可謂長於譬喻也

曹云峯曰以力服人謂以力而得人之服也非謂用道力去服人也以德服人亦然如七十子之服孔子繫根上句一直說是形容心悅誠服之意引詩是實證心悅誠服之說不可以孔子與詩平說

仁榮章

首節　正解曰上是論其理下是致其誠仁就本諸身而見諸事者言即下舉賢能明政刑之類是也榮即大國必畏也不仁即般樂怠敖也辱即自求禍也

於服人而人不敢不服以德服人者無意於服人而人不能不服從古以來論王霸者多矣未有若此章之深切而著明者也

王霸之心術不同故人之服之者亦異以力而得人之服者非眞心愛慕而服之也屈於力之不足勢不能敵勉強而順從也以德而得人之服者非出於不得已乃由中心愛悅而至誠以相服也如七十子之服孔子心悅其遊而流離困苦相從而不二也大雅文王有聲之詩云王者之化自西自東自南自北無有一人不思服者夫服出於思乃心服也此正中心悅而誠服之謂也人服王者之德如此彼霸者何足以語此哉

仁則榮章全旨　此章勉時君以強仁也首二句一篇之主兩則字便含有自求意

孟子曰仁則榮不仁則辱今惡辱而居不仁是猶惡濕而居下也

次節　新安倪氏曰禮記表記云畏罪者強仁謂勉強行仁也貴德以下皆強仁之事也

陳新安曰春秋傳云及猶汲汲也及是時而明政刑即書所謂古人為善惟日不足之意此一節應仁則榮也

好榮惡辱人之常情然徒惡之而不去其得之之道不能免也

孟子曰國家榮辱無常惟人所召若人君修德行仁厲精圖治則身尊國顯不期榮而自榮矣若縱欲不仁驕奢淫佚則身危國削不期辱而自辱矣今之君皆有惡辱之心而自居於不仁不能去其得之之道是猶惡濕而反居下地必不能免於濕也

如惡之莫如貴德而尊士賢者在位能者在職國家閒暇及是時明其政刑雖大國必畏之矣

此因其惡辱之情而進之以彊仁之事也貴德猶尚德也士則指其人而言之賢有德者使之在位則足以正君而善俗能有才者使之在職則足以修政而立事國家閒暇

三節　迨天之未陰雨一句最重正與上文及是時相應未陰雨國家閒暇之譬也徹彼二句明政刑之譬也今此下民二句大國必畏之譬也能治其國家謂制治未亂保邦未危要見未然之防意方與詩應

可以有爲之時也詳味及字則惟日不足之意可見矣

如誠惡辱莫如去不仁而爲仁於是貴重乎德而尊有德之士士之賢者使之在輔弼之位士之能者使之在百司之職一旦國家閒暇外患寧息則遂及是時而與賢者能者修明其政凡大綱小紀秩然不亂修明其刑凡五刑五罰咸得其平有治人復有治法則邦本固而國勢張雖強大之國必畏服之矣所謂仁則榮者如此

詩云迨天之未陰雨徹彼桑土綢繆牖戶今此下民或敢侮予孔子曰爲此詩者其知道乎能治其國家誰敢侮之

詩豳風鴟鴞之篇周公之所作也迨及也徹取也桑土桑根之皮也綢繆纏綿補葺也牖戶巢之通氣出入處也予鳥自謂也言我之備患詳密如此今此在下之人或敢有侮予者乎周公以鳥之爲巢如此比君之爲國亦當思患

四節　陳新安曰：及是時而縱欲偷安，亦書所謂因人爲不善，亦惟曰不足之意。此一節應不仁則辱也。

五節　陳新安曰：仁榮，福也；不仁之辱，禍也。皆自己求之。

而贊之孔子讀而贊之，以爲知道也。

眢微之鴟鴞之詩云：我及天未陰雨之時，往取桑根之皮，以補葺巢之戶牖，使之堅固，避風雨飄搖之患。今此在下之民，其或敢有擊射而侮予者乎？孔子讀而贊之曰：爲此詩者，其知圖治之道乎！人君能及時而治其國家，制治於未亂，保邦於未危，則無隙可乘，而誰敢侮之？觀詩及孔子之言，而及時以明政刑，大國必畏，洵非誣矣。

今國家閒暇，及是時般樂怠傲，是自求禍也。

言其縱欲偷安，亦惟日不足也。

今之爲國者不能豫收人才，以賢其國。當國家閒暇，則及是時而般樂以縱欲，怠傲以偷安，政荒刑虐，則國非其國，而侮之者至矣。是自求禍也。所謂不仁則辱者如此。

禍福無不自己求之者

結上文之意。

末節　蔡氏曰，及時明政刑，自求福也，仁榮者如此。及時而樂敖，自作孽也，不仁之辱如此。

陳新安曰：此因戰國諸侯惡辱而勉以行仁也。勉之存天理而享仁之榮，戒之徇人欲以遂不仁之辱，亦遏人欲擴天理也。

尊賢節

大及時而任賢圖治，則受尊安之榮；及時而縱欲偷安，則取敗亡之辱。可見禍福無不自己求之者也。

詩云：「永言配命，自求多福。」太甲曰：「天作孽，猶可違；自作孽，不可活。」此之謂也。

詩大雅文王之篇。永，長也。言，猶念也。配，合也。命，天命也。此言福之自己求者。太甲，商書篇名。孽，禍也。違，避也。活，生也。書作逭。逭，猶緩也。此言禍之自己求者。

大雅文王之詩云：人君長思念合乎天理，則盛大之福自我致之。商書太甲曰：己無罪而天降之災，或猶可避；自爲不善而致禍孽，則求不可得生。詩之言即福自己求之謂，書之言即禍自己求之謂也。人君可不省哉。

尊賢章全旨　此章勉諸侯行王政也。首五節言行王政可以得天下之心，末節總結之，斷其可以致王。

孟子曰：「尊賢使能，俊傑在位，則天下之士皆悅而願立於其

首節　饒雙峯曰俊傑謂人中之俊傑者即指賢能而言尊賢使能便是俊傑在位

愚按尊使只是能用到得在位又有久任之意須有層次

次節　趙氏惠曰王制疏市内空地曰廛

朱子曰市廛而不征謂使居市之廛者各出廛賦若干如今人賃舖面相似更不征稅其所貨之物法而不廛則但治之以市官之法而已雖廛賦亦不取之也

蔡虛齋曰市字微讀不與廛字相連　市與廛亦不同市是大統言廛是市中列肆故曰市官治官為之者　廛而不征法而不廛之廛是活字廛無夫里之布之廛是死字

朝矣

俊傑才德之異於衆者

孟子曰王政行則人心得如賢能之士國所賴以輔治也若尊禮其賢者器使其能者凡有德有才之俊傑皆布列於位則天下之士皆悅吾用人有道而願立於其朝矣

市廛而不征法而不廛則天下之商皆悅而願藏於其市矣

市宅一廛下斷字廛字同

廛市宅也張子曰或賦其市地之廛而不征其貨或治之以市官之法而不賦其廛蓋逐末者多則廛以抑之少則不必廛也

其於市也或逐末之人多則賦其市地之廛而不征其貨或逐末之人少則但治以市官之法而不賦其廛則天下之商皆悅吾待商之厚而願藏於其市矣

三節　饒氏曰關譏之制凡衆途所會之地則立關以限之行旅有節傳方可度關以此稽考其來歷以防姦宄節是使者所持之節傳如今腳引及州縣移文

四節　正解曰此節言王政行農之仁　助而不稅即耕者九一之法

五節　說約曰按都邑之制如井田獨後一區爲市廛爲市宅偏指其在市者言之也左右倘各三區俱爲民廛但既官爲則不論其商與非商亦必有賦錢故大註曰已賦其廛如許行願受一廛而爲氓文公與之處便是處之於此左右之廛也

備考曰楊升庵云氓字從亡從民流亡之民也去其本土而占籍他國者也

關譏而不征則天下之旅皆悅而願出於其路矣

解見前篇

其於關也則使關吏譏察異物異言之人而不征行旅之貨稅則天下之旅皆悅吾柔遠有道而願出於其路矣

耕者助而不稅則天下之農皆悅而願耕於其野矣

但使出力以助耕公田而不稅其私田也

其於耕者但使出力以助耕公田而不復稅其私田則天下之農皆悅吾薄斂之仁而願耕於其野矣

夫征　里布

廛無夫里之布則天下之民皆悅而願爲之氓矣

周禮宅不毛者有里布民無職事者出夫家之征鄭氏謂宅不種桑麻者罰之使出一里二十五家之布民無常業者罰之使出一夫百畝之稅一家力役之征也今戰國時

末節　饒雙峰曰吏君所命天吏天所命君所命者可以刑人殺人凡有罪者得而刑殺之天所命者可以征人伐人凡暴亂之國皆得而征伐之　無敵於天下句乃此章之大旨蓋能行王者之政則可以興王者之治當時諸侯不得民心惟務侵人土地故孟子教之但行王政以恤其民使吾國之民仰之若父母則天下之民亦仰之若父母矣如此則東征西伐何向不服不然吾國之民亦仇讎也况鄰國乎

一切取之市宅之民已賦其廛又令出此夫里之布非先王之法也氓民也

其於在廛之民彼非不工不商游手游食則無無常業者一夫百畝之稅之罰其所居之廛原非可種桑麻則無不種桑麻一里二十五家之布之罰則天下之民皆悅吾厚民之政而願受一廛爲之氓矣

信能行此五者則鄰國之民仰之若父母矣率其子弟攻其父母自生民以來未有能濟者也如此則無敵於天下無敵於天下者天吏也然而不王者未之有也

吕氏曰奉行天命謂之天吏廢興存亡惟天所命不敢不從若湯武是也　此章言能行王政則寇戎爲父子不行王政則亦子爲仇讎

不忍人章

首節　饒雙峯曰仁之爲德在天地則爲生物之心在人則爲不忍人之心天地能生物人不能生物但是愛人之心即是生物之心程子曰惻隱之心人之生道也正此之謂

陳新安曰天地之大德曰生人得天地之德曰好生好生之德即所謂得天地生物之心以爲心也

五者之政能得天下之心如此人君信能行此五者以撫其民則鄰國之民皆仰而戴之若父母矣仰戴若父母則彼爲吾子弟鄰國之君驅率吾子弟攻吾父母決不出力用命自生民以來未有能濟其事者也子弟不忍攻其父母如此則我無敵於天下矣無敵於天下者是天所命之吏也爲天之吏則凡暴亂之國皆得而征伐之可以撫安萬民宰制六合然而

不王者未之有也

不忍人章全旨　此章勉人君充不忍之心以行仁政首節言仁心人所同具次節示以推心之治三節驗人之皆有四五節決人之必有末二節欲人充滿其本心之量工夫全在末後一節

孟子曰人皆有不忍人之心

天地以生物爲心而所生之物因各得夫天地生物之心以爲心所以人皆有不忍人之心也

孟子曰人得天地生物之心而生皆有不忍傷人之心此心本來具足不以聖凡而有加損也

次節　饒雙峯曰斯猶即也聖人之心無物欲之蔽縱有不忍人之心即有不忍人之政不待充廣而後能也若衆人則須待充廣

淺說曰首兩節只作一大節看自所以謂人皆有不忍人之心者以下三節總是申說人皆有不忍人之心自人之有是四端也以下二節皆是說人當如先王有以推其不忍之心

三節　輔慶源曰怵惕心驚懼而起念之意緣卒乍而見故心驚懼而動也惻隱由傷切而痛淺自淺而深皆所以名狀不忍人之心也

朱子曰方乍見孺子時也着手脚不得縱有許多私意也未暇思量到

先王有不忍人之心斯有不忍人之政矣以不忍人之心行不忍人之政治天下可運之掌上　此節從心說到政便伏末節擴充意

言衆人雖有不忍人之心然物欲害之存焉者寡故不能察識而推之政事之間惟聖人全體此心隨感而應故其所行無非不忍人之政也

人有是心而私欲間之故不能達之於用惟先王全體周流有不忍人之心即有不忍人之政不待充廣而此心之用自無所遏焉夫以不忍人之心行不忍人之政則利澤及人能使天下各得其所其於治天下猶運之掌上耳

所以謂人皆有不忍人之心者今人乍見孺子將入於井皆有怵惕惻隱之心非所以內交於孺子之父母也非所以要譽於鄉黨朋友也非惡其聲而然也

眞西山曰孺子未有所知而將入於井乍見之者無問賢愚皆有傷痛之心方此心驟發之時非欲以此內交非欲以此干譽非欲以避不仁之名也倉卒之間無安排矯飾而天機自動此所謂眞心也

乍猶忽也怵惕驚動貌惻傷之切也隱痛之深也此即所謂不忍之心也內結要求聲名也言乍見之時便有此心隨見而發非由此三者而然也程子曰滿腔子是惻隱之心謝氏曰人須是識其眞心方乍見孺子入井之時其心怵惕乃眞心也非思而得非勉而中天理之自然也內交要譽惡其聲而然即人欲之私矣

所以謂人皆有不忍人之心者何以驗之今人乍猝見無知之孺子將入於井無問賢愚皆有怵惕惻隱之心爲之驚動而傷痛者此心發於倉猝之間非欲以此內交於孺子之父母而結其好也非欲以此求美譽於鄉黨朋友也非惡被不仁之名而欲以此避之也發之驟而無暇思維動以天而不待勉強此所謂本然之眞心所謂人皆有不忍人之心也

四節　莆田黃氏曰：由是觀之，是字指孺子入井一事說。

朱子曰：羞惡、辭讓、是非，雖與惻隱並說，但此三者皆是自惻隱中發出來，因有惻隱，後方有此三者。

輔慶源曰：人之所以爲心，不外乎此四者，仁則又貫乎三者之中，故因論惻隱而悉數之。言人若無此心，則非人也者，所以明其必有，使人知反求之於己也。

五節　朱子曰：惻隱自是情，仁自是性，性即是這道理。仁本難說，中間卻是愛之理，發

由是觀之，無惻隱之心，非人也；無羞惡之心，非人也；無辭讓之心，非人也；無是非之心，非人也。

羞，恥己之不善也。惡，憎人之不善也。辭，解使去己也。讓，推以與人也。是，知其善而以爲是也。非，知其惡而以爲非也。人之所以爲心，不外乎是四者，故因論惻隱而悉數之。言人若無此，則不得謂之人，所以明其必有也。

由不忍孺子入井無所爲而爲者觀之，可見人必有惻隱之心。若無惻隱之心，非人也。有惻隱之心，則必有羞惡辭讓是非之心。若無羞惡之心，非人也。人則必有羞惡之心矣。無辭讓之心，非人也。人則必有辭讓之心矣。無是非之心，非人也。人則必有是非之心矣。

惻隱之心，仁之端也；羞惡之心，義之端也；辭讓之心，禮之端

出來方有惻隱義却是羞惡之理發出來方有羞惡禮却是辭遜之理發出來方有辭遜智却是是非之理發出來方有是非仁義禮智是未發底道理惻隱羞惡辭讓是非是已發底端倪如桃仁杏仁是仁到得萌芽便是惻隱

陳北溪曰四端之說是就外面可見底以驗其中之所有惟是有四者之體故四者端緒自然發見於外

六節　首二句結上文必有意自賊賊君也下文擴充意並自賊一邊

也是非之心智之端也

惻隱羞惡辭讓是非情也仁義禮智性也心統性情者也端緒也因其情之發而性之本然可得而見猶有物在中而緒見於外也

夫四者之心所以觸之而即應者性之所發也人具仁之性本有慈愛之理惻隱之心是仁所發見之端緒也人具義之性本有羞惡之理羞惡之心是義所發見之端緒也人具禮之性本有辭讓之理辭讓之心是禮所發見之端緒也人具智之性本有是非之理是非之心是智所發見之端緒也有是性則有是情豈非人之所固有哉

人之有是四端也猶其有四體也有是四端而自謂不能者自賊者也謂其君不能者賊其君者也

四體四肢人之所必有者也自謂不能者物欲蔽之耳

末節　問知字是重字還是輕字朱子曰不能擴充者正爲不知都只是冷過了若能知而擴充其勢甚順如乘快馬放下水船相似　問兩說充字未曉朱子曰上知皆擴而充之只說知得了要推廣以充滿此心之量下苟能充之足以保四海是能充滿此心之量上帶知皆擴字說下就能充滿處說推擴而後能充能充則不必說擴矣

語類曰知皆擴而充之即是苟能知去擴充則此道漸漸生長如火之始然泉之始達中間矣字文勢不斷　惻隱之心仁之端也乍見孺子入井此只是一件事仁之端只是仁萌芽處如羞惡辭讓是非方是義禮智之萌芽處要推廣充滿得自家本然之量不特是孺子入井便恁地其他事皆

人之心必有是四端也猶人之身必有是四體也既有之則必能全之矣有是四端而自謂不能全者是置其身於不善之地自賊者也謂其君不能全者是置其身於不善之地賊其君者也

始字內兼下能充不充

凡有四端於我者知皆擴而充之矣若火之始然泉之始達苟能充之足以保四海苟不充之不足以事父母

擴推廣之意充滿也四端在我隨處發見知皆即此推廣而充滿其本然之量則其日新又新將有不能自已者矣能由此而遂充之則四海雖遠亦吾度內無難保者不能充之則雖事之至近而不能矣　此章所論人之性情心之體用本然全具而各有條理如此學者於此反求默識而擴充之則天之所以與我者可以無不盡矣程子曰人

恁地如羞惡辭讓是非不特於一件事上要恁地要事事皆然。方是充滿無少欠缺也知皆擴而充之矣方是知得如此至苟能充之足以保四海即捍了擴字只說充字蓋知字與始然始達字相應充字與保四海相應纔知得便自不能已若火始然便不可遏泉始達便涓涓流而不絕

皆有是心惟君子為能擴而充之不能然者皆自棄也然其充與不充亦在我而已矣又曰四端不言信者既有誠心為四端則信在其中矣愚按四端之信猶五行之土無定位無成名無專氣而水火金木無不待是以生者故土於四行無不在於四時則寄王焉其理亦猶是也

使凡有四端於我者隨其所發之端知皆即此推廣而充滿其本然之量由微而達之著由此而通於彼則善端日長將有不能自已者若火之始然而不可撲滅泉之始達而無所壅遏也苟能由此不能自已之機而充之以極其量則仁無所不愛義無所不宜禮無所不敬智無所不知四海之大足以保之而無難苟不充之則仁義禮智終非已有性分日虧彝倫攸斁雖至親若父母不足以事之矣有是心者其以先王自勉焉可也

矢人豈仁全章

此章勉人之強仁也首節借術之當慎引起人當擇仁而處之意二節反言擇術而不處於仁

矢人章

首節　陳新安曰。此只借以術之當擇說起。引下人當擇仁而處之

摘訓曰。術字泛言。以起下意。且未可直說到擇仁上去。

次節　陳新安曰。孔子之意。本言擇里。孟子引之以證擇術。微有不同。集註只以孟子

不得爲智。三節言不仁者不能免卑賤之役。四節正言擇術而處於仁。可以免恥。末節示以爲仁在己之自反

孟子曰。矢人豈不仁於函人哉。矢人惟恐不傷人。函人惟恐傷人。巫匠亦然。故術不可不愼也。

函甲也。惻隱之心。人皆有之。是矢人之心。本非不如函人之仁也。巫者爲人祈祝利人之生。匠者作爲棺槨利人之死。

孟子曰。人皆有不忍人之心。矢人之本心。豈固不仁於函人哉。乃矢人唯恐其矢之不利而不傷人。函人惟恐其甲之不堅而傷人。則矢人之心。竟不仁於函人之心矣。不但矢人函人爲然。卽巫匠亦然。巫者利人之生。匠者利人之死。則匠者之心。竟不仁於巫者矣。然非其本心之有異。亦其所爲之術有以使之也。故人之術業。不可不愼擇之也。

孔子曰。里仁爲美。擇不處仁。焉得智。夫仁。天之尊爵也。人之

之意釋孔子之言故與語註小異。
林次崖曰論語處仁指仁里言此處仁指仁
道言

安宅也莫之禦而不仁是不智也
里有仁厚之俗者猶以爲美人擇所以自處而不於仁安得爲智乎此孔子之言也仁義禮智皆天所與之良貴而仁者天地生物之心得之最先而兼統四者所謂元者善之長也故曰尊爵在人則爲本心全體之德有天理自然之安無人欲陷溺之危人當常在其中而不可須臾離者也故曰安宅此又孟子釋孔子之意以爲人道之大如此而自不爲之豈非不智之甚乎

愼則必擇所處矣昔者孔子曰里有仁厚之俗爲美若擇所處而不於仁安得爲智乎孔子此言蓋謂夫仁也者自其天所予而言則得天地生物之心爲最先所以統四端故爲善而爲良貴之首乃天之尊爵也自其在人而言則

三節　休次崖曰莫之禦而不仁。是不智。是不仁由於不智。下曰不仁不智是不智由於不仁。蒙引曰以用功之序言則先智而後仁以自然之體言則先仁而後智。人役而耻爲役是激而進之之辭由弓人二句只是不能免意。

四節　此節正爲人擇術處乃一篇大要領。

有夫理自然之安無人欲陷溺之危人當常在其中而不可離。乃人之安宅也仁本已所自有莫之禦止而不自處於仁。是是非之心不明而不智也。

不仁不智無禮無義人役也人役而耻爲役由弓人而耻爲弓矢人而耻爲矢也

以不仁故不智不智故不知禮義之所在

是非之心不明。則不能擇仁而處而不仁則物欲日蔽。本心日昏而益以不智不智則不知禮義之所在而無禮無義。則禮俱無。則自置其身於卑賤之地而爲有患者之所役。是人役也既爲人役而耻爲之役猶弓人而耻爲弓。矢人而耻爲矢。雖耻爲之。而不得不爲也。亦奚能免於人役哉。

如耻之莫如爲仁

此亦因人愧耻之心而引之使志於仁也不言智禮義者

末節　陳新安曰此章以尊爵安宅論仁其理甚精微勉人為仁其意甚切至既言矣之術而不仁又言反求諸己皆言為仁由己其機在我而不在人也仁固包智禮義然人所以不為仁者由於是非之心不明與羞惡之心不正耳故孟子先言是不智也欲人以是非之智而擇為仁之術繼言如恥之欲人以羞惡之義而決為仁之機

蔡虛齋曰射者正己三句借射以發明為仁之義皆就射上說為仁由己之意則在言外

人告章

首節　張南軒曰聞過則喜非能克其驕吝者不能驕則自以為善而惡人議己吝則

仁該全體能為仁則三者在其中矣

如以人役為恥莫若反不仁而為仁崇尊爵居安宅則良貴在我自不至為人役矣慎擇所處計無有外於此者

仁者如射射者正己而後發發而不中不怨勝己者反求諸己而已矣

為仁由己而由人乎哉

為仁何如仁者之於仁有如射然射者内正其志外正其體爭其中將而後發矢發而不能中則不怨人之中而勝己者惟反求諸己自責其内外之不正而已矣為仁者反身修德由己而不由人何以異於是

人告章全旨

此章見聖賢樂善之誠自喜聞過以至拜善言由拜善言説到善與人同有愈進無窮之意但不必增三人過分優劣

孟子曰子路人告之以有過則喜

安其故常而不能從人子路用力於克己。其功淺矣

次節　吳蓀右曰此節重在拜上惟其好之是以拜之拜有受善意是禹見得善在人而已未盡善也

三節　同善與人同朱子曰善者天下之公理本無在己在人之別但人有身不能無私於己者故有物我之分焉惟舜之心無一毫有我之私是以能公天下之善以爲

喜其得聞而改之其勇於自修如此周子曰仲由喜聞過令名無窮焉今人有過不喜人規如諱疾而忌醫寧滅其身而無悟也噫程子曰子路人告之以有過則喜亦可謂百世之師矣

孟子曰嘗觀古昔聖賢如子路者有人告之以過則喜之夫喜於聞過則勇於進善可知

禹聞善言則拜

書曰禹拜昌言蓋不待有過而能屈己以受天下之善也

若禹則非子路比矣一聞人之善言則屈己而拜之夫拜受天下之善則樂善更可知矣

大舜有大焉善與人同舍己從人樂取於人以爲善

言舜之所爲又有大於禹與子路者善與人同公天下之

善而不知其孰爲在己孰爲在人所謂善與人同也舍己從人言其不先立己而虛心以聽乎天下之公蓋不知善之在己也樂取於人以爲善言其見人之善則至誠樂取而行之於身蓋不知善之在人也此二者善與人同之目也然此二句本一事特交互言之以見聖人之心表裏無間如此耳、

蔡虛齋曰善與人同此善字以天下之公善而言不可認作舜之善、

四節　此說舜生平皆取人爲善、

末節　輔慶源曰舜之取人以爲善初未有助人爲善之意也孟子推說其事故以爲

善而不爲私也己未善則無所係吝而舍己從人人有善則不待勉強而取之於己此善與人同之目也

由子路與禹推觀於大舜其胸襟度量更有大焉者彼視善爲天下之公理本無在己在人之別而與人同之焉如己未善則無所係吝而舍己從人不知善之在己也人有善則樂取於人而爲之於己不知善之在人也人己兩忘所謂善與人同者如此其廣大爲何如哉

自耕稼陶漁以至爲帝無非取於人者

舜之側微耕于歷山陶于河濱漁于雷澤

由舜之取人爲善非特一時爲然自耕稼而陶而漁以至於爲帝無非取諸人者或聞一善言或見一善行無不樂取而爲之蓋終身如一日也

取諸人以爲善是與人爲善者也故君子莫大乎與人爲善

安其故常而不能從人子路用力於克己
其功深矣

次節　吳蔡右曰此節重在拜上惟其好之
是以拜之拜有受善意是禹見得善在人
而已未盡善也

三節　同善與人同朱子曰善者天下之公
理本無在己在人之別但人有身不能無
私於己者故有物我之分焉惟舜之心無
一毫有我之私是以能公天下之善以為

喜其得聞而改之其勇於自修如此周子曰仲由喜聞過
令名無窮焉今人有過不喜人規如諱疾而忌醫寧滅其
身而無悟也噫程子曰子路人告之以有過則喜亦可謂
百世之師矣

孟子曰嘗觀古昔聖賢如子路者有人告之
以過則喜之夫喜於聞過則勇於進善可知

禹聞善言則拜

書曰禹拜昌言蓋不待有過而能屈己以受天下之善也

若禹則非子路比矣一聞人之善言則屈己
而拜之夫拜受天下之善則樂善更可知矣

大舜有大焉善與人同舍己從人樂取於人以為善

言舜之所為又有大於禹與子路者善與人同公天下之

黎照樓

善而不知其孰爲在己孰爲在人所謂善與人同也舍己從人言其不先立己而虛心以聽乎天下之公蓋不知善之在己也樂取於人以爲善言其見人之善則至誠樂取而行之於身蓋不知善之在人也此二者善與人同之目也然此二句本一事特交互言之以見聖人之心表裏無間如此耳

參虛齋曰善與人同此善字以天下之公善而言不可認作舜之善

四節　此說舜生平皆取人爲善

末節　輔慶源曰舜之取人以爲善初未有助人爲善之意也孟子推說其事故以爲

善而不爲私也己未善則無所係吝而舍己從人人有善則不待勉强而取之於己此善與人同之目也

由子路與禹推觀於大舜其胸襟度量更有大焉者彼視善爲天下之公理本無在己在人之別而與人同之焉如己未善則無所係吝而舍己從人不知善之在己也人有善則樂取於人而爲之於己不知善之在人也人己兩忘所謂善與人同者如此其廣大爲何如哉

自耕稼陶漁以至爲帝無非取於人者

舜之側微耕于歷山陶于河濱漁于雷澤

曰舜之取人爲善非特一時爲然自耕稼而陶而漁以至於爲帝無非取諸人蓋或聞一善言或見一善行無不樂取而爲之蓋終身如一日也

取諸人以爲善是與爲善者也故君子莫大乎與人爲善

取諸人以爲善。是乃助人之爲善也。因吾取人之善以爲善。而使天下之人皆勸於爲善。則是聖人成己成物之事。故曰君子之善。孰大於此。

摘訓曰君子泛說舜在言外。　不可以莫大與有大相應。前以公善爲大。是大於由禹。此以兼善爲大。又是自家善之大處。乃因前面之大。而另推出一層大也。不必又纏由禹。

非其君章

首節　陳新安曰此言伯夷嚴於惡惡。而不輕與人羣也。

與猶許也。助也。取彼之善而爲之於我。則彼益勸於爲善矣。是我助其爲善也。能使天下之人皆勸於爲善。君子之善。孰大於此。　此章言聖賢樂善之誠。初無彼此之間。故其在人者有以裕於己。在己者有以及於人。

大取人之善而爲之於己。非但成己之善已也。彼人之有善者。因君之取而益勸於善。是乃助人之爲善者也。使人皆勸於爲善。則推以成物。而極乎善之量矣。故君子之善。莫大乎此。樂善者可不求進乎其極也哉。

非其君章全旨　此章見君子不爲一偏之行。首二節不必添出清和二字。亦不必專指去就立論。只是敍伯夷則推其惡惡之心。一節嚴一節。便有箇隘底意思在。敍下惠則推其混俗之心。一節寬一節。便有箇不恭意思在。末乃明斷其失。而言君子不由乎此也。與願學孔子意無殊。

孟子曰伯夷非其君不事。非其友不友。不立於惡人之朝不與惡人言立於惡人之朝與惡人言如以朝衣朝冠坐於塗炭推惡惡之心思與鄉人立其冠不正望望然去之若將浼焉是故諸侯雖有善其辭命而至者不受也不受也者是亦不屑就已

塗泥也鄉人鄉里之常人也望望去而不顧之貌浼污也屑趙氏曰潔也說文曰動作切切也不屑就言不以就之爲潔而切切於是也已語助辭

孟子曰若伯夷非其可事之君則不事非其可交之友則不友非但不事不友君之爲惡者不肯暫立於其朝人之爲惡者不肯與之一言若立於惡人之朝與惡人言如以朝衣朝冠之尊貴而坐於塗炭之中不能甘也其惡惡之嚴如此由其惡惡之心而推之又不但惡人即使與鄉人[illegible]立[illegible]不正不過少失禮耳亦望望然去之而不

次節　陳新安曰此言惠之寬以處衆而不輕與人絕也。朱子曰進不隱賢便是必以其道兩句相承只作一句讀。

顧若將汚累之及已焉其恐人之浼已如是是故諸侯雖有善其辭命而來聘之者初無失禮也而亦不受其聘其所以不受者是亦不以就諸侯之為潔而切切於就也

柳下惠不羞汙君不卑小官進不隱賢必以其道遺佚而不怨阨窮而不憫故曰爾為爾我為我雖袒裼裸裎於我側爾焉能浼我哉故由由然與之偕而不自失焉援而止之而止援而止之而止者是亦不屑去已

柳下惠魯大夫展禽居柳下而謚惠也不隱賢不枉道也遺佚放棄也阨困也憫憂也爾為爾至焉能浼我哉惠之言也袒裼露臂也裸裎露身也由由自得之貌偕並處也不自失不失其正也援而止之而止者言欲去而可留也

末節　朱子曰伯夷既清必有隘處柳下惠既和必有不恭處道理自是如此孟子恐後人以隘爲清以不恭爲和故曰隘與不恭君子不由也　以聖人觀二子二子多有欠缺處纔有欠缺處便有弊所以孟子直說他隘與不恭不曾說末流如此如不念舊惡不以三公易其介自是清和好處然十分只救得一分救不得那九分清和之偏處乎　不恭是待人如此其心玩世視人如無也

陳新安曰孟子於夷惠以百世之師稱之以聖人之清和許之此則謂其隘與不恭似若相反蓋孟子實欲人法夷惠之得又恐人不知夷惠之失其憂學者至矣

若稽柳下惠不以汙君爲羞而亦事之不以小官爲卑而亦爲之進而爲小官而事汙君也不肯苟且隱在己之賢才而必以其直道而行雖至道有不合爲人所遺佚而不怨乎人身處阨窮而不憂諸己其超然於進退困窮之外者如此故其言曰天下之人爾自爲爾我自爲我雖爾袒裼裸裎於我之側爾自無禮耳焉能汙浼我哉視人皆不能浼己故常由由然與人同處而不自失其正焉雖其欲去之際有或援留止之而彼即止其所以援而止之而止者是亦不以去之爲潔而切切於去也

孟子曰伯夷隘柳下惠不恭隘與不恭君子不由也　君子是泛言勿指孔子言○

隘狹窄也不恭簡慢也夷惠之行固皆造乎至極之地然既有所偏則不能無弊故不可由也

孟子既敘夷惠之行遂從而斷之曰伯夷行雖高潔然孤介絕物於人無所含容未免於隘狹柳下惠行雖寬和然輕忽待人視世無一足較未免不恭敬隘與不恭俱非聖人中正之道君子所不由之也

四書述朱卷之十六 終

四書近指　卷十六　三十四

大全諸說合參

天時章

陳新安曰孟子見當時用兵者惟以天時地利爲務而不知以得道得人心爲本故發此論

首節　饒氏曰非謂可以全無天時地利但不如人和耳用兵也要天時地利但人和爲本人心不和雖有天時地利亦不可取勝况時不時屬天利不利屬地人心和不

四書述朱卷之十七

婺江黃昌衢康謠彙編
錫山張麗金荊南參訂
弟　昌儼若思
　　昌仔時肩　仝校

孟子

公孫丑章句下

凡十四章自第二章以下記孟子出處行實爲詳

天時章全旨　此章見人君當以得人心爲本首言用兵之要歸重人和中詳天時地利之不如人和後二節言得人和可以無敵

孟子曰天時不如地利地利不如人和

天時謂時日支干孤虛王相之屬也地利險阻城池之固

和。則在我而已。在天地者難必。在我者可恃。

次節　顧麟士曰非謂可以全無天時。然不如矣。下亦然。　天時不如地利，以攻者驗之。

三節　趙氏曰，古甲以革爲之，故函人爲攻皮之工。後世始用金曰鎧。　兵革以衛此

也人和得民心之和也

孟子曰守國用兵之要有三。天時、地利、人和、是也。而以三者較之天時雖足取勝而其理難測。不如地利有可憑之險也。地利雖足自守而其險有形。又不如人和有無形之固也。

三里之城七里之郭環而攻之而不勝夫環而攻之必有得天時者矣然而不勝者是天時不如地利也

三里七里城郭之小者郭外城環圍也言四面攻圍曠日持久必有得天時之善者

何以見天時不如地利彼三里之城。七里之郭。雖云小矣。或者環向而攻之而不能勝。夫環而攻之曠日持久。必有値支干王相天時之善者矣。然而終不勝者。以天時猶虛。不如城郭之險阻足據。是天時不如地利也。

城非不高也池非不深也兵革非不堅利也米粟非不多也

城池米粟以實此城地。故亦屬地利。地利不如人和。以守者驗之。

金仁山曰。古人米與粟兼積。米切用而易腐。粟氣全而可久。緩急兼儲。

四節 陳新安曰。封疆山谿兵革。皆末也。不以不全以此也。其本在得道而已。

張南軒曰。得道者順乎理而已。舉措順理。則人心悅服矣。先王之所以致人和者在此。

委而去之。是地利不如人和也。

革。甲也。粟。穀也。委。棄也。言不得民心。民不爲守也。

何以見地利不如人和。彼其城非不高而固也。池非不深而險也。兵革非不堅利而可以禦敵也。米粟非不多而可以養兵也。亦足以自守矣。然不得民心相與。委而去之。而不爲之守。是地利不如人和也。

故曰域民不以封疆之界。固國不以山谿之險。威天下不以兵革之利。得道者多助。失道者寡助。寡助之至親戚畔之。多助之至天下順之。

○道○即指○人○和

此申言國者當得人和。下節又就戰勝決之。

域。界限也。

以是觀之。惟人和爲重矣。故曰域限其民。不全以封疆之界。固守其國。不全以山谿之險。威行天下。不全以兵革之利。得撫衆之道者則民心固結而扶助者多。失撫衆之道者則民心渙散而扶助者寡。寡助之極。豈惟國人離畔而

末節　此見不假手於天時之善地利之險只就人和上央戰勝以終首節不如人和意　天下所順指君言非謂舉天下所順之人以攻彼國也

將朝章

首節　問莫是齊王不合託疾否朱子曰未論託疾孟子之意只是說他不合來召爲

親戚亦畔之多助之極豈特國人順從而天下亦順之矣

以天下之所順攻親戚之所畔故君子有不戰戰必勝矣

言不戰則已戰則必勝　尹氏曰言得天下者凡以得民心而已

以我天下之所順攻彼親戚之所畔則彼之人民皆爲我用故君子有不戰則已戰則未有不勝者矣人和之重如此豈彼地利天時所得而衡哉

將朝章全旨　此章是孟子以道自重見齊王不當召已也首節因齊王召已以疾亦託疾以辭之二節欲齊王悟已之非疾三節是齊王不悟辭疾之意四節至末因齊臣議已不應召而明其不可召總是不能違辭疾之情於齊王而詳明不可召之意於齊臣也

孟子將朝王王使人來曰寡人如就見者也有寒疾不可以

其賓師有事則王自來見或自往見若王召之則有自尊之意故不往見

陳新安曰王託疾以召孟子亦託疾以辭欲其稱也與孔子亦瞰陽貨之亡同意

二三節　存疑曰辭疾出弔是欲使齊王知其非疾使問醫來正可達齊王之机也仲子乃權辭以對又使人要請造朝以實已言如此彌縫則孟子一段意思竟不得達於齊王其心良亦苦矣故不得已而之景丑氏宿焉蓋景子齊臣宿其家欲使齊王

風朝將視朝不識可使寡人得見乎對曰不幸而有疾不能造朝

王齊王也孟子本將朝王王不知而託疾以召孟子故孟子亦以疾辭也

孟子於齊居賓師之位將往朝王齊王不知乃使人來召之曰寡人如初願本欲就見者也以有寒疾不可以冒風來朝將欲視朝不識夫子肯一來而使寡人得見乎是託疾以召孟子而不能屈已以下賢也孟子亦託辭以對曰不幸而亦有疾不能造於朝也

明日出弔於東郭氏公孫丑曰昔者辭以疾今日弔或者不可乎曰昔者疾今日愈如之何不弔

東郭氏齊大夫家也昔者昨日也或者疑辭辭疾而出弔

知其非疾即前出弔之意也

陳新安曰王先託疾以召意本不誠今問疾醫來虛文美觀意亦非誠也

與孔子不見孺悲取瑟而歌同意

又恐齊王以已爲眞疾明日乃出弔於東郭氏使知其非疾以警悟之公孫丑問曰昔者方以疾辭今日即以弔出則是明爲託疾矣或者恐不可乎孟子曰昔者有疾今日疾愈如之何不弔乎蓋亦未告之以本意也

王使人問疾醫來孟仲子對曰昔者有王命有采薪之憂不能造朝今病小愈趨造於朝我不識能至否乎使數人要於路曰請必無歸而造於朝

孟仲子趙氏以爲孟子之從昆弟學於孟子者也采薪之憂言病不能采薪謙辭也仲子權辭以對又使人要孟子令勿歸而造朝以實已言

王果不知孟子之非疾而使人問疾且以醫來孟仲子權詞以對曰昔者有王命來召適夫子有采薪之憂不能造

四節　存疑曰景子訊孟子之不敬王。含不應召意。孟子言已之敬王。是責難之義。輔氏曰丑之說。奔走承順之敬。敬君以貌。故曰敬之小。孟子所言陳善閉邪之敬。敬君以心。故曰敬之大。

朝。今病小愈。已趨造於朝。但不知於今能至於朝乎。抑未曾至乎。既對使後。又使數人要尋孟子於路。曰請必無歸而造於朝。蓋欲以實已言也。

不得已而之景丑氏宿焉。景子曰內則父子。外則君臣。人之大倫也。父子主恩。君臣主敬。丑見王之敬子也。未見所以敬王也。曰惡。是何言也。齊人無以仁義與王言者。豈以仁義為不美也。其心曰是何足與言仁義也云爾。則不敬莫大乎是。我非堯舜之道。不敢以陳於王前。故齊人莫如我敬王也。

景丑氏。齊大夫家也。景子。景丑也。惡。歎辭也。景丑所言。敬之小者也。孟子所言。敬之大者也。

夫孟子出弔。本欲齊王之知其非疾。今仲子權辭以對。則託疾之意。不得達之齊王。乃不得已而之景丑氏宿焉。蓋

五節　此正發上節不敬王意。孟子居賓師。景子以臣禮律之。孟子且未暇與之論。此下但詳明之不可召意。却亦重賓師論也。

欲亦意於景丑而轉聞之于王也。景子乃言曰內而家庭則有父子。外而朝廷則有君臣。人之大倫也。父子情親主於恩。君臣分嚴主於敬。今我見王之致敬於子也。未見子之所以敬王也。孟子驚歎曰。惡。謂我為不敬王。是何言也。彼齊人無以仁義與王言者。豈以仁義為不美而不言也。其心固曰。是其志趣卑陋。不足與言仁義也。如此說。則是以凡庸輕忽其君。不敬孰大於是。若我之與王言者。必皆堯舜仁義之道。苟非堯舜之道。卽此心慊慊不敢以之陳述於王前。是我以堯舜待其君。所以敬王者至矣。故齊人莫有如我之敬王也。奈何以不敬加我哉。

景子曰。否。非此之謂也。禮曰。父召無諾。君命召不俟駕。固將朝也。聞王命而遂不果。宜與夫禮若不相似然。

禮曰。父命呼。唯而不諾。又曰。君命召。在官不俟屨。在外不俟車。言孟子本欲朝王。而聞命中止。似與此禮之意不同也。

六節．許東陽曰仁者循理樂天安貧守分。故不知彼之富。審度事宜。進退有制。故不羨彼之爵。富只在彼。爵可加我。故用仁義字不同。

存疑曰豈謂是與。是字指景子所說言。以孟子之不趨召爲不敬。景子之所言也。豈謂是都言我之意。豈說道如景子之所言也。蓋子之言以我不當不赴王之召。我之意則以王不當召我也。曾子曰以下。至惡得有其一以慢其二哉。正是說不當召之意。然其意猶未甚顯。至故將大有爲之君以下三條。則意思明白說出矣。至管仲且猶不可召。而況不爲管仲者乎。則圭角盡露矣。引曾子之言。既曰夫豈不義而曾子言

景子曰子以仁義告王爲敬者也。我所謂不敬王者非不與王言仁義之謂也。禮云子承父召則唯無諾。臣承君命之召則不待駕車而行。今夫子固已將朝也。及聞王命之召而遂不果朝。當與夫不俟駕之禮不相似然。故丑所以謂夫子不敬王也。

曰豈謂是與。曾子曰晉楚之富不可及也。彼以其富我以吾仁。彼以其爵我以吾義。吾何慊乎哉。夫豈不義而曾子言之。是或一道也。天下有達尊三。爵一。齒一。德一。朝廷莫如爵。鄉黨莫如齒。輔世長民莫如德。惡得有其一以慢其二哉。

慊恨也少也。或作嗛字。書以爲口銜物也。然則慊亦但爲心有所銜之義。其爲快爲足爲恨爲少則因其事而所銜有不同耳。孟子言我之意非如景子之所言者。因引曾子

之是或一道也則天下有達尊三以下當是那曾子所言之意蓋曰朝廷莫如爵輔世長民莫如德德便是仁義此所以不慊於彼也

七節、饒雙峰曰不如是指謀焉則就之

蒙引曰欲有謀焉則就之止是不召也帶上

之言而云夫此豈是不義而曾子肯以爲言是或別有一種道理也達通也蓋通天下之所尊有此三者曾子之說蓋以德言之也今齊王但有爵耳安得以此慢於齒德乎

孟子曰子以我不赴召爲不敬若我之意則謂如子之所言與曾子曰晉楚大國之富不可及也然彼以其富我則以吾之仁仁統萬善不當富也彼以其爵我則以吾義義超萬物不當貴也吾何不足而慊然於彼哉曾子之言如此夫伸仁義於富爵之上豈不合於義而曾子肯言之乎是或別有一種道理也蓋天下之所通尊者有三爵位一年齒一道德一在朝廷之上以貴臨賤莫如爵爲尊在鄉黨之中以少事長莫如齒爲尊若夫輔佐一世而致治安長育萬民而成教化則莫如德之爲尊者德即曾子所言之仁義此所以不慊於彼之富爵也然則在朝廷者惡得有其爵之一以慢夫齒與德之二哉我之意蓋謂是耳

故將大有爲之君必有所不召之臣欲有謀焉則就之此正不召其尊

文看。尊德樂道不如是。謂不如是其尊德樂道也。非尊德樂道而又不如是也。

指南曰。故將大有爲之君。必有所不召之臣。必有所三字。就君待之說。蓋謂必有所尊禮而不敢召之臣也。非有是君即有是臣之謂。有謀則就。正是不召處。便是尊德樂道處。

說約曰。不足與有爲。與臣與之也。

八節　存疑曰。湯之於伊尹。桓公之於管仲。學焉而後臣之。尊德樂道也。不勞而王霸者。足與大有爲也。

德樂道不如是不足與有爲也

大有爲之君。大有作爲非常之君也。程子曰。古之人所以必待人君致敬盡禮而後往者。非欲自爲尊大也。爲是故耳。

夫有爵位之一。既不得慢齒德之二。故從來將大有所爲之君。必有所不召見之臣。欲有所謀焉則就見而咨之。非故屈身於匹夫也。誠尊其德而樂其道耳。苟尊德樂道不如是有謀則就。則無任賢圖治之實心。不足與之有爲也。

故湯之於伊尹學焉而後臣之故不勞而王桓公之於管仲學焉而後臣之故不勞而霸　此証上文大有爲之君必有所不召之臣

先從受學師之也後以爲臣任之也

古大有作爲之君。必有所不召之臣。故湯之於伊尹。先從受學而後臣之。故代夏救民。不勞而成王業。桓公之於管

九節　林次崖曰地醜言無一人能辟土地德齊言無一人能脩發有爲故曰莫能相尚好臣其所教不好臣其所受教與學焉而後臣者異矣此所以不足與有爲而莫能相尚也

末節　趙註曰孟子自謂不爲管仲故非齊王之召已也是以不往而朝見於齊王也

輔慶源曰不爲管仲孟子到此不得已而直言之不如是則公孫丑之徒終不足以知此義也

仲先從受學而後臣之故齊王攘外不勞而成霸業爲能不臣其臣故足以大有爲也

今天下地醜德齊莫能相尚無他好臣其所教而不好臣其所受教此與上節相反正不足與有爲者

醜類也尚過也所教謂聽從於己可役使者也所受教謂己之所從學者也

今天下之仕地則相類德則齊等莫有能建王霸之業而超過當時者無他故也以其皆好臣其趨走承順爲己所教之人而不好臣彼抱道自重爲己所受教之人也蓋不能不臣其臣故不足以大有爲也

湯之於伊尹桓公之於管仲則不敢召管仲且猶不可召而況不爲管仲者乎

不爲管仲孟子自謂也范氏曰孟子之於齊處賓師之位

陳臻章

首次二節　輔慶源曰，陳臻則就事迹校量，孟子則以義理斷制。陳新安曰，孟子辭受從容惟義之安，陳臻欲辭則皆辭，受則皆受，而不知隨事以酌其義，固哉。

非當仕有官職者，故其言如此。此章見賓師不以趨走承順爲恭，而以責難陳善爲敬；人君不以崇高富貴爲重，而以貴德尊士爲賢，則上下交而德業成矣。

湯之於伊尹，桓公之於管仲，則皆學焉後臣，不敢召之，來見以其不可以召來也。夫管仲之賢何如，且猶不可召，而况其德其道更衍卓管仲而不屑爲者乎。

陳臻章全旨　此章見君子之辭受當於理。陳臻即辭受之迹而疑其非，孟子詳辭受之義而明其是，問答俱重辭一邊。

陳臻問曰：前日於齊，王餽兼金一百而不受；於宋，餽七十鎰而受；於薛，餽五十鎰而受。前日之不受是，則今日之受非也；今日之受是，則前日之不受非也。夫子必居一於此矣。

三節四節　說約曰必以贐可受也爲兵餽亦可受也曰餽贐曰聞戒辭而已矣似反不甚重

趙註曰戒有戒備不虞之心也辭只說聞子

陳臻孟子弟子兼金好金也其價兼倍於常者一百百鎰也

陳臻問於孟子曰夫子前日於齊齊王餽以兼金一百鎰而不受於宋餽七十鎰而受之於薛餽五十鎰而受之均一餽也而受不受異焉吾謂前日之不受齊者是則今日之受宋與薛非也若今日之受宋與薛者是則前日之不受於齊非也夫子必居一非於此矣

孟子曰皆是也

皆適於義也

孟子曰辭受乃君子大節不可以苟吾之受與不受皆是而無非也

當在宋也予將有遠行行者必以贐辭曰餽贐予何爲不受

贐送行者之禮也

有戒心饋金意頗未出故又自補為兵一句

末節　朱子曰取是羅致之意辭受之志便是被他以貨賄籠絡了　問處字是處物為義之處否朱子曰是

按未有處與上遠行戒心對是貨之也與上兩辭曰對焉有君子何與上予何為不受對

何以言之當在宋也予將之他國有遠行之舉凡行者必有贐以資途費今宋君致辭曰饋贐是饋之有故矣予何為不受此受於宋者是也

當在薛也予有戒心辭曰聞戒故為兵饋之予何為不受

時人有欲害孟子者孟子設兵以戒備之薛君以金饋孟子為兵備辭曰聞子之有戒心也

當在薛也予有戒備不虞之心其致辭曰聞戒故為兵備而來饋是饋之亦有故矣予何為不受此受於薛者是也

若於齊則未有處也無處而饋之是貨之也焉有君子而可以貨取乎

無遠行戒心之事是未有所處也取猶致也　尹氏曰言君子之辭受取予唯當於理而已

平陸章

蔡氏曰此章孟子重字民之責而定齊君臣之罪重君上益不自盡其救民之志者臣之罪使不得伸其救民之志者則王之罪也

首節　失伍是不在伍也

若夫前日於薛則於遠行戒心之類皆未有所處也無處而餽之是以財貨交之也夫人動於利斯可以貨取焉有守義之君子而可以貨利取致之乎此不受於齊者亦是也子奈何以是爲疑乎

平陸章全旨　此章見君臣皆當恤民也前二節諷齊臣見責不容辭非諷之去末節諷齊王欲其行與發之政非徒使之自悟其罪惜乎齊之君若臣皆無改悔之實也

孟子之平陸謂其大夫曰子之持戟之士一日而三失伍則去之否乎曰不待三

平陸齊下邑也大夫邑宰也戟有枝兵也士戰士也伍行列也去之殺之也

孟子在齊一日之平陸謂其大夫曰凡事各有職守子之持戟之士設於行師之時一日三次而離失行伍則以兵法而誅之否乎平陸大夫曰失伍離次法所必誅一次即不可宥奚待於三乎

次節　饒雙峰曰凶年說得濶如水旱疾疫之類饑歲只是五穀不熟此字指民之轉散。

吳蔡右曰註此王之失政使然勿直出爲是

三節　顧麟士曰兩爲之一樣。猶當言替他也求牧令就地食草芻則又刈而儲之以補其不足故作兩項。此字正承立視其死言不重責其必去上。

然則子之失伍也亦多矣凶年饑歲子之民老羸轉於溝壑壯者散而之四方者幾千人矣曰此非距心之所得爲也（歸罪於士）

子之失伍言其失職猶士之失伍也距心大夫名對言此（勿露）乃王之失政使然非我所得專爲也

孟子問責之曰然則子之失職其爲失伍也亦多矣子之職在養民今凶年饑歲子之民老羸轉於溝壑而死壯者散於四方以求食。不知其幾千人矣其如何大夫對曰民之死散距心非不知之但念慮不敢自發賦稅不敢自緩此其事非距心之所得專爲也

曰今有受人之牛羊而爲之牧之者則必爲之求牧與芻矣求牧與芻而不得則反諸其人乎抑亦立而視其死與曰此則距心之罪也

末節　蒙引曰：臣知五人之知，猶識也。為王誦之，此句記者之詞，非孟子曰為王誦之。

顧麟士曰：為都治邑，恐亦是大槩語。邑有先君之廟曰都，雖都字一解，然不應執定以証此處也。不然，何得齊君廟遂有五處？語類云恐亦是都鄙之都，最得。

牧之養之也。牧，牧地也。芻，草也。孟子言若不得自專，何不致其事而去。

孟子曰：子無以不得為自諉也。今有受人之牛羊而為之牧養者，則必為之求牧地與芻草以養之矣。如求牧與芻而不得，則以牛羊反諸其人而去乎？抑亦立而視其死而不顧乎？子為王牧民，不力請於王設法賑濟，何異於立視牛羊之死者與？距心曰：此則距心之罪有不容辭者也。

他日見於王曰：王之為都者，臣知五人焉。知其罪者，惟孔距心。為王誦之。王曰：此則寡人之罪也。

為都，治邑也。邑有先君之廟曰都。孔，大夫姓也。為王誦其語，欲以諷曉王也。○陳氏曰：孟子一言而齊之君臣舉知其罪，固足以興邦矣。然而齊卒不得為善國者，豈非說而

蚳鼃章

首節　張彥陵曰似也畧其迹而諒其心也

且虛說意在下句上未可以言從數月中

說來正是激之使言

不繹從而不改故耶

孟子欲因此以警悟齊王他日見於王曰王之大夫為都者

臣所知識有五人焉而能自知其失職之罪者惟孔距心

一人而已於是以已所以責距心距心所以自責者一一

為王誦之蓋欲使王知民之流離困苦有司之掣肘難為

庶幾王心有所感悟耳王乃自任曰不能發政施仁使民

不聊生臣失其職此則寡人之罪也齊之君臣雖因孟子

之言自悟其罪惜乎

其無改悔之實也

蚳鼃章全旨　此章見君子之進退當於理前二節蚳鼃感孟

子之言因可以去而去下是孟子因或人之譏

明可以留則留蓋孟子在齊居

賓師之位自與為臣者不同耳

孟子謂蚳鼃曰子之辭靈丘而請士師似也為其可以言也

今既數月矣未可以言與

蚳鼃齊大夫也靈丘齊下邑似也言所為近似有理可以

二節三節　孟子只激蚳鼃使言未嘗令之使去但合則留不合則去乃士大夫去就之義蚳鼃不用卽致爲臣而去總是由孟子激之故齊人云云

言謂士師近王得以諫刑罰之不中者

孟子謂齊大夫蚳鼃曰人臣擇官而仕各有其志子之辭靈丘之邑而請爲士師其所爲近似有理也爲士師司刑而近於王王之刑罰不中則可以爲已責而言之也爲言而請得請則當言今既數月矣豈王之刑罰皆中而未可以言與其於子之初意謂何也

蚳鼃諫於王而不用致爲臣而去

致猶還也

蚳鼃因孟子之言乃進諫於王王不能用遂致其臣之職事而去可謂得進諫之義矣

齊人曰所以爲蚳鼃則善矣所以自爲則吾不知也

譏孟子道不行而不能去也

齊人因譏孟子曰當言而使之必言當去而使之必去其所以爲蚳鼃者則善矣乃在齊而道既不行去又不決所

末節　指南曰此明不去之故。不得其職君制之而不得其職也。不得其言君避之而不行其言也。則去者合則留。不合則去。乃居官之律令。孟子既無此。則進也由我。不必拘退也由我。不必激何等寬裕而自如。豈得以常法律之。孟子主退一邊。進特帶說。

愚按孟子此時不久即去齊矣。故兼進退二說。示意特不若有官守有言責者。一不得即當速退耳。綽綽然有餘裕。乃自由我料之意。非謂有進無退也。故尹註以久速補言之。

以自爲者則吾不知也。

公都子以告

公都子孟子弟子也

公都子聞齊人之譏。遂以齊人之言告孟子。

曰吾聞之也有官守者不得其職則去有言責者不得其言則去我無官守我無言責也則吾進退豈不綽綽然有餘裕哉。

官守以官爲守者。言責以言爲責者。綽綽寬貌。裕寬意也。孟子居賓師之位。未嘗受祿。故其進退之際寬裕如此。尹氏曰進退久速當於理而已

出弔章

首節　饒雙峰曰：使事，謂弔祭之禮，邦交之儀，凡禮文制數皆是。

劉上玉曰：按朝暮見，亦無不交一言之禮，當看行事二字，是未嘗與言出使事，以示不與小人共事之意也。

孟子曰吾聞之也，有官守者，則當盡其職，若不得盡其職則去；有言責者，則當盡其言，若不得盡其言則去。此而不去，則尸位而素餐矣。我無官守，我無言責也，去無妨，得不去非尸素，則吾之進退，固非常法之所得拘，豈不綽綽然寬舒有餘裕之地哉？齊人奈何以蚳鼃律我也。

出弔章全旨　此章見君子待小人之道。上節見孟子待驩之嚴，下節因門人致疑而答之婉。陽以存忠厚之意，陰以維道義之防。全然是孔子待陽貨家法。不言其故，不惡也；不與之言，嚴也。

孟子為卿於齊，出弔於滕，王使蓋大夫王驩為輔行。王驩朝暮見，反齊滕之路，未嘗與之言行事也。

蓋，齊下邑也。王驩，王嬖臣也。輔行，副使也。反，往而還也。行事，使事也。

孟子為卿於齊，為王出弔於滕。王使蓋大夫王驩為副使，輔佐其行。王驩朝暮進見，由往而反乎齊滕之路，未嘗與

次節　趙註曰王驩齊之諂人有寵於齊後爲右師則是其官雖彌尊亦始終不交一語不但此行也然又各有託辭以謝之故妙

葬魯章

之言及乎王使所行之事也

蓋以王驩嬖臣不屑與言耳

公孫丑曰齊卿之位不爲小矣齊滕之路不爲近矣反之而未嘗與言行事何也曰夫既或治之予何言哉

王驩蓋攝卿以行故曰齊卿夫既或治之言有司已治之矣孟子之待小人不惡而嚴如此

公孫丑問孟子曰凡人或勢分相隔或周旋不久則言有不能出者今王驩攝齊卿之位不爲小矣齊滕之路不爲近矣於分於時皆若可言乃自往至反而未嘗與言行事何也孟子難以顯言託辭以荅曰使事不治則有待於言彼有司既或治之而皆得其宜矣予何言之有哉

葬魯章全旨　此章見人子當盡其心通重然後盡於人心一句曰悅曰使能盡其心也不以天下儉其親乃所以盡其心也

首節　然犀解云孟子奉母仕於齊母卒王以卿禮含襚賵賻得歸魯三月厚葬後反齊拜君賜禮也其止於嬴何也禮衰絰不入公門大夫去國踰境爲壇位鄉位而哭此喪禮也故自魯越國至齊境上爲壇位成禮於嬴而將遂反魯以終喪故有平公之尼臧倉之沮解者不釋謂孟子歸葬未幾不終喪復至齊爲卿可歎可歎。

次節　輔慶源曰古者棺椁無度想只是過於厚觀易喪葬取之大過可見至周公制禮時始爲七寸之棺也棺七寸則椁亦七寸也。

孟子自齊葬於魯反於齊止於嬴充虞請曰前日不知虞之不肖使虞敦匠事嚴虞不敢請今願竊有請也木若以美然

孟子仕於齊喪母歸葬於魯嬴齊南邑充虞孟子弟子嘗董治作棺之事者也嚴急也木棺木也以已通以美太美也

孟子自齊歸葬其母於魯反至於齊止於嬴之境充虞請問曰前日不知虞無治事之才使虞敦治匠事當時情事廹急有疑而不敢請今則竊有請以釋其疑也。棺木若似乎太美然恐不必若是其過厚也。

曰古者棺椁無度中古棺七寸椁稱之自天子達於庶人非直爲觀美也然後盡於人心

度厚薄尺寸也中古周公制禮時也椁稱之與棺相稱也

三節　吳蓀右曰以爲悅猶俗云如意　此節說已所以美其木之意應上節古者棺椁至達於庶人等句用之謂用厚葬之禮古之人指周公制禮以後之人言　悅快也所謂盡於人心也

四節　蔡虛齋曰生而變爲死故曰化無使土親膚是木之堅厚久遠處其所以以此

欲其堅厚久遠非特爲人觀視之美而已

孟子曰古者棺椁無尺寸之度中古制禮棺始用七寸椁亦稱之自天子以達於庶人皆用之非但爲人觀視之美也蓋必如是然後盡於人子之心而無歉耳

不得不可以爲悅無財不可以爲悅得之爲有財古之人皆用之吾何爲獨不然

不得謂法制所不當得得之爲有財言得之而又爲有財也或曰爲當作而

凡法所不得爲則分不容厚而不得盡其心不可以爲悅若貧之無財則力不能爲而不得盡其心亦不可以爲悅分既得之而又爲有財古之人皆用之矣語何爲獨不然哉棺椁之美亦猶行古之道也

且比化者無使土親膚於人心獨無恔乎

爲盡心以此爲悅者其歸在於無使土親膚而已

本節　朱子曰以猶爲也不爲天下惜棺椁之費而儉於其親也

此猶爲也化者死者也恔快也言爲死者不使土親近其肌膚於人子之心豈不快然無所恨乎

且木之堅厚久遠爲化者葬具無使土壤得親近其肌膚則化者之體魄得安於人子之心獨無恔然無遺憾者乎此其所以以此爲悅此所以然後盡於人心也

吾聞之也君子不以天下儉其親　省推開

送終之禮所當得爲而不自盡是爲天下愛惜此物而薄於其親也

向使得盡其心而不自盡是爲天下惜此棺木之費而薄於其親也吾聞之也君子不以天下財物而儉其親況愼終之禮有不容不盡其心者乎

沈同章全旨　此章見天討之不可私上節見燕有可伐之罪下節見齊非伐燕之人私字是一章之斷王字

沈同章

首節　正解曰、子噲二句。正明可字之意。兩不得字。說得煞落。是燕君臣罪案。重受之天子邊。則可乎。非疑詞。言私爵祿者之不可也。何以異於是。據燕論燕。未曾一字及齊。

輔氏曰。沈同問燕可伐否耳。固不問以齊伐燕爲何如也。若是以王命來問。孟子必當詳告之。不但曰可而已也。

天字是一章之綮。

沈同以其私問曰。燕可伐與。孟子曰。可。子噲不得與人燕。子之不得受燕於子噲。有仕於此。而子悅之。不告於王而私與之吾子之祿爵。夫士也。亦無王命而私受之於子。則可乎。何以異於是。

沈同齊臣。以私問。非王命也。子噲之事見前篇。諸侯土地人民。受之天子。傳之先君。私以與人。則與者受者皆有罪也。仕。爲官也。士。即從仕之人也。

沈同以其私意問於孟子曰。燕可伐與。孟子據理答之曰。可伐也。夫諸侯土地人民。受之天子。傳之先君。子噲不得與人以燕。子之亦不得私受燕於子噲。如有一仕者於此。而子愛悅之。不告於王而私與之以吾子之祿爵。彼士亦

次節　饒雙峯曰惟士師可以殺有罪之人。泛泛如何可以擅殺。惟天吏可以伐無道之國。諸侯如何可以擅相征伐。天吏者。以其有道。故天命之征伐。如湯武是也。沈同安曉此理。但知人之可伐。而不知己之不可伐人。

無待王命而私受之於子。則可乎。斷乎其不可也。彼以土地而私與。私受何以異。於是燕君臣皆可伐矣。

齊人伐燕或問曰勸齊伐燕有諸曰未也沈同問燕可伐與吾應之曰可彼然而伐之也彼如曰孰可以伐之則將應之曰為天吏則可以伐之今有殺人者或問之曰人可殺與則將應之曰可彼如曰孰可以殺之則將應之曰為士師則可以殺之今以燕伐燕何為勸之哉

天吏解見上篇言齊無道與燕無異如以燕伐燕也史記亦謂孟子勸齊伐燕蓋傳聞此說之誤　楊氏曰燕固可伐矣故孟子曰可使齊王能誅其君弔其民何不可之有乃殺其父兄虜其子弟而後燕人畔之乃以是歸咎孟子

燕人畔章
首節　燕人白當反正書曰叛若由齊人而
言也。

之言則誤矣
齊人借孟子之言而遂伐燕或謂孟子曰聞夫子勸齊伐燕有諸孟子曰吾未之勸也沈同嘗問燕可伐與吾據理而應之曰可彼遂然吾言而伐之也彼如復問曰誰人可以伐之則將應之曰有道而爲天之吏者則可以伐之譬如今有殺人者或問之曰此殺人之人可以殺之與則將應之曰可彼如復問曰誰人可以殺之則將應之曰執法而爲士師者則可以殺之蓋殺伐之權非其人不可擅也今燕雖有可伐之罪而齊則非伐燕之人以齊伐燕而齊人無道是卽以燕伐燕也吾何爲勸之哉

燕人畔章全旨　此章見人臣不可長君之惡陳賈曲爲其王解慚欲坐周公以不智之過孟子言周公之過乃所宜有見非他人之過可比末言君子處過之不同責賈意在言外

燕人畔王曰吾甚慚於孟子

齊破燕後二年燕人共立太子平爲王

次節　說約曰賈意重在不知而使見事固難料也引事則在一畔字映帶

齊取燕後燕人共立其太子平爲王以畔齊齊王謂其臣曰吾不用孟子之言以致此吾甚慚愧焉無以見孟子也

陳賈曰王無患焉王自以爲與周公孰仁且智王曰惡是何言也曰周公使管叔監殷管叔以殷畔知而使之是不仁也、不知而使之是不智也仁智周公未之盡也而况於王乎賈請見而解之

陳賈齊大夫也管叔名鮮武王弟周公兄也武王勝商殺紂立紂子武庚而使管叔與弟蔡叔霍叔監其國武王崩成王幼周公攝政管叔與武庚畔周公討而誅之

陳賈欲爲其王解慚而告王曰王無以此爲患也試問王自以爲與周公孰仁且智王乃驚歎曰惡是何言也周公聖人我豈敢比周公哉陳賈曰昔武王克商立紂子武庚周公使管叔監守其國及成王初立管叔遂以殷畔周使

三節 輔慶源曰周公不忍料兄之惡而使之故不免有過孟子亦言周公之過不亦宜乎不說周公無過也

說約曰周公之過不亦宜乎周公弟也管叔兄也若在他人不可例論矣是多少注躰多少含蓄

愚按言過則非宜矣今曰周公之過不亦宜乎所謂觀過知仁者也回護不得一槩抹倒亦不得下節謂君子之過如日月之食民皆見之正周公愛兄誤使管叔監殷供祭謂及其更也民皆仰之亦周公不得已殺管叔以安王室斷案

周公預知其畔而故使之是陷管叔於死不仁之甚也使不知而誤使之是無先見之明不智之甚也非不仁則不智仁智兩端周公未之能盡也何況於王乎賈請見孟子而為王解之賈蓋以事變難測王固不料燕人之畔已也

見孟子問曰周公何人也曰古聖人也曰使管叔監殷管叔以殷畔也有諸曰然曰周公知其將畔而使之與曰不知也

然則聖人且有過與曰周公弟也管叔兄也周公之過不亦宜乎

言周公乃管叔之弟管叔乃周公之兄然則周公不知管叔之將畔而使之其過有所不免矣或曰周公之處管叔不如舜之處象何也游氏曰象之惡已著而其志不過富貴而已故舜得以是而全之若管叔之惡則未著而其志

末節　說約曰此節只連過字帶下開論一番而大指自見大段則言古今人不特其過不相及處過亦不相及也　下段古之君子其過也直至仰之爲一截今之君子豈徒順之又從爲之辭一截一是不諱其過一是文飾其過也皆進一節意

其才皆非象比也周公詎忍逆探其兄之惡而棄之耶周公愛兄宜無不盡者管叔之事聖人之不幸也舜誠信而喜象周公誠信而任管叔此天理人倫之至其用心一也

遂見孟子而問曰周公何等人也孟子曰古之聖人也賈曰使管叔監殷國管叔以殷畔也有諸孟子曰然有之賈曰周公知管叔之將畔而使之與孟子曰不知也知之則不使之矣賈曰然則聖人且有不智之過與孟子曰周公弟也管叔兄也以愛兄之心誠信而任之實不料其中變也然則周公之過不亦天理人情之所宜有者乎其與世之不宜過而有過者不同日而語矣

且古之君子過則改之今之君子過則順之古之君子其過也如日月之食民皆見之及其更也民皆仰之今之君子豈徒順之又從爲之辭

[illegible]衆口。民皆見。見君子之有過也。民皆仰
仰君子之無過也。

順猶遂也。更改也。辭辯也。更之則無損於明，故民仰之。順而為之辭，則其過愈深矣。責賈不能勉其君以遷善改過，而教之以遂非文過也。　林氏曰：齊王慙於孟子，蓋羞惡之心有不能自已者。使其臣有能因是心而將順之，則義不可勝用矣。而陳賈鄙夫，方且為之曲為辯說，而沮其遷善改過之心，長其飾非拒諫之惡，故孟子深責之。

且古之君子，自知其過，即從而改之；今之君子，自知其過，猶順從而為之。古之君子，其有過也，如日月之掩食，民皆見之，無所隱諱；及其改而復於無過也，則民皆仰而欽之。今之君子則不然，非徒順之而已，又從而自為之飾辭以掩其過。古今人之處過，其不相及如此。自愛其身者，固當以古人自處；愛人以德者，又豈可以今人待其君哉？

致為臣章全旨　此章總見君子不以利為去就也。齊王留孟子之辭，與處孟子之法，全無好賢真心，徒以

致為臣章

首節　孟子於齊仕而不受祿其所謂祿不過署其名而實則未嘗食祿任事正所謂前川為卿嘗辭十萬之祿也故去就得以自扎

次節　曹雲舉曰得侍同朝四字連讀甚喜齊王喜之也正與前日願見而不可得相照有情於今又棄寡人而歸覺得不堪此是齊王假作綢繆語若作同朝之人甚喜反說得扯淡了且於得侍二字微讀亦無此句法也

利來寵絡孟子而瞞子陳子俱以王命為可從而不悖其非君臣師弟之間有市心矣故孟子引季孫之言釋龍斷之說詳言利之一字以曉之而道之行與不行勿論益孟子之留齊為行道也其去齊為道不行也此意難以顯言只粗粗說个不欲富使知志不屑此而所以不可留之故自在言外

孟子致為臣而歸

孟子久於齊而道不行故去也

孟子為卿於齊久之而道不行乃拔還為臣而歸

王就見孟子曰前日願見而不可得得侍同朝甚喜今又棄寡人而歸不識可以繼此而得見乎對曰不敢請耳固所願也

齊王就孟子之館而見之曰前日夫子未至吾國寡人願一見而不可得及得侍教夫子相與同朝則有以慰願見

三節　正解曰。孟子之歸。本是可以去則去。而味他日二字。亦有遲遲其去之意。然齊王一見孟子。便說可以繼此而得見乎。是顯然欲聽其去。至託時子之留。亦是見他遷延不去而設為此說。其留之不誠亦可見矣。不能行其道。而欲留之為矜式。義既無謂。況又不誠乎。此孟子所以必去也。

四節　齊王不敢自達。而託於其臣。齊臣不敢徑達。而托於門人。亦可謂知所尊矣。然以利誘之。實非能尊孟子者。而陳子之告。亦未必能知孟子也。

之心。不勝喜悅。今乃又棄寡人而歸。不識天子肯不終絕。可使此別之後。尚得再見顏色否乎。孟子對曰。異日至齊。未可預必。不敢以請於王耳。然繼此得見。固私心所願也。

他日王謂時子曰。我欲中國而授孟子室。養弟子以萬鍾。使諸大夫國人皆有所矜式。子盍為我言之。

時子。齊臣也。中國。當國之中也。萬鍾。穀祿之數也。鍾。量名。受六斛四斗。矜。敬也。式。法也。盍。何不也。

孟子雖欲去。而猶不忍遽去。至於他日。王乃謂時子曰。我欲當齊之國中。而授孟子以所居之室。養其從游弟子以萬鍾之祿。使上而諸大夫。下而國人。皆有所矜敬而取法。子何不為我言之。使之勿去乎。

時子因陳子而以告孟子。陳子以時子之言告孟子。

陳子。即陳臻也。

蔡氏曰因猶托也

五節　此因萬鍾之餽是以利留故亦借利邊言不可留之意而不顯言其不可復留之故末二節亦是此意而詳明其不可也

時子乃奉王命因託陳臻以轉告孟子陳子遂以時子之言告之孟子

孟子曰然夫時子惡知其不可也如使予欲富辭十萬而受萬是為欲富乎

孟子既以道不行而去則其義不可以復留而時子不知則又有難顯言者故但言設使我欲富則我前日為卿嘗辭十萬之祿今乃受此萬鍾之餽是我雖欲富亦不為此也

孟子以道既不行義在必去而此意難以顯言乃婉辭以拒之曰子所述時子之言固然然時子惡知我之不可以留也夫王之所以處我者如此而我復留焉則是我欲富矣如使我欲富也則前日嘗辭十萬鍾之祿而不受今乃反受此萬鍾之餽是為欲富者之所為乎

六節　輔慶源曰舉季孫所譏子叔疑之事以見我不敢效此之意辭祿而受饋雖多寡之不同畢竟是既不得於此而又求得於彼也

季孫曰異哉子叔疑使己爲政不用則亦已矣又使其子弟爲卿人亦孰不欲富貴而獨於富貴之中有私龍斷焉

以季孫疑弟子

此孟子引季孫之語也季孫子叔疑不知何時人龍斷岡壠之斷而高也義見下文蓋子叔疑者嘗不用而使其子弟爲卿季孫譏其既不得於此而又欲求得於彼如下文賤丈夫登龍斷者之所爲也孟子引此以明道既不行復受其祿則無以異此矣

昔季孫嘗譏子叔疑曰異哉子叔疑之爲人也使己爲政至不見用則亦已矣乃又使其子若弟爲卿代己專政不得於己而求得於彼人情亦孰不欲富貴而獨於富貴之中有私據之龍斷焉不亦異乎季孫譏子叔疑如此今我既不用於齊乃復受萬鍾之養而留何以異於是哉

末節　饒雙峯曰左右望是欲令得之萬一不得於此亦可得於彼不得於此皆是譬喻辭十節得於彼是譬喻受篇陳新安曰孟子有引喻以終之而不復說上正意者此章之類是也

古之爲市者以其所有易其所無者有司者治之耳有賤丈夫焉必求龍斷而登之以左右望而罔市利人皆以爲賤故從而征之征商自此賤丈夫始矣

孟子釋龍斷之說如此治之謂治其爭訟左右望者欲得此而又取彼也罔謂罔羅取之也從而征之謂人惡其專利故就征其稅後世緣此遂征商人也　程子曰齊王所以處孟子者未爲不可孟子亦非不肯爲國人矜式者但齊王實非欲尊孟子乃欲以利誘之故孟子拒而不受

彼所謂龍斷者何如蓋古之爲市者各以其所有之物易其所無之物有司者治其爭訟而已初不征其稅也有賤丈夫焉必求龍斷取商之處而登之以左顧右盼而罔取一市之利人皆惡其專利而賤之故從而征其所取之稅

宿晝章

首節　愚按下章三宿而後出晝孟子去齊之心其猶孔子之去魯乎

次節　吳蓀右曰隱而臥蓋示不欲聞其言而亦不欲接其人總是絕之之意此全因其不用王命而絕之不因其坐而言也

後世緣此遂征商人是征商實自此賤丈夫始矣此龍斷之說也子叔疑不得於己而又欲求得於其子弟故季孫譏之如此龍斷豈可爲哉

宿晝章全旨　此章見君子不可輕留而留君子者必開悟君心以君命留之而後可也首節去國而有所望次節因人之留行而示以絕之之意下二節因人之不悅而明其絕之之由

孟子去齊宿於晝

晝齊西南近邑也

孟子去齊止宿於晝亦遲遲其行而不忍遽去也

有欲爲王留行者坐而言不應隱几而臥

隱憑也客坐而言孟子不應而臥也

有以己意而欲爲王留孟子之行者坐而言其所留之意孟子不應其言只憑几而臥蓋因其不奉王命而來故絕

三節　問泄柳申詳無人乎繆公之側則不能安其身二子之賢其心固如是乎朱子曰非謂二子之心倚君側之人也語其勢則然耳若二子之心如此則與世之垢面汚行而專沾側便嬖之人將何以異乎

東嘉史氏曰孟子既言繆公待子思之事又言泄柳申詳自處之事以見賢者去就之義有此二等之不同耳至於所以自處則惟在於子思一事若泄柳申詳則因帶言之非欲以其事自處也觀下文子為長者慮而不及子思之言可見矣

之而不禮也

客不悅曰弟子齊宿而後敢言夫子臥而不聽請勿復敢見矣曰坐我明語子昔者魯繆公無人乎子思之側則不能安子思泄柳申詳無人乎繆公之側則不能安其身此陪說

齊宿齊戒越宿也繆公尊禮子思常使人候伺道達誠意於其側乃能安而留之也泄柳魯人申詳子張之子也繆公尊之不如子思然二子義不苟容非有賢者在其君之左右維持調護之則亦不能安其身矣

客不悅而致詞曰弟子齊戒越宿而後敢進言夫子臥而不聽拒人如此請從此辭勿復敢見矣孟子曰坐子不知我隱几不應之意我明言語子昔者魯繆公尊禮子思常使人候於子思之側若無人乎子思之側道達其誠意則

末節　蔡虛齋曰子絕長者〇至爲長者慮而不及子思一句止。

不能安子思泄柳申詳在魯時有薦賢者在繆公之側若無人乎繆公之側爲之維持調護則二子必不能安其身蓋賢者必以君之敬禮而留如此

子爲長者慮而不及子思子絕長者乎長者絕子乎

長者孟子自稱也言齊王不使子來而子自欲爲王留我是所以爲我謀者不及繆公留子思之事而先絕我也我之臥而不應豈爲先絕子乎

今齊王不使子來而子自欲爲王留我則是子爲長者慮而不及繆公之留子思薄待長者矣子試思之是子先絕長者乎抑長者先絕子乎而何以我之臥而不聽爲倨也

尹士章全旨　此章見君子去國之厚道以三宿出晝爲主尹士爲此而譏或言不明或言干澤不過引起濡滯之失孟子以此而辨或言去之不得已或言望王於出晝之初或言望王於出晝之後或言不若窮日之去總以

尹士章

首節　蔡氏曰尹氏訓孟子曰不明曰干澤曰濡滯今孟子只辨濡滯一句然曰千里見王是予所欲也便見王未必不可以爲湯武而非干澤之意尤明矣故於上二訓不條析

辨其濡滯之訓也

孟子去齊尹士語人曰不識王之不可以爲湯武則是不明也識其不可然且至則是干澤也千里而見王不遇故去三宿而後出晝是何濡滯也士則茲不悅

只重此

尹士齊人也干求也澤恩澤也濡滯遲留也

孟子去齊遲遲其行尹士私語人曰去就乃士人之大節不可以苟使其不識王之不可以爲湯武則是無擇君之明而不智也若既識其不可然且至焉則是爲利祿而來而干澤也千里而來見王志在遇合以不得遇之故而去則宜其速矣乃三宿於晝而後出境是何其依違眷戀而濡滯也士則因茲一節而有所不悅於心也

高子以告

高子亦齊人孟子弟子也

二三節　吳蓀右曰惡知予哉空空說予所欲欲王爲湯武也不遇故去有大違於初心意不得已三字重看惟不得已而去故三宿猶以爲速猶望復追也語意亦有無限凄凉至情。不得已者心不欲去義不容以不去展轉圖維不能自已也下二節意俱跟此句說去

四節　正解曰予心猶以爲速正破他濡滯二字下三句明猶以爲速之意

高子以尹士之言告孟子。

曰夫尹士惡知予哉千里而見王是予所欲也不遇故去豈予所欲哉予不得已也

見王欲以行道也今道不行故不得已而去非本欲如此也

孟子曰夫尹士惡知予之心哉千里而來見王誠不敢料王之不可爲湯武而因之以行道濟時是予本心之所欲也不遇故去豈予本心所欲哉道既不行欲不去而不可益有所不得已於此也

予三宿而出晝於予心猶以爲速王庶幾改之王如改諸則必反予

所改必指一事而言然今不可考矣

五節　蒙引曰為善是後日事下三句正是
足用為善處
說約曰豈徒二句稍重于身上說方與王由
足用為善相應庶幾二句則仍是反予意
非有他也

予三宿而出晝尹士以為濡滯於予心猶以為去之急速
蓋予今日之去固王有以使之然予猶望王庶幾能改其
失也王如悔悟而改諸則必追
予而反之矣而何忍遽出境哉

夫出晝而王不予追也予然後浩然有歸志予雖然豈舍王
哉王由足用為善王如用予則豈徒齊民安天下之民舉安
此據後言
王庶幾改之予日望之

浩然如水之流不可止也楊氏曰齊王天資朴實如好勇
好貨好色好世俗之樂皆以直告而不隱於孟子故足以
此就前引証
為善若乃其心不然而謬為大言以欺人是人終不可與
入堯舜之道矣何善之能為

夫惟出晝而王不予追也予然後浩然長往而有歸志矣
然予雖決去豈忍終舍王哉王之天資朴實猶足引而為

六節　說約曰說到此處衷懷愈傾矣本爲行道容氣自用不着

末節　小人字從上小丈夫生來

舊以建有爲之業王如用予以輔之則保民而王豈徒齊國之民蒙澤而安天下之民皆安湯武之功可復致也王庶幾改其失乎予日以是望之於王矣

予豈若是小丈夫然哉諫於其君而不受則怒悻悻然見於其面去則窮日之力而後宿哉

悻悻怒意也窮盡也

予之民生在念而故王情深豈若是小丈夫然哉有所諫於其君而君或不受則忿怒不平悻悻然見於其面去則忿然一往必窮盡一日之力而後宿哉尹士惡足以知之

尹士聞之曰士誠小人也

此章見聖賢行道濟時汲汲之本心愛君澤民惓惓之餘意李氏曰於此見君子憂則違之之情而荷蕢者所以爲

充虞章

首節　前日二字已爲下彼一時伏案。

果也

尹士聞之自悟其失曰士誠小人也但知去之不可不決豈知君子行道濟時愛君澤民之念惓惓而不釋固若是其所見者大也

充虞章全旨

此章見君子憂世之志與樂天之誠自此一時至則可矣明已不豫之故末節又明已無不豫之實註語不可易。

孟子去齊充虞路問曰夫子若有不豫色然前日虞聞諸夫子曰君子不怨天不尤人

路問於路中問也豫悅也尤過也此二句實孔子之言蓋孟子嘗稱之以教人耳

孟子去齊於憂世之心有不覺形之於色者充虞在途而問曰夫子若有不豫之色者然前日虞聞諸夫子曰君子不

次節　陳新安曰前日言不怨不尤之時與今日所遇之時不同

三節　此節爲下節數與時張本五百年最重孟子不豫根源全在此　其閒正指將興未興時言之

得於天而不怨天不合於人而不尤人宜無往而不豫矣而夫子何爲有然也

曰彼一時此一時也

彼前日此今日

孟子曰不怨不尤乃平日反己自修之事彼一時也今則吾道不行有斯世斯民之慮此一時也

五百年必有王者興其間必有名世者此二句爲下數與時張本

自堯舜至湯自湯至文武皆五百餘年而聖人出名世謂其人德業聞望可名於一世者爲之輔佐若皋陶稷契伊尹萊朱太公望散宜生之屬

何以言之歷覽往世大約五百年貞元會合必有王者受命而興其間必有輔佐之臣德業聞望顯名於一世者君臣際會固有一定之期而不可易也

四節　蒙引曰由周而來七百有餘歲矣以其數則過矣是一段事以其時考之則可矣又是一段事其歸則同

末節　輔慶源曰不能無不豫憂世之志也實未嘗不豫樂天之誠也憂樂自常情觀之則相反自聖賢觀之則並行而不悖也

由周而來七百有餘歲矣以其數則過矣以其時考之則可矣此明所以不豫之故與此一時也相應

周謂文武之間數謂五百年之期時謂亂極思治可以有爲之日於是而不得一有所爲此孟子所以不能無不豫也

乃由周文武而來王者不作七百有餘歲矣以五百年之數計之則已過矣王者應出而未出以當今之時考之則亂極思治而可以有爲矣於此而不得有爲以立名世之業此所以不能無不豫也

夫天未欲平治天下也如欲平治天下當今之世舍我其誰也吾何爲不豫哉此節非自慰語是自信語吾何爲不豫哉作實說

言當此之時而使我不遇於齊是天未欲平治天下也然

居休章

首節　陳新安曰不受卿祿此孟子最高處其超然不屈進退餘裕本全在此十萬之祿脫屣而去齊王猶欲以萬鍾縻之豈知孟子者

天意未可知而其責又在我我何爲不豫哉然則孟子雖若有不豫然者而實未嘗不豫也蓋聖賢憂世之志樂天之誠有並行而不悖者於此可見

夫世之治亂皆天爲之當此時而我猶不遇是特天之未欲平治天下也如天意一轉而欲平治天下則當今之世懷名世之具者舍我其誰也天意未可知則平治固有日而其具又在我則大行猶有時隨吾所遇安意以待之耳吾雖若不豫而其實何爲不豫哉

居休章全旨　此章總明孟子不受祿之意首節並疑不受祿於齊次節明其不受祿之由末節雖言所以不速去之故亦以發上不受祿之意總以第二節爲主

孟子去齊居休公孫丑問曰仕而不受祿古之道乎

休地名

次節　陳新安曰若將去而受祿是苟祿也

末節　退而有去志久於齊非我志也兩志字相照應

孟子去齊一夕居宿於休之地公孫丑進問曰丑聞居人之位則必食人之祿今夫子既仕於齊而不受其祿豈古之道有然乎

曰非也於崇吾得見王退而有去志不欲變故不受也

崇亦地名孟子始見齊王必有所不合故有去志變謂變其去志

孟子曰非古之道也吾之所以不受者吾始至於齊於崇之地得相見齊王即知其不能用我退而即有去志此志不欲變故不為苟祿因而不受也

繼而有師命不可以請久於齊非我志也

上言其初志此言其不速去之故

師命師旅之命也國既被兵難請去也　孔氏曰仕而受祿禮也不受齊祿義也義之所在禮有時而變公孫丑欲

張南軒曰孟子之去齊三宿出晝而以爲速。此章云云何也。初見齊王之情必有不能用者則可去之機未嘗不先覺也。又以其賢亦有可取。故不受其祿。姑留以觀其感悟與否也。豈徒爲苟焉而已哉。

以一端裁之不亦謬乎

志不變則當去而不速其行者。其故何也。吾見王之後。齊國被兵。繼而有師旅之命。上下戒嚴不可以請。勢有所阻。不得不久留於齊。實非我志也。夫我始終不受祿之故如此。

四書述朱卷之十七終

滕文章

首節　吳蓀右曰按麟士云此當在過宋讀仕而見孟子另讀故下文云世子自楚反復見孟子愚意不如常解作往道宋見爲妙若只云道經於宋而見孟子猶未見世

四書述朱卷之十八

婺江黃昌衢康浯彙編
錫山張履全荊南參訂
弟　昌侃庭直　昌轎若産　仝校

孟子

滕文公章句上　凡五章

滕文章全旨　此章見人當盡性希聖以性善爲主惟性本善故堯舜可爲後言道一即性善之謂引三言正堯舜可爲之意末節又鼓動而激發之

滕文公爲世子將之楚過宋而見孟子

世子太子也

子好賢䏲切意。

次節　朱子曰：孟子見滕文公便道性善，他欲人先知得一箇本原，則爲善必力，去惡必勇。　性善者，以理言之；稱堯舜者，質其事以實之，所以互相發也。其意蓋曰：知性善，則知堯舜之必可爲矣；知堯舜之可爲，則其於性善也信之益篤，而守之益固矣。　金氏曰：性善無形影，然凡聖人之所爲，皆自性善中出，則堯舜即性善之形像也。性既人所同有，則堯舜人皆可爲。

滕文公爲世子時，將之楚國，修交鄰之禮，是時孟子在宋，文公素慕其賢，乃過宋而見之。

孟子道性善，言必稱堯舜。

道，言也。性者，人所稟於天以生之理也，渾然至善，未嘗有惡。人與堯舜初無少異，但衆人汨於私欲而失之，堯舜則無私欲之蔽，而能充其性爾。故孟子與世子言，每道性善，而必稱堯舜以實之，欲其知仁義不假外求，聖人可學而至，而不懈於用力也。門人不能悉記其辭，而撮其大旨如此。

與與本節註。

孟子因滕世子見而教之，每道人性本善，而言性善之理，必稱引堯舜，實其事以實之，惟欲其盡己之性，而學爲堯舜，蓋從其本原上啓發之也。

三節　蒙引曰道字指性而言道者性命德行之總名何者不是道不必拘中庸性道之分

曹雲舉曰道字固然指性實包性善說一字便兼堯舜與衆人言非只有一箇更無兩箇之謂故下文証道一即兼証人皆可爲堯舜　夫道一而已矣猶云人性之善人與堯舜總是一般如此而已矣

四節　朱子曰引三段說話教人如此發憤猛勇向前此外更無別法

胡雲峰曰性之本善堯舜無異於人行之不力人自異於堯舜

世子自楚反復見孟子孟子曰世子疑吾言乎夫道一而已矣

時人不知性之本善而以聖賢爲不可企及故世子於孟子之言不能無疑而復來求見蓋恐別有卑近易行之說也孟子知之故但告之如此以明古今聖愚本同一性前言已盡無復有他說也

世子自楚而還復來求見孟子孟子曰世子得非聞吾之言而有所疑乎吾言固無可疑也夫道之在人粹然至善無古今無聖愚一而已矣倘謂人性不皆善堯舜不可爲則道有二致矣天下豈有二道哉

成覸謂齊景公曰彼丈夫也我丈夫也吾何畏彼哉顏淵曰舜何人也予何人也有爲者亦若是公明儀曰文王我師也

領鱗士曰此節蒙引存疑俱作明道一云大全小註只云策世子其說皆是然看似証人皆可為堯舜意尤多二段中我字予字正見自性中有聖賢意

周公豈欺我哉

成覸人姓名彼謂聖賢也有為者亦若是言人能有為則皆如舜也公明姓儀名魯賢人也文王我師也蓋周公之言公明儀亦以文王為必可師故誦周公之言而歎其不我欺也孟子既告世子以道無二致而復引此三言以明之欲世子篤信力行以師聖賢不當復求他說也

若以人不可為堯舜試以古人之言徵之昔成覸謂齊景公曰彼聖賢固丈夫也而我亦丈夫也彼與我本無異也吾何為畏彼哉顏淵曰舜何人也予何人也舜與我均是人耳但奮發有為者亦皆是舜其人矣公明儀曰周公嘗謂文王我師也文王所為信人人可以師法周公之言豈欺我者哉三人之言如此此可見道無二致人當勇往以聖賢自為也

末節　朱子曰人要爲聖賢須是猛起如服瞑眩之藥以除深痼之疾直是不可悠悠

饒雙峰曰前面文公再去見孟子時是疑其資質凡下不可以爲堯舜故孟子以成覸以下三說答之末後孟子恐文公又自疑其土地狹小故以瞑眩之說告之

黄勉齋曰歷引三人之言所以釋其疑終以藥瞑眩所以厲其志

張菰川曰聞之涇陽先生云疑畏不可有瞑眩不可無分明作兩譬解蓋單說性善道一便似備亘本體不消用功夫故既告以爲信復以力行勉之上節雖露有爲字面其大意只重証道一而當發憤有爲之意至末節引書二語始揭出大全小註引味了胡氏二說頗混如勉齋涇陽之說則清楚矣

今滕絶長補短將五十里也猶可以爲善國書曰若藥不瞑眩厥疾不瘳

絶猶截也書商書說命篇瞑眩憒亂言滕國雖小猶足爲治但恐安於卑近不能自克則不足以去惡而爲善也

愚按孟子之言性善始見於此而詳見於告子之篇然默識而旁通之則七篇之中無非此理其所以擴前聖之未發而有功於聖人之門程子之言信矣

今全滕之地截長而補其短將有五十里也建國之規模尚在猶堪做個好國足以爲治但須勇猛奮振克去因循之弊然後可說命之書曰若服藥而不瞑眩則厥疾不得瘳愈人君若安於卑近悠悠怠惰則不足以爲善去惡而建治安之業矣世子其因吾言而勉之乎

滕定章
首節　於心終不忘便隱然有盡性希聖之志其遺然友問於孟子便有不問父兄不問百官之意。
次節　朱子曰孟子答文公喪禮不說到細碎上自盡其心喪禮之大本也三年齊疏飦粥喪禮之大經也。
趙氏曰曰天子達於庶人是無貴賤之別三代共之是無古今之異

滕定章全旨　此章見古喪禮之可復前三節是始問乎喪禮欲行之而沮於人後二節是既定乎喪禮力行之而感乎人心通章自盡其心一句下不可他求是在世子皆與此句相應是誠在我則世子之自盡其心也

滕定公薨世子謂然友曰昔者孟子嘗與我言於宋於心終不忘今也不幸至於大故吾欲使子問於孟子然後行事

滕世子見孟子之後其父定公薨世子謂其傅然友曰昔者孟子嘗與我言於宋其性善堯舜之說猶在於心而終不能忘今也不幸至於大變吾欲使子往問於孟子如何方合於聖人之道然後舉行喪禮庶免於悖制之失也

定公文公父也然友世子之傅也大故大喪也事謂喪禮

然友之鄒問於孟子孟子曰不亦善乎親喪固所自盡也曾子曰生事之以禮死葬之以禮祭之以禮可謂孝矣諸侯之禮吾未之學也雖然吾嘗聞之矣三年之喪齊疏之服飦粥

之食。自天子達於庶人三代共之

當時諸侯莫能行古喪禮而文公獨能以此爲問故孟子、、、

、、、善之又言父母之喪固人子之心所自盡者蓋悲哀之情

痛絕之意非自外至宜乎文公於此有所不能自已也但

所引曾子之言本孔子告樊遲者豈曾子嘗誦之以告其

門人歟三年之喪者子生三年然後免於父母之懷故父

母之喪必以三年也齊衰下縫也不緝曰斬衰緝之曰齊

衰疏麤也麤布也飦糜也喪禮三日始食粥既葬乃疏食

此古今貴賤通行之禮也

然友往鄒國問於孟子孟子曰。當喪禮久壞之時。而世子以此爲問。不亦善乎。夫父母之喪固人子之心所自盡而

三節　魯自文公宣公方不行三年之喪。非舊制也。吾先君亦莫之行。亦滕之中葉時節沿襲既久。故謂先君俱莫之行耳。志言先祖。乃始立法之祖。不是後來壞法之祖。子孫沿襲之久。却認變法者爲先祖。故父兄百官亦錯認志意。而以壞法之祖爲先祖耳。

無待於他強者也。安乎世子於此有所不能自已也。曾子有言曰。子之於親。生而事之以禮。死而葬之以禮。祭之必以其禮。自始至終。於禮無所不盡。斯可謂孝矣。夫諸侯之禮。我未嘗學也。然雖未學。而禮之大經一定而不易者。吾亦嘗聞之矣。喪之期必以三年。無敢過。無敢不及。其服則齊疏。食則飦粥。此禮自天子以達於庶人。貴賤通行。而夏商周三代共用之。而未之有改也。世子欲盡其心。循此行之而已。

然友反命定爲三年之喪父兄百官皆不欲曰吾宗國魯先君莫之行吾先君亦莫之行也至於子之身而反之不可且志曰喪祭從先祖曰吾有所受之也

父兄同姓老臣也滕與魯俱文王之後而魯祖周公爲長兄弟宗之故滕謂魯爲宗國也然謂二國不行三年之喪者乃其後世之失非周公之法本然也志記也引志之言

四節　輔氏曰當責之於己是應前面固所自盡之說在世子自盡其哀是應上句不可他求之意

而釋其意以爲所以如此者蓋爲上世以來有所傳受雖或不同不可改也然志所言本謂先王之世舊俗所傳禮文小異而可以通行者耳不謂後世失禮之甚者也

然友復命於世子世子遂定爲三年之喪是時古禮久廢同姓父兄異姓百官皆不欲曰吾宗國魯先君莫之行三年之喪吾滕先君亦莫之行也至於子之身而獨反之斷乎不可且志書有之曰喪祭之禮當從先祖志之意若曰吾先祖所行之禮有所傳受不可改也而子固不從之何也

謂然友曰吾他日未嘗學問好馳馬試劍今也父兄百官不我足也恐其不能盡於大事子爲我問孟子然友復之鄒問孟子孟子曰然不可以他求者也孔子曰君薨聽於冢宰歠粥面深墨即位而哭百官有司莫敢不哀先之也上有好者

下必有甚焉者矣君子之德風也小人之德草也草尚之風必偃是在世子

不我足謂不以我滿足其意也然者然其不我足之言不可他求者言當責之於己冢宰六卿之長也歠飲也深墨甚黑色也即就也尚加也論語作上古字通用也偃伏也

孟子言但在世子自盡其哀而已

世子見群臣不從乃反躬自責謂然友曰吾行日未嘗勤學好問但好馳馬爲樂試劍爲勇素行不足取信於人故今欲行喪禮父兄百官皆不我滿足也恐其不能盡禮以行此大事子爲我復問孟子何以自盡其心使父兄百官無異辭也然友復之鄒問孟子孟子曰世子謂群臣不從由素行之不孚其言誠然然彼雖不我足任世子但當求之於己自盡其心不可以他求者也昔孔子曰君薨則爲嗣君者居次守喪以百官政事聽命於冢宰自已歠粥面

末節

眞西山曰方滕文用孟子欲行此禮父兄百官譁然爭之及違衆而行又以爲知禮何邪蓋以爲不可行者蹈常襲故之陋見以爲知禮者秉彜好德之良心也

色深黑如墨卽喪次之位朝夕哭臨凡百官有司莫敢不哀其所以亦哀者以在上之哀痛有以先之而感發其良心也先之如何卽莫敢不哀蓋凡在上之人意有所好則在下之人從而效之必更有甚焉者矣君子之德在上而感人譬則風也小人之德在下而應人譬則草也草加之以風則必偃小人而感以君子之德則必應此所以上有所好下必有甚焉者也孔子之言如此今世子固在上之君子也能自盡其心哀禮兼盡則彼父兄百官豈有不應者乎是在世子而已

然友反命世子曰然是誠在我五月居廬未有命戒百官族人可謂曰知及至葬四方來觀之顏色之戚哭泣之哀弔者大悅

諸侯五月而葬未葬居倚廬於中門之外居喪不言故未有命令教戒也可謂曰知疑有闕誤或曰皆謂世子之知

禮也　林氏曰孟子之時喪禮既壞然三年之喪惻隱之心痛疾之意出於人心之所固有者初未嘗忘也惟其溺於流俗之弊是以喪其良心而不自知耳文公見孟子而聞性善堯舜之說則固有以啓發其良心矣是以至此而哀痛之誠心發焉及其父兄百官皆不欲行則亦反躬自責悼其前行之不足以取信而不敢有非其父兄百官之心雖其資質有過人者而學問之力亦不可誣也及其斷然行之而遠近見聞無不悅服則以人心之所同然者自我發之而彼之心悅誠服亦有所不期然而然者人性之善豈不信哉

為國章

許東陽曰文公問為國孟子告以教養其民有養然後可教故先言分田制祿而後及學校也自民事不可緩至雖周亦助也養之事設為庠序至小民親於下教之事下至新子之國總言之答文公者止此下答畢戰卻只是言分田蓋畢戰惟掌井地之事也

然友反命於滕世子曰孟子之言誠然是誠任我之自盡也於是斷然行三年之喪制凡五月自居於廬未有命令告戒而父兄百官果皆感悟莫不心以為可而謂之曰知禮及至葬之日四方之人來觀之世子顏色慘戚哭泣哀痛凡諸侯賓客來弔者皆以其能盡禮而大為悅服焉蓋文公一行古喪禮而感動人心如此亦可見人性皆善而堯舜之道非高遠難行之事矣

為國章全旨　此章見為國當以民事為本通重民事不可緩一句至新子之國一段重制恒產上制恒產在行助法助法既行然後可興庠序學校之教不可以教養平對使畢戰以下一段重正經界上正經界重分田以給野人分田以給野人然後出力以養公田不可以制祿分田平對要之正經界只是行助法中事總見為國在民事而民事為不可緩也

滕文公問為國

文公以禮聘孟子故孟子至滕而文公問之

首次二節　輔氏曰詩言民之趨於農功自然如此其急孟子引之以証民事不可緩之說然孰玩之便見得民事終不可緩之意人君若能真知民事之不可緩則於爲國也思過半矣

說約曰按民事不可緩也句當緊照爲國言爲國憫民事不可緩也引詩又取民之自急其事者以証不可緩之意然下節言制産按田則云急民事者其義亦不可太離

滕文公接見孟子問以爲國之道

孟子曰民事不可緩也詩云晝爾于茅宵爾索綯亟其乘屋其始播百穀

民事謂農事詩豳風七月之篇于往取也綯絞也亟急也乘升也播布也言農事至重人君不可以爲緩而忽之故引詩言治屋之急如此者蓋以來春將復始播百穀而不暇爲此也

孟子對曰國以民爲本民以食爲天農事乃國之本務人君當急爲之經畫區處而不可緩也豳風七月之詩云當此農隙之時晝往取茅夜而絞索亟升其屋而治之至於來春恐將復始播百穀而不暇爲此矣夫民之自亟其農事如此人君其可以爲緩而忽之哉

民之節　此正說民事所以不可緩處。只重恒產所係之重。無教意。民之爲道。猶云民之爲民耳。道字不重。不宜耑說向好一邊。觀下無恒產句可見。

賢君節　是故二字。承仁人不可罔民來。恭儉以德言。禮下取民。德之施也。禮下指制祿。取民有制指分田。本重取民。却兼禮下。設官正以爲民也。

民之爲道也有恒產者有恒心無恒產者無恒心苟無恒心放辟邪侈無不爲已及陷於罪然後從而刑之是罔民也焉有仁人在位罔民而可爲也

民事之所以不可緩者何也。民之爲道也。有常生之產者。乃有其固有之常心。若無恒產者。即無恒心。苟無恒心。則放縱偏僻邪枉侈肆。凡不善之事。無所不爲。而犯罪所不免矣。夫爲君者平時不能制恒產以養其民。及陷民於有罪之地。然後從而加之以刑。是欺愚民之無知而陷害之。乃罔民也。焉有仁人在上位。罔民之事而可爲也。恒產之係於民。其重如此。此民事之所以不可緩也。

是故賢君必恭儉禮下取於民有制

恭則能以禮接下。儉則能取民以制。

是故賢君必恭以持身。不敢以貴而驕。儉以自奉。不敢以富而侈。惟恭也則能忠信重祿而待臣以禮。惟儉也則能

陽虎節　輔氏曰先儒多以爲孟子不以人廢言集註則以爲言雖同而所取各異其說尤的當

夏后節　存疑曰貢助徹是三代田法之名三句是渾淪說言夏后氏授田每夫五十畝而行貢法殷人七十畝而行助法周人百畝而行徹法註是細解不可用他說本文觀孟子自解曰徹者徹也助者藉也可見貢法每夫授田五十畝就中出五畝

制民常產而取民有制賢君之不緩民事如此

陽虎曰爲富不仁矣爲仁不富矣此節結上起下重爲仁說

陽虎陽貨魯季氏家臣也天理人欲不容並立虎之言此恐爲仁之害於富也孟子引之恐爲富之害於仁也君子小人每相反而已矣

昔陽虎有言曰若欲爲富則不得顧民而不仁矣若欲爲仁則必至損上而不富矣若賢君之取民有制則爲仁不富之說必惡庥之矣

夏后氏五十而貢殷人七十而助周人百畝而徹其實皆什一也徹者徹也助者藉也

此以下乃言制民常產與其取之之制也夏時一夫受田

畝之入以爲貢是十分中取一分也助法每夫受田七十畝外助公田七畝已得七十畝以七畝之入供上是十分外取一分也曰其實皆什一亦概言之耳

說約曰此節必重在其實皆什一句存疑云貢助徹是三代田法之名名者對實而言也

陳氏曰夏時洪水方平可耕之地少至商而寖廣周而大備也

徐氏曰古者民約故田少而用足後世彌文而用奢故受田之際隨時而加焉

五十畝而每夫計其五畝之入以爲貢商人始爲井田之制以六百三十畝之地畫爲九區區七十畝中爲公田其外八家各授一區但借其力以助耕公田而不復稅其私田周時一夫授田百畝鄉遂用貢法十夫有溝都鄙用助法八家同井耕則通力而作收則計畝而分故謂之徹其實皆什一者貢法以十分之一爲常數惟助法乃是九一而商制不可考周制則公田百畝中以二十畝爲廬舍一夫所耕公田實計十畝通私田百畝爲十一分而取其一蓋又輕於十一矣竊料商制亦當似此而以四十畝爲廬舍一夫實耕公田七畝是亦不過什一也徹通也均也藉

龍子節　問貢法大禹之遺制而其不善若此何也朱子曰蘇氏林氏嘗言之矣蘇氏曰作法必始於粗終於精古之不爲此非不智也勢未及也方其未有貢也以貢爲善矣及其既貢而後知其有不善也林氏曰禹貢之法九州之賦其錯出於他等者不以爲歲之常數又因游豫則補其興因而補助之周制鄉遂用貢法亦有司稼之官巡野觀稼視年之上下以出斂法則其弊未至如龍子之言乃當時之□侯用貢之

借也

試以制產與取之之法言之夏后氏每夫授田五十畝而其取之則行貢法殷人每夫授田七十畝而其取之則行助法周人每夫授田百畝而其取之則行徹法貢與助徹名雖不同其實則皆什分之中取其一分以供上皆中正之制也夫以下貢上貢之義易明而所謂徹者何蓋耕則通力合作收則計畝均分取義於徹也所謂助者何蓋不稅其私田但借民之力以助耕公田取義於藉也三代之田法如此

龍子曰治地莫善於助莫不善於貢貢者校數歲之中以爲常樂歲粒米狼戾多取之而不爲虐則寡取之凶年糞其田而不足則必取盈焉爲民父母使民盻盻然將終歲勤動不得以養其父母又稱貸而益之使老稚轉乎溝壑惡在其爲民父母也

弊耳。

世祿節　蒙引曰上方論貢助徹之法而忽着此一句者蓋耕者九一仕者世祿二者王政之本也故言此以起下文見二者當並行而不可偏廢況世祿雖行而助法未

龍子古賢人狼戾猶狼籍言多也糞壅也盈滿也盻恨視也勤動勞苦也稱舉也貸借也取物於人而出息以償之也益之以足取盈之數也稚幼子也

然三代法皆什一而貢法不能無弊不如助法之善也龍子有言曰治地之法莫善於助莫不善於貢蓋貢之取法校數歲於豐歉之中以爲一定之常制樂歲粒米狼藉雖多取之而不爲虐害則拘其數而寡取之凶年之所得者供糞田之費而尚不足則拘其數而必取盈焉人君爲民父母當愛民如子乃以取盈之故使民盻盻然怨咨愁恨將終歲勤動勞苦不得以養其父母又舉貸出息以益取民之數致使老稚者轉死於溝壑之中惡在其爲民父母也貢之法不善如此　助法則隨公田所得之多寡而取之豈有是弊哉卽龍子之言觀之可見助法之當行矣

夫世祿滕固行之矣　起下當行助法

孟子嘗言文王治岐耕者九一仕者世祿二者王政之本

學則所取於民以供世祿之需者猶未出於王政之本意今即其所已行而使併舉其所未行則不惟其所未行者得因以行而其所已行者亦因得其正矣　滕行世祿不必是公田所出當時助法不行那有公田只是貢法隨俗加賦而取之正是取民無制者也

詩云節　朱子曰攷之周禮行助法處有公田行貢法處無公田孟子也不曾見周禮只據詩裏說用詩意帶將去

也今世祿滕已行之惟助法未行故取於民者無制耳蓋世祿者授之土田使之食其公田之入實與助法相爲表裏所以使君子野人各有定業而上下相安者也故下文遂言助法

夫先王之制有世祿以待士有助法以惠民二者不可偏廢今世祿之典滕固已行之矣而助法未行今所宜亟耳

詩云雨我公田遂及我私惟助爲有公田由此觀之雖周亦助也

詩小雅大田之篇雨降雨也言願天雨於公田而遂及私田先公而後私也當時助法盡廢典籍不存惟有此詩可見周亦用助故引之也

滕所以未行助法者，豈以助法非周制乎。小雅大田之詩云：天其雨我公田，而遂及我之私田乎。夫貢法無所謂公田也，惟助法爲有公田，以公田之名而出於周人之詩，由此而觀之，則助不獨行於商，雖周亦行助也。信乎助法之善，當繼世祿而行之矣。

設爲庠序學校以教之。庠者養也，校者教也，序者射也。夏曰校，殷曰序，周曰庠，學則三代共之，皆所以明人倫也。人倫明於上，小民親於下。

庠以養老爲義，校以教民爲義，序以習射爲義，皆鄉學也。學，國學也。共之，無異名也。倫，序也。父子有親，君臣有義，夫婦有別，長幼有序，朋友有信，此人之大倫也。庠序學校皆以明此而已。

設爲節　輔氏曰：鄉學有異名，國學無異名，然其明人倫以教之之事則同也。

蒙引曰：古者國學惟天子之都以及諸侯之國都有之，鄉學則隨所在而酌立之。

存疑曰：設爲庠序學校以教之，教文公兼說也。庠雖以養老爲義，序雖以習射爲義，然所以教民明倫則同，但取一義以名學耳。

說約曰：設爲句總說，庠者至共之申庠序學校四字，皆所以句申教之二字，人倫明二句推其當明也。

有王者節　朱子曰孟子語滕文公只說有王者起必來取法不曾說便可以王是亦要大國方做得

愚按爲王者師乃極言其爲王道之粹以歆動之不是說滕國褊小但能作法不能致王也下節方說到文公身上圖以文王許之矣且他日有小國七年必爲政於天下之語此處告滕文安得便作敗興語耶

誠能舉行助法則民有恒產而恒心可復矣然不能無藉於教也必也設爲庠序學校以教養之而在鄉者同皆立學焉謂之庠者取養老爲義也謂之校者取教民爲義也謂之序者取習射爲義也在夏則謂之校在殷則謂之序在周則謂之庠此三代之鄉學各取一義而異其名也至於國學則三代同名皆謂之學焉而其實鄉學國學之建皆所以講明人倫之理而無殊教也人倫果修明於上則小民皆服其教而自相親睦於下矣此既富而教民之法也

有王者起必來取法是爲王者師也　此不必泥

滕國褊小雖行仁政未必能興王業然爲王者師則雖不有天下而其澤亦足以及天下矣聖賢至公無我之心於此可見

助行而教興王道養民未有善於此者也設有王者受命而起欲行王政以教養其民必來取法於滕則子不但爲爲王者且王者之師也而其澤大足以及天下矣

周雖節　說約曰上節言勢下節言理亦有此漸致不可知者盍多方勉之

畢戰節　饒雙峰曰溝塗封植之界經緯錯綜直者爲經橫者爲緯只舉經字有緯在其中溝澮洫之類塗道塗封土堠植種木爲界

輔慶源曰凡事須是敬則能立纔有慢心便日趨於敝壞也

詩云周雖舊邦其命維新文王之謂也子力行之亦以新子之國

詩大雅文王之篇言周雖后稷以來舊爲諸侯其受天命而有天下則是文王始也子指文公諸侯未踰年之稱也

况夫滕國之業雖云不振興於此乎不觀大雅文王之詩云周自始封以來雖爲舊邦其受天命則始於今日實維新焉是詩所言乃文王之謂也文王能行善政遂興王業子誠於井田學校奮然而力行之則王道復行天命日當歸之亦足以受天命而新子之國矣

使畢戰問井地孟子曰子之君將行仁政選擇而使子子必勉之夫仁政必自經界始經界不正井地不均穀祿不平是故暴君汙吏必慢其經界經界既正分田制祿可坐而定也

仁政節○經界節○

畢戰滕臣文公因孟子之言而使畢戰主爲井地之事故又使之來問其詳也井地即井田也經界謂治地分田經畫其溝塗封植之界也此法不修則田無定分而豪強得以兼并故井地有不均賦無定法而貪暴得以多取故穀祿有不平此欲行仁政者之所以必從此始而暴君汙吏則必欲慢而廢之也有以正之則分田制祿可不勞而定矣

文公因孟子之言奮然欲行助法乃使畢戰來問井地之詳孟子曰子之君將行井田之仁政選擇群臣之中而使子乃重任而責也子必勉勵爲之夫行仁政必自經畫其界限始使彼此內外劃然分明無多寡廣狹之差若經界有不正則田無定分豪強者得以兼并而井地必不均賦無定法貪暴者得以多取而穀祿必不平是故暴君汙吏

夫滕節　饒雙峰曰分田制祿雖平說然卻相因穀祿即井田中公田撥其穀以爲祿分田始可制祿

存疑曰無君子莫治野人故祿不可不制無野人莫養君子故田不可不分

請野節　輔氏曰都鄙用助法則收公田所入以爲君子之祿鄉遂用貢法則使什自

必慢忽其經界所以亂之而得以終取也若經界既正則豪強貪暴弊無所容分民田制國祿可坐而定之不勞餘力而政自施矣

夫滕壤地褊小將爲君子焉將爲野人焉無君子莫治野人無野人莫養君子

言滕地雖小然其間亦必有爲君子而仕者亦必有爲野人而耕者是以分田制祿之法不可偏廢也

夫滕壤地褊小僅五十里也然必將有君子而爲仕者焉將必有野人而爲耕者焉使無君子則莫爲之施政教以治野人使無野人則莫爲之供賦稅以養君子君子野人不可相無則分田制祿不可以偏廢矣安得不以經界爲先務哉

請野九一而助國中什一使自賦此教之正經界而行助專請野句下句帶言

賦其一以充國家所用。
余仁山曰野九一而助則卿大夫食邑無過取之失國中自賦則民無遠輸之勞。
蒙引曰前言治地莫善於助矣雖周亦助也切切焉只要滕行助法都不及貢及答戰則又兼貢何也曰滕當時只行貢法世祿已行者正是將貢上之粟充世祿也惟助法未行故始則切切然只言助法後告畢戰不得不兼言貢助蓋授以方略形勢也然滕雖嘗用貢而貢亦不止什一又不止鄉遂用貢也故又云國中什一使自賦而注云以此推之當時非惟助法不行其貢亦不止什一矣。
王觀濤曰此節正答井地之問下二節乃法外之仁又其兼及者耳。

此公田制祿之常法所以治野人使養君子也野郊外都鄙之地也九一而助爲公田而行助法也國中郊門之內鄉遂之地也田不井授但爲溝洫使什而自賦其一蓋用貢法也周所謂徹法者蓋如此以此推之當時非惟助法不行其貢亦不止什一矣

請於野外之地田可井授者畫爲九區以一區爲公田而行助法至於國中田不可井授則但授之以地什分取一使民自賦納於上焉如此則田有所分而祿有所制矣

卿以下必有圭田圭田五十畝此即制祿一時事以公田之未有屬者中分之

此世祿常制之外又有圭田所以厚君子也圭潔也所以奉祭祀也不言世祿者滕已行之但此未備耳

卿以下二節　趙註曰王制曰夫圭田無征謂餘夫圭田皆不當在賦也時無圭田餘夫孟子欲今復古所以重祭祀利民之道也。

饒雙峯曰圭田餘夫亦是百畝中撥與他半分則五十畝四分則二十五畝閒各授田百畝六十歲傳與其子子養其父但只是長子受父之田次子便是餘夫別請二十五畝若無子則百畝納之官矣曰然

死徙節　孫疏曰相助以守而此不可以威武奪相助以望而彼不得以投隙來

夫因田制祿各有定分而於常制之外自卿以下至於士又必有圭田以得奉祭祀其田皆以五十畝爲額無少差別所以厚君子也

餘夫二十五畝　此即分田一時事以公田之未有屬者四分之

程子曰一夫上父母下妻子以五口八口爲率受田百畝如有弟是餘夫也年十六別受田二十五畝俟其壯而有室然後更受百畝之田愚按此百畝常制之外又有餘夫之田以厚野人也

一夫受田各有定數而常制之外有餘夫未成丁者別受二十五畝使各力田自贍俟其壯而更授以百畝之田所以厚野人也

死徙無出鄉鄉田同井出入相友守望相助疾病相扶持則

方里節　說約曰。按詩孔疏。夫有百步。三夫爲一里。然則此言方里者。縱橫皆一里。其體正方。中九百畝耳。此爲不易之解。鄒上玉曰。書有次第。此章至此方說出中公外私。井田形制。則前七十而助。九一而助。皆玄渾淪。若先說明。則此節贅矣。

死謂葬也。徙謂徙其居也。同井者八家也。友猶伴也。守望防寇盜也。

百姓親睦　此以見分田後之鄉約。末句言其意。

然井田之法。不但厚民生。且有以善民俗。凡死者徙者。衆無出鄉。而存亡不離故土。一鄉之田。八家同井。而農畝安於供業。且一出一入。相爲伴侶。有友讓之風。近守遠望。相爲應援。無寇盜之患。遇有疾病。則視其醫藥。通其有無。相與爲扶持。如此則比閭鄉黨之間。藹然仁愛和厚。而百姓無不親睦矣。井田之善民俗如此。

方里而井。井九百畝。其中爲公田。八家皆私百畝。同養公田。公事畢。然後敢治私事。所以別野人也。　此詳井地形體之制。正答畢戰之問也。

此詳言井田形體之制。乃周之助法也。公田以爲君子之祿。而私田野人之所受。先公後私。所以別君子野人之分。

末節　闊潤澤之說饒氏曰前面說底是箇硬局子到這裏須是要會變通使合人情宜土俗可也潤澤非文飾之謂乃是和軟底意思不全是硬局子溫潤滑澤方可行得此朱子善於形容孟子用心處

張南軒曰井田王政之本而經界又井田之本也大要在分田制祿二事而已田得其分則小民安其業祿得其制則君子賴其養上下相須而各宜焉治之所由興也

也不言君子據野人而言省文耳上言野及國中二法此獨詳於治野者國中貢法當時已行但取之過於什一爾

試以井田之形體言之每方一里畫爲一井井九百畝界爲九區里井之經界必明其中百畝爲公田外八家各私百畝內外之經界必明八家同出力以養公田公田之事既畢然後敢治私田之事若此者所以別野人之分使知養君子之義也

井田之制如此

此其大略也若夫潤澤之則在君與子矣此字啇承上一節言

井地之法諸侯皆去其籍此特其大略而已潤澤謂因時制宜使合於人情宜於土俗而不失乎先王之意也

然此特其大略也顧時世之變遷不同土地之肥磽不一或宜於古而不宜於今或利於此而不利於彼又有不可以拘泥者若夫斟酌變通潤而澤之使合於人情宜於土俗而不失乎古先王經國爲民之意則在滕君臣持於上

許行章

首節　問許行爲神農之言而有君臣並耕市價不二之說何耶朱子曰程子之言盡矣然以易考之二者皆神農之所爲也當時民淳事簡容或有如許行之說者及乎事變風移至於唐虞之際則雖神農復生亦當隨時以立政而不容固守其舊矣況許行之妄乃欲以是而行於戰國之世乎

陳新安曰後世小道必推古聖賢爲宗以求取信於世故也

吾子協贊於下各盡其責而已子其勉之

許行章全旨　此章見孟子闢異端以衛正道首二節是許行陳相欲陰壞孟子之法自許子必種以下至亦不用於耕耶是闢許行並耕之非自吾聞用夏以下至不善變矣是責陳相倍師之失自從許子至末是闢許行齊價之非要之雖有三段意然倍師之失是因從許子並耕來齊價又因責其倍師窮而發之總重前一段上許行託神農之言以肆其不經之說孟子援堯舜之事以明治天下之大道是此章斷案

有爲神農之言者許行自楚之滕踵門而告文公曰遠方之人聞君行仁政願受一廛而爲氓文公與之處其徒數十人皆衣褐捆屨織席以爲食

神農炎帝神農氏始爲耒耜教民稼穡者也爲其言者史遷所謂農家者流也許姓行名也踵門足至門也仁政上

陳良節　王觀濤曰陳相歸滕。却是誠心。但不合後來學許行耳。敘陳相與其弟辛伏後兄弟倍師一段罪案。

章所言井地之法也廛民所居也氓野人之稱褐毛布賤者之服也捆扣椓之欲其堅也以爲食賣以供食也程子曰許行所謂神農之言乃後世稱述上古之事失其義理者耳猶陰陽醫方稱黃帝之說也

昔滕文公因孟子之言將行井田之法。乃有託爲神農之言者曰許行。自楚而之滕踵文公之門而告之曰吾遠方之人。聞君將分田制祿而行仁政願受一廛之居而得爲君之氓。以沾仁政之澤也文公因與之居處但見其徒有數十人所衣者皆褐。相與捆屨織席以供飲食蓋以人必自食其力而後云可也此亦可以見其微意之所在矣

陳良之徒陳相與其弟辛負耒耜而自宋之滕曰聞君行聖人之政是亦聖人也願爲聖人氓

陳良楚之儒者耜所以起土耒其柄也

陳相節　大悅悅字與下文悅周公仲尼之道相關

又有楚儒陳良之徒曰陳相者與其弟辛躬負耒耜而自宋以之滕告於文公曰聞君行三代聖人之政是亦今之聖人也願受田而耕爲聖人之氓焉相本學於陳良不爲出疆而舍其耒耜耳非若許行欲售其邪說也

陳相見許行而大悅盡棄其學而學焉陳相見孟子道許行之言曰滕君則誠賢君也雖然未聞道也賢者與民並耕而食饔飧而治今也滕有倉廩府庫則是厲民而以自養也惡得賢

饔飧熟食也朝曰饔夕曰飧言當自炊爨以爲食而兼治民事也厲病也許行此言蓋欲陰壞孟子分別君子野人之法

天下邪說易以惑人陳相一見許行而大悅盡棄其所學於陳良者而學之焉陳相既學其道乃見孟子稱述許行

許子節　蒙引曰許子必種粟而後食乎曰然此決知其然者以起下句之難耳曰否許子衣褐陳相未以衣褐逃孟子之駁也孟子姑就之續以許子冠乎曰冠又曰奚冠恐其如衣褐之說彼則曰冠素乃布爲之者也即曰自織之與至此則陳相無逃處矣曰否以粟易之則已自爲孟子闢之之地矣又曰害於耕則盡之矣此是以折之矣然孟子欲多探其邪遁之辭以爲折服開悟之地故不即闢之而又曰許子以釜甑爨以鐵耕乎彼則又曰然又曰以粟易之然後曰以粟易械器者不爲厲陶冶云云人但見孟子之多其詞說而不知此法即省了許多詞說也不然彼之邪

之言曰滕君有志復古以行仁政則誠所謂賢君也雖然猶未聞古聖人之大道也彼賢君必與民並耕而供已之食朝饔夕飧而理治民之事不自爲尊大以勞民也今也滕有倉廩與府庫此皆取之於民者也則是害其民而以自安養也惡得謂之賢哉許行此言蓋欲陰壞孟子分別君子野人之法也

孟子曰許子必種粟而後食乎曰然許子必織布而後衣乎曰否許子衣褐許子冠乎曰冠曰奚冠曰冠素曰自織之與曰否以粟易之曰許子奚爲不自織曰害於耕曰許子以釜甑爨以鐵耕乎曰然自爲之與曰否以粟易之

釜所以煮甑所以炊爨然火也鐵耜屬也此語八反皆孟子問而陳相對也

孟子不直言人君不能並耕先即其身之所難兼者詰之曰許子必種粟而後食乎對曰然許子之所食信出於自

說蔽錮已深其執拗論辨可遽申其說耶

以粟節　指南曰以粟易械器四句正影着睇君非厲民說此處已折倒他厲字了又不露出來所用且字轉到許子身上以窮並耕之非　先言相易非相厲已足折其厲民之說矣故爲詰難以勾引其不可耕且爲之何以爲力折之地

種之粟也孟子曰有食必有衣許子必織布而後衣乎對曰否許子所衣者褐不必織而衣也孟子曰有衣必有冠許子亦冠乎對曰冠也孟子曰彼以何爲冠對曰冠素孟子曰冠之布自織之與對曰否以所種之粟易之孟子曰許子何爲不自爲織對曰許子以耕爲務若自爲織之則害於耕故不自織也孟子曰彼許子之爨也亦以釜甑其耕也亦用以鐵乎對曰然以器利用猶夫人也孟子曰釜甑與鐵亦自爲之與對曰否以所種之粟易之

以粟易械器者不爲厲陶冶陶冶亦以其械器易粟者豈爲厲農夫哉且許子何不爲陶冶舍皆取諸其宮中而用之何爲紛紛然與百工交易何許子之不憚煩曰百工之事固不可耕且爲也

此孟子言而陳相對也械器釜甑之屬也陶爲甑者冶爲釜鐵者舍止也

然則節　盡了。下文只是申明此義。有大人二句言治與耕是兩事。且一人至路也言小人且不能兼小人之事。況大人而可以兼耕乎。勞心六句側重勞心者治人而食於人。見非厲民而以自養。治天下亦不必耕且爲也。

孟子曰節以許子恐害於耕。以粟易之而論之。是則以己之粟易陶冶之械器者。旣不爲厲陶冶。彼陶冶者亦以其所爲之械器易農夫之粟者。豈爲厲此農夫哉。凡相易而不相厲者有如是矣。且許子何不自爲陶冶。凡百器械止皆取諸其家而用之。豈不甚便。何爲亦紛紛然日以其粟與百工相交易。是何許子之不憚煩勞也。對曰許子耕者也。百工之事固不可旣耕而且兼爲之也。

然則治天下獨可耕且爲與。有大人之事。有小人之事。且一人之身而百工之所爲備。如必自爲而後用之。是率天下而路也。故曰或勞心。或勞力。勞心者治人。勞力者治於人。治於人者食人。治人者食於人。天下之通義也。

此以下皆孟子言也。路謂奔走道路無時休息也。治於人者見治於人也。食人者出賦稅以給公上也。食於人者見食於人也此四句皆古語而孟子引之也君子無小人則饑小人無君子則亂以此相易正猶農夫陶冶以粟易械器相易乃所以相濟而非所以相病也治天下者豈必耕且爲哉

孟子遂因其言而折之曰百工之事既不可耕且爲然則治天下獨可並耕而且爲之與葢治天下者大人之事也耕者小人之事也大人自有大人之事小人自有小人之事職分各别不能相兼且夫一人之身而使百工所爲之事備要使用如必一一自爲而後用之是率天下之人既營此又營彼奔走道路無時休息也夫一身之事且不得有所兼而大人治天下不可兼爲小人之事有斷然矣故古語曰均是人也或爲君子而勞心或爲小人而勞力勞心者須政教以治人勞力者惟聽治於人而已治於人者出賦税以食人治人者惟見食於人而已事如此其相濟分如此而相安此天下通行之義自古及今莫之能易也治天下者豈必耕且爲哉

當堯節　草木暢茂六句皆承洪水二句說下總是言洪水之害也堯獨憂三字正其勞心處

朱子曰決汝漢排淮泗而注之江此但取其字數足以對偶而云耳只是行文之失無大害其爲義理不必曲爲之說也

陳新安曰雖欲耕得乎是點掇耕字以照應獨可耕且爲與句

蒙引曰上言治人者食於人正以見其不暇耕自此以下皆是反覆証明此意本文雖欲耕得乎一句只承禹八年於外說聖人之憂民如此而暇耕乎一句亦只承勞來匡直輔翼五句說似於舜益后稷諸公有欠詞焉然古之文多取意足而已其於辭有不屑屑然者而實足以互見而相發也抑亦多是舉其切而重以該其餘

當堯之時天下猶未平洪水橫流氾濫於天下草木暢茂禽獸繁殖五穀不登禽獸偪人獸蹄鳥跡之道交於中國堯獨憂之舉舜而敷治焉舜使益掌火益烈山澤而焚之禽獸逃匿禹疏九河瀹濟漯而注之海決汝漢排淮泗而注之江然後中國可得而食也當是時也禹八年於外三過其門而不入雖欲耕得乎

天下猶未平者洪荒之世生民之害多矣聖人迭興漸次除治至此尚未盡平也洪大也橫流不由其道而散溢妄行也氾濫橫流之貌暢茂長盛也繁殖衆多也五穀稻黍稷麥菽也登成熟也道路也獸蹄鳥跡交於中國言禽獸

多也敷布也益舜臣名烈熾也禽獸逃匿然後禹得施治水之功疏通也分也九河曰徒駭曰太史曰馬頰曰覆釜曰胡蘇曰簡曰潔曰鉤盤曰鬲津瀹亦疏通之意濟漯二水名決排皆去其壅塞也汝漢淮泗亦皆水名也據禹貢及今水路惟漢水入江耳汝泗則入淮而淮自入海此謂四水皆入於江記者之誤也

試以古大人徵之當堯之時天下猶未平治。蓋其時洪水橫溢妄行氾濫於天下於是草木得水而暢茂禽獸依草木而繁殖五穀由此不能成熟禽獸且偪人爲害獸蹄鳥跡之路交錯於中國焉天下之未平如此堯爲天子獨以是爲憂然不能自爲也乃舉舜爲相而使治焉舜先使益掌火益以火熾烈於山林藪澤而焚之使禽獸失所依皆逃匿於他所於是禹得施治水之功禹於西北疏九河以分其勢又疏通濟水漯水而九河皆注入於海於東南則

后稷節　說文曰種曰稼斂曰穡。

朱公遷曰此人倫以道言指其異於禽獸者。明君子當全天命之性以自別於禽獸也。憂其近於禽獸者見聖人必明修道之教以別人於禽獸也。

蒯氏曰勞者勞之來者來之所以安其生也。邪者正之枉者直之所以正其德也。輔以立之翼以行之所以助其行也。自得謂自得其性也。振謂提撕警省也。此乃大學新民之功也。

陳新安曰聖人之憂民如此而暇耕乎是再提掇耕字。以照應獨可耕且爲與一句。

顧麟士曰按達說云常說多把聖人之憂民如此總承上數個聖人誤矣。況雖欲耕得乎已斷一下了。如何承上去。使契爲司徒使是舜使之但聖人之憂民如此句緊

決汝亦漢水排淮水泗水使之皆注入於江水有所歸則不至氾濫而地可耕然後中國之人民可得而粒食也當是時也禹勤事於外凡八年八年之內三過其家門而不入禹之汲汲於治水如此雖欲並耕其可得乎。

后稷教民稼穡樹藝五穀五穀熟而民人育人之有道也飽食煖衣逸居而無教則近於禽獸聖人有憂之使契爲司徒教以人倫父子有親君臣有義夫婦有別長幼有序朋友有信放勳曰勞之來之匡之直之輔之翼之使自得之又從而振德之聖人之憂民如此而暇耕乎

言水土平然後得以教稼穡衣食足然後得以施教化后稷官名棄爲之然言教民則亦非並耕矣樹亦種也藝殖也契亦舜臣名也司徒官名也人之有道言其皆有秉彝

承放勲之命則自當指堯說而聖人有憂句又與聖人之憂民何呼應不應獨判前一聖人爲指舜則說者亦須大意照本文各以聖人字還之而不必紛紛其說口但堯非舜後堯前舜兼堯根舜尤佳也

愚按照下堯以不得二句則此節兩聖人自當兼堯舜說但明說尚在下文或只渾還他聖人二字亦無不可

之性也然無教則亦放逸怠惰而失之故聖人設官而教以人倫亦因其固有者而道之耳書曰天敘有典勑我五典五惇哉此之謂也放勲本史臣贊堯之辭孟子因以爲堯號也德猶惠也堯言勞者勞之來者來之邪者正之枉者直之輔以立之翼以行之使自得其性矣又從而提撕警覺以加惠焉不使其放逸怠惰而或失之蓋命契之辭也

水土既平由是使后稷教民稼穡之事以補植五穀五穀成熟而人民乃相生相養既免於阻饑矣然人之有秉彝之道也使飽食煖衣既遂其生乃逸居而無以教之則不知由其道而近於禽獸聖人則又有憂之使契爲司徒之官教民以人倫夫父慈子孝而有親君令臣共而有義夫外婦內而有別長先幼後而有序朋友之交而有信此五

堯以節　上二條言聖人憂民之事備矣此則承言聖人之憂民如此非事事而憂之也惟先憂其大者耳以不得人為己憂即是以天下不治為己憂故見其憂之大而與農夫之所憂相反　上言堯舉舜舜舉禹使有得人意了但重在急於為治而不暇耕未及顯言至此方申言之以發其意堯不得舜則無以敘百揆命羣臣舜不得禹皋陶則無以除民害正民行既得其人則堯舜所以憂民者一一付之舜禹皋陶矣

者皆人所固有之倫而司徒之所以為教也乃放勳又誥戒之曰民之用力於人倫而勞者獎勸以勞之民之歸向於人倫而來者誘掖以來之立心將乎人倫而邪者糾其情以匡之所行戾乎人倫而枉者矯其偏以直之柔而不能立於人倫之中者輔之以立怠而不能行乎人倫之道者翼之以行凡此皆使之自得其性之所固有也既自得其性矣又從而提撕警覺以加德惠焉不可使之放逸怠惰而或失之也聖人之命官教民叮嚀煩悉其憂民之切如此而何暇於並耕乎

堯以不得舜為己憂舜以不得禹皋陶為己憂夫以百畝之不易為己憂者農夫也

易治也堯舜之憂民非事事而憂之也急先務而已所以憂民者其大如此則不惟不暇耕而亦不必耕矣

且以堯之舉舜舜之分任諸臣觀之是堯之所急者在於擇相惟以不得舜為己憂舜之所急者在於任人惟以不

聖人之勞於求賢如此則其所憂乃知人之要務而未嘗屑屑於其小也。

分人節　此節不是解說所以憂不得人之故只是承上文而推言之言堯舜以不得人爲已憂則爲天下得人而仁覆天下矣爲天下得人難非責重之辭乃贊嘆之辭隱然見堯舜勞心得人爲千古所難及故又引孔子之言云云。

愚按分人以財三句平說是故二句方轉出易難於難處見當憂與憂之大時講於爲天下處即切憂字意且以憂發心之仁者皆誤。

得禹皋陶爲已憂若夫以百畝之不治爲已憂者農夫小人之事也豈堯舜之所憂哉

分人以財謂之惠教人以善謂之忠爲天下得人者謂之仁是故以天下與人易爲天下得人難

分人以財小惠而已教人以善雖有愛民之實然其所及亦有限而難久惟君堯之得舜舜之得禹皋陶乃所謂爲天下得人者而其恩惠廣大教化無窮矣此其所以爲仁也

堯舜以不得人爲已憂此其心爲何心其事爲何事。今夫分人以財者利及於人謂之曰惠教人以善者心乎愛人謂之曰忠爲天下之不治得人以治之者恩惠及於無外教化施於無窮則謂之曰仁夫仁覆天下而係於得人如此是故以天下與人不過釋其擔負猶爲易事爲天下得人者擇之至慎任之至流徬得勞瘁不能一日安其事最

孔子節　陳新安曰亦不用於耕耳至此三提耕字以照應收結獨可耕且爲與一節不特辨闢明白痛快文法亦照顧得好以上已辨倒許行之說下文乃責陳相也

按豈無所用其心哉虛說其用心於得人意隱然在亦不用於耕內

劉上玉曰不得暇耕猶以事勢言不用於耕直以事理言此三句正解所謂但勞心治人自爲大人之事也

爲極難然則堯舜之所爲豈人所能及哉

孔子曰大哉堯之爲君也惟天爲大惟堯則之蕩蕩乎民無能名焉君哉舜也巍巍乎有天下而不與焉堯舜之治天下豈無所用其心哉亦不用於耕耳

則法也蕩蕩廣大之貌君哉言盡君道也巍巍高大之貌不與猶言不相關言其不以位爲樂也

嘗觀諸孔子之贊堯舜矣其曰大哉堯之爲君夫莫過於天而惟堯實則之蕩蕩乎德之廣遠民無得而名之焉又曰君哉舜也巍巍乎以匹夫有天下乃不以位爲樂而不與焉夫堯舜之治天下一則合天而極於難名一則不與而克盡君道豈無所用其心哉但憂在得人以圖治而不用憂勞於耕耳然則古之聖主賢臣孰有與民並耕而爲治者哉甚矣許行之妄也

吾聞節　責陳相倍師止闢許行之不可學並耕之說不可從只一意然語意只重責陳相上說良之賢正以見相之不可倍耳到昔者孔子二節方說出學許行之非勿預將變於夷結斷方不凌犯不善變句

吾聞用夏變夷者未聞變於夷者也陳良楚產也悅周公仲尼之道北學於中國北方之學者未能或之先也彼所謂豪傑之士也子之兄弟事之數十年師死而遂倍之

此以下責陳相倍師而學許行也夏諸夏禮義之教也變夷變化蠻夷之人也變於夷反見變化於蠻夷之人也產生也陳良生於楚在中國之南故北遊而學於中國也先過也豪傑才德出衆之稱言其能自拔於流俗也倍與背同言陳良用夏變夷陳相變於夷也

予乃稱述許行亦與乎吾所聞矣吾聞有用中夏之教以變蠻夷之俗而自歸於正者未聞有學於中國而反變於夷者也陳良楚地所生產也仰周公仲尼之道而悅慕之乃北遊而學於中國北方之學者未能或之居其先也彼

昔者節　濯以江漢無一毫汙濁也暴以秋
陽無一毫障翳也皜皜乎不可尚已承上
二句一氣說總是假借形容之詞不作譬
喻說

乃所謂拔出流俗豪傑之士也子之兄弟事之
數十年師死而一旦遂倍之盡棄其學是何心哉
昔者孔子沒三年之外門人治任將歸入揖於子貢相嚮而
哭皆失聲然後歸子貢反築室於場獨居三年然後歸他日
子夏子張子游以有若似聖人欲以所事孔子事之彊曾子
曾子曰不可江漢以濯之秋陽以暴之皜皜乎不可尚已
三年古者為師心喪三年若喪父而無服也任擔也場冢
上之壇場也有若似聖人蓋其言行氣象有似之者如檀
弓所記子游謂有若之言似夫子之類是也所事孔子所
以事夫子之禮也江漢水多言濯之潔也秋日燥烈言暴
之乾也皜皜潔白貌尚加也言夫子道德明著光輝潔白

今也節　衆引曰，非字，不訓詆毀。曾子不事似聖之有若，陳相乃事非聖之許行，故曰異於曾子。

非有若所能彷彿也

子亦知孔子弟子之尊師者乎？昔者孔子既沒，門人在魯，皆服心喪三年。三年之外，各治行擔，將散而歸，時以子貢主喪事，入揖辭之，彼此相嚮而哭，皆至失聲，然後以歸。門人追慕其師有如此。子貢猶未忍遽去，又反而築室於壇場之上，獨居三年，然後乃歸。子貢追慕其師之至有如此。至他日子夏、子張、子游以有若言行氣象有似聖人者，欲以所事孔子之禮事之，以寄其思慕之念，彊曾子。曾子曰：不可。師重道德，不重形似。我夫子之道德，殆濯以江漢之流，暴以秋陽之烈，潔淨純粹，皜皜乎不可得而加，豈有若所能彷彿哉。曾子之尊信其師而不忍倍，更有如此者。

今也南蠻鴃舌之人，非先王之道，子倍子之師而學之，亦異於曾子矣

鴃博勞也，惡聲之鳥。南蠻之聲似之，指許行也

夫有若雖不及聖人，而猶有似於聖人，曾子尚不肯以事師者事之。今也許行乃南蠻鴃舌之人，所學非先王之道，

吾聞二節　此承上文而言倍師而學許行是下喬木而入幽谷正所謂變於夷者也下遂引詩以斷其變之非兩節一串說下

與子師陳良之學。正相反也。子倍子之師而學之。亦大異乎曾子矣。

吾聞出於幽谷遷于喬木者未聞下喬木而入於幽谷者

小雅伐木之詩云伐木丁丁鳥鳴嚶嚶出自幽谷遷于喬木

吾聞出於幽谷之鳥。遷於喬木之高者。未聞反下喬木。而入於幽谷者。故夫君子之擇術。猶鳥之擇巢。安審所從也

魯頌曰戎狄是膺荆舒是懲周公方且膺之子是之學亦爲不善變矣

魯頌閟宮之篇也膺擊也荆楚本號也舒國名近楚者也懲艾也按今此詩爲僖公之頌而孟子以周公言之亦斷章取義也

從許子節　饒雙峯曰長短以丈尺言輕重以權衡言多寡以斗斛言皆是比而同之與並耕相似便是齊物剖斗析衡而民不爭之說也

魯頌閟宮之篇曰於戎狄則膺而擊之於荆舒則伐而懲之許行戎狄之人周公方且膺之子乃從之而學亦謂下喬木而入幽谷反見變於夷者也亦變之不善者矣

從許子之道則市賈不貳國中無僞雖使五尺之童適市莫之或欺布帛長短同則賈相若麻縷絲絮輕重同則賈相若五穀多寡同則賈相若屨大小同則賈相若

陳相又言許子之道如此蓋神農始爲市井故許行又託於神農而有是說也五尺之童言幼小無知也許行欲使市中所粥之物皆不論精粗美惡但以長短輕重多寡大小爲價也

陳相又告孟子曰許子並耕之說雖不可爲然其言亦有可取者從許子之道則市物皆有定價而無貴賤之分國

末節　陳新安曰情實也自然之理即所謂物之實理也

愚按巨屨小屨同價與上屨大小同則價相若不同上言大者與大者同價小者與小者同價此是以大喻精以小喻粗因上文借一件為喻蓋因明以通其蔽也

中之人無所用其詐偽雖使五尺之童幼小無知者適市亦無有增減賈值以欺之者矣如布與帛但丈尺長短同則賈亦相若麻與縷絲與絮但觔兩輕重同則賈亦相若五穀斗石多寡同則賈亦相若屨惟尺寸大小同則賈亦相若市無二價則人無欺偽此返樸還淳之道是亦有可從者也

曰夫物之不齊物之情也或相倍蓰或相什伯或相千萬子比而同之是亂天下也巨屨小屨同賈人豈為之哉從許子之道相率而為偽者也惡能治國家

倍一倍也蓰五倍也什伯千萬皆倍數也比次也孟子言物之不齊乃其自然之理其有精粗猶其有大小也若大屨小屨同價則人豈肯為其大者哉今不論精粗使之同價是使天下之人皆不肯為其精者而競為濫惡之物以

墨者章
胡雲峰曰、許行與民並耕之說是以其君下
同於庶民。墨子兼愛之說是欲以其親泛
同於衆人。皆非聖人之道而自爲一端此
孟子所以深闢之也。
首次二節　問夷之請見而孟子終不見之
何也朱子曰、孟子雖以闢邪說爲已任。然
不過講明其說。使之當世使聞者有以發
悟於心而自得之耳。固不輕接其人。交口

相欺耳。
孟子曰夫萬物好醜異質。精粗異功。其不齊同。乃物之情
實也。極其不齊之致。或相去倍蓰。或相去什伯。甚之或相
去千萬。子欲盡比而同之。使無二賈。是使天下爭亂之道
也。彼物有精粗。猶屨有巨小也。設使巨屨與小屨同賈人
豈爲其巨者哉。若精者與粗者同賈人又豈肯爲其精者
哉。從乎許子之道。是率天下競爲濫惡之物以相欺。乃教
人爲僞者耳。安能治國家。許
子之道。固無一可從者也。

墨者章全旨　此章闢異端以衛正道。首節因徐子求見而託
疾以覘其誠。二節舉厚葬其親反擊之。以動其
心。三節因愛無差等之說。而斥其二本以明正之。四節又
自其厚葬之本心痛言以感動之。末節乃夷子自悟其失
而得其
本也。

墨者夷之因徐辟而求見孟子。孟子曰吾固願見。今吾尚病
病愈我且往見夷子不來

鼓然以為吾道之異也。譬如蠻夷賊寇之害聖人固欲去之然豈肯披甲執兵而親與之角哉。

墨者治墨翟之道者夷姓之名徐辟孟子弟子孟子稱疾疑亦託辭以觀其意之誠否

有為墨翟之道者曰夷之因徐辟而求見孟子。此亦反正之一機也孟子曰吾固願見夷子奈吾今尚病俟病愈吾且往見之。夷子不必來也。蓋託辭以觀其意之誠否耳。

他日又求見孟子孟子曰吾今則可以見矣不直則道不見我且直之吾聞夷子墨者墨之治喪也以薄為其道也夷子思以易天下豈以為非是而不貴也然而夷子葬其親厚則是以所賤事親也

又求見則其意已誠矣故因徐辟以質之如此直盡言以相正也莊子曰墨子生不歌死無服桐棺三寸而無槨是

三節　輔慶源曰、夷子蓋以儒者若保赤子。是愛他人子、如愛我之赤子。有似於墨子、愛無差等之説。故謂其欲引儒家入墨教中去、
陳新安曰。之文曰、墨氏兼愛之學。愛其親與愛外人無差等之殊、但施則自親始耳。施由親始一句。彷彿竊取儒家立愛自親始之意。是推墨氏而依附於儒家也。

墨之治喪以薄爲其道也。易天下謂移易天下之風俗也。夷子學於墨氏而不從其教。其心必有所不安者。故孟子因以詰之。

他日夷子又求見孟子。孟子曰、吾今則可以見矣。但夷子來意。爲吾道也。若不盡言相正、則吾儒之道不明。我且未見。而先直之。吾聞夷子乃墨者。墨之治喪也、以薄爲其道者也。夷子思以其道移易天下之風俗。豈以爲非是而不貴之哉。既以薄爲貴、則心以厚爲賤。然而夷子所以葬其親者厚、則是以所賤之道事其親也。是何心哉。

徐子以告夷子。夷子曰、儒者之道、古之人若保赤子、此言何謂也。之則以爲愛無差等、施由親始。徐子以告孟子。孟子曰、夫夷子信以爲人之親其兄之子爲若親其鄰之赤子乎。彼有取爾也。赤子匍匐將入井、非赤子之罪也。且天之生物也

訶夷子既知愛無差等便當一親疎今却曰施由親始是又將親疎對待而言豈非吾之愛又有差等之殊哉其辭牴牾信乎其遁而窮矣朱子曰夷子所說愛無差等是其大病其言施由親始雖若粗有差別然亦施此無差等之愛耳故孟子但責其二本而不論其下句之自相矛盾也夷子所以卒能感動而自知其非蓋因下文極言非爲人泚之心有以切中其病耳此是緊要處當著眼目

說約曰夷子信以爲至非赤子之罪也先辨儒無兼愛之說且天之生物至二本故也方正愛無差等之誤既辨儒無兼愛之說則不得援儒入墨也復正愛無差等之誤亦不得推墨附儒也

使之一本而夷子二本故也

若保赤子周書康誥篇文此儒者之言也夷子引之蓋欲援儒而入於墨以拒孟子之非已又曰愛無差等施由親始則推墨而附於儒以釋已所以厚葬其親之意皆所謂遁辭也孟子言人之愛其兄子與鄰之子本有差等書之取譬本爲小民無知而犯法如赤子無知而入井耳且人物之生必各本於父母而無二乃自然之理若天使之然也故其愛由此立而推以及人自有差等今如夷子之言則是視其父母本無異於路人但其施之之序姑自此始耳非二本而何哉然其於先後之間猶知所擇則又其本

四節一輔氏曰此又孟子略其遁辭而耑以其良心之發有不容已處滲明夫惟一本

心之明有終不得而息者此其所以卒能受命而自覺其非也

徐子以孟子之言告夷子夷子曰夫子以吾兼愛爲非是也然儒者之道如康誥所言古之人保民若保赤子此言何謂也毋乃儒者亦兼愛乎之則以爲愛無親疏厚薄之等但其施必由親始於此安補從厚此吾所以厚葬其親也豈以所賤事親哉徐子以夷子之言告孟子孟子曰夫夷子認康誥之言眞以爲人之愛其兄之子若愛其鄰之赤子無所分別乎彼書之言若保赤子蓋有所取義云爾也以爲小民無知而犯法非故犯之罪猶赤子匍匐將入於井出於無知非赤子之罪也故保民當如保赤子其犯法必當哀矜非謂愛其兄之子眞若鄰之赤子也謂儒者之道亦兼愛不亦謬乎且天之生物也只有一個父母使之一本今夷子愛無差等待其親如路人待路人如其親則是有二本故也豈人理哉

蓋上世嘗有不葬其親者其親死則舉而委之於壑他日過

皆其於親之喪哀痛迫切非他人之所可得同者而因以見先王所制葬埋之禮必誠必信勿之有悔者固皆自然之理而墨子一本薄葬之說爲杜撰妄作而不可行也

之狐狸食之蠅蚋姑嘬之其顙有泚睨而不視夫泚也非爲人泚中心達於面目蓋歸反虆梩而掩之掩之誠是也則孝子仁人之掩其親亦必有道矣

因夷子厚葬其親而言此以發明一本之意上世謂太古也委棄也壑山水所趨也蚋蚊屬姑語助聲或曰螻蛄也嘬攢共食之也顙額也泚泚然汗出之貌睨邪視也視正視也不能不視而又不忍正視哀痛迫切不能爲心之甚也非爲人泚言非謂他人見之而然也所謂一本者於此見之尤爲親切蓋惟至親故如此在他人則雖有不忍之心而其哀痛迫切不至若此之甚矣反覆也虆土籠也梩

末節　朱子曰之字夷子名
胡雲峰曰夷子之學墨非也而葬其親厚此
一厚字猶見夷子行得是處愛無差等施
由親始夷子所言非也然此一始字猶是

土虆梩也於是歸而掩覆其親之尸此葬埋之禮所由起也此掩其親者若所當然則孝子仁人所以掩其親者必有其道而不以薄為貴矣

夫夷子倡二本矣而其厚葬之心則一本之發也試以往古之事明之蓋上世喪禮未制之先嘗有不葬其親者其親死則舉而棄之於壑他日經過其處但見狐狸食其肉蠅蚋且嘬其膚於是頭額之間泚然汗出但邪視而不忍正視是泚也非為他人見之有所愧怖而然也蓋其哀痛之至由中心達於面目而不自禁也於是歸取虆梩以舂土掩其屍為此掩其親者若誠是也則孝子仁人之所以掩其親亦必有不容已之道而不以薄為貴矣然則夷子之厚葬其親非本心之良而一本之眞情所自見也乃執其愛無差等之說何耶

徐子以告夷子夷子憮然為閒曰命之矣

憮然茫然自失之貌為閒者有頃之間也命猶教也言孟

夷子說得是處所以可因其本心之明而教之也。

子已教我矣蓋因其本心之明以攻其所學之蔽是以吾之言易入而彼之惑易解也。

徐子又以告夷子夷子聞之憮然自失。及少頃乃曰夫子雖未見我已教我矣夷子之初迷惑而終感悟如此亦孟子闢邪說而衞道之一効也。

四書述朱卷之十八終

大全諸說合參

陳代章

首節　張南軒曰謂屈己事小以王霸爲大此

自春秋以來風俗習於霸者計較功利之

四書述朱卷之十九

婺江黃昌衢康諸彙編　弟　昌衍晉蕃

錫山張履升荆南參訂　昌修庭獻　全校

孟子

滕文公章句下 凡十章

陳代章全旨　此章見君子不可枉道之義首節截下分三段齊景公節明不可枉見之意破尒一見之句且夫枉尺至末節何也言利之不可徇破枉尺直尋二句自子過矣兩句又言枉尺無直尋之理皆所以明不枉見之意三段只一義

陳代曰不見諸侯宜若小然今一見之大則以王小則以霸

說而有是言。

次節　朱子曰不忘二字只活句須向這裏參取若果識得此意辨得此心則無入而不自得而彼之權勢威力亦皆無所施矣

說約曰不待招而往比非其招而往其失遠甚以此明不見諸侯之故既悉矣下文是正其枉尺直尋句反覆只此兩句

且志曰枉尺而直尋宜若可爲也

陳代孟子弟子也小謂小節也枉屈也直伸也八尺曰尋枉尺直尋猶屈已一見諸侯而可以致王霸所屈者小所伸者大也

孟子抱道自重不枉見諸侯陳代問曰君子不見諸侯固守身之常法以代觀之宜若小節然不必拘也今但一往而見之得行其道大則爲伊爲周而以其君王小則爲管爲晏而以其君霸得志建功將在於此且志曰枉僅尺而直則尋此屈小而伸大也即志之言觀之以一見之小屈成霸王之大伸宜若君子之所可爲也

孟子曰昔齊景公田招虞人以旌不至將殺之志士不忘在溝壑勇士不忘喪其元孔子奚取焉取非其招不往也如不待其招而往何哉

田獵也虞人守苑囿之吏也招大夫以旌招虞人以皮冠元首也志士固窮常念死無棺椁棄溝壑而不恨勇士輕生常念戰鬭而死喪其首而不顧也此二句乃孔子歎美虞人之言夫虞人招之不以其物尚守死而不往况君子豈可不待其招而自往見之邪此以上告之以不可枉見之意

孟子曰我非不欲得君行道但揆之於義不當往耳昔齊景公田獵虞人當有職事使人持旌以招之虞人不至景公將殺之孔子美之曰有志之士常念死於溝壑而不恨有勇之士常念戰喪其元而不顧虞人可謂志士勇士矣夫孔子何取於虞人而美之若是哉取非其所招之皮冠而守死不往也如並不待諸侯之招而先自往見則屈已甚矣如之何其可爲哉

三節　尹氏曰有枉尺而直尋之心則亦必至於枉尋而直尺矣

此節提出一利字見枉尺直尋之不可爲如以利以下甚言其必不可爲益反其言以詰之非因徇利之心而究其末流之弊也

四節　饒氏曰前引虞人明不可往見之意後引王良明不可枉尺直尋之意　又曰詭遇是詭道以遇禽獸射者不能迎而射之而御者以詭遇則得中非射者之能乃御者之力也

正解曰詳玩想是簡子使人謂之吾爲範

且夫枉尺而直尋者以利言也如以利則枉尋直尺而利亦可爲與

此以下正其所稱枉尺直尋之非夫所謂枉小而所伸者大則爲之者計其利耳一有計利之心則雖枉多伸少而有利亦將爲之邪甚言其不可也

且夫所謂枉尺而直尋者爲所失少而所得多此以利較量而言也君子論義而不論利如以利則使枉尋直尺盡喪其所守之節而得纖微之利焉亦將不顧義而可爲之與吾知其必有所不可也已

昔者趙簡子使王良與嬖奚乘終日而不獲一禽嬖奚反命曰天下之賤工也或以告王良良曰請復之彊而後可一朝而獲十禽嬖奚反命曰天下之良工也簡子曰我使掌與女

我馳驅𡚁不貫與小人乘，似不是與簡子對面語。

乘。謂王良。良不可，曰：吾爲之範我馳驅，終日不獲一；爲之詭遇，一朝而獲十。詩云：不失其馳，舍矢如破。我不貫與小人乘，請辭。

趙簡子，晉大夫趙鞅也。王良，善御者也。嬖奚，簡子倖臣。與之乘，爲之御也。復之，再乘也。彊而後可，嬖奚不肯，彊之而後肯也。一朝，自晨至食時也。掌，專主也。範，法度也。詭遇，不正而與禽遇也。言奚不善射，以法馳驅則不獲，廢法詭遇而後中也。詩小雅車攻之篇。言御者不失其馳驅之法，而射者發矢皆中而力。今嬖奚不能也。貫，習也。

昔者趙簡子使王良爲嬖奚御車而田獵，乃終日而不得一禽。嬖奚反命於簡子曰：此天下不善御之賤工也。或以

求節　張南軒曰事無巨細莫不有利義之
兩端存焉比而得禽獸雖若丘陵弗爲
也學者要當立此志而後可以守身
陳新安曰陳代以不見諸侯爲小節殊不知
自君子觀之守孰爲大守身爲大枉已從
人失身莫大焉不可以爲所屈者小也枉
已卽是枉道枉道決不能行道所關之大
如此而可視爲小節乎　又曰楊雄謂孔
子見陽貨爲詘身以伸道龜山謂雄非知
孔子者道外無身身外無道身詘矣而可

其言告之王良良曰請復爲乘嬖奚不肯彊之而後可乃
一朝之間而獲十禽嬖奚又反命曰此天下善御之良工
也簡子曰既良矣我使之專掌與女乘謂王良良不可曰
始吾於奚也爲之範我法度以馳驅彼乃終日不獲一禽
繼吾廢法而爲之詭道與禽相遇彼一朝而獲十禽非攻
之詩曰御者不失其馳驅之法而射者舍矢卽中有如手
破物之能此射者與御一法相成君子之事也若奚必廢
法倖中小人之事也我平日惟知有法不習貫與小人御
請辭掌
乘之命

御者且羞與射者比比而得禽獸雖若丘陵弗爲也如枉道
而從彼何也且子過矣枉已者未有能直人者也

比阿黨也若丘陵言多也　或曰居今之世出處去就不
必一一中節欲其一一中節則道不得行矣楊氏曰何其
不自重也枉已而能直人乎古之人寧道之不行而不輕

以仲遵吾朱之信也。當即此意以讀孟子此章。

說約曰、天下只有理義利害兩端而已。前所言者理義也。至枉己未有能直人、並利害亦破矣。陳代且交語塞。

鄒東郭曰、人謂枉䇿行事當論是非、不當論利害。某答之曰、天下眞是非便是眞利害。

景春章

其去就。是以孔孟雖在春秋戰國之時、而進必以正、以至終不得行而死也。使不卹其去就而可以行道、孔孟當先爲之矣。孔孟豈不欲道之行哉。

以王良觀之、不過一御者、且羞與射者屈意爲比。推其羞恥之心、使一時阿比而所得之禽獸雖積之若丘陵、亦所勿爲也。其不肯舍義狥利爲枉尺直尋之圖如此。況名爲君子、如枉道而從彼諸侯、以求濟王霸之業、是惟詭遇獲禽之利、而忘阿比之羞、反御者之不若矣。如何其可也。此枉尺直尋、斷乎其不可爲也。且予枉尺直尋之言過矣。君子惟正己方能正人。若枉道以從彼、則已先不直、未有能直人者也。是枉尋而並無尺之直也。奈何以不見諸侯爲小節、欲枉己以爲利哉。

景春章全旨　此章見大丈夫不大於勢而大於性。景春以大丈夫許儀衍、只是羨其權勢氣燄、不知二子俯仰從人、且不足爲丈夫、惡得爲大丈夫。示以丈夫之實、蓋非孟子不足以當之也。

首節　陳新安曰二人皆破六國之從以爲衡者熄如火之熄滅以兵猶火故也

次節　饒雙峯曰儀衍雖使得諸侯惧不過順其欲耳諸侯志在土地二人從而投其所好誘之征伐以得土地不過妾婦之事耳丈夫且不得爲況大丈夫乎

說約曰以順爲正者二句只足上文耳二子阿諛苟容意在言外　二子在此國則彼國惧耳若在本國自未免阿諛苟容　二子阿諛苟容如何爲正道故知以順爲正

景春曰公孫衍張儀豈不誠大丈夫哉一怒而諸侯懼安居而天下熄

景春人姓名公孫衍張儀皆魏人怒則說諸侯使相攻伐故諸侯懼也

景春曰吾觀當世之士若公孫衍張儀二子豈不誠爲大丈夫哉彼一怒則構動大國之兵而諸侯弱小者皆恐懼彼安居無事則解列國之難而天下安熄以一人之喜怒係一世之安危氣燄如此非大丈夫而何

孟子曰是焉得爲大丈夫乎子未學禮乎丈夫之冠也父命之女子之嫁也母命之往送之門戒之曰往之女家必敬必戒無違夫子以順爲正者妾婦之道也

加冠於首曰冠女家夫家也婦人內夫家以嫁爲歸也夫

是言眞妾婦也

末節　朱子曰此心廓然無一毫私意直與天地同量這便是居天下之廣居便是居仁到得自家立身更無些子不當於理這便是立天下之正位便是立於禮及推而見於事更無些子不合於義這便是行天下之大道便是由義。謂與民共由此仁禮義也道即仁禮義之道

趙氏曰富貴則未得欲從故易至蕩其心貧

子夫也女子從人以順爲正道也蓋言二子阿諛苟容竊取權勢乃妾婦順從之道耳非丈夫之事也

書外推原

孟子曰是一怒安居之爲何得爲大丈夫乎子未嘗學禮乎在禮丈夫之冠也父醮而訓之女子之嫁也母亦醮而訓之嫁時必往而送之於門戒之曰此去往之女家必敬而恭恪戒而謹畏無違爾夫子之命禮言如此可見以順從爲正者乃妾婦之道所當然也今二子雖聲勢權力震耀一時其有所喜怒皆揣摩諸侯之欲惡而順從之乃妾婦者流耳且不可爲丈夫況大丈夫乎

居天下之廣居立天下之正位行天下之大道得志與民由之不得志獨行其道富貴不能淫貧賤不能移威武不能屈此之謂大丈夫

廣居仁也正位禮也大道義也與民由之推其所得於人

然則枯約處困故易至變其節遇威武又易至隕穫震懼故多挫懾其志氣

張南軒曰不能淫不能淫此不能移不能屈不能移此屈此也此者何也廣居正位大道是也蓋得乎己而外物舉不足以貳之也所謂大丈夫者蓋如此

周霄章

也獨行其道守其所得於己也淫蕩其心也移變其節也屈挫其志也　何叔京曰戰國之時聖賢道否天下不復見其德業之盛但見姦巧之徒得志橫行氣燄可畏遂以爲大丈夫不知由君子觀之是乃妾婦之道耳何足道哉

惟有人焉存心則廓然大公而居天下之廣居持身則舉動不苟而立天下之正位處事則事事得宜而行天下之大道得志而用於時則推此三者於人而與民由之不得志而隱居則守此三者於己而獨行其道雖富貴不能蕩其心雖貧賤不能變其節雖威武不能挫其志凡外至之遇皆於此無所加損而莫之能奪也如此之人方仰不愧俯不怍卓然而立於天壤之中此之謂大丈夫儀衍惡足以語此

周霄章全旨　此章重君子不枉道而仕前五節因問而詳君子欲仕之情末節因問而明君子難仕之故重末節上正是周霄諷切孟子與孟子不見諸侯之本意也

首節　皇皇與出疆相連看俱屬孔子言弔指自家憂恤卽下不敢以晏意也　無君但就先有位而後失位言方與下文照

周霄問曰古之君子仕乎孟子曰仕傳曰孔子三月無君則皇皇如也出疆必載質公明儀曰古之人三月無君則弔

周霄魏人無君謂不得仕而事君也皇皇如有求而弗得之意出疆謂失位而去國也質所執以見人者如士則執雉也出疆載之者將以見所適國之君而事之也

孟子不見諸侯周霄諷之曰古之君子亦出而仕乎孟子曰君子志在行道豈得不仕傳曰孔子若三月失位無君則皇皇不寧出疆而之他國必載質而往若所適之國君有用我者則執此以見而事之也又公明儀有言曰古之人但三月無君則人來弔而慰安之卽是而觀已仕而失位者且欲得君而事況未仕者寧不思爲世用乎而君子之仕可知矣

三月無君則弔不以急乎

二三節　饒氏曰三月無君則弔恐爲士先有位後失位者言之畢竟子爲士則祭以士子爲大夫則祭以大夫若常有祭一旦失位而不得祭一年有四時之祭若失位三月便廢一祭故可弔之弔其不得祭非弔其不得君也古人重祭祀故如此不然則如何三月無君便弔

周霄問也以已通太也後章放此

周霄曰三月無君其時未久遂至於相弔則古人之於仕不太急乎

曰士之失位也猶諸侯之失國家也禮曰諸侯耕助以供粢盛夫人蠶繅以爲衣服犧牲不成粢盛不潔衣服不備不敢以祭惟士無田則亦不祭牲殺器皿衣服不備不敢以祭則不敢以宴亦不足弔乎

禮曰諸侯爲藉百畝冕而青紘躬秉耒以耕而庶人助以終畝收而藏之御廩以供宗廟之粢盛使世婦蠶于公桑蠶室奉繭以示于君遂獻于夫人夫人副褘受之繅三盆手遂布于三宮世婦使繅以爲黼黻文章而服以祀先王

先公文曰士有田則祭無田則薦黍稷曰粢在器曰盛牲殺牲必特殺也皿所以覆器者

孟子曰仕所係甚重士之已仕而失位也猶諸侯之失其國家也葢古人重祭祀而祭祀必由於有田祿禮曰諸侯躬耕籍田庶人助之終畝以供祭祀之粢盛夫人親蠶受繭繅絲以爲祭祀之衣服禮言如此使諸侯失國則犧牲不能成粢盛不能潔衣服不能備則不敢以奉其祭祀禮又曰惟士無田祿則亦不祭禮言又如此葢失位無田祿則牲殺器皿衣服皆然不備不敢以祭既不敢祭則無以遂其孝思之心戚戚然不敢以自安夫不得君不足弔以不得祭而不安亦不足弔乎此所以三月無君則弔而非過急於仕也

出疆必載質何也

周霄問也

霄又問曰出疆初失位耳乃必載質而往何也此又未免於急也

四五節　唐士雅曰士之仕也二句亦作兩截正將農之不舍耒耜顯出士之必載質來猶農夫之耕就下句見舊説士之欲仕如農之欲耕誤矣○

末節　存疑曰仕如此其急也君子之難仕何也此方是周霄發問之本意故孟子答之曰古之人未嘗不欲仕也又惡不由其道不由其道而往者與鑽穴隙之類也此君子所以難仕也

曰士之仕也猶農夫之耕也農夫豈爲出疆舍其耒耜哉

孟子曰士之仕也猶農夫之耕也○農之耕必耒耜豈爲出疆而舍棄其耒耜哉○士之仕必執贄以見君豈爲出疆而舍其質禮哉○

曰晉國亦仕國也未嘗聞仕如此其急仕如此其急也君子之難仕何也曰丈夫生而願爲之有室女子生而願爲之有家父母之心人皆有之不待父母之命媒妁之言鑽穴隙相窺踰牆相從則父母國人皆賤之古之人未嘗不欲仕也又惡不由其道不由其道而往者與鑽穴隙之類也

晉國解見首篇仕國謂君子游宦之國霄意以孟子不見諸侯爲難仕故先問古之君子仕否然後言此以諷切之

彭更章

也男以女爲室女以男爲家妁亦媒也言爲父母者非不願其男女之有室家而亦惡其不由道葢君子雖不潔身以亂倫而亦不徇利而忘義也

霄既得君子欲仕之情遂諷曰吾晉國亦君子出仕之國也未聞無君則弔出疆載質求仕如此其急也仕既如此其急宜仕之易矣君子乃不見諸侯而難於仕者何也曰夫仕固有仕之道也如丈夫生而願爲之有女以爲室女子生而願爲之有男以爲家此父母之心人人有之若不待父母婚媾之命媒妁通好之言鑽穴隙以相窺踰垣牆以相從則父母與國人皆賤而惡之矣古之人欲行道以濟時得田祿以奉祭未嘗不欲仕也又惡夫進不以禮不由乎仕之道如不由其道不待諸侯之招而往見之是枉已從人乃鑽穴隙之類也此君子之所以難仕也

彭更章全旨 此章見士之有功當食也首節明傳食之爲道而非泰所以非泰者以士有大功而當食也功在入孝出悌數句四節言食當論功不可論志五節辨其非食志總明士有功則當食之仁義二字最重

首節　正解曰非其道二段側重如其道邊道只當理字看非道如道只是理當受與不當且勿入有功無功意　泰猶云過分傳食續遞祿食也非驛傳之謂

次節　吳蓀右曰無事如下孟註上未爲公卿大夫之事下不爲農工商賈之業正見不以泰乎之意　事字註雖解功字然亦有辨且功字在下方見勿泥作講

彭更問曰後車數十乘從者數百人以傳食於諸侯不以泰乎孟子曰非其道則一簞食不可受於人如其道則舜受堯之天下不以爲泰子以爲泰乎

彭更孟子弟子也泰侈也

彭更問孟子曰今以一介之士而隨行後車有數十乘隨行從者有數百人乘傳而食於諸侯之國不以過於泰侈乎孟子曰君子於世亦視道何如耳非其道之所當得則一簞食之微亦不可妄受於人如其道之所當得則舜受堯之天下不得以爲泰嫌子泰傳食之心將以舜受天下之大爲泰乎

曰否士無事而食不可也

言不以舜爲泰但爲今之士無功而食人之食則不可也

彭更曰否吾不以舜爲泰也但以士於人國無所事事而晏然食其食爲不可也

三節　東新安曰傳先王之道雖未得行於當時守先王之道乃可以傳之來世此其繼往聖開來學有功於吾道甚大孟子蓋自謂也

趙氏惪曰梓人成器械以利用匠人營宮室以安居輪人作車輪以運行輿人作車輿以利載

曰子不通功易事以羨補不足則農有餘粟女有餘布子如通之則梓匠輪輿皆得食於子於此有人焉入則孝出則悌守先王之道以待後之學者而不得食於子子何尊梓匠輪輿而輕爲仁義者哉

通功易事謂通人之功而交易其事羨餘也有餘言無所貿易而積於無用也梓人匠人木工也輪人輿人車工也

孟子曰士豈無事而不可食哉今使子不通融人之功而交易其事以此之有餘補彼之不足則農但有餘粟女但有餘布皆積於無用矣子如不免於通融則梓人匠人輪人輿人執一藝之末皆得以其事而易子之食矣乃於此邪說橫議之秋有擔當世教之人焉入則盡孝出則盡悌固守先王所傳之道以待後來之學者使有所師法其崇功於世道不特一梓匠輪輿之事也乃反以爲無事而不得食於子何其尊梓匠輪輿而輕爲仁義之士哉

四節　曹雲舉曰更初謂無事而食不可是主於食功者孟子敘出士之大功來遂變其說却以志字抵功字下又曰食志皆所謂遁辭也至然則子非食志也食功也則語塞矣

六節　陳新安曰志可以觀人非所以食人專食志則志貪饕者皆得食矣食功而不審其大小輕重則僅有功於器物者得以加諸有功于吾道者矣

曰梓匠輪輿其志將以求食也君子之爲道也其志亦將以求食與曰子何以其志爲哉其有功於子可食而食之矣且子食志乎食功乎曰食志

孟子言自我而言固不求食自彼而言凡有功者則當食之

彭更曰梓匠輪輿其志將以其事求食也君子之爲仁義之道也其志亦將以此求食與孟子曰子何以君子之志爲哉其有繼往開來之功於子理可以食則稱其功以食之而已矣且子之食人也以其志而食之乎抑以其功而食之乎彭更曰食志因人之所求而食之耳

曰有人於此毀瓦畫墁其志將以求食也則子食之乎曰否

曰然則子非食志也食功也

宋小國章

孟子極言王政之無敵，以破小國之受制於大國。湯行王政，只在弔民二字；武王行仁政，只在取殘二字。講二段便暗照四海之內皆望以爲君，到末節一點破耳。前行王政三句，乃泛論，非竟宋也。

首節滅滕伐薛、敗齊楚魏之兵，似是奮發有爲，欲削平亂略、混一區宇之意，故曰將行仁政，只淺淺在用兵上說。

趙注曰：如之何，問宋當如齊楚何也。

墁，牆壁之飾也。毁瓦畫墁，言無功而有害也。既曰食功，則以士爲無事而食者，真尊梓匠輪輿而輕爲仁義者矣。

孟子曰：設有人於此，毁子之瓦，畫子之墁，無功而有害，但原其志本將以求食也，則子以其志而食之乎？彭更曰：否。孟子曰：若是，則子之食人原不爲志也，食功也。奈何以君子志不求食而遂沒其爲仁義之功哉？

宋小國章全旨 此章見行王政之無敵。湯武行王政而無敵於天下，宋不能行王政而見惡於齊楚。萬章誤認了，故爲他分解。

萬章問曰：宋，小國也，今將行王政，齊楚惡而伐之，則如之何？

萬章，孟子弟子。宋王偃嘗滅滕，伐薛，敗齊楚魏之兵，欲霸天下，疑即此時也。

萬章問曰：夫宋，小國也，今將伐暴安民以行王政，齊楚乃惡而伐之，不知如之何始可行王政而不受制於强大乎？

四書述朱 上孟 卷十七　一　藜照樓

次節　此節輕全爲下文行師張本大意說
誅君弔民見湯之能行王政處

朱子曰書所謂葛伯仇餉若非孟子之言人
孰知其曲折如此哉

孟子曰湯居亳與葛爲鄰葛伯放而不祀湯使人問之曰何爲不祀曰無以供犧牲也湯使遺之牛羊葛伯食之又不以祀湯又使人問之曰何爲不祀曰無以供粢盛也湯使亳衆往爲之耕老弱饋食葛伯率其民要其有酒食黍稻者奪之不授者殺之有童子以黍肉餉殺而奪之書曰葛伯仇餉此之謂也

葛國名伯爵也放而不祀放縱無道不祀先祖也亳衆湯之民其民葛民也授與也餉亦饋也書商書仲虺之誥也仇餉言與餉者爲仇也

孟子曰子以宋小而王政難行乎試以湯觀之湯居亳邑與葛伯爲鄰葛伯放縱無道不祀先祖湯使人問之曰祀

三節　匹夫匹婦，泛指小民，不專指童子父姊。

四節　吳蓀右曰：自湯始至後我，皆書詞。民之望之二句，釋書意。言湯師未至而民望

大典也。何爲不祀？葛伯託言曰：無以供犧牲也。湯使人遺之牛羊以供犧牲。葛伯食之，又不以祀。湯又使人問之曰：犧牲既備，何爲不祀？葛伯又託言曰：無以供粢盛也。湯使亳衆往葛而爲之耕。亳之老弱者饋食以食耕者。葛伯乃率其民要截其所饋，有酒食黍稻者奪之，不肯授者殺之。時有童子以黍肉往餉，葛伯殺而奪之。商書仲虺之誥曰：葛伯仇餉，謂仇視餉耕者，正此殺童子而奪其黍肉之謂也。

爲其殺是童子而征之，四海之內皆曰：非富天下也，爲匹夫匹婦復讎也。

非富天下，言湯之心非以天下爲富而欲得之也。

夫暴虐至殺童子極矣。湯爲其殺是童子而征之，但見四海之內皆信之曰：湯之心非以天下爲富而欲得之也，爲匹夫匹婦被殘虐之禍已極而爲之復讎也。

湯始征，自葛載，十一征而無敵於天下。東面而征，西夷怨；南

之切。歸市六句，是湯師既至而民悅之深。
又引書証民之大悅。
趙氏惪曰、所征十一國按詩商頌韋顧既伐
昆吾夏桀、韋豕韋也、顧國也、昆吾己氏也、三
國黨於桀惡、湯先伐韋顧克之、昆吾夏桀
則同時伐也、據此則曰葛、曰韋、曰顧、曰昆
吾、曰夏桀、又商書云遂伐三朡、凡六伐、餘
無可考、
陳新安曰此湯行王政而王之事也。

五節　其君子以下。倒釋書詞。周之君子。指
將帥言。周之小人。指士卒言。其君子二句。
應匪厥二句。救民二句。應東征二句。取殘
推言武王所以得民之故。大意重救民。取
殘。見武王之能行王政處。

面而征北狄怨曰奚為後我民之望之若大旱之望雨也歸
市者弗止芸者不變誅其君弔其民如時雨降民大悅書曰
徯我后后來其無罰
載亦始也十一征所征十一國也餘已見前篇
湯初征無道之國自葛伯始。自此征十一國而無敵於天
下。東面而征則西夷怨南面而征則北狄怨。怨之者皆曰。
何為不先來征我之國也。故湯師未至民之望其至者不
容少緩若大旱之望雨也。及其既至歸市者亦弗止芸田
者亦不變誅其有罪之君。弔其無罪之民。有如時雨之降
者然。民皆幸其更生歡然大悅焉書曰。待我后后來其無
虐政之罰乎。蓋其大說有如此。此
湯以七十里而行王政於天下也。
有攸不為臣東征綏厥士女匪厥玄黃紹我周王見休惟臣
附于大邑周其君子實玄黃于匪以迎其君子其小人簞食

壺漿以迎其小人救民於水火之中取其殘而已矣

按周書武成篇載武王之言孟子約其文如此然其辭特與今書文不類今姑依此文解之有所不為臣謂助紂為惡而不為周臣者匪與篚同玄黃幣也紹繼也猶言事也言其士女以匪盛玄黃之幣迎武王而事之也商人而曰我周王猶商書所謂我后也休美也言武王能順天休命而事之者皆見休也臣附歸服也孟子又釋其意言商人聞周師之來各以其類相迎者以武王能救民於水火之中取其殘民者誅之而不為暴虐耳君子謂在位之人小人謂細民也

六節　引書只重則取于殘一句所以証上文取其殘之意也于湯有光只是同有休光之意　武取湯子孫之天下而反曰有光蓋湯武同心伐暴有武而湯之心事益白也

陳新安曰此武王行王政而王之事也

湯之後有武王矣周書云有所助紂爲虐而不爲周臣者武王以其爲士女之害於是東征以安厥士女但見士女皆以篚盛厥玄黃之幣而來迎且曰今繼事我周王庶得蒙恩澤而見休美惟執臣子之節附就於大邑周焉當時東征一舉商之君子實玄黃于篚以迎周之君子商之小人簞食壺漿以迎周之小人若此者爲何以武王之師救殷民於水火之中取其殘賊者誅之而已矣

太誓曰我武惟揚侵于之疆則取于殘殺伐用張于湯有光

太誓周書也今書文亦小異言武王威武奮揚侵彼紂之疆界取其殘賊而殺伐之功因以張大比於湯之伐桀又有光焉引此以證上文取其殘之義

太誓之書曰我武王威武奮揚侵于紂之疆界則取其殘民者誅之而殺伐之功用以張大比於湯之伐桀除暴救民又有光焉蓋武王取殘有如此比武王以百里而行王政於天下也

末節　與臻右曰不行王政云爾是直折之辭非逆料也苟行王政以下是因湯武而興論之非望宋之行王政也湯武行王政何曾爭大小齊楚雖大正抹殺他小字

謂戴章

上節是喩下節乃正意相形照應總是言其所以善君者在廣於進賢也不可謂上節主事下節主深

首節　翼註曰說个子欲王之善使知其王未必卽善與王所諸臣未必欲子之善節此一念在今日之大夫中良不易得故特廣其識以成其志有楚大夫節是借教子

不行王政云爾苟行王政四海之內皆舉首而望之欲以爲君齊楚雖大何畏焉

宋實不能行王政後果爲齊所滅王偃走死

塞斷承敢伐之由

今宋惟不行王政徒欲以霸術服人故見惡於大國云爾苟如湯之爲匹夫匹婦復仇武之救民水火而取殘以行王者之政也則四海之內皆舉首而望之欲以宋爲君而有後我之怨玄黃之迎矣齊楚雖大必不能率戴我之民而攻我也又何畏焉

謂戴章全旨　此章見人臣正君當廣進善類首節設喩以起下文兩節中各有一正一反上節重引而置之三句下節重皆辭若州二句末二語正欲其廣進善類以成正君之功也

孟子謂戴不勝曰子欲子之王之善與我明告子有楚大夫於此欲其子之齊語也則使齊人傅諸使楚人傅諸曰使齊

以盼善者之行。

人傅之曰一齊人傅之衆楚人咻之雖日撻而求其齊也不可得矣引而置之莊嶽之閒數年雖日撻而求其楚亦不可得矣

戴不勝宋臣也齊語齊人語也傅教也咻讙也齊齊語也莊嶽齊街里名也楚楚語也此先設辭以曉之也

孟子謂戴不勝曰吾覩子之輔王亦欲其志仁當道以為善與我明告子以善王之道如有楚大夫於此欲其子之舍侏𠌯而為齊語也則使齊人傳之乎使楚人傳之乎戴不勝曰必使楚人傅之孟子曰傅之以齊人誠是矣然一齊人傅之衆楚人於其旁咻之則所聽不嵩積習難變雖日撻之而求其齊語也不可得矣若引其子置之齊莊嶽之閒且歷數年則多聞習熟久與俱化雖日撻之而求其復楚語也亦不可得矣學齊語者必前後左右皆齊人傅子之道固如此矣

次節　張南軒曰。君子之間豈一小人備足以蔽主而敗類。一君子而過衆小人。且不能安其身。如正君何。

胡雲峰曰。此篇言宋事者三章。正好通看。前章謂宋不行王政。後章不能什一去關市之征。見得實不能行王政。此章言小人衆而君子獨。見宋之所以不能行王政也。

不見章

子謂薛居州善士也。使之居於王所。在於王所者長幼卑尊皆薛居州也。王誰與爲不善。在王所者長幼卑尊皆非薛居州也。王誰與爲善。一薛居州獨如宋王何。

居州亦宋臣。言小人衆而君子獨。無以成正君之功。

子謂薛居州立心飭行。誠善士也。多方引進使之居於王所。誠得以人事君之義矣。但王所非一人。使在王所者長而老成、幼而新進、卑而僚采、尊而秉衡、皆薛居州也。則所聞皆善言、所見皆善行。王雖欲爲不善。其誰與之。在王所者長幼卑尊皆非薛居州也。則善言不入於耳、善行不接於目。王雖欲爲善。又誰與之。今子所進者特一居州耳。羣邪在廷。孤忠無與。獨能如宋王何哉。子欲善王。亦博求善類而進之可矣。

不見章全旨　此章明不見諸侯之義。不爲臣不見一句已答過問了。三下節又是轉折說。言雖不爲臣不見。苟君來見之。亦不必拒之也。其如陽貨先來加禮。孔子亦往見之矣。但不可輕以求容。若曾子子路之所訕拙

首節　正解以本爲臣則無官守而不得律以君臣之分故曰重其身而不往見此句正明不見諸侯之義。

次節　士固當守義而不往見國君如二君屈已求見意已誠切聖賢處此必將出見今拒絕之如此則過甚而非義矣。此不重說二子之非見士必遇文侯繆公之君則不見方爲已甚是乃無當乎見者耳

公孫丑問曰不見諸侯何義孟子曰古者不爲臣不見

不爲臣謂未仕於其國者也此不見諸侯之義也

公孫丑問曰士之不見諸侯此何義也孟子曰古之爲士者未委質諸侯而爲臣則不見諸侯此自重之道也

段干木踰垣而辟之泄柳閉門而不内是皆已甚迫斯可以見矣

段干木魏文侯時人泄柳魯繆公時人文侯繆公欲見此二人而二人不肯見之蓋未爲臣也已甚過甚也迫謂求見之切也

古之人若魏有段干木者文侯往見踰垣而辟之魯之泄柳繆公往見閉門而不內此皆守不見之節者也然皆未免太甚如若彼求見誠意迫切斯亦可以出而見之矣

三節　存疑曰孔子瞯亡往拜冤未嘗見曰陽貨先豈得不見者雖然不先其名則欲見之也此處不重瞯亡意只重在往見上陽貨先要看先字若非彼以禮來孔子豈輕身見之哉

彙解曰雖重在往見上然非陽貨先則豈往見仍當歸重不輕見意方合本旨

陽貨欲見孔子而惡無禮大夫有賜於士不得受於其家則往拜其門陽貨瞯孔子之亡也而饋孔子蒸豚孔子亦瞯其亡也而往拜之當是時陽貨先豈得不見

此又引孔子之事以明可見之節也欲見孔子欲召孔子來見己也惡無禮畏人以己爲無禮也受於其家對使人拜受於家也其門大夫之門也瞯窺也陽貨於魯爲大夫孔子爲士故以此物及其不在而饋之欲其來拜而見之也先謂先來加禮也

不觀之孔子乎昔陽貨欲孔子見己而惡人以己爲無禮因禮有云大夫有賜於士士不得受於其家則往拜謝於大夫之門時陽貨僭爲大夫因瞯孔子之亡而饋之以蒸豚欲其來拜而見之也孔子亦瞯陽貨之亡也而往拜之

四書述朱上孟　卷十七　十五　藜照樓

大概往拜則雖未嘗見而於禮則見之矣蓋當是時陽貨先來加禮孔子豈得不往拜而見之哉假如陽貨不以禮先則孔子必不輒身往見也

曾子曰脅肩諂笑病於夏畦子路曰未同而言觀其色赧赧然非由之所知也由是觀之則君子之所養可知已矣

脅肩竦體諂笑強笑皆小人側媚之態也病勞也夏畦夏月治畦之人也言為此者其勞過於夏畦之人也未同而言與人未合而強與之言也赧赧慙而面赤之貌由子路名言非己所知甚惡之之辭也孟子言由此二言觀之則二子之所養可知必不肯不俟其禮之至而輒往見之也

○此章見聖人禮義之中正過之者傷於迫切而不洪不

末節　張南軒曰若不當往見而往見是苟賤以求合與脅肩諂笑未同而言者何以異

摘訓曰君子就指二子說因其律人之嚴而知其自處之正必不肯脅肩諂笑必不肯未同而言矣註必不肯不俟其禮之至而輒往見之是將過不見諸侯上了文在所養可知之外

輔慶源曰曾子重厚篤實故視小人側媚之態如病于夏畦之人而深憐之子路剛方果決故以未同而言赧赧其色者為非己所知而深惡之二子所守如此雖各因其氣質然亦是學力所就也

汪氏延直曰君子所養貴乎中而已太剛則至於絕物太柔則至于喪己干木泄柳太剛者也曾路所譏太柔者也孔子于貨之饋而往拜則與太剛者異矣拜之必瞯其亡則與太柔者異矣所以無可無不可而為聖之時也孟子前言二子之所行以明其過後述曾路之所言以明其不及中學

孔子事以明聖人之用中然則孟子之不見諸侯守其分義之中而已

張菉川曰此章當重不爲臣不見段干木泄柳孔子曾子子路五君子皆古人守不見諸侯之義者也干木泄柳是就合義上微論其已甚不是直斷其非孔子雖聖人然此處引見陽貨事只是上下節過峽乃謂答引起二子之語意全歸重二子合到不見本旨上玩末二句自見孟子他處議論都宗主孔子獨此處則不必拘汪氏廷直之說近於板矣

戴盈章

首節　什一而稅關市譏而不征皆王政皆孟子平日之言豈孟子嘗爲宋君臣言之而盈之有志於此不能強其君即行姑爲此言以解免歟

及者淪於汙賤而可恥

夫士自有節不可淪於卑賤不觀之孔子之徒乎曾子曰彼脅肩諂笑以求媚悅於人者其勞過於夏月治畦之人子路曰與人未合而強與之言觀其色赧赧然於心實自愧若而人者非由之所知也由此二子之言觀之則君子之所以涵養氣節光明正大可知已矣豈肯不待諸侯以禮求見而輒往見之哉

戴盈章全旨　此章總見革弊當決意通章以非義二字爲斷首節盈之知弊而不知革二節孟子先設喻以曉之三節知字速字俱重蓋因其明而教之使勇於革弊也

戴盈之曰什一去關市之征今茲未能請輕之以待來年然後已何如

盈之亦宋大夫也什一井田之法也關市之征商賈之稅也已止也

二三節　陳新安曰請輕之如減日攘爲月
攘不知其非義不智也知其非義而不速
改不勇也不智之罪小不勇之罪大
張南軒曰君子之從義也如飢渴之於飲食
蓋見之之明而決之之勇以爲不如是則
不足以自拔而自新也士之待身於改過
遷善之際而爲盈之之說則將終身汩沒
於過失之中人臣之謀國于革弊復古之
事而爲盈之之說則終陷于因循苟且之
域故自修身至于治國智仁勇之三德缺
一不可也

戢盈之曰什一而賦關市譏而不征古仁政也今欲於農
行什一之法於商去關市之征但今茲時勢尚有未能驟
更者請先稍從輕減以待來年然後盡從而
已之或亦革弊以漸之道也夫子以爲何如

孟子曰今有人日攘其鄰之雞者或告之曰是非君子之道
曰請損之月攘一雞以待來年然後已

攘物自來而取之也損減也

孟子曰今有人每日攘其鄰之雞者或告之曰是非君子
所爲之道曰請從此損之月攘一雞以待來年然後已而
不攘如此之人謂之勇於改過
可乎子之所爲何以異於是

如知其非義斯速已矣何待來年
知義理之不可而不能速改與月攘一雞何以異哉

子不知重賦橫征之非義猶無足怪如知其非義任所當
除斯速已之使民早受一日之賜可矣何待來年願子大

公都章

首節　胡雲峰曰古今一治一亂只是氣化人事。反復相尋于無窮。或氣化有盛衰而人事之得失於是乎生。或人事有得失而氣化之盛衰於是乎轉。反覆相尋。皆理之常也

陳新安曰一治一亂。乃此章綱領。下文節節照應之

夫勿以月攘貽誚也。

公都章全旨　此章見聖賢扶持世道之心。予豈好辯二句乃一章大旨天下之生久矣二句又不得已而好辯之由。當分八節。只歷敘古今治亂相尋。昔者以下三節方結言三聖有爲之功。己亦欲撥亂爲治。以承三聖。故不得已而好辯。重我亦欲一節上。末又公其責於人。益見其有所不得已也

公都子曰外人皆稱夫子好辯敢問何也孟子曰予豈好辯哉予不得已也天下之生久矣一治一亂

生謂生民也一治一亂氣化盛衰人事得失反覆相尋理之常也

公都子問曰外人皆稱夫子爲好辯敢問夫子何爲如此孟子曰予豈好辯哉亦不能相安於無言不得已而言者也蓋天下自生民以來久矣非一世矣其間或一治又或一亂固未有常亂而不治之時亦未有常治而不亂之理

當堯節　輔慶源曰此一亂純由乎氣化也胡雲峯曰自開闢至于堯之時不知幾治亂斷自堯起有徵也洚水繫乎氣化而曰警余未嘗不反而求諸人事也所以此一亂即轉而爲一治也

使禹節　輔慶源曰此一治氣化人事相參者也

不幸而處其亂雖至艱至大之事亦有不得已而爲之者而况於言乎

當堯之時水逆行氾濫於中國蛇龍居之民無所定下者爲巢上者爲營窟書曰洚水警余洚水者洪水也

水逆行下流壅塞故水倒流而旁溢也下下地也上高地也營窟穴處也書虞書大禹謨也洚水洚洞無涯之水也警戒也此一亂也

所謂一治一亂者何以徵之昔當堯在位之時水壅塞而逆行氾濫於中國之間此時平原之地皆爲龍蛇所居民之避水患者無所定止其卑下者駕木爲巢以居高原之上者則掘地爲窟以處洪水之害甚矣虞書舜有言曰洚水警戒夫余舜所言洚水者正指此時之洪水也此一亂也

使禹治之禹掘地而注諸海驅蛇龍而放之菹水由地中行

陳新安曰洪水乃治世之一亂禹反其亂而治之此禹之不得已於有爲者也

堯舜節　饒雙峰曰必有邪說糊塗了箇理義然後暴行始作暴行即壞宮室棄田宅

輔慶源曰此一亂氣化人事相符者也

劉上玉曰此節自暴君代作至使民不得衣食是一截曰代作已概夏商言之省約也邪說暴行又作至末爲一截邪暴園囿等

江淮河漢是也險阻既遠鳥獸之害人者消然後人得平土而居之

掘地掘去壅塞也菹澤生草者也地中兩涯之間也險阻謂水之氾濫也遠去也消除也此一治也

堯憂洪水之災舉舜而敷治舜乃使禹治之禹於是掘地疏衆水而注之海驅逐蛇龍而放之菹水乃由地中而行不復氾濫即今江淮河漢是其處也水不復爲災則險阻既遠蛇龍因之遠遁凡鳥獸之害人者皆消然後中國之人得平土而居之焉此一治也

堯舜既沒聖人之道衰暴君代作壞宮室以爲汙池民無所安息棄田以爲園囿使民不得衣食邪說暴行又作園囿汙池沛澤多而禽獸至及紂之身天下又大亂

即連下屬紂矣。曰又作是對前代作言也。惜菊曰：紂以上治亂非一，即桀之亂湯之治亦略之，而獨言紂者，蓋特舉亂之大，而撥亂之功甚勞者言之耶。

周公節　輔慶源曰：此一治，又氣化人事相參者也。

陳新安曰：商末大亂，武王周公反其亂而治之，此武王周公之不得已於有為者也。

暴君謂夏太康、孔甲、履癸，商武乙之類也。宮室，民居也。沛，草木之所生也。澤，水所鍾也。自堯舜沒至此，治亂非一，及紂而又一大亂也。

堯舜既沒，聖人之正道義，歷夏與商之間。暴君相代而作，壞民之宮室以為汙池，使民無所安居；棄民之田以為園囿，使民不得衣食。天下皆大亂矣。至於後，害民之邪說、害民之暴行又肆然而作，園囿汙池益廣，沛澤以多，而禽獸因之而至。及紂之身，天下又大亂焉。此一亂也。

周公相武王，誅紂伐奄，三年討其君，驅飛廉於海隅而戮之，滅國者五十，驅虎豹犀象而遠之，天下大悅。書曰：「丕顯哉，文王謨！丕承哉，武王烈！佑啓我後人，咸以正無缺。」

奄，東方之國，助紂為虐者也。飛廉，紂幸臣也。五十國皆紂

世衰節　輔慶源曰此一節又甚於前日是亦氣化人事之使然也

虐民者也書周書君牙之篇丕大也顯明也謨謀也承繼也烈光也佑助也啓開也缺壞也此一治也

周公因天下大亂相武王除暴救民誅獨夫紂以奄君助虐於外興師伐之三年始就誅戮飛廉紂諛臣也驅之海隅而戮之又滅與紂共爲亂者五十國且驅其園囿之内虎豹犀象而遠之天下於是去水火而即安全欣然大悦焉周書君牙之篇曰丕顯哉文王創業之謨丕承哉武王致治之烈所以佑助啓迪我後人於莫非正大之道周全盡美而無一或缺也凡此文武貽謀孰非周公輔相之功哉此一治也

世衰道微邪説暴行有作臣弑其君者有之子弑其父者有之

此周室東遷之後又一亂也

及周室東遷之後世運衰而不振文武之道微而不明於是反常逆理之邪説悖倫亂經之暴行又乘之而作以臣

孔子節　吳氏程曰以慮後世而知聖人者君子也故幸其存天理遏人欲以託南面而罪聖人者小人也故戚其不得肆欲

輔慶源曰此一治又純乎人事者也

胡雲峰曰集註前言禹與周公之功曰此一治也此當時之治也此言孔子春秋之功曰此亦一治也萬世之治也

陳新安曰孔子雖不能興治道於當時而能垂治法於後世蓋在當時倫紀亂矣孔子欲反其亂而治之此孔子之不得已於有言者也

黃宮暢曰孔子春秋之作固望天下後世有知我者亦正欲天下後世有罪我者蓋知我者為仲尼之徒必能取春秋之大經大法相與發明之罪我者即指亂臣賊子之党惟其罪我斯大懼而不敢逞乎慾矣罪即其懼之時也故孔子兼說知罪而孟子則並言以徵一治

而弒其君者有之以子而弒其父者有之此又一大亂也

孔子懼作春秋春秋天子之事也是故孔子曰知我者其惟春秋乎罪我者其惟春秋乎

胡氏曰仲尼作春秋以寓王法惇典庸禮命德討罪其大要皆天子之事也知孔子者謂此書之作遏人欲於橫流存天理於既滅為後世慮至深遠也罪孔子者以謂無其位而托二百四十二年南面之權使亂臣賊子禁其欲而不得肆則戚矣愚謂孔子作春秋以討亂賊則致治之法垂於萬世是亦一治也

孔子生當其時懼弒賊之禍無窮於是乎作春秋焉是春秋也假魯史以正褒貶皆王者厚典庸禮命德討罪之法

聖王節　胡雲峯曰不中則曰橫議不正則曰邪說。

問墨氏兼愛何遽至于無父朱子曰人也只是得一個父母那愛得許多。

輔慶源曰此一節又氣化人事相符者也。楊墨之道不息則邪說誣民孔子之道不著則充塞仁義也此四句只是說天理人欲不並立而已。

眞西山曰楊朱自一身之外截然不恤故其迹似夫義墨翟于親疎之閒無乎不愛故其迹似乎仁殊不知天下之理本一而分則殊故君子親親而仁民仁民而愛物心無不溥而其施有序心無不溥則非爲我矣其施有序則非兼愛矣楊朱專於爲我

乃天子之事也惟春秋爲天子之事是故孔子曰知我者其惟是春秋乎謂春秋之作我之志在尊王也罪我者其亦惟春秋乎謂春秋既作僭亂者不敢肆也由是言觀之知我罪我雖不同亦可以見春秋之法昭明於一世矣是亦一治也。

聖王不作諸侯放恣處士橫議楊朱墨翟之言盈天下天下之言不歸楊則歸墨楊氏爲我是無君也墨氏兼愛是無父也無父無君是禽獸也公明儀曰庖有肥肉廄有肥馬民有飢色野有餓莩此率獸而食人也楊墨之道不息孔子之道不著是邪說誣民充塞仁義也仁義充塞則率獸食人人將相食

楊朱但知愛身而不復知有致身之義故無君墨子愛無

則昧乎理之一。墨翟一于兼愛則昧乎分之殊若是而曰仁義乃所以賊乎仁義也饒雙峰曰墨氏無父之教便充塞了仁楊氏無君之教便充塞了義有仁義則天下治無仁義則天下亂今仁義既充塞則亂將起而率獸食人人又將相食矣。

差等而視其至親無異衆人故無父無父無君則人道滅絕是亦禽獸而已公明之言義見首篇充塞仁義謂邪說徧滿妨於仁義也孟子引儀之言以明楊墨道行則人皆無父無君以陷於禽獸而大亂將起是亦率獸食人而人又相食也此一亂也。

附孔子以來聖王不作諸侯放恣於上因而處士橫議於下楊朱墨翟乃橫議之尤者也其言布滿於天下天下之言學術者不歸於楊則歸於墨無不爲其所惑焉彼楊氏但知愛身而不復知有致身之義是無君也墨氏愛無差等而視其至親無異於路人是無父也無父無君則人道滅絕其與禽獸何異是楊墨一禽獸也橫議一至於此其害可勝言哉公明儀嘗謂人君庖有肥肉廐有肥馬而民則有飢色野則有餓莩此率獸而食人也今楊墨爲我兼愛之道不息則孔子仁義之道不著是邪說誣惑其民而仁義遂爲充塞而不明不行也仁義充塞則人皆無父無

右爲節　此乃孟子所以不得已而有言也。

輔慶源曰：此一治又純乎人事也。

胡雲峯曰：前云此一治也，周公之功與禹同。此云是亦一治也，孟子之功與夫子同。

作於其心六句，反復推邪說之害出於必然如此，見已不容不深懼而力救也。

君以陷於禽獸。是楊墨倡禽獸之教以壞人心，而率禽獸食人，人又將轉以相食也。此又一大亂也。

吾爲此懼，閑先聖之道，距楊墨，放淫辭，邪說者不得作。作於其心，害於其事；作於其事，害於其政。聖人復起，不易吾言矣。

閑，衛也。放，驅而遠之也。作，起也。事，所行。政，大體也。孟子雖不得志於時，然楊墨之害自是滅息，而君臣父子之道賴以不墜，是亦一治也。

吾以此深爲天下懼。於是閑衛先聖孔子仁義之道，使之昭明於天下。於楊墨之學，則深距而痛絕之，以放斥其淫蕩之辭，使天下之人曉然知其爲非，而邪說不得復起以誣民。此所以衛道也。蓋邪說之作，倡爲橫議，實本於心術。作於其心，則日用動止皆悖於正，而害於其事；作於其事，則世道綱紀俱反其常，而害於其政。端其微而禍甚大，此理之必然。雖聖人復起，不能易吾之言矣。使不距而放之，則聖道何自而明，天下亦何由而治乎。

昔者節
眞西山曰三聖事雖不同而其救天下之患立生民之極則一也

詩云節
饒雙峯曰孟子所以引戎狄荆舒者以楊墨乃夷狄之教也

昔者禹抑洪水而天下平周公兼夷狄驅猛獸而百姓寧孔子成春秋而亂臣賊子懼

抑止也兼并之也總結上文也

合而觀之昔者禹抑洪水而天下以平則天下微禹不能平也周公兼除夷狄驅逐猛獸而百姓以寧則百姓微周公不能寧也孔子成春秋而亂臣賊子以懼則亂賊微孔子不能止也是天下之治賴三聖之功者如此

詩云戎狄是膺荆舒是懲則莫我敢承無父無君是周公所膺也

說見前篇承當也

魯頌閟宮之詩云戎狄是從而膺擊之荆舒是從而懲創之則莫敢有承而當我者此言周公正夷夏之防其嚴如此今楊墨無父無君則與戎狄無異是周公之所必膺也

我亦節　朱子曰當時如縱横刑名之徒孟子都不管他蓋他只害得箇粗底若楊墨則害了人心須着與之辨也　孟子道性善稱堯舜必使天下曉然知仁義之所在者此所以正人心而爲息邪距詖之本也排爲我斥兼愛必使天下曉然知邪詖之不可由者蓋所以息邪距詖而爲正人心之用也然豈其心之所好哉亦畏天命悲人窮不得已而然耳

問邪說詖行如何分饒雙峯曰說旣邪僻其行必偏詖其辭愈見淫蕩詖行淫辭自邪說上來

胡雲峯曰洪水猛獸之災由氣化夷狄篡弑之禍由人事邪說爲人心之害則有甚於此者矣人之本心未嘗不正爲邪說所害易淪胥於不正故孟子之辨拳拳欲正人心其仕也亦必先於正君心

能言節　眞西山曰所以勉天下學者皆以闢異端扶王道爲心庶幾生人之類不淪

我亦欲正人心息邪說距詖行放淫辭以承三聖者豈好辯哉予不得已也

詖淫解見前篇辭者說之詳也承繼也三聖禹周公孔子也蓋邪說横流壞人心術甚於洪水猛獸之災慘於夷狄篡弑之禍故孟子深懼而力救之再言豈好辯哉予不得已也所以深致意焉然非知道之君子孰能眞知其所以不得已之故哉

故我於今日亦欲講明仁義之道以正陷溺之人心息楊墨之邪說距絶其偏陂之行放斥其淫蕩之辭以承三聖之所以爲功者豈好爲辯論哉誠爲世道人心慮有所不得已而然也外人之論豈知予之心者哉

能言距楊墨者聖人之徒也

胥於禽獸也

朱子曰出邪則入正出正則入邪二者之間蓋不容髮雖未知道而能言距楊墨者已是心術向正之人所以以聖人之徒許之

陳新安曰聖賢反世之亂而治之達而在上則見于有為而治功見於當時窮而在下則不免於有言而治法垂於後世

張溉川曰言距楊墨節是聖人之徒身距楊墨有繼聖人之後孟子之辨楊墨不獨如闢墨者夷之能使其憮然受命也蓋實躬行仁義以正之觀歸葬于魯章厚於葬其曰然後盡於人心又曰君子不以天下儉其親則墨氏之兼愛絀矣觀尹士語人言三宿而後出晝其心猶以為速而曰王如用予則豈徒齊民安天下之民舉安則楊氏之為我絀矣觀陳臻問不受齊餽而受宋薛必居一非而答以皆是辭受各有其義則子莫之執中又絀矣此所以言出而人信也孰謂其逞口好辯乎

陳仲章

言苟有能為此距楊墨之說者則其所趨正矣雖未必知道是亦聖人之徒也孟子既答公都子之問而意有未盡故復言此蓋邪說害正人人得而攻之不必聖賢如春秋之法亂臣賊子人人得而誅之不必士師也聖人救世立法之意其切如此若以此意推之則不能攻討而又倡為不必攻討之說者其為邪詖之徒亂賊之黨可知矣

然此非獨予一人之責也自今日以往有能立言說以距夫楊墨名則闢邪崇正以開先聖之道是亦聖人之徒也予竊望之矣

陳仲章全旨　此章亦是距詖行之意重仲子惡能廉一句第二節據理以辨其不能如蚓末節據事以斷其不能充類總申明惡能廉一句之意　通章只就仲子之操而論之皆未及聖賢中正之廉與辟兄離母之罪也

首節　按高士傳陳仲子字子終夫妻爲人灌園楚王遣使以金百鎰聘爲相不往居於陵是居之廉三日不食以下是食之廉　井上有李舊樹之李也李以樹言實則李之實也食者過半言所存無幾也陳仲子本非貧賤之子非無居而彼不屑居非無食而彼不屑食爲人所難故章子稱之此以不取爲廉而不知分別取舍爲廉也

次節　顧麟士曰廉只是不苟取耳仲子却一芥不取故勢有所不能　據此惡能廉只是惡能成就他廉不是惡能爲真廉也　卽下充仲子之操蚓而後可勢必不能也

匡章曰陳仲子豈不誠廉士哉居於陵三日不食耳無聞目無見也井上有李螬食實者過半矣匍匐往將食之三咽然後耳有聞目有見

匡章陳仲子皆齊人廉有分辨不苟取也於陵地名螬蠐螬蟲也匍匐言無力不能行也咽吞也

匡章曰廉者士之美節若陳仲子豈不誠廉潔之士哉居於陵之地嘗三日不食耳亦無聞目亦無見也其貧苦如此適井上有李螬食其實者已過半矣仲子匍匐往取食之三咽然後耳有聞目有見以全餘生忍其困以潔其身非至廉其孰能之

孟子曰於齊國之士吾必以仲子爲巨擘焉雖然仲子惡能廉充仲子之操則蚓而後可者也

而後可，亦只言而後可成其操，不是言而後可爲廉也。蚓無求意，全不宜露著此一句，下節自緊接明之。

三節　正解曰：蚓之操如此，仲子未免居室，已不能如蚓，况居食所從來義不義未可知，益見不能如蚓而操難充也。　蚓字借來見無求義，跖借來見義不義，俱不必泥看。　是未可知也，重跖一邊。

巨擘，大指也。言齊人中有仲子，如衆小指中有大指也。充，推而滿之也。操，所守也。蚓，蚯蚓也。言仲子未得爲廉也。必若滿其所守之志，則惟蚯蚓之無求於世，然後可以爲廉耳。

孟子曰：齊國之士，多貪溺富貴，而仲子獨清苦如此，吾於此必以爲齊士中巨擘焉。雖然，仲子亦惡能自遂其廉哉？若就仲子之操行充而極之，則必如蚓而後可者也。

夫蚓，上食槁壤，下飲黃泉。仲子所居之室，伯夷之所築與？抑亦盜跖之所築與？所食之粟，伯夷之所樹與？抑亦盜跖之所樹與？是未可知也。

槁壤，乾土也。黃泉，濁水也。抑，發語辭也。言蚓無求於人而

四節　身織三句。見自食其力如此則亦非不義之食而無傷于廉矣。

蔡氏曰章所言亦是不知孟子以仲子律仲子。下一節又明之。

自是而仲子未免居室食粟若所從來或有非義。是未能如蚓之廉也。

夫蚓之爲物。上而食者惟槁壤。下而飲者惟黃泉。一無所求於世也。仲子則居必以室。食必以粟。有所資於人世矣。且仲子所居之室。是廉如伯夷者之所築與。抑亦貪如盜跖者之所築與。所食之粟。是廉如伯夷者之所樹與。抑亦貪如盜跖者之所樹與。其所從來皆未可知也。仲子既不能無居無室。又不能必其皆出於伯夷之。所築所樹。亦惡能充其操哉。

曰是何傷哉彼身織屨妻辟纑以易之也

辟績也纑練麻也

匡章曰。陳仲子之居食。雖所從來。未必盡出於伯夷。是亦何傷其廉哉。仲子乃身親織屨。妻親辟纑。以易粟而食之。非不義而取諸人也。

五節　此節句句敘至下節斷。此節敘事所以明兄之祿可食室可居耳。視至義之物爲不義此所謂仲子之操也。

問溫公謂以其兄不以道事君而得祿不以道取于人而成室故以爲不義仲子誠非中行亦狷者有所不爲也朱子曰仲子齊世家則祿室非其兄不義而得之矣設果以不義得之而非有悖逆作亂之大故則母子兄弟之間豈可以是遂滅天性之恩哉飾小行以妨大倫是乃欺世亂俗之尤先王所誅而不以赦者也所謂狷者則亦言行之間小過乎中而已豈出于倫理之外若是其甚哉

曰仲子齊之世家也兄戴蓋祿萬鍾以兄之祿爲不義之祿而不食也以兄之室爲不義之室而不居也辟兄離母處於於陵他日歸則有饋其兄生鵝者已頻顣曰惡用是鶃鶃者爲哉他日其母殺是鵝也與之食之其兄自外至曰是鶃鶃之肉也出而哇之

世家世卿之家兄名戴食采於蓋其入萬鍾也歸自於陵歸也已仲子也鶃鶃鵝聲也頻顣而言以其兄受饋爲不義也哇吐之也

孟子曰仲子以彼自食其力遂爲廉乎不知處仲子之地亦有不必然者仲子固齊之世家也其兄名戴食蓋邑之祿萬鍾乃以兄之祿爲不義之祿而不屑於食也以兄之室爲不義之室而不屑於居也辟其兄離其母僻處於於陵

之地及他日歸偶有饋其兄生鵝者已頻顣而言曰何用是鶃鶃者為哉訊兄不義而受之也又至他日其母殺是鵝與之食仲子食之其兄自外而至訊之曰是鶃鶃之肉也於是出而哇之

以母則不食以妻則食之以兄之室則弗居以於陵則居之是尚為能充其類也乎若仲子者蚓而後充其操者也

言仲子以母之食兄之室為不義而不食不居其操守如此至於妻所易之粟於陵所居之室既未必伯夷之所為則亦不義之類耳今仲子於此則不食不居於彼則食之居之豈為能充滿其操守之類者乎必其無求自足如丘蚓然乃為能滿其志而得為廉耳然豈人之所可為哉○范氏曰天之所生地之所養惟人為大人之所以為大者

末節　輔慶源曰仲子之所守不必驗之他人只自其身而推之則已有不能自滿其志者故孟子直以為蚓而後能充其操序之則仲子之行是豈人之所能為哉聖賢之道充之則至於與天地同功仲子之道充之則至於與丘蚓同操是豈人理也哉

或曰匡章亦與妻屏子者故喜仲子孤介之行陳新安曰不然匡章以父為不善故視妻子為輕仲子反視母兄為輕而於妻則反食孟子於匡章而非仲子有以也

淺說曰此節只據匡章稱述仲子之苦節而辯其不得為廉其辟兄離母人莫大焉亡親戚君臣上下者猶未暇深非之至他章乃發也

顧麟士曰不能充其類者未能由不食不居而充之於所食所居也然亦欲充其操亦

惟弃不居於陵不食妻之食然後可然已斷斷不能矣故曰惡能又曰是尚爲能充實論也　若仲子者二句正是是尚爲能充其類一句之意與上充仲子之操則蚓而後可句相應不能爲蚓則亦不得爲廉矣故曰仲子惡能廉是可見仲子不能爲君子中正之廉卽仲子一偏之廉亦必不能充也　此卽以仲子之操律仲子一有居食卽屬不義卽難如蚓在他人固無傷而在仲子則未爲充類也故曰惡能廉

此節在[illegible]仲子不義章故置圈外

以其有人倫也仲子避兄離母無親戚君臣上下是無人倫也豈有無人倫而可以爲廉哉

以母之所與則不食以妻之所易則食之以兄之室則弗居以於陵之地則居之是尚爲能充其不食不居之類也乎若仲子者必如蚓之無求自足而後能充滿其不食不居之操者也人之秉介固不能如蚓之無求則仲子亦惡能自成其爲廉哉

四書述朱卷之十九終

大全諸說合參

離婁章

首節　饒氏曰規矩六律當來皆是聖人做起。雖離婁公輸師曠亦不可無之況庸匠

四書述朱卷之二十

婺江黃昌衢康謡彙編
錫山張麗金荊南參訂
弟　昌儦庭友
　　昌倫敘五　仝校

孟子

離婁章句上　凡二十八章

離婁章全旨　此章責當時行仁政意。以不以仁政不能平治天下二句爲主。首三節言非仁政無以爲治。不忍三節言仁政所當遵。以上爲一截。惟仁者三節言君不行仁政則喪亡無日。天之方蹶四節言臣不輔君行仁政。不能挽方蹶之天。總見不以仁政必不能平治天下之意也。

孟子曰離婁之明公輸子之巧不以規矩不能成方員師曠

庸工乎。不以仁政，雖聖人也不能平治天下，況後世乎。

律有十二，陽六爲律，陰六爲呂。律以統氣類物，呂以旅陽宣氣。趙氏曰只言六律者，陽統陰也。吳氏徵曰：五聲最濁者爲宮，稍濁者爲商，微濁微清者爲角，稍清者爲徵，最清者爲羽。十二管長者聲濁，短者聲清。宮商角徵羽之高下無準，定必以律管長短定之。每律之宮，必有商角徵羽而不相亂，則長短之度不可有毫釐之差，然後其聲均調，聲勻調，施之八音，皆然而無相奪倫矣。

正辨曰：規矩二段，借來引起仁政，堯舜亦舉至有道者言之。道字虛說，蒙引王仁心言亦可。

之聰，不以六律，不能正五音；堯舜之道，不以仁政，不能平治天下。

離婁，古之明目者。公輸子，名班，魯之巧人也。規所以爲員之器，矩所以爲方之器也。師曠，晉之樂師，知音者也。六律，截竹爲筩，陰陽各六，以節五音之上下。黃鐘、大蔟、姑洗、蕤賓、夷則、無射爲陽，大呂、夾鐘、仲呂、林鐘、南呂、應鐘爲陰也。五音，宮商角徵羽也。范氏曰：此言治天下不可無法度，仁政者，治天下之法度也。

孟子曰天下事必有爲之之具，而後有其功。如離婁雖有善視之明，公輸子雖有善造之巧，使不以規矩，不能成就物之方員；師曠雖有善聽之聰，使不以六律，不能正定五音之清濁高下，而況於爲治乎？即如堯舜雖有愛民之道

次節　先王之道即下所謂先王之法指仁
政言與堯舜之道道字不同。

使不以仁政亦不能使民遂生復性而平
治天下可見仁政乃治天下之法度也

今有仁心仁聞而民不被其澤不可法於後世者不行先王
之道也

仁心愛人之心也仁聞者有愛人之聲聞於人也先王之
道仁政是也范氏曰齊宣王不忍一牛之死以羊易之可
謂有仁心梁武帝終日一食蔬素宗廟以麪爲犧牲斷死
刑必爲之涕泣天下知其慈仁可謂有仁聞然而宣王之
時齊國不治武帝之末江南大亂其故何哉有仁心仁聞
而不行先王之道故也

今世之君有不忍人之仁心存於中不忍人之仁聞著於
外而當時之民不能實被其澤不可爲法於後世者何哉

三節　此總上兩節。斷其舍法無以成治章。徒善句、下句皆說。故曰是斷辭。非古語。下文同

四節　輔氏曰過差謂用意過當處遺忘謂照顧不及處遵用舊典則有所循故不過差有所據故不遺忘。

由不行先王仁政之道也

故曰徒善不足以爲政徒法不能以自行

徒猶空也有其心無其政是謂徒善有其政無其心是謂徒法程子嘗言爲政須要有綱紀文章謹權審量讀法平價皆不可闕而又曰必有關雎麟趾之意然後可以行周官之法度正謂此也

故曰徒有善意而無法則德澤不流不足以爲政徒有成法而無善心則紀綱空具不能以自行此所謂不以仁政不能平治天下而先王之法必待後人而行之也

詩云不愆不忘率由舊章遵先王之法而過者未之有也

詩大雅假樂之篇愆過也率循也章典法也所行不過差

聖人節　輔氏曰規矩準繩爲方員平直之法度也六律正五音之法度也不忍人之政仁天下之法度也不爲之法度則聖人之耳目心思止於聖人之身而已不能徧天下與後世也故聖人制爲法度以繼續之使天下之爲方員平直正五音仁天下者皆取法焉所謂不可勝用而仁覆天下也耳目言力心言思者耳目之視聽以力而心之官則思也

許東陽曰兩言規矩六律前此說用法此正言立法

不遺忘者以其循用舊典故也

大雅假樂之詩云所行不過愆不遺忘惟率由舊日之典章以此觀之遵行先王仁政之法以爲治而猶有愆忘之過不能平治天下者斷未之有也

聖人既竭目力焉繼之以規矩準繩以爲方員平直不可勝用也既竭耳力焉繼之以六律正五音不可勝用也既竭心思焉繼之以不忍人之政而仁覆天下矣

準所以爲平繩所以爲直覆被也此言古之聖人既竭耳目心思之力然猶以爲未足以徧天下及後世故制爲法度以繼續之則其用不窮而仁之所被者廣矣

夫先王之法之所以當遵者何也蓋古之聖人既竭其目力以察之凡方員平直之理已得之矣又繼之以規矩準

故曰節　蔡氏曰此行先王之道君臣俱在內下亐分責君臣可謂智乎在勞逸上見因先王則逸而有成不因先王則勞而無功此之不辨焉得爲智

繩以爲方員平直使天下後世之制器者皆有所據以爲式其法不可勝用也既竭其耳力以聽之凡五音之理已得之矣又繼之以六律以正五音使天下後世之審音者皆得據之以考驗其法不可勝用也既竭其心思以圖之凡仁天下之道已得之矣又繼之以不忍人之政使澤流於當時法垂於後世而仁覆乎天下矣聖人仁政之法其善如此此後世所當因也

故曰爲高必因丘陵爲下必因川澤爲政不因先王之道可謂智乎

丘陵本高川澤本下爲高下者因之則用力少而成功多矣鄒氏曰自章首至此論以仁心仁聞行先王之道

故曰爲高必因乎丘陵爲下必因乎川澤以丘陵川澤乃高下已成之形因之則用力逸而成功易也今先王之道乃治天下之成法也爲政而不因先王之道則舍逸以就勞舍易而就難可謂之智而善於圖治者乎甚矣仁政之不

是以節　是以二字。頂上遵先王來。安在高位有臣民胥被其化意。上句不甚重。只爲不仁句引起。　臣民胥化爲不仁。是不仁之惡流播於衆。照下節看便明。

上無節　蒙引曰。上者只重在上無道揆。正是不仁而在高位。下無法守云云。則播惡於衆也。上下皆胡做。無復綱紀。其何能國。故曰國之所存者幸也

朱子曰。信道信度。信如馮信之信。此理只要人信得及。自然依那箇行。不敢踰越。惟其不信。所以妄作。

可不遵也

是以惟仁者宜在高位不仁而在高位是播其惡於衆也

仁者有仁心仁聞而能擴而充之以行先王之道者也播惡於衆謂貽患於下也

爲政必因先王是以惟仁君能以仁心仁聞而行先王之道則澤被生民無忝於君人之澤。安在高位若不仁而在高位縱情肆欲不遵先王之法。是播其惡於衆而臣民胥受其不仁之禍也

上無道揆也下無法守也朝不信道工不信度君子犯義小人犯刑國之所存者幸也

此言不仁而在高位之禍也道義理也揆度也法制度也道揆謂以義理度量事物而制其宜法守謂以法度自守

城郭節　纂引曰此條重在上無禮蓋由上無禮故下無學即是不仁而在高位之禍也上不知禮則無以教民故下無學下不知學則易與爲亂故賊民興賊民猶云奸

工官也度即法也君子小人以位而言也由上無道揆故下無法守無道揆則朝不信道而君子犯義無法守則工不信度而小人犯刑有此六者其國必亡其不亡者僥倖而已

何以見不仁而在高位之禍蓋人君者百官萬民之統率也苟上而爲君者所施政事皆任其私意而不以道理揆度其宜則下而爲臣者務爲阿順亦無所執持而不以法度自守矣無道揆則朝廷之上政令乖張雖有道而不信無法守則百官之衆職業不修亦有度而不信矣朝不信道則在上之君子必肆志妄行犯名義而不恤工不信度則在下之小人必罔上作姦犯刑法而不顧矣如此則國必亡其僅存者亦倖而免耳不仁在高位之禍如此

故曰城郭不完兵甲不多非國之災也田野不辟貨財不聚非國之害也上無禮下無學賊民興喪無日矣

民也

詩曰三節、說約曰事君三句。已盡出一節泄泄。故帶口結之曰猶沓沓也

上不知禮則無以教民下不知學則易與爲亂鄒氏曰自是以惟仁者至此所以責其君

故曰城郭不完。兵甲不衆多。雖然不強。非國之災也。田野不墾。貨財不積聚。雖然不富。非國之害也。惟道揆不立於上而無節文之禮則無以教民。而下無相習之學無良之賊民由此並興。而國之喪亡無日矣。其爲災害備不大哉此爲君者不可以不行仁政也

詩曰天之方蹶無然泄泄

詩大雅板之篇蹶顛覆之意泄泄怠緩悅從之貌言天欲顛覆周室羣臣無得泄泄然不急救正之

然仁政之行非特人君之責而臣之輔君亦與有其責焉大雅板之詩有曰上天方欲顛覆周室羣臣無得泄泄然不急救正之詩人戒同列如此

末節　朱子曰恭與敬大概也一般只是恭是意思較闊大敬意思較細密責難之恭是先立箇大志以帝王之道爲必可信必可行陳善閉邪即是做那責難的工夫　問

泄泄猶沓沓也

沓沓即泄泄之意蓋孟子時人語如此

大詩所謂泄泄猶孟語所謂沓沓也

事君無義進退無禮言則非先王之道者猶沓沓也

非詆毀也

泄泄之實何如人臣事君有當盡之義今以逢迎爲悅不以匡救爲忠而事君無義人臣進退有當守之禮今不能陳力就列又不能止而進退無禮人臣告君必以先王爲法今其言則非毀先王之道爲不可行若此因循容悅全無體國急君之誠此詩人所謂泄泄而吾之所謂猶沓沓也

故曰責難於君謂之恭陳善閉邪謂之敬吾君不能謂之賊

范氏曰人臣以難事責於君使其君爲堯舜之君者尊君

所謂陳善閉邪者奈何朱子曰開陳善道使之曉然知善道之所在則所謂邪者亦不難乎閉之矣孟子與時君論事多類此其自謂敬王豈虛語哉

張南軒曰此章之意欲人君推是心以行仁政而其終則欲人臣知禮義而法先王蓋言不可以不學也人臣知學而後人主聞大道人主聞大道而後王政可行焉此孟子之意也

胡雲峰曰君當盡君之責而莫先於仁臣當盡臣之責而莫先於敬

之大也開陳善道以禁閉君之邪心惟恐其君或陷於有過之地者敬君之至也謂其君不能行善道而不以告者賊害其君之甚也鄒氏曰自詩云天之方蹶至此所以責其臣 鄒氏曰此章言爲治者當有仁心仁聞以行先王之政而君臣又當各任其責也

泄泄如此君何以是臣爲乎故曰人臣以難事責於君必欲其行堯舜之事爲堯舜之君者此尊君之大誼謂之恭開陳善道使之曉然知正理之所在以禁閉其邪心惟恐其君或陷於有過之地者乃奉君之小心謂之敬若謂吾君不能爲堯舜而不以難事責之不以善道陳之此正泄泄之人而賊害其君者也直謂之賊而已然則爲君者固當以仁心仁聞行先王之道而爲臣者尤當盡責難陳善之義輔君以行仁政也

規矩章全旨 此承上章治天下必以仁政來見人君不可不仁起從聖人人倫之至引出爲君臣者當以堯

規矩章

首節　朱子曰人之生也均有是性故均有是倫故均有是道然惟聖人能盡其性故為人倫之至而所由莫不盡其道焉此堯舜之為君臣所以各盡其道而為萬世之法猶規矩之盡夫方員而天下之為方員者莫不取乎此也

次節　張南軒曰堯舜於君臣之道非有所增益也無所虧焉耳後之人以堯舜為不可及是自誣其性者也

饒雙峰曰人倫不說父子夫婦長幼朋友而獨舉堯舜君臣做人倫樣子者其意在當時人君

舜為法次以賊其民引出不仁二字極言不仁之禍欲人以幽厲為鑒戒重為君上大抵為當時諸侯不仁而發也

孟子曰規矩方員之至也聖人人倫之至也

至極也人倫說見前篇規矩盡所以為方員之理猶聖人盡所以為人之道

孟子曰凡事物皆有不可易之則如制器之有規矩雖無方員之形而由其所以為方員之理此是規矩乃方員之至也舉類中有聖人雖無與人之倫而能盡所以為人之道是聖人乃人倫之至也

欲為君盡君道欲為臣盡臣道二者皆法堯舜而已矣不以舜之所以事堯事君不敬其君者也不以堯之所以治民治民賊其民者也

法堯舜以盡君臣之道猶用規矩以盡方員之極此孟子

三節　問不仁何以亦曰道。朱子曰，譬如說有大路。有小路。何疑之有

輔慶源曰，仁與不仁。只是一箇天理與人欲而已。纔出天理。便入人欲。豈復更有他道哉。此古之聖賢所以兢兢業業而不敢不謹也

四節　張南軒曰，如堯舜之爲。是由仁之道者也。如幽厲之爲。是由不仁之道者也。人

所以道性善而稱堯舜也。

夫人倫莫重於君臣。聖人莫過於堯舜。欲爲君而盡乎君之道。欲爲臣而盡乎臣之道。二者皆法堯舜而已矣。無有他也。蓋堯舜之爲君爲臣者。道之至也。不以舜之所以事堯者事君。是不以明聖待乎君。不敬其君者也。臣之道不盡也。不以堯之所以治民者治民。則必無德澤及於民。賊其民者也。君之道不盡也。

孔子曰道二仁與不仁而已矣

法堯舜則盡君臣之道而仁矣。不法堯舜則慢君賊民而不仁矣。二端之外。更無他道。出乎此則入乎彼矣。可不謹哉。

竊聞孔子嘗曰。天下之道有二端。仁與不仁而已矣。出於仁。即入於不仁。二端之外。無他道也。

暴其民甚則身弒國亡。不甚則身危國削。名之曰幽厲。雖孝

君可不審擇其所由哉。

顧麟士曰：按謚法，動靜亂常曰幽，殺戮無辜曰厲。

蔡虛齋曰：言幽厲而不及桀紂者，桀紂非謚也，謚法周公始立也。

輔慶源曰：不仁有淺深，而其禍有大小。以幽厲視桀紂，則幽厲雖未至於身弒國亡，然死蒙惡謚，子孫欲改不可，不仁之禍，豈不大可懼哉。

末節　顧麟士曰：詩朱註，蕩爲厲王作也。殷鑒在夏，蓋爲文王嘆紂之詞，然周鑒之在殷，亦可知矣。則云殷鑒，實謂周鑒也，正欲厲王鑒紂耳。不然，况引一詩，而云又欲後人以幽厲爲鑒，便無謂。

子孫百世不能改也

幽暗厲虐皆惡謚也。苟得其實，則雖有孝子慈孫愛其祖考之甚者，亦不得廢公義而改之。言不仁之禍必至於此，可懼之甚也。

若爲君而至於賊民，其不仁之禍可勝言哉。暴其民甚者，則身弒而國亡；暴其民不甚者，則身亦危而國以削。且於其身沒之後，據其暴行，加以惡謚，名之曰幽曰厲，雖有孝子慈孫愛其祖考之甚，百世亦不能爲之改也。不仁之禍至此，後世可以鑒矣。

詩云：殷鑒不遠，在夏后之世，此之謂也

詩大雅蕩之篇，言商紂之所當鑒者，近在夏桀之世，而孟子引之，又欲後人以幽厲爲鑒也。

三代章
首次二節　與存以仁廢亡以不仁

大雅蕩之詩有云殷之鑒戒不遠在夏后之世此正後人當以幽厲爲鑒之謂也鑒幽厲之不仁而法堯之所以治民乃克盡君道也哉

三代章全旨　此承上章不仁之禍而推言之前三節以第二節爲主末節直戒當時明不仁之禍難益進之以強仁也

孟子曰三代之得天下也以仁其失天下也以不仁

三代謂夏商周也禹湯文武以仁得之桀紂幽厲以不仁失之

孟子曰吾嘗歷觀三代其始之得天下也以禹湯文武之仁其後之失天下也以桀紂幽厲之不仁天下之得失本於仁不仁有如此

國之所以廢興存亡者亦然

三節　陳新安曰，自不保四海以下，皆不免於死亡，非特不保四體者爲然。

說約曰，此章雖概論多人，然觀第二節，還對當時之諸侯言。

末節　陳新安曰，此承上章不仁則身弑國亡而推言之，即前篇惡辱而居不仁之意。

國謂諸侯之國

不但天下，即國之所以廢興存亡者，其於仁不仁，亦何以異於此哉。

天子不仁不保四海諸侯不仁不保社稷卿大夫不仁不保宗廟士庶人不仁不保四體

言必死亡

由是觀之，如天子而不仁，則天下必亡而不能保其四海。諸侯不仁，則國必亡，失而不能保其社稷。推而下之，卿大夫有不仁，亦必亡家，不能保其宗廟。士庶人不仁，亦必亡身，不能保其四體。固無貴無賤，皆因不仁而致死亡，亦可懼之甚也。

今惡死亡而樂不仁是猶惡醉而强酒

此承上章之意而推言之也

愛人章

首節　陳新安曰承上章得天下以仁而言因言仁而及智與禮仁包智禮也

今惡死亡之禍而樂爲不仁之事是猶惡醉而猶強酒雖欲免於死亡其可得乎如惡之莫如爲仁是在有國者矣

愛人章全旨　此章勉人君當正其身蓋承上章得天下以仁而言首節泛論反身之理次節合言反身之功而及其效末引詩以証其身正而天下歸之意

孟子曰愛人不親反其仁治人不治反其智禮人不答反其敬

我愛人而人不親我則反求諸己恐我之仁未至也智敬放此

孟子曰御人之道在於盡己如仁者切於愛人人必從而愛之其或愛人而人不我親必吾之仁有未至也則反其仁智者明於治人人必從而順之其或治人而人不我治必吾之智有未及也則反其智有禮者敬人人亦從而敬之其或禮人而人不我答必吾之敬有未盡也則反其敬

次節即三者之中無時無處不反求諸己。故下一皆字。註中自治之功益詳，益乎曰既以仁智禮自修，至於人不親不治不答，又一一自反，故曰益詳。

末節自求。輔慶源曰：為治本乎自反，多福本乎

行有不得者，皆反求諸己，其身正而天下歸之。

不得，謂不得其所欲，如不親、不治、不答是也。反求諸己，謂反其仁、反其智、反其敬是也。如此則其自治益詳，而身無不正矣。天下歸之，極言其效也。

凡吾之所行，或愛人，或治人，或禮人，其事非一端，有不得其所欲而不親、不治、不答者，皆一一反求諸己，必使仁無不至，智無不周，禮無不盡，則其自治益詳，而身無不正矣。其身既正，則天下皆誠服而願歸於我矣，豈有不親、不治、不答者哉？

詩云：永言配命，自求多福。

解見前篇。亦承上章而言。

大雅文王之詩云：人能常言念合乎天理，則福必降於其躬，是自求多福也。然則天下之歸，由身之正，夫豈倖致哉？

恒言章

饒雙峯曰國，王畿之內，天子所治，天下，四方諸侯之國，天下取則於國，國取則於家，家取則於身。

陳新安曰此章承上章身正而天下歸之意。

有御人之責者，亦反求諸己而已矣。

恒言章全旨

此章示人君當端其本。承上章身正而天下歸言之也。單重一身字，然須就恒言上引伸出來。

孟子曰：人有恒言，皆曰天下國家。天下之本在國，國之本在家，家之本在身。

恒，常也。雖常言之，而未必知其言之有序也。故推言之，而又以家本乎身也。此亦承上章而推言之，大學所謂自天子至於庶人，壹是皆以修身爲本，爲是故也。

孟子曰，人有常言，皆曰天下國家。人雖言之，未必知其序而窮其本也。吾因其言而推之，其言天下而即繼以國，天下之治亂本於國也。言國而即繼以家，國之治忽本於家也。而家之本則又在於身，身之修不修，乃齊不齊之所係，而國與天下胥視此矣。有天下國家之責者，可不修身以正其本哉。

為政章

饒雙峯曰集註世臣大家是兩項世臣非一代之臣大家是貴寵之家

陳潛室曰得罪謂非理致怨所謂不得罪者謂合正理而不致怨於人非曲法以奉之也

蒙引曰當時諸侯皆以德教之不能廣被爲患而不知其本之不修故也故孟子云欲德教之徧及於天下自不難也其本在正其身以不得罪於世臣大家則舉國慕之天下亦慕之而德教自無遠弗屆矣爲政果何難哉

輔慶源曰此承上章家之本在身而言也君人者不正其身所爲乖戾則致人怨怒其勢必自世臣大家始故麥丘邑人之言亦

為政章全旨　此章承天下國家之本在身而言見身化之驗爲政所以不難全在不得罪於巨室正身意全在不得罪三字內不得罪即向慕由巨室而一國而天下無不向慕皆是德教之所感故云德教溢乎四海此正見爲政不難處

孟子曰爲政不難不得罪於巨室巨室之所慕一國慕之一國之所慕天下慕之故沛然德教溢乎四海

巨室世臣大家也得罪謂身不正而取怨怒也麥丘邑人祝齊桓公曰願主君無得罪於羣臣百姓意蓋如此慕向也心悅誠服之謂也沛然盛大流行之貌溢充滿也蓋巨室之心難以力服而國人素所取信今既悅服則國人皆服而吾德教之所施可以無遠而不至矣此亦承上章而

先及羣臣而後及百姓也。

天下章

首節　問天下無道小役大弱役強亦曰天

何也朱子曰到那時不得不然亦是理當

如此

輔慶源曰天下有道則以德爲大小無道則

言蓋君子不患人心之不服而患吾身之不修吾身既修

則人心之難服者先服而無一人之不服矣

孟子曰人君欲爲政於天下化無不被殆非難也其本　政

在正其身不使有非理致怨以得罪於巨室耳既爲巨室

之所慕即合一國皆中心悅服而慕之一國之所慕即舉

天下無不中心悅服而慕之故吾之德澤教化自沛然洋

溢乎四海而無遠弗

至矣爲政果何難哉

天下章全旨　此章勉諸侯修德以自強首節泛論箇理勢見

人當聽命於天只是發端語下皆勉人修德以

制天景公不能自強不得不順天受役於吳文王修德行

仁故得天命服商之孫子一戒一法昭然景公亦只是引

起全重師

文王上。

孟子曰天下有道小德役大德小賢役大賢天下無道小役

大弱役強斯二者天也順天者存逆天者亡

以力爲強弱二者皆理勢之當然也順其理勢則存逆其理勢則亡必然之理也

饒雙峰曰雖曰時勢如此然有大德者便能回天便勝道勢如文王自小至大由百里而三分有二不爲紂所役此可以見德足以勝時勢處

次節 汪氏曰當有道而順天爲有義當無道而順天爲有命絕物卽是逆天齊景畏天者也畏天猶保其國

有道之世人皆修德而位必稱其德之大小天下無道人不修德則但以力相役而已天者理勢之當然也

孟子曰當流覽古今天下有道之時人皆修德而位必與德稱德之小者見役於大德賢之小者見役於大賢天下無道之時人不修德以力相倚國之小者見役於大力之弱者見役於強斯二者皆理勢之當然天之所在也順其理勢者則被懷來免傷弊而國以存逆其理勢者則蒙貶削起侵凌而國以亡

此節非証上順天者存乃是欲人以景公爲戒

齊景公曰既不能令又不受命是絕物也涕出而女於吳

引此以言小役大弱役強之事也令出令以使人也受命聽命於人也物猶人也女以女與人也吳蠻夷之國也景公羞與爲昏而畏其強故涕泣而以女與之

然人亦貴乎自強耳昔齊景公曰既不能取成定伯出令以使人又不能審已量力事人以聽命是與物睽絕也於

三節　說約曰集註不可得也四字立正解是猶弟子句。先師先字勿泥

四節　陳新安曰不師大國而師文王大國所乘之勢猶易小國所乘之勢猶難五七年之餘人心奮氣勢倍而小可大弱可強大國反爲吾役矣

是涕出而以其女女於吳蓋景公不能自強不得不受命於吳也

今也小國師大國而恥受命焉是猶弟子而恥受命於先師也

言小國不修德以自強其般樂怠敖皆若效大國之所爲者而獨恥受其教命不可得也

今之小國不自修德皆若師大國般樂怠傲之爲而獨恥受其大國之命焉是猶弟子而恥受命於先師也欲不爲之役豈可得乎。

如恥之莫若師文王師文王大國五年小國七年必爲政於天下矣

此因其愧恥之心而勉以修德也文王之政布在方策舉

五節　冀西山口以商之孫子而爲周之諸侯以商之美士而奔走周廟之祭天命何常之有哉成湯惟其仁也故天命歸于商紂惟其不仁故天命轉而歸周。

而行之所謂師文王也五年七年以其所乘之勢不同爲差蓋天下雖無道然修德之至則道自我行而大國反爲吾役矣程子曰五年七年聖人度其時則可矣然凡此類學者皆當思其作爲如何乃有益耳

誠恥受命於大國莫若反其師大國者而師文王以修其德師文王以修其德則國之大者不過五年國之小弱者不過七年必然近者悅服遠者思附而爲政於天下矣至是則大國反爲吾役而何至有受命之恥哉。

詩云商之孫子其麗不億上帝既命侯于周服侯服于周天命靡常殷士膚敏祼將于京孔子曰仁不可爲衆也夫國君好仁天下無敵

詩大雅文王之篇孟子引此詩及孔子之言以言文王之

朱子曰兄賢難做他弟弟賢難做他兄仁者
無敵難做衆去擬當他
存疑曰仁不可爲衆是釋詩之言乃承其麗
不億說來因君二句又因文王而泛言其
理也通作孔子之言
愚按夫國君二句有作孟子語者然通作
孔子語至下節今也二字方切孟子轉接

事麗數也十萬曰億侯維也商士商孫子之臣也膚大也
敏達也祼宗廟之祭以鬱鬯之酒灌地而降神也將助也
言商之孫子衆多其數不但十萬而已上帝既命周以天
下則凡此商之孫子皆臣服於周矣所以然者以天命不
常歸於有德故也是以商士之膚大而敏達者皆執祼獻
之禮助王祭祀於周之京師也孔子因讀此詩而言有仁
者則雖有十萬之衆不能當之故國君好仁則必無敵於
天下也不可爲衆猶所謂難爲兄難爲弟云爾
以文王之事言之大雅文王之詩云商之孫子其數不止
於億乃上帝既命周以天下則凡兹孫子惟於我周臣服
矣所以惟臣服于周者以天命無常歸於有德故也是以
殷士之容貌膚大才能敏達者皆執祼獻之禮助祭于周

語氣此說較長

末節○陳新安曰勢之強弱亦天所命不能自強則聽命於天而爲強大所役如齊景是也修德行仁則道德足以勝勢力而天命在我師文王而爲政於天下者是也

之京師焉孔子讀此詩而歎曰商孫至衆而臣服于周蓋以周之至仁則衆遇之而失其衆不可爲衆也夫國君誠好修德以行仁則天下莫不心悅而思服其誰與之爲敵哉

今也欲無敵於天下而不以仁是猶執熱而不以濯也詩云誰能執熱逝不以濯

恥受命於大國是欲無敵於天下也乃師大國而不師文王是不以仁也詩大雅桑柔之篇逝語辭也言誰能執持熱物而不以水自濯其手乎　此章言不能自強則聽天所命修德行仁則天命在我

今也恥爲大國所役欲無敵於天下而不師文王以行仁是猶執持熱物而不以水自濯其手也大雅桑柔之詩云誰能執熱逝不以濯然則誰能欲無敵於天下而不以仁乎處弱小之勢者亦行仁以自強可矣

不仁章

首節　眞西山曰自古危亂之勢未嘗無忠言而君不聽者蓋其心既不仁故顛倒迷謬以危爲安以菑爲利以敗亡之道爲可樂也夫人君孰不欲安存而惡危亡而其反背若此者私欲蔽障而失其本心故爾

饒雙峰曰要在看樂其所以亡一句他只愛那淫荒暴虐所以取亡底事故雖危自以爲安雖菑自以爲利孟子此章說得利害大段甚分明

不仁章全旨　此章戒人君以不仁取禍也首嘆不仁者不可與言必有敗亡之禍下言不仁者之自取其禍自取意已在樂其所以亡者內下文特發明之耳

孟子曰不仁者可與言哉安其危而利其菑樂其所以亡者不仁而可與言則何亡國敗家之有

安其危利其菑者不知其爲危菑而反以爲安利也所以亡者謂荒淫暴虐所以致亡之道也不仁之人私欲錮蔽失其本心故其顛倒錯亂至於如此所以不可告以忠言而卒至於敗亡也

孟子曰人君欲國家長保治安莫貴乎聽言若不仁之君豈可告以忠言哉蓋其私欲錮蔽本心喪失不知危殆之可畏而反以爲安不知菑害之可虞而反以爲利樂其所以致亡之道而恣爲之其顛倒錯亂如此此所以不可與

次節　正解曰孺子之歌。雖出無心。兩可以
字却有味。下節斯字自取字。從此生情。可
是水之可非孺子可之也

三節　清斯二句。一氣說下。味兩斯字。一矣
字雖未露出自取。而其意已躍然矣

言也使不仁而可與言則感悟有機
拂救有路亦何亡國敗家之有哉

有孺子歌曰滄浪之水清兮可以濯我纓滄浪之水濁兮可以濯我足

滄浪水名纓冠系也

夫有言不聽。甘致敗亡。不仁者於此亦何所諉其咎耶。昔有孺子歌曰滄浪之水何清兮可以濯我之纓滄浪之水何濁兮可以濯我之足
孺子無心而寄詠如此

孔子曰小子聽之清斯濯纓濁斯濯足矣自取之也

言水之清濁有以自取之也聖人聲入心通無非至理此類可見

孔子聞之。謂其弟子曰。小子聽之。此孺子之歌。有至理焉。惟其清斯以之濯纓。惟其濁斯以之濯足矣。貴賤異用。非

四節　饒雙峰曰自侮是不自重適所以召人之侮。

末節　上既詳言自取之實末又引書以證之總是喚醒當世昏迷雖云不可與言却欲動他聽言孔子太甲之言皆當敬聽也

人所爲皆水。自取之也

夫人必自侮然後人侮之家必自毀而後人毀之國必自伐而後人伐之

所謂自取之者

由孔子之言觀之天下之事其孰不由於自取者乎夫人必敗度蔑禮自有致侮之道而後人從而侮之家必傷倫薄德自有致毀之道而後人從而毀之國必荒淫暴虐自有可伐之道而後人從而伐之皆所謂自取之者也

太甲曰天作孽猶可違自作孽不可活此之謂也

此章言心存則有以審夫得失之機不存則無以辨於存亡之著禍福之來皆其自取

商書太甲篇有曰天作孽猶可以違而避自作孽不可以逃而活此卽自侮自毀自伐之謂也彼不仁之君自有敗

桀紂章

首節　陳新安曰此章綱領在一仁字仁民之要在所欲與聚所惡勿施能如是則可以謂好仁而不仁者皆將敺民以歸之其王天下也孰禦

亡之道亦何能免於敗亡之禍哉

桀紂章全旨　此章教時君志仁以圖王首三節泛論王天下在仁以得民後三節勉時君急於行仁也

孟子曰桀紂之失天下也失其民也失其民者失其心也得天下有道得其民斯得天下矣得其民有道得其心斯得民矣得其心有道所欲與之聚之所惡勿施爾也

民之所欲皆爲致之如聚斂然民之所惡則勿施於民鼂錯所謂人情莫不欲壽三王生之而不傷人情莫不欲富三王厚之而不困人情莫不欲安三王扶之而不危人情莫不欲逸三王節其力而不盡此類之謂也

孟子曰天下之得失當審其致之之本彼桀紂之有天下而失之也由百姓離散失其民也失其民者由人情怨怒

次節　陳新安曰所欲與聚所惡勿施即所
以仁民也故民歸之
猶水二句狀其欲歸之心甚切猶水就下是
其性使之獸走壙見其情樂之與聚勿
施所謂仁也我既行仁則民之求遂欲上去
惡者舍此安歸此正申明上文得心不外
與聚勿施之意
三節　註中彼謂湯武此謂桀紂如魚雀之
可全生皆在淵叢而得免死於獺鸇也
歸仁之心非因敺而始有乃因敺而益切
與上節相承說來只重歸仁上勿以就仁
去不仁對說

失其心也由是而觀可見得天下有道惟得其民斯有人有土而得天下矣得其民有道惟得其心斯近悅遠來而得其民矣至於欲得民之心又有道凡民心有所欲皆與之聚之心有所惡皆勿以施之則民得遂其心而樂屬於我此為得民心之道也

民之歸仁也猶水之就下獸之走壙也

壙廣野也言民之所以歸乎此以其所欲之在乎此也

所以然者欲與聚惡勿施所謂仁也民性之歸仁也以望澤之本情趨感恩之樂地猶水性之就下沛然而往獸性之走壙犇然而奔其勢莫之能禦也

故為淵敺魚者獺也為叢敺爵者鸇也為湯武敺民者桀與紂也

淵深水也獺食魚者也叢茂林也鸇食雀者也言民之所

四節 張南軒曰非利人之爲已敺也特言其理之必然耳

陳新安曰好仁之君出不仁者皆爲敺民以歸之

五節 王氏曰艾以久爲善不畜不足以活人之死仁以久而熟不積不足以拯國之危

胡雲峯曰三年之艾不能畜之平日而目今

以去此以其所欲在彼而所畏在此也

民歸仁之切如此則不仁者適敺民而歸之矣故淵無期於魚魚畏獺則避而趨於淵是爲淵敺魚者獺也叢無期於爵爵畏鸇則避而趨於叢是爲叢敺爵者鸇也湯武無期於民民畏桀紂則避而趨於湯武是爲湯武敺民者桀與紂也甚矣仁之勝不仁也

今天下之君有好仁者則諸侯皆爲之敺矣雖欲無王不可得已

此節是立言本意上泛論民心歸仁以起其端下申明好仁當速以足其意

今天下之君有好仁者出焉與聚勿施有如湯武之仁則諸侯之不仁者皆爲之敺民以歸之矣民既來歸斯得天下雖欲無王不可得已

今之欲王者猶七年之病求三年之艾也苟爲不畜終身不得苟不志於仁終身憂辱以陷於死亡

畜之。猶可也。是故爲仁者。平日既無積久之功。今日不可無必爲之志。

末節　輔慶源曰。詳味引詩之言。則令人惕然警省。有不容自已者矣。

艾草名所以灸者乾久益善夫病已深而欲求乾久之艾固難卒辦然自今畜之則猶或可及不然則病日益深死日益迫而艾終不可得矣

好仁固必致王。但今之欲王者。富彊暴虐。憔悴其民者已久。在緣行仁政以救之。猶七年之病。其疾已深。在急求三年之艾以治之也。苟不自今畜之。則終身不得乾久之艾。而病終不可治矣。圖王者。苟不銳志於行仁。則民心日去。將終身憂辱。以陷於死亡矣。豈但不能王而已哉

詩云其何能淑載胥及溺此之謂也

詩大雅桑柔之篇淑善也載則也胥相也言今之所爲其何能善則相引以陷於亂亡而已

大雅桑柔之詩。言其何能以自善乎。惟相與及於陷溺而已。此即終身憂辱以陷於死亡之謂也。夫仁則可以得天

自暴章

首節　朱子曰、自暴者所言必非詆禮義說沒道道理是之謂暴戾我雖言而彼必不肯聽是不足與有言也自棄者意氣卑弱志趣凡陋知有道理甘心自絕以爲不能我雖言仁義之美彼自割斷了不肯做是不足與有爲也自暴者剛惡之所爲自棄者柔惡之所爲

下不仁則陷於死亡

有同者當知所勉矣

自暴章全旨　此章慨暴棄者之自絕於道大意已盡首節下言道本固有而人自絕之爲可哀也

孟子曰自暴者不可與有言也自棄者不可與有爲也言非禮義謂之自暴也吾身不能居仁由義謂之自棄也

暴猶害也非猶毀也自害其身者不知禮義之爲美而非毀之雖與之言必不見信也自棄其身者猶知仁義之爲美但溺於怠惰自謂必不能行與之有爲必不能勉也程子曰人苟以善自治則無不可移者雖昏愚之至皆可漸磨而進也惟自暴者拒之以不信自棄者絕之以不爲雖聖人與居不能化而入也此所謂下愚之不移也

次節　張南軒曰、仁言安宅，謂其安而可處也。義言正路，謂其正而可遵也。是二者性之所有也。

三節　朱子曰、曠其安宅，則必放辟邪侈，而安其所不可安之居矣。舍其正路，則必行

孟子曰、人性皆善，無不可與之正言、與之有爲，以求盡其道。惟有自巳暴害者，雖與之言，必不見信，不可與有言也。自巳棄絶者，雖勸之使爲，必不能勉，不足與有爲也。彼不知禮義之爲美，而言則非毁禮義者，是剛厲之過，謂之自暴。以禮義爲非，此所以不可與言也。彼雖知仁義之爲美，而自謂不能居仁由義者，是柔弱之過，謂之自棄。以仁義不可能，此所以不可與有爲也。

仁，人之安宅也；義，人之正路也。

仁宅已見前篇。義者宜也，乃天理之當行，無人欲之邪曲，故曰正路。

柳知仁與義固甚切於人者乎。仁存乎心，有天理自然之安，無人欲之傾危，乃人至安之宅也。義著於事，是天理當然之宜，非人欲之邪曲，乃人至正之路也。

曠安宅而弗居，舍正路而弗由，哀哉！兼暴棄言

險僥倖而由其所不可由之塗矣安宅正路人皆有之而自暴自棄以至於此是可哀也

道在章

張南軒曰親親仁也長長義也仁義本之躬而達之天下豈非道之邇者乎天下所以平者實係乎此豈非事之易者乎

胡雲峯曰此道字是天理之自然此事字是人爲之當然

紹聞編曰道在爾而求諸遠事在易而求諸

曠空也由行也　此章言道本固有而人自絕之是可哀也此聖賢之深戒學者所當猛省也

安宅則人所當居乃自有安宅自曠之而弗居正路則人所必由乃自有正路自舍之而弗由錮蔽之深良心喪失哀哉君不知暴棄者之所終也已

道在章全旨　此爲賢知之徒思以道術易天下者發不主人君側重說首二句慨人昧道而求之過末二句示以道之所在而不必遠求也註云親長在人爲甚邇親之長之在人爲甚易而道初不外是也深體會之本旨燎如指掌矣

孟子曰道在爾而求諸遠事在易而求諸難人人親其親長其長而天下平

親長在人爲甚邇親之長之在人爲甚易而道初不外是

難要看兩在字其意在下親長在人爲甚
邇親之長之在人爲甚易而道初不外是
也但人人親其親長其長而天下平矣則
凡舍此而他求者皆遠且難而反失之者
也

居下章

首節　朱子曰獲上信友等皆以有道言蓋有不由其道以求之者矣若諛悅苟容以求獲乎上便佞說隨以求信乎友阿意曲從以求悅乎親實行助長以求誠其身皆是也所謂誠身能實踐其所明之善而有諸身之謂

也舍此而他求則遠且難而反失之但人人各親其親各長其長而天下自平矣

孟子曰道之不明不行於天下也則求道者之過也道本在邇而人顧求之於遠事本在易而人顧求之於難則道與事反失之矣夫道不外於親長而親之長之即其事也但使人人各親其親各長其長則家皆孝弟俗皆仁義而天下平治矣莫遠於天下莫難於天下之平要不越親親長長而致之信乎道之近易也何必求之遠且難哉

居下章全旨

此章示人當思誠也首言凡事皆本於誠次推人之當誠末決能誠之效以終首節之意

孟子曰居下位而不獲於上民不可得而治矣獲於上有道不信於友弗獲於上矣信於友有道事親弗悅弗信於友矣悅親有道反身不誠不悅於親矣誠身有道不明乎善不誠其身矣

獲於上得其上之信任也誠實也反身不誠反求諸身而其所以爲善之心有不實也不明乎善不能即事以窮理無以眞知善之所在也游氏曰欲誠其意先致其知不明乎善不誠乎身矣學至於誠身則安往而不致其極哉以内則順乎親以外則信乎友以上則可以得君以下則可以得民矣

孟子曰人以一身處内外上下之間無事不有其道而本原總歸於一如居下位而不獲於上之信任則無以安其位而行其志民不可得而治也而獲上之道本於信友若不信於友則名譽不顯上何由知弗獲於上矣而信友之道本於悅親若事親弗悅則素行不敦人何由信弗信於友矣而悅親之道本於誠身若反求諸身而所具之理未能眞實而無妄則事親亦屬虛文弗悅於親矣而誠身之道在於明善若不能眞知乎善之所在則爲善去惡必不

次節　朱子曰誠者都是實理了思誠者恐有不實處便思去實他誠者天之道天無不實寒便是寒暑便是暑更不待使他恁地聖人仁便真箇是仁義便真箇是義更無不實處常人說仁時恐猶有不仁處說義時恐猶有不義處便須着思有以實之始得

末節　輔氏曰有感必有應驗便是應處極其誠則合內外平物我感與應皆非自外也此其所以無有不動也

張蒙川曰愚聞之師曰中庸言誠之之目有學問思辨行五者孟子此處述其所聞獨提出一思字此最孟子得力語于嘗以意推之矣思誠非有不誠而欲其誠之謂蓋思乃作聖之功實兼知行而言固以一思

能實用其功不誠其身矣能明善以誠身則治民獲上信友悅親皆本一誠而推矣

是故誠者天之道也思誠者人之道也

誠者理之在我者皆實而無僞天道之本然也思誠者欲此理之在我者皆實而無僞人道之當然也

是故誠者真實無妄之理得之降衷之初乃天道之本然也若人心有不實思欲加明善之功以復其誠實之理者乃人道之當然也

至誠而不動者未之有也不誠未有能動者也

至極也楊氏曰動便是驗處若獲乎上信乎友悅於親之類是也　此章述中庸孔子之言見思誠爲修身之本而明善又爲思誠之本乃子思所聞於曾子而孟子所受乎

而緻學問及辨與行也此誠明合繫一部中庸之要也他處如說心之官則思思則得之弗思耳矣仰而思之等語亦都拈思字說來

伯夷章

首節　輔慶源曰恐人見太公後來佐武王伐商遂以其來也爲有求仕之意故明辨之。

愚按輔氏因註語分辨如此彼非熊之占後車之載皆后人附會耳觀夷齊叩馬牽便知初歸文時只是就養及武王伐紂乃去之前後並行不悖太公初意亦當相符然其後一去一輔不同者伯夷世爲殷諸侯不事二姓太公磻溪老布衣用之則行其地不同非道不同也

子思者亦與大學相表裏學者宜潛心焉

苟由思誠以造於至誠則天道之本然者不俟而人心之同然者自應親可悅友可信君可獲而民可治矣謂至誠而不能動物者未之有也如其不誠則君民親友無所感孚未有能動者也人可不盡其思誠之功哉

伯夷章全旨　此章勉諸侯法文王以行仁政也首二節言文王以善政得民望而因得天下之民心末節欲諸侯行文王之政以得民心重末節看。

孟子曰伯夷辟紂居北海之濱聞文王作興曰盍歸乎來吾聞西伯善養老者太公辟紂居東海之濱聞文王作興曰盍歸乎來吾聞西伯善養老者

作興皆起也盍何不也西伯即文王也紂命爲西方諸侯之長得專征伐故稱西伯太公姜姓呂氏名尚文王發政

次節、饒雙峯曰，既有齒，又有德，故謂之大老。若常人則是年老而已。

必先鰥寡孤獨庶人之老，皆無凍餒，故伯夷大公來就養，非求仕也。

孟子曰：今天下莫能定於一者，以所行不得其政故也。試以文王觀之，昔商紂毒痡四海，播棄老成，伯夷避紂之亂，隱居北海之濱，聞文王起爲西伯，奮然而興曰：何不歸來乎？吾聞西伯發政施仁，善養老者，我可歸而就其養矣。大公避紂之亂，隱居東海之濱，聞文王起爲西伯，奮然而興曰：何不歸來乎？吾聞西伯發政施仁，善養老者，我可歸而就其養矣。

二老者天下之大老也，而歸之，是天下之父歸之也。天下之父歸之，其子焉往？

二老，伯夷、大公也。大老，言非常人之老者。天下之父，言齒德皆尊，如衆父然。既得其心，則天下之心不能外矣。蕭何

末節　行文王之政泛說包養老在內必爲政於天下應上人望先歸而衆皆從之意
趙註曰文王時難故久東周時易故速也上章言大國五年者大國地廣人衆易以行善故五年足以治也

求也章

所謂養民致賢以圖天下者其意暗與此合但其意則有公私之辨學者又不可以不察也

夫伯夷太公二老者齒與德俱尊乃天下之大老也德望所在人心係屬而今歸於文王是天下之父歸之也天下之父歸之其子焉有背其父而他往者乎文王發政施仁而得天下之民心者如此

○捲○開○與○勿○詔○養○老○○

諸侯有行文王之政者七年之內必爲政於天下矣

七年以小國而言也大國五年在其中矣

當今諸侯有能制田里教樹畜以行文王之政者則七年之內亦必得天下之歸而爲政於天下矣圖王者亦何憚而不師文王哉

求也章全旨

此章惡當時之強兵而發蓋上二節即富國之罪以甚強兵之罪下一節即連諸侯辟草萊之刑以甚善戰之刑首節是例次節是案末節是斷

首節　引孔子言不重只爲起下節觀況字可見

次節　范氏曰天地大德曰生聖人所以守位曰仁孔子曰斷一木殺一獸不以其時非孝也草木鳥獸殺之不以時則逆天地之理猶爲不孝況於人命可不重哉

輔氏曰率猶循也由也謂以土地之故殺人而使之肝腦塗地則是由土地而食人之肉也

孟子曰求也爲季氏宰無能改於其德而賦粟倍他日孔子曰求非我徒也小子鳴鼓而攻之可也

求孔子弟子冉求季氏魯卿宰家臣賦猶取也取民之粟倍於他日也小子弟子也鳴鼓而攻之聲其罪以責之也

孟子曰昔求也爲季氏宰無能匡正季氏以改於其惡德而設法催科所賦之粟倍於他日孔子責之曰求非我之徒也小子鳴鼓以攻其罪則可也

由此觀之君不行仁政而富之皆棄於孔子者也況於爲之强戰爭地以戰殺人盈野爭城以戰殺人盈城此所謂率土地而食人肉罪不容於死

林氏曰富其君者奪民之財耳而夫子猶惡之況爲土地

末節　輔氏曰，戰國之時，人君之所求與士之所以自任者，不過有此三等。故孟子因列之而言其罪，以遏其流。

說約曰，兩次之猶云卽次之，言皆有罪也。

張南軒曰，自當時言之，孰不以爲大功，而先王以爲大戮；治世之所誅，而時君之所賞。孟子之言及此，蓋正誼明道，以遏人欲之横流也。

愚按游說之士，開善戰之源者也；闢墾之臣，助善戰之熖者也。故當同服上刑次之

之故而殺人使其肝腦塗地則是率土地而食人之肉其罪之大雖至於死猶不足以容之也

由孔子責求之言觀之，凡君不行仁政以厚民而爲之臣者，厚斂其民以富之，皆名教之罪人，見棄絕於孔子者也。況於爲君強戰者，爭地以戰則殺人盈野，爭城以戰則殺人盈城，糜爛其民，所腦塗地，此所謂率土地而食人肉，其罪之大，雖至於死，猶不足以容之也。

故善戰者服上刑連諸侯者次之辟草萊任土地者次之

善戰如孫臏吳起之徒連結諸侯如蘇秦張儀之類辟開墾也任土地謂分土授民使任耕稼之責如李悝盡地力商鞅開阡陌之類也

強戰之罪大如此，因罪定刑，可以知所不赦矣。故善戰者服最上之刑，以正其殺人之罪。至於縱横游說連結諸侯

非議等之謂乃引例之法也

眸子章

首節　輔慶源曰心正則安裕完固故其神之見於目者精聚而明白心不正則驚惕掩覆故神之見於目者渙散而昏暗此其所謂不能掩者也

興兵構怨以禍民者即次之變亂井田開辟草萊以土地分授於民使任耕稼之責掊克以禍民者又即次之有王者起按法以誅所必然者今之諸侯不以爲民賊而以爲良臣宜禍亂之未有已也

眸子章全旨　此章論觀人之法首言眸子之最良末言觀眸子者莫能遁正見其善處聽其言帶說

孟子曰存乎人者莫良於眸子眸子不能掩其惡胸中正則眸子瞭焉胸中不正則眸子眊焉

良善也眸子目瞳子也瞭明也眊者蒙蒙目不明之貌蓋人與物接之時其神在目故胸中正則神精而明不正則神散而昏

孟子曰人之一身衆體具焉而衆體之中最良者莫加於眸子蓋眸子在人不能掩其心之惡胸中正則心神精爽眸子瞭然而光明若胸中不正則心神渙散眸子眊然而昏蔽其不能掩其善惡如此何莫良於眸子哉

次節　張南軒曰：學者讀此，非獨可以觀人之法，又當知檢身之要。私心邪氣，其可填刻而有恥。

真西山曰：目者精神之所發，而言者心術之所形，故審其言之邪正，驗其目之明昧，而人之賢否不可掩焉。此觀人之一法也。

恭者章

徐玄扈曰：惟恐指心，與聲音笑貌對。

胡雲峰曰：孟子嘗言賢君必恭儉禮下，取於民有制。恭惟恭者必禮下而不侮人，儉者必取民有制而不奪人。不侮者恭之驗，不奪者儉之驗。否則惟恐人不順己，驕傲之欲耳。書曰：恭儉惟德，無載爾偽。不侮不奪者，恭儉之實，[illegible]不以聲音笑貌為[illegible]。恭儉之實[illegible]從，則聲音笑貌[illegible]成[illegible]偽耳。天理人欲[illegible]

聽其言也，觀其眸子，人焉廋哉。

廋，匿也。言亦心之所發，故并此以觀，則人之邪正不可匿矣。然言猶可以偽為，眸子則有不容偽者。

觀人者先聽其言，以考其心之聲；又觀其眸子，以察其心之神。以言之得失，質之眸子之昏明，則人之有不善者，縱能掩於言，必不能掩於眸子，其焉得而廋匿哉。

恭者章全旨　此為時君竊恭儉之名者發。上二句正，下三句反，末句正足上，惡得為恭儉之意。

孟子曰：恭者不侮人，儉者不奪人。侮奪人之君，惟恐不順焉，惡得為恭儉？恭儉豈可以聲音笑貌為哉？

惟恐不順，言恐人之不順己。聲音笑貌，偽為於外也。

孟子曰：今天下之君有以恭儉自名者，然我觀是恭者必不侮慢於人，是儉者必不侵奪於人。今侮人奪人之君，惟

之分誠實虛僞之判也

淳于章

首節、曲禮男女不親授嫂叔不通問、陳伯玉曰髡意不在問禮只要試出權字爲下嫂溺張本

朱子曰事有緩急理有大小此等處皆須以權稱之

恐人不順其侮奪爲惡得爲恭儉然則彼所謂恭儉特聲音笑貌僞爲於外耳恭儉豈可以聲音笑貌爲哉

淳于章全旨

此章見枉道不可以濟世首節是援嫂之可以通權權只是濟禮之變下是援天下不可以通權權則枉道而喪巳孟子之守道正所以養其援天下之具也

淳于髡曰男女授受不親禮與孟子曰禮也曰嫂溺則援之以手乎曰嫂溺不援是豺狼也男女授受不親禮也嫂溺援之以手者權也

淳于姓髡名齊之辯士授與也受取也古禮男女不親授受以遠別也援救之也權稱錘也稱物輕重而往來以取中者也權而得中是乃禮也

淳于髡因孟子不見諸侯而設問曰男女授受不親手者果禮與孟子曰禮也所以遠嫌而別微也髡曰如嫂溺於

次節　從權不但見諸侯便有舍所學之仁義而從當時之功利意

末節　朱子曰古人所以救世以有道也既自放倒矣天下豈一手可援哉

張南軒曰孟子謂天下之溺當援以道若道先枉則將何以援之孟子之不少求貶以徇是乃援溺之本天下之大經也

水則親援之以手乎孟子曰嫂溺不援則忍心害理是豺狼也蓋男女授受不親者禮也所以守其常也嫂溺援之以手者權也所以濟其變也

曰今天下溺矣夫子之不援何也

言今天下大亂民遭陷溺亦當從權以援之不可守先王之正道也

髡術孟子行難之語遂詰之曰方今民生憔悴如水益深天下之溺甚矣夫子亦當從權以援之乃守不見諸侯之義而不一出其身以援天下何也

曰天下溺援之以道嫂溺援之以手子欲手援天下乎

言天下溺惟道可以救之非若嫂溺可手援也今子欲援天下乃欲使我枉道求合則先失其所以援之之具矣是

君子章

首節 君子不教子想古有成語觀易子句可見不必如蒙引指孟子說

次節 反夷反字從愛字生來註意刻怒有似於不愛故曰傷其子 則惡矣惡字猶

欲使我以手援天下乎 此章言道已守道所以濟時枉道狥人徒爲失己

孟子曰天下之溺必以生平所學之道救之嫂之溺則舉手以援之今子欲援天下乃欲使我枉道求合先失其所以援之之具矣將使我以手援天下乎

君子章全旨 此章見君子之教子有道重勢不行也一句教者以下正是勢不行處易子而教所以通勢之窮以全父子之恩父子之間不責善又明易子而教之故責善即教必以正離即相夷不祥即惡末節只申前節意

公孫丑曰君子之不教子何也

不親教也

公孫丑問孟子曰父之於子宜教之無不但吾聞君子之不親教其子何也

孟子曰勢不行也教者必以正以正不行繼之以怒繼之以

云非天倫之美事。

此一節　張南軒曰全恩於父子之際而以責善望之師仁之篤而義之行也。

怒則反夷矣夫子教我以正夫子未出於正也則是父子相夷也父子相夷則惡矣

夷傷也教子者本為愛其子也繼之以怒則反傷其子矣父既傷其子之心又責其父曰夫子教我以正道而夫子之身未必自行正道則是子又傷其父也

孟子曰非理不當教也乃勢不能行也何則父若親教必以正道或以正道而其子不肯率從則必痛加刻責而繼之以怒夫教子者本為愛其子也繼之以怒則反傷其子矣父既傷其子之心將責其父曰夫子教我以正夫子之身未必盡出於正道也則是子又傷其父也父子相傷則惡矣豈天倫之美事哉

古者易子而教之

易子而教所以全父子之恩而亦不失其為教

本節　楊龜山曰父子之間。雖不責善。豈不
欲其爲善。然必親教之。其勢必至於責善。

事孰章
陳新安曰此章前言守身爲事親之本。後言
養志爲養親之大。

首節　陳新安曰初言事君事長皆事也。事
親爲事之大。守國守官皆守也。守身爲守

親教則至於傷恩。不教則至於害子。古
人有見於此。故已有子必易人而教之。

父子之間不責善。責善則離。離則不祥莫大焉。

責善朋友之道也　王氏曰父有爭子何也。所謂爭者非
責善也。當不義則爭之而已矣。父之於子也如何。曰當不
義則亦戒之而已矣

蓋父子之間不以善相責。責善則情意乖離。家庭之際以
和順爲祥。離則不祥莫大焉。此易子而教。所爲善全其恩
而亦不失
其爲教也。

事孰章全　此章論事親之道。前言守身爲事親之本。後言
養志爲養親之大。總是爲事親而發。前後不得
分輕
重。

孟子曰事孰爲大。事親爲大。守孰爲大。守身爲大。不失其身

之大○二者分開平說總言不失身則能事親二一貫爲一分重輕說不失其身即是守身

次節陳新安曰事之本守之本照應章首四句分二者平說惟其爲本所以見其爲大○

而能事其親者吾聞之矣失其身而能事其親者吾未之聞也

守身持守其身使不陷於不義也　失其身則虧體辱親雖日用三牲之養亦不足以爲孝矣

孟子曰凡人分有所臨而祗承之謂之事事以何爲大惟事親能聚百順爲事之大責有所屬而謹持之謂之守守以何爲大惟守身能全萬善爲守之大夫親者身之自出身者親之所生若以道自守不失其身而能顯親揚名以事其親者吾聞之矣若失其身不守而能不虧體辱親以事其親者吾未之聞也欲事親者可不自守身始哉

孰不爲事事親事之本也孰不爲守守身守之本也

事親孝則忠可移於君順可移於長身正則家齊國治而天下平

三節　張南軒曰守身所以事親也身失其道將何以事親反復言之欲人以守身爲事親之本也若曾子者可謂能盡守身事親之道者矣故舉其養志之事以爲人子之法

輔慶源曰養父母之口體者其事淺承順父母之心志者其思深

饒雙峯曰孟子舉曾子曾元作兩箇例頭是事親者須是養志若養口體末也

陳新安曰此章前以守身爲事親之本所以論其理後實之以事則惟曾子之事親而守身不及焉雖曾子之戰兢臨履得正而斃尤善守身而僅之不及故集註只曰此承上文事親言之

愚按此章有以守身二字串說到底者牽纏葛藤大非語體故虛齋本新安陳氏之

夫事親何以爲大。凡事親事君長孰不爲事而敎孝爲百行之原事親乃事之本也守身何以爲大凡守身守家國天下孰不爲守而躬修爲萬化之基守身乃守之本也惟其爲本此其所以爲大也

曾子養曾晳必有酒肉將徹必請所與問有餘必曰有曾晳死曾元養曾子必有酒肉將徹不請所與問有餘曰亡矣將以復進也此所謂養口體者也若曾子則可謂養志也

此承上文事親言之曾晳名點曾子父也曾元曾子子也曾子養其父每食必有酒肉食畢將徹去必請於父曰此餘者與誰或父問此物尚有餘否必曰有恐親意更欲與人也曾元不請所與雖有言無其意將以復進於親不欲其與人也此但能養父母之口體而已曾子則能承順父

說欲分截言之只前重守身後重養志語
意較清楚正不必援曾子守身而前後語
意固自相發若串混便傷巧矣

末節　程子曰子之事父其孝雖進於曾子
畢竟是以父母之身做出來豈是分外事
親若曾子者僅可以免責耳

摘訓曰事親二字指他人言不作稱曾子說
前段末句已結過曾子矣

母之志而不忍傷之也

事親爲事之大如此事親之事何如昔曾子養其親曾皙
每食必有酒肉食畢將徹必請所餘者與誰或父問有餘
否必對曰有恐親意更欲與人也曾皙死曾元養曾子每
食亦必有酒肉食畢將徹則不請所與或父問有餘否則
曰亡矣其意將以更進於親不欲以與人也此所謂甘旨
爲供特以養口體者也若曾子迎親意於未形之先而又
承親意於已形之後則可謂
養親之志而不忍傷之者也

事親若曾子者可也

言當如曾子之養志不可如曾元但養口體程子曰子之
身所能爲者皆所當爲無過分之事也故事親若曾子可
謂至矣而孟子止曰可也豈以曾子之孝爲有餘哉
人之事親若曾子之養志
則能盡事親之道矣可也

人不足章

朱子曰大人格君心之非此是精神意氣自有感格處然亦須有開導底道理不但默而已伊川解遇主於巷云至誠以感動之盡力以扶持之明理義以致其知杜蔽惑以誠其意正此意也

張南軒曰後世道學不明論治者不過及於人才政事而已孰知其本在於君心又孰知格君之本乃在於吾身乎

陳新安曰仁體義用正包仁義言之仁義所以正也集註所以不提仁義

饒雙峯曰大人是伊周之徒他人當不得

曹雲舉曰一正君而國定此見大人格心之功約而鉅正不必紛紛適間意

人不足章旨

此章見大臣事君貴正其本首二句言事君不必正其末下舉大人正本之功也人適政間不可謂不忠然但救之於末流非本務也故曰不足適間惟大人句承用人之非行政之失皆從君心之非來徒不能格心而本源不正末流焉能正得許多君仁言句繫質心來末句一字可玩正見不必紛紛適間意

孟子曰人不足與適也政不足間也惟大人為能格君心之非君仁莫不仁君義莫不義君正莫不正一正君而國定矣

趙氏曰適過也間非也格正也徐氏曰格者物之所取正也書曰格其非心愚謂間字上亦當有與字言人君用人之非不足過謫行政之失不足非間惟有大人之德則能格其君心之不正以歸於正而國無不治矣大人者大德之人正己而物正者也

孟子曰凡臣之於君其用人之非不足與過謫也行政之失不足非間也蓋用人行政之本在於君心君心一有私邪未有不信用儉人妨害政事者惟盛德之大人其素望足以感孚誠猷足以匡濟爲能格其君心之非夫君心仁則用人行政皆無私而莫不仁君心義則用人行政皆得宜而莫不義君心正則用人行政皆無邪僻而莫不正人臣但一以仁義正其君而國自定而就理矣何必屑屑然事事而更之人人而去之哉

不虞章全旨 此爲毀譽失眞而發虞字求字都屬自己說不虞云者才德未修無因至前也求全云者行求自全自反無缺也毀與不實如此可見修己要自盡觀人要責實一切毀譽置之不問可也

孟子曰有不虞之譽有求全之毀

虞度也呂氏曰行不足以致譽而偶得譽是謂不虞之譽求免於毀而反致毀是謂求全之毀言毀譽之言未必皆實修己者不可以是遽爲憂喜觀人者不可以是輕爲進

不虞章

胡雲峰曰毀譽已自是非失眞況修己而遽以是爲憂喜必至於失己觀人而輕以是爲進退必至於失人

易其言章

輔慶源曰謹言語自是君子之庸行何待於有責而後然

蔡虛齋曰此爲常人言非君子亦如是也故註謂有爲而發

退

孟子曰是非雖出於衆論而毀譽未必其皆公有其人德未加修意中初不料其得譽而譽至焉是爲不虞之譽譽雖不必盡然然亦有之矣有其人兢兢修德方求所以自全而毀加焉是爲求全之毀毀雖不必盡然然亦有之矣毀譽之不足憑如此修己者不可以是爲憂喜觀人者亦豈可以是爲進退哉

易其言章全旨 此戒人當謹言 責字作罪責說

孟子曰人之易其言也無責耳矣

人之所以輕易其言者以其未遭失言之責故耳蓋常人之情無所懲於前則無所警於後非以爲君子之學必俟有責而後不敢易其言也然此亦豈有爲而言之哉

孟子曰惟口起羞言之不可易也明矣今人之輕易其言也亦無失言之責以懲於前耳使前有所懲則後有所警

人之患章

陳新安曰不得已者不自知其有餘無意於爲人師而人自師之好云者自見其有餘有意於爲人師而人未必心悅誠服以師之

胡雲峰曰通上章兩人字爲泛然之衆人而言也

正子章

首節　來齊見孟子本意也從於子敖附便也非慕勢也然而非矣只記者首句已定罪案

又豈敢易其言哉

人之患章全旨　此戒人不可自足自足全在好字自足而不復求進此其患也

孟子曰人之患在好爲人師

王勉曰學問有餘人資於已不得已而應之可也若好爲人師則自足而不復有進矣此人之大患也

孟子曰人之爲學惟常見不足之在已然後能求進其患在好爲人師盖師也者學問有餘人資於已不得已而應之也若好爲人師則侈然自滿而不知所勉矣豈非人之所大患哉

正子章全旨　此章見學者當慎所從意孟子責正子全在失身於匪人既從子敖來即使今日來今日見亦無解於罪况又不早見長者乎孟子特就不早見上責他正欲其自悟從子敖之非耳

樂正子從於子敖之齊

次節　陳新安曰從小人爲失身一罪也不早見長者又一罪也孟子且以後一罪責之

子敖王驩字

孟子弟子樂正子偶從於齊之嬖臣子敖之齊是所從不得其人而有失身之罪矣

樂正子見孟子孟子曰子亦來見我乎曰先生何爲出此言也曰子來幾日矣曰昔者曰昔者則我出此言也不亦宜乎曰舍館未定曰子聞之也舍館定然後求見長者乎

昔者前日也館客舍也王驩孟子所不與言者則其人可知矣樂正子乃從之行其失身之罪大矣又不早見長者則其罪又有甚者焉故孟子姑以此責之

樂正子來見孟子孟子責之曰吾意子不必見我矣乃亦來見我乎正子曰先生何爲出此言也孟子詰之曰子來齊幾日矣正子曰昔者蓋自以爲來之未久也孟子曰來以昔日見以今日則吾之出此言也不亦宜乎正子曰舍

末節　正子勇於認罪。所以爲善人信人。而不免於罪。所以爲猶在善信之間

謂樂章

朱子曰。王驩齊幸臣。蓋欲自託於孟子以取重。使滕王以爲介。孟子未嘗與言事。公行子又不與言。絕之深矣。樂正子不察。輕身從之。意惟藉其資糧輿馬以見孟子而已

館未定故耶。孟子曰。子聞之也。弟子來自遠方。必舍館既定。然後求見長者乎。何求舍館急而求見長者緩也。

曰克有罪

陳氏曰樂正子固不能無罪矣然其勇於受責如此非好善而篤信之其能若是乎世有強辯飾非聞諫愈甚者又樂正子之罪人也

正子亦爽然自失曰。急於舍館。而緩於見師。克誠有罪矣。正子可謂勇於受責。而從子敖之非。則猶未之悟也

謂樂章全旨　此章明責從子敖之非。然不顯言子敖之不可從。但云徒餔啜也。徒字可玩。猶云求其故而不得。除非爲着此耳。學古之道最重。既學古道。則識見宜高明。志趣宜遠大。豈意其如此。正令其深自愧悔處。

孟子謂樂正子曰子之從於子敖來徒餔啜也我不意子學古之道而以餔啜也

故以餔啜罪之。

饒雙峯曰，此二章只一件事。樂正子方來，孟子不欲便責之，後却正其罪，所以分作兩章。

趙氏曰，樂正子能勇於受責，然後孟子正其罪而切責之。所謂可與言而後與之言者也。

不孝章

首節　饒雙峯曰，此三者不是尋常不孝的事，各須孝也。但阿意曲從，陷親於不義，則不可。非其道不仕，孝也。家貧親老而不祿仕，則不可。告而後娶，孝也。但告則不得娶，以至無子絕祀，則不可。

徒但也。餔，食也。啜，飲也。言其不擇所從，但求食耳。此乃正其罪而切責之。

孟子因正子未悟從子敖之非，乃明責之曰，君子貴守身重道，子之從於子敖來，何所資益？徒以餔啜也。我不意子平日學古之道，而以餔啜妄從於人也。不有負於所學乎。

不孝章全旨　此章專為舜而發。上節引起下節。正舜曲以全孝而為大孝處，非泛論事理，而以舜為証也。

孟子曰，不孝有三，無後為大。

趙氏曰，於禮有不孝者三事，謂阿意曲從，陷親不義，一也；家貧親老，不為祿仕，二也；不娶無子，絕先祖祀，三也。三者之中無後為大。

孟子曰，在禮，子有不孝之事者三。一阿意曲從，陷親不義。一家貧親老，不為祿仕。一不娶無子，絕先祖祀。就三者而

次節　朱子曰以事理度之意其未及告而受堯之命耳其後因不容不告而遂娶以歸也

新安倪氏曰人之大倫君親爲重湯放桀武王伐紂而孟子謂聞誅一夫未聞弑君此處君臣之變而不失其正者也舜不告而娶而孟子謂君子以爲猶告此處父子之變而不失其正者也然惟聖人體道之至乃能權而得中若未能然而欲引以藉口則誠得罪於天下萬世矣

軼之而無後尤

爲不孝之大

舜不告而娶爲無後也君子以爲猶告也

舜告焉則不得娶而終於無後矣告者禮也不告者權也猶告言與告同也蓋權而得中則不離於正矣　范氏曰天下之道有正有權正者萬世之常權者一時之用常道人皆可守權非體道者不能用也蓋權出於不得已者也若父非瞽瞍子非大舜而欲不告而娶則天下之罪人也

舜不告於父母而娶堯之二女原其用心恐告則不得娶而至於無後是爲無後也告而娶者禮之經不告而娶以不絕其祖祀者禮之權權而不離於經君子以爲舜之不告猶之乎告也

仁之章全旨　此章欲人務孝弟也首節分言孝弟爲仁義之實下節合言孝弟爲智禮樂之實總是言天下

仁之章

首節　朱子曰。實字正是華實之實。仁之實。本只是事親推廣之愛人利物。無非是仁。義之實。本只是從兄推廣之弟長忠君。無非是義。事親從兄。便是仁義之實。推廣出去者。乃是仁義之華采。

眞西山曰。仁義之道大矣。而其切實處只在事親從兄。蓋二者人之良知良能。天性之眞。於焉發見。欲爲仁義者。惟先體認踐行於此。而充廣之。則其道生生而不窮。否則悠悠然泛泛然。非可據之實地矣。

次節　朱子曰。此一段緊要在五箇實字上。若理會得這箇。便知得其他。那分明見得

之道皆原於孝弟。不可以下節作工夫講論。

孟子曰。仁之實。事親是也。義之實。從兄是也。

仁主於愛。而愛莫切於事親。義主於敬。而敬莫先於從兄。故仁義之道。其用至廣。而其實不越於事親從兄之間。蓋良心之發。最爲切近而精實者。有子以孝弟爲爲仁之本。其意亦猶此也。

孟子曰。世之求道者。皆徇其華而忘其實。豈知天下之道。皆不出於孝弟乎。夫道莫大於仁。而其實止在於事親。蓋事親乃吾心之眞愛。能愛其親。則仁民愛物。皆自此而生。是仁之實。事親是也。道莫大於義。而其實止在於從兄。蓋從兄乃吾心之眞敬。能敬其兄。則貴貴長長尊賢。皆自此而生。是義之實。從兄是也。

智之實。知斯二者弗去是也。禮之實。節文斯二者是也。樂之

而守定不移便是知之實行得恰好便是
禮之實由中而出無所勉強便是樂之實
問樂則生矣生則惡可已也朱子曰如
今恁地勉強安排如何得樂到得常常做
得熟自然浹洽通快周流不息油然而生
不能自已只是要到樂處實是難在若只
恁地把捉安排纔忘記又斷了這如何得
樂如何得生
輔慶源曰草木既有生意則日長月盛無一
息之停孰能遏而止之故事親從兄之意
油然自生則亦如草木之有生意自然日
日暢滿茂盛條理通達自無一息之停又
烏得而遏之哉
陳新安曰手舞足蹈天理之真樂形見於動
容之間而不自知者也
朱氏公遷曰此章言仁義之寔為道之根本
而智禮樂在其中故悉言之使人於斯二
者知所勉也
饒雙峰曰此章不言信者實則信在其中

實樂斯二者樂則生矣生則惡可已也惡可已則不知足之
蹈之手之舞之
斯二者指事親從兄而言知而弗去則見之明而守之固
矣節文謂品節文章樂則生矣謂和順從容無所勉強事
親從兄之意油然自生如草木之有生意也既有生意則
其暢茂條達自有不可遏者所謂惡可已也其又盛則至
於手舞足蹈而不自知矣　此章言事親從兄良心真切
天下之道皆原於此然必知之明而守之固然後節之密
而樂之深也
是二者不但為仁義之寔而已也凡智之實惟真知斯二
者而守之而弗去不失其良知是也禮之實惟節文斯二者

天下章

首節　朱子曰。人字只大綱說。子字却說得重。固有人承順顔色。看父母做事。不問是非。一味不逆其志。這是得親之心。然猶是淺事。惟順乎親。則親之心皆順乎理。必如此而後可以爲子。此所以爲尤難也。

適乎隆殺之宜。是也。樂之實。惟於斯二者。有從容安適之意。無勉強矯拂之爲。而樂以行之也。樂則一心愛順親敬長。孝弟之意。油然而自生。則無時不順親。不敬長。欲罷不能。而烏可已也。烏可已。則心與孝弟而相忘。身與孝弟而俱化。至於足之蹈之。手之舞之。有不知其然而然者矣。天下之道。不外於事親從兄。如此。人可不知所務哉

天下章全旨　此章贊舜孝以立子道之極。首原舜之心。惟在孝親。下贊舜孝之所以爲大。次節重首一句。天下化。天下定。俱重。子一邊。

孟子曰。天下大悅而將歸己。視天下悅而歸己。猶草芥也。惟舜爲然。不得乎親。不可以爲人。不順乎親。不可以爲子

言舜視天下之歸己。如草芥而惟欲得其親而順之也。得者曲爲承順以得其心之悅而已。順則有以諭之於道。心與之一而未始有違。尤人所難也。爲人蓋泛言之。爲子則

次節　張南軒曰舜爲法於天下豈特天下之爲父子者定可傳於後世萬世之爲人父子者亦莫不定矣嗟夫爲人子者苟以大舜爲不可企及而不取法於舜是自誣其天性也欲取法於舜如之何亦曰反身而誠而已矣

眞西山曰舜所值者至難事之親也然積誠感動不以父母爲不是而自引以爲已之慝惟見自已之不是而已世縱有難事之親豈得有如瞽瞍者故瞽瞍厎豫而天下

愈甚矣

孟子曰常人以勢分役情聖人從性分立極如天下之人心皆大悅而將歸於已此富貴之極人之所深願也乃視天下之悅而歸已漠不動心猶草芥之輕也則惟舜爲然蓋舜之心惟知有親而已以爲人生而不能曲意承顔得親歡心則人道有虧不可以爲人人子而不能先意承志順親於道則子道有虧不可以爲子此其兢兢負罪引慝之不假思知天下歸已之可欲哉

舜盡事親之道而瞽瞍厎豫瞽瞍厎豫而天下化瞽瞍厎豫而天下之爲父子者定此之謂大孝

瞽瞍舜父名厎致也豫悅樂也瞽瞍至頑嘗欲殺舜至是而厎豫焉書所謂不格姦亦允若是也蓋舜至此而有以順乎親矣是以天下之爲子者知天下無不可事之親顧吾

之爲人子者皆知無不可事之親惟患爲子者未盡事親之道耳孰有不勉於爲孝者哉是故罪己而不非其親者仁人孝子之心也怨親而不反諸己者亂臣賊子之志也後之或遇難事之親者其必以舜爲法。

所以事之者未若舜耳於是莫不勉而爲孝至於其親亦底豫焉則天下之爲父者亦莫不慈所謂化也子孝父慈各止其所而無不安其位之意所謂定也爲法於天下可傳於後世非止一身一家之孝而已此所以爲大孝也

李氏曰舜之所以能使瞽瞍底豫者盡事親之道共爲子職不見父母之非而已昔羅仲素語此云只爲天下無不是底父母了翁聞而善之曰唯如此而後天下之爲父子者定彼臣弑其君子弑父者常始於見其有不是處耳

舜之用心如此凡所以得親順親者無所不用其至以盡乎事親之道瞽瞍雖頑亦感其誠敬而終致悅豫焉以瞽瞍之頑而底豫於是天下之爲子者知無不可事之親莫不勉而爲孝天下之爲父者因其子之孝而莫不興於慈

吾見其化矣。瞽瞍底豫。而子化而孝。則子止其所。而天下之爲子者定。父化而慈。而父止其所。而天下之爲父者定。是舜不以一身一家爲孝。而直合天下後世以爲孝。此所以謂之大孝也

四書述朱卷之二十 終

大全諸說合參

舜生章

首二節　蒙引曰。孟子之意重在東西二字。夷字只見得一在東之極。一在西之極。故曰地之相去千有餘里也。若不在中國之內。則其相去豈特千餘里哉。

四書述朱卷之二十一

婺江黃昌衢康詒纂編
錫山張麗金荊南參訂
弟　昌儼若思
　　昌仔時肩　仝校

孟子

離婁章句下　凡三十三章

舜生章全旨　此章見古今聖人之同道。前三節言舜文迹異而道同。末推言羣聖之道無不同。

孟子曰舜生於諸馮遷於負夏卒於鳴條東夷之人也

諸馮負夏鳴條皆地名在東方夷服之地

孟子曰。世統於道。道統於聖。嘗稽古帝舜。其始生於諸馮所。而遷於負夏。其後卒於鳴條。是乃東夷之人也。

三節　朱子曰古人所爲恰與我相合只此便是至善前乎千百世之已往後乎千百世之未來只是此箇道理

末節　張南軒曰聖人純乎天理舜文父子君臣之際蓋不同矣其揆一者所契合者天之理也舜與文王易地則皆然

文王生於岐周卒於畢郢西夷之人也

岐周岐山下周舊邑近畎夷畢郢近豐鎬今有文王之墓

又嘗考文王其始生於岐周其後卒於畢郢是乃西夷之人也

地之相去也千有餘里世之相後也千有餘歲得志行乎中國若合符節

得志行乎中國謂舜爲天子文王爲方伯得行其道於天下也符節以玉爲之篆刻文字而中分之彼此各藏其半有故則左右相合以爲信也若合符節言其同也

舜與文由東至西其地之相去也千有餘里自虞迄周其世代之相後也千有餘歲然舜得志爲天子文得志爲方伯其所以行於中國者心理之同若符節之相合然有非時地之所能隔者矣

慶源輔氏曰孟子未嘗說着道字然曰行乎中國行便是道曰其揆一揆亦是道陳新安曰先後以時言遠近以地言道之同以此心此理言朱公遷曰此以道統言論語末篇之首章孟子末篇之末章皆是此意但彼則主乎道統而言故歷述其相傳之緒此則主乎聖人行言故舉其相去之甚遠者以爲例見其無不同也

子產章

首二節 問以左傳考之子產非不知爲政者孟子姑以其乘輿濟人一事議之然夫子亦曰以惠人豈子產所爲終以惠勝與朱子曰東坡云有及人之小利無經世之遠圖亦說得好

先聖後聖其揆一也

揆度也其揆一者言度之而其道無不同也　范氏曰言聖人之生雖有先後遠近之不同然其道則一也

即舜文觀之凡古今聖人或先或後時異地殊然其揆度事理聖聖之心無不相符一也是可知道之所傳矣

子產章全旨 此章見爲政當以大德不以小惠惠而不知爲政乃一章大旨民未病涉也言不用乘輿濟人行辟人可也言不必乘輿濟人焉得人人而濟之以下言乘輿不能盡濟人雖意有三段總明惠而不知爲政之意

子產聽鄭國之政以其乘輿濟人於溱洧

子產鄭大夫公孫僑也溱洧二水名也子產見人有徒涉此水者以其所乘之車載而渡之

昔子產聽鄭國之政舉國之政皆得自專乃以其所乘之車濟人之徒涉於溱洧二水之間者

次節　翼註曰子產乘輿濟人亦偶爲之孟子恐人襲爲美談使流爲覇者之驩虞失王政之大體矣故借此以示訓不必太貶子產

三節　朱子曰先王之政細大具舉而無事不合民心順天理故其公平正大之體紀綱法度之施雖纖悉之間亦無遺憾如此

饒雙峰曰民未病涉要就未字上看十月徒杠已自成了所以民未至於病涉若徒杠到寒時方成則民已病於涉

徒杠力省易成輿梁力倍難成故成有先後病涉不耑指寒時說

孟子曰惠而不知爲政

惠謂私恩小利政則有公平正大之體綱紀法度之施焉

孟子恐人悅而效之不務大德而市私恩乃即其事而議之曰乘輿濟人可謂惠矣而惜其不知爲政之道也

歲十一月徒杠成十二月輿梁成民未病涉也

杠方橋也徒杠可通徒行者梁亦橋也輿梁可通車輿者周十一月夏九月也周十二月夏十月也夏令曰十月成梁蓋農功已畢可用民力又時將寒沍水有橋梁則民不患於徒涉亦王政之一事也

就濟人一事言之亦自有王政之可行者每歲十一月而徒行之杠已成焉至十二月而通輿之梁亦成焉先時預圖及時爲備民未有病於涉者也亦何事乘輿之濟哉

四節　朱子曰辟除之辟乃趙氏本說與上下意正相發明蓋與舍車濟人正相反也君子能行先王之政使細大之務無不畢舉則惠之所及亦已廣矣是其出入之際雖辟除行人使之避己亦上下之分所宜然何必曲意行私使人知己出然後為惠又況人民之衆又安得人人而濟之哉

末節　朱子曰聞之師曰子產之才之學於先王之政雖有所未盡然其於橋梁之修蓋有餘力而其惠之及人亦有大於乘輿之濟者矣意者此時偶有故而未修又不忍乎冬涉之艱而為是覇然暴其小惠以悅於人人亦悅而稱之孟子慮夫後之為政者或又悅而效之則其流必將有廢公道以市私恩違正理而干虛譽者故極語

君子平其政行辟人可也焉得人人而濟之

辟辟除也如周禮閽人為之辟之辟言能平其政則出行之際辟除行人使之避己亦不為過況國中之水當涉者衆豈能悉以乘輿濟之哉

由此推之君子能平其政凡紀綱法度可利養斯民者無不畢舉則德澤廣被雖出入之際辟除行人使之避己亦分所宜然可也何必以乘輿濟人自褻君尊之體況國中之水當涉者衆焉能以所乘之輿人人而濟之哉

故為政者毎人而悅之日亦不足矣

言毎人皆欲致私恩以悅其意則人多日少亦不足於用矣諸葛武侯嘗言治世以大德不以小惠得孟子之意矣

故為政者苟不知大體必欲毎人以私恩悅之必不能以有限之力應無已之求即日亦不足於用矣惠豈可市哉

而深訊之以警其微亦拔本塞源之意也

視臣章

首節　輔氏曰此說特為宣王而發所謂有為之言也然臣之報君視君之所施常加厚一等

陳櫟室曰此是說大都報應如此若忠臣不當以此自處當知天下無不是底君父

視臣章全旨　此章見君當禮其臣首言君臣報施之異下言舊臣報禮之厚皆為齊王薄於臣下而儆之也

孟子告齊宣王曰君之視臣如手足則臣視君如腹心君之視臣如犬馬則臣視君如國人君之視臣如土芥則臣視君如寇讎

孔氏曰宣王之遇臣下恩禮衰薄至於昔者所進今日不知其亡則其於群臣可謂邈然無敬矣故孟子告之以此手足腹心相待一體恩義之至也如犬馬則輕賤之然猶有豢養之恩焉國人猶言路人言無怨無德也土芥則踐踏之而已矣斬艾之而已矣其賤惡之又甚矣寇讎之報不亦宜乎

次節 饒雙峰曰舊君其恩已絕尚且爲其君有服不應見在之君而待之如此集註所以云王疑孟子之言太甚

三節 朱子曰有故而去非大義所繫不必深爲之說臣之去國其故非一端但皆有

孟子告齊宣王曰君臣相與各有當盡之禮然臣之報君亦視君之所施何如耳有如君之視臣如手足倚之爲用愛之恐傷則臣視君如腹心至尊以服之至親以護之矣不然君之視臣如犬馬而愛敬不存則臣視君如國人而情日疎矣尚可望以腹心之報乎甚之君之視臣如土芥而賤惡加虐則臣視君如寇讎而避之恐不速矣豈但如國人而已乎

王曰禮爲舊君有服何如斯可爲服矣

儀禮曰以道去君而未絕者服齊衰三月王疑孟子之言太甚故以此禮爲問

宣王疑寇讎之言太甚乃問曰在禮去國之臣爲舊君有三月之服不知舊君何如視之而其臣斯爲之服矣王意以去國之臣且爲之服況臣之在國者可視君以寇讎乎

曰諫行言聽膏澤下於民有故而去則君使人導之出疆又

諫行言聽而今也有故而去而君又加禮焉則不得不為之服矣

輔氏曰導之出疆所以盡防衛之道於在我之境先於其所往所以為其祿仕之地於所往之國去三年不反然後收其田里所以示眷眷屬望之恩義也

饒雙峰曰諫是開邪言是陳善

末節　項仲昭云此之謂寇讎言寇讎之道不過如此指君待臣之過當非指臣之心裏說只承搏執三項而言

先於其所往去三年不反然後收其田里此之謂三有禮焉如此則為之服矣

導之出疆防剽掠也先於其所往稱道其賢欲其收用之也三年而後收其田祿里居前此猶望其歸也

孟子曰當舊臣在國之時凡政之有害於民者諫之而必行政之有利於民者言之而必聽由是害以去利以興而膏澤下於民是固能遂其澤民之志矣及或有他故而去則君使人導之出我之疆以盡防衛之道又先稱揚於其所往之國以為其祿仕之地待去之三年不反然後收其田祿里居常不忘眷眷屬望之意於是去而待之如此此之謂三有禮焉夫在國既行其道去國又隆以禮如此則臣感其恩義而為之服矣

今也為臣諫則不行言則不聽膏澤不下於民有故而去則君搏執之又極之於其所往去之日遂收其田里此之謂寇

無罪章

讎寇讎何服之有

極窮也窮之於其所往之國如晉錮欒盈也　楊氏曰君臣以義合者也故孟子爲齊王深言報施之道使知爲君者不可不以禮遇其臣耳若君子之自處則豈處其薄乎孟子曰王庶幾改之予日望之君子之言蓋如此

今也爲臣者當其在國有諫則不行言則不聽膏澤不下於民矣及其有故而去則君搏擊而拘執之不使脫然出疆又極窮之於其所往使不得祿仕他國去之日遂收其田里而不復望其歸其刻薄寡恩如此此之謂臣之寇讎寇讎則君臣義絕又何服之有

無罪章全旨　此示人當見幾意無罪二字甚重無罪而殺漸不可長士大夫當見幾而早去玩可以二字有遲之須臾去之不得者矣

張南軒曰非特士大夫當知見幾而作之義抑將使有國者聞之怵然不可以失士大夫之心也

輔慶源曰可以者在時宜爲可也失此幾則有欲去而不能者矣

君仁章

輔慶源曰上篇言人臣當以正君爲急此章言人君當以正己爲先亦大學其機如此之說也

孟子曰無罪而殺士則大夫可以去無罪而戮民則士可以徙

言君子當見幾而作禍已迫則不能去矣

孟子曰凡禍有先幾君子當見幾而作如無罪而殺士則禍將及於大夫而大夫可以去矣無罪而戮民則禍將及於士而士可以徙矣蓋濫刑以逞勢必以次而及若失其幾則禍已迫雖欲去欲徙而不可得矣

君仁章全旨　此章重勉人君莫不仁義是下之人皆感化而爲仁義指人非指事也重君能倡率上

孟子曰君仁莫不仁君義莫不義

張氏曰此篇重出然上篇主言人臣當以正君爲急此章直戒人君義亦小異耳

孟子曰君者下之表率也君而仁焉則臣民皆化之而無不仁君而義焉則臣民皆化之而無不義矣爲君者可不

非禮章

程子曰恭本是禮過恭是非禮之禮也以物與人爲義過與是非義之義也

張子曰非禮之禮非義之義但非時中者皆是也

陳潛室曰大人者道全識周貫爲變而不膠於其迹故無此蔽

胡雲峰曰非禮之禮非義之義皆似是而非大人皆隨事順理而不爲非禮之禮因時處宜而不爲非義之義蓋不惑於其似而深得夫時中之道者也

以正身爲本哉

不精

上。

非禮章全旨　此章望人辨禮義之至是無非者而慎其所爲也註隨事順理二句不可分屬禮義重在察理

孟子曰非禮之禮非義之義大人弗爲

察理不精故有二者之蔽大人則隨事而順理因時而處宜豈爲是哉

孟子曰道以至是爲歸學以析非爲要如禮非合於中正即非禮也然而又近於禮是爲非禮之禮義未得乎至當即非義也然而又近於義是爲非義之義徇名執迹人多不辨而爲之矣惟大人察之至精則隨事順理而合乎禮之中正因時制宜而得乎義之至當弗爲是非禮之禮非義之義也此其所以立古今禮義之則也與

中也章全旨　此章重在責父兄上中以德言才以能言養謂涵育薰陶俟其自化最妙人字指子弟言樂者

中也章

輔慶源曰中以德言才以才言德本於性才本於氣賢則兼有才德者也　父子兄弟之間皆難於責善正其在我者使之自化而已

張南軒曰父兄之於子弟教之之道莫如養之養之云者如天地含養萬物其雨露之所濡風雷之所振和氣之薰陶寧有間斷乎哉故物以生遂焉父兄養子弟之道亦當如是也寬裕以容之義理以漸之忠信以成之開其明以袪其蔽引之以其方而使之自喻夫豈歲月之功哉

陳新安曰父兄過於子弟之賢其爲教也易不幸過於子弟之不賢其爲教也難所以貴乎養之也舜命契曰敬敷五教在寬寬即養之之謂也若急迫以求之見其未化遽以爲不可教而舍之是棄之也

樂其能養也棄非不教之謂不養便是棄了子弟固不肖父兄不養亦不得爲賢故相去不遠

孟子曰中也養不中才也養不才故人樂有賢父兄也如中也棄不中才也棄不才則賢不肖之相去其間不能以寸

無過不及之謂中足以有爲之謂才養謂涵育薰陶俟其自化也賢謂中而才者也樂有賢父兄者樂其終能成已也爲父兄者若以子弟之不賢遂遽絕之而不能教則吾亦過中而不才矣其相去之間能幾何哉

孟子曰凡子弟不能無不肖亦賴賢父兄善教之耳如父兄中也必養子弟之不中抑其過引其不及從容以俟其漸化父兄才也必養子弟之不才開其昏儆其惰寬裕以待其有爲故人樂有賢父兄之有以成已也若督責太嚴以求其速成及見其難成遂舍之而不教中也棄其不中才也棄其不才在子弟固爲不肖父兄之教不善亦未足

人有章

朱子曰橫渠先生云不爲不仁則可以爲仁不爲不義則可以爲義

顧麟士曰按朱子引橫渠語亦是主知擇說非有守而後可以有爲之解諸家皆有毫釐千里之謬　爲與不爲只在一時而後猶云然後非後日後事也

愚按不爲而後可有爲譬如說人能戒殺方是好生耳時講以有守訛有不爲竟似老氏之學所云將欲且伏將文且樸者矣故麟士述朱子引橫渠語而辨之

言人章

前言無責爾矣以是非言此云如後患何又以禍福言警人倍切

爲賢父兄之賢致子弟之不肖其相去之間能幾何哉

人有章全旨　此章主知擇說非有守而後有爲之解重人有不爲四字可以有爲在不爲中決之

孟子曰人有不爲也而後可以有爲

程子曰有不爲知所擇也惟能有不爲是以可以有爲無所不爲者安能有所爲邪

孟子曰天下之事有當爲有不當爲人必能審擇焉於不當爲者斷然有所不爲也然後於當爲者毅然可以有爲隨所爲而無不正矣

爲豈可苟焉者哉

言人章全旨　此爲不能隱惡者致警耳君子雖慎言若時義所在是是非非不苟默也豈計後患乎

孟子曰言人之不善當如後患何

此亦有爲而言

仲尼章

朱子曰：所謂本分者，事理之至當，非苟然而已也。學者宜深察之，一有小差，則流入於鄉原之亂德矣。

張南軒曰：聖人範圍天地而不過者，泛應曲當，不過其則，其不爲已甚者。聖人固天則之所存也。世徒見夫子答陽貨，見南子，爲不爲已甚，獨不思靈公問陳則遂行，季桓子受女樂則不稅冕而行，爲魯司寇七日而誅少正卯，聞陳恒弑君則沐浴而請討，此謂之已甚可乎？不深求聖人之權度，徒竊語之近似以文其姦，此賊仁義之甚者也。孟子於泄柳段干木謂爲已甚，而舉孔子待陽貨事以爲之準，此不爲已甚之證也。

程氏復心曰：本分，謂須滿本然之分。若事到這裏極了，再過些子，便是已甚。

朱公遷曰：此章以德行言聖人。孟子言仲尼不爲已甚者，孔子自言君子依乎中庸，二語互相發也。

孟子曰：隱惡者，忠厚之道，而亦遠害之道也。若好言人之不善，人必忿怨，以求傷於我，其奈後患何哉。

仲尼章全旨　此舉至聖以示則，尊爲過高者發藥。

孟子曰：仲尼不爲已甚者。

已猶太也。楊氏曰：言聖人所爲本分之外不加毫末，非孟子真知孔子，不能以是稱之。

孟子曰：仲尼聖人之極也，乃其生平所爲，無非自然之天，則未嘗於本分之外少有所加，蓋不爲已甚者也。若欲學仲尼而求之過高，則失之矣。

信果章全旨　此章見大人精義之學。信果無病，病在兩必字。大人何嘗不信果，只是不先期必於信果耳。惟義所在，則不期信而自無不信，不期果而自無不果者也。

三句一滾說下，中間用一字過文不得。不必者，不先期必也。我無必信必果之心，而惟所宜信宜果之理，所以言可法，行可則，而萬世無弊也。時說俱云義在則信果，義不

信果者

楊龜山曰、夫子謂言必信行必果硜硜然小人哉故孟子言此以發明孔子之意。

張南軒曰、君子不必夫信果獨精吾義焉耳。義精則言莫非義而無不信之言、行莫非義、而無不果之行矣。

胡雲峰曰、信果自是爲士者當然之事、惟至於大人、則言行惟義之在、雖不先期於信果、而自然無不信果也。

晢雲峯曰、惟義所在言大人之言、行無不合乎義則不期於信果而自無不信果、非義在則信果義不在則不信果而有不合義之言行也。

在則不信果、未免看壞了信果二字、不可從。

孟子曰大人者言不必信行不必果惟義所在

必猶期也大人言行不先期於信果但義之所在則必從之卒亦未嘗不信果也　尹氏曰主於義則信果在其中矣主於信果則未必合義王勉曰若不合於義而不信不果則妄人爾

孟子曰凡人言固貴信、行固貴果、但有意信果、未必合義。惟大人者、言不先期於信、而必欲如是而言、行不先期於果而必欲如是而行。但隨時隨事、而觀其義之所在、義所當言則言之而自無不信之言、義所當行則行之而自無不果之行、此其所以異於硜硜然之小人歟。

大人章全旨 此是指出初心以示人。只是要人保任之意、大人赤子勿作兩人看、言大人者不失當初赤子

大人章

朱子曰赤子之心固無巧僞但於理義未能知覺渾然赤子之心而已大人則有知覺擴充之功而無巧僞安排之鑿故曰不失赤子之心着箇不失字便是不同處○赤子是無知無能底純一無僞大人是有知有能底純一無僞　大人事事理會得只是無許多巧僞曲折便是赤子之心

之心者也。

孟子曰大人者不失其赤子之心者也

大人之心通達萬變赤子之心則純一無僞而已然大人之所以爲大人正以其不爲物誘而有以全其純一無僞之本然是以擴而充之則無所不知無所不能而極其大也

孟子曰人見大人之盛德大業高出于天下以爲大人不可及矣不知大人之所以爲大人者但不失其赤子之心者也蓋當其爲赤子之時此心純一無僞惟能不爲物誘而有以全其本然之初是以擴而充之至萬變無所不通而極其大也此大人所以不可及也歟

養生章全旨

此戒人子當愼終意養生亦在所當謹但不若送死爲尤重只把生死兩字重讀則知其言之

養生章

陳新安曰生事死葬皆當以禮其不可輕忽均也孟子此言非謂養生爲輕但以常變從容急遽較之則送死比養生爲尤重大耳

蒙引曰當味註孝子之事親舍是無以用其力矣二句蓋此是人子事親盡頭處須而附於身葬而附於棺皆有悔焉永無及矣言大事者見其至重而不可苟也

王德修云親聞和靖說唯送死可以當大事曰親之生也好惡取舍得以言焉及其死也好惡取舍不能言矣當是時親之心即子之心子之心即親之心故曰惟送死可以當大事朱子曰亦說得好

雙峯曰養生今日不及明日猶可補惟送死有不到爲終身之恨他日欲爲不可得矣

深造章

朱子曰道是進爲之方此是趙岐之說恭術痛切矣不必瑣瑣分疏

孟子曰養生者不足以當大事惟送死可以當大事

事生固當愛敬然亦人道之常耳至於送死則人道之大變孝子之事親舍是無以用其力矣故尤以爲大事而必誠必信不使少有後日之悔也

孟子曰子之於親養生送死皆當無所不用其力然以二者較之養生之事乃人道之常不足以當大事惟至送死是人道之大變舍此更無以用力矣斯可以當大事君於此而不愼少貽後日之悔亦何及哉

深造章全旨　此示人心得之學工夫全在深造以道上欲其自得之也是推其立心如此居安資深逢原自得後一齊有此效驗初無節次末句應轉自得仍須繳出深造以道

孟子曰君子深造之以道欲其自得之也自得之則居之安

此進進不已便是深造之猶言以造方去深造之也如博學審問慎思明辨篤行之次序即是造道之方法能以道而爲之不已造之愈深然後有以默識心通而自然得之既自得之而爲我有則居之安居之安則所以資之者深資之者深則取之無窮用之不竭只管取只管有滾滾地出來這件事也撞着這本來的道理那件事也撞着這本來的道理而左右逢源然這個只在自得上

饒雙峯曰道字便是致知力行之方之字是指所得而言下面居之資之取之皆是指所得而言也

蒙引曰資之深是未接物之時取之左右逢其源正當應接之時而所居所資者今皆隨取隨有供其所取綽有餘裕矣

居之安則資之深資之深則取之左右逢其原故君子欲其自得之也

造詣也深造之者進而不已之意道則其進爲之方也資猶藉也左右身之兩旁言至近而非一處也逢猶值也原本也水之來處也言君子務於深造而必以其道者欲其有所持循以俟夫默識心通自然而得之於已也自得於已則所以處之者安固而不搖處之安固則所藉者深遠而無盡所藉者深則日用之間取之至近無所在而不值其所資之本也　程子曰學不言而自得者乃自得也有安排布置者皆非自得也然必潛心積慮優游厭飫於其

博學章

程子曰博與約正相對聖人教人只此兩字博是博學多識多聞多見之謂約只是使

間然後可以有得若急迫求之則是私己而已終不足以得之也

孟子曰理不可以強探而學必期乎精進若君子之於學也深造不已必以其造之之道循序而漸進若此者欲何爲哉欲其有所持循以俟夫真積力久默識心通自然而得此理於心也惟自得之則心與理一而不奪於心足以使所以居之者安固而不搖矣居之安則理具於心足以應無窮之用所資以應物者深遠而無盡矣資之深則取之不竭隨其事物之來應之各得其理或左或右無不值其所資之原矣自得之妙如此故君子之學必深造以道而欲其自得之也

博學章全旨

此示人以博約合一之功用工全在上句上一句又重詳說兩字下是推原詳說其博之意與前章深造以道二句側看

孟子曰博學而詳說之將以反說約也

人知要也

問世間博學之人非不博却又不知箇約處者何故朱子曰他合下博得來便不是了如何會約他竟不窮究這道理如何都見不透徹只是搜求隱僻之學鈎摘奇異之說以為博如此豈能得約　約自博中來通貫處便是約不是通貫了又去裏面尋討箇約　程子說格物云但積累多後自脫然有會通處積累多便是博脫然有會通處便是約

饒氏曰所以博學者非徒誇其多所以詳說者非徒鬬其靡欲融而會之貫而通之而已這物事未曾融時一箇是一箇纔融了便會為一約是要約

以善章

朱子曰以善服人者惟恐人之進於善如張華對武帝恐吳人更立令主則江南不可取之類是也以善養人者惟恐人不入於於善如湯於葛遺之牛羊又使人往為之

言所以博學於文而詳說其理者非欲以誇多而鬬靡也欲其融會貫通有以反而說到至約之地耳蓋承上章之意而言學非欲其徒博而亦不可以徑約也

孟子曰學問惟有博約兩端然不博亦無以歸於約所以君子為學於凡天地名物之賾詩書六藝之文無不搜覽誦習而博學之而又於其所學者一一講究辨析而詳說其理焉若此者豈欲以誇多而鬬靡哉蓋以天下之理散於萬殊而原於一本欲由此博學詳說之功以俟夫融會貫通有以反而說到至約之地耳然則學固不可以徒博而亦不可以徑約也

以善章全旨　此勉當時諸侯誠心以行王道也上四句言公私感應之異下決言不得人心不足以致王也

孟子曰以善服人者未有能服人者也以善養人然後能服天下天下不心服而王者未之有也

耕是也

輔慶源曰以力服人以德服人以事言也其不同易見以善服人以善養人以心言也其不同則難見也孟子之言至此愈密矣以善服人者以善爲己私也以善養人者以善與天下公也

蔽賢章

張南軒曰天之生斯賢以爲人也蔽賢者妨賢病國不祥孰甚焉

服人者欲以取勝於人養人者欲其同歸於善蓋心之公私小異而人之嚮背頓殊學者於此不可以不審也

孟子曰人君孰不欲服天下以成王業而不知天下之向背視乎一心之公私如見力不足以服人而以善服人者以已之善形人之不善人決不肯心服未有能服人者也必以其善養人涵育薰陶使之同歸於善則人皆心悅誠服然後能服天下若天下不心服而能王於天下者自古及今未之有也

蔽賢章全旨 此爲妒賢病國者發上句非究人之責也特引起下句耳

孟子曰言無實不祥不祥之實蔽賢者當之

或曰天下之言無有實不祥者惟蔽賢爲不祥之實或曰言而無實者不祥故蔽賢爲不祥之實二說不同未知孰是疑或有闕文焉

徐子章

原泉節　陳新安曰有本者指原泉如是指混混至放乎四海是之取爾荅徐子何取於水也之問謂孔子所以亟稱於水者此意之是取爾本文只是說水

孟子曰凡言之足以召禍啓釁者謂之不祥然無有真實不祥者不祥之實惟蔽賢之言當之蓋譖毀賢人使不得見用於時則禍及生民害及國家此言之實不祥者也聽言者斥而遠之可矣

徐子章全旨　通章重本字可立而待也以上就水說末句方就人說不必於是之取爾之下補出人有實行故聲聞過情二句方是儆徐子本旨以上雖暗含聖人重本之心君子反本之學亦是影子語

徐子曰仲尼亟稱於水曰水哉水哉何取於水也

亟數也水哉水哉歎美之辭

徐子問於孟子曰嘗聞仲尼亟稱贊於水曰水哉水哉若有深味乎水者不知仲尼果何所取於水也

孟子曰原泉混混不舍晝夜盈科而後進放乎四海有本者如是是之取爾

原泉有原之水也混混湧出之貌不舍晝夜言常出不竭

苟爲節　陳新安曰水無原本人無實行之譬也溝澮皆盈而涸可立待與上文混混盈科而進以至放乎四海者相反暴得虛譽而不能長久之譬也

饒雙峯曰論孟二不舍晝夜所指不同夫子說道體孟子說有本所謂徵言川上之歎是也孟子只就徐子身上說取切其病而易曉

也盈滿也科坎也言其進以漸也放至也言水有原本不已而漸進以至於海如人有實行則亦不已而漸進以至於極也

孟子曰子亦知夫原泉乎原泉之勢混混然湧出晝夜永無間息或遇有科坎則盈乎此而後達於彼因以至於四海而會其歸焉蓋原泉乃有本之水故混混不已而漸進以至於海有如是爾仲尼所以亟稱於水者亦以是之取爾

苟爲無本七八月之間雨集溝澮皆盈其涸也可立而待也故聲聞過情君子恥之

集聚也澮田間水道也涸乾也如人無實行而暴得虛譽不能長久也聲聞名譽也情實也恥者恥其無實而將不繼也林子曰徐子之爲人必有躐等干譽之病故孟子以

存之章

首節　朱子曰人物之所同者理也所不同者心也人心虛靈無所不明禽獸便昏了

是答之　鄒氏曰孔子之稱水其旨微矣孟子獨取此者自徐子之所急者言之也夫子嘗以聞達告子張矣達者有本之謂也聞則無本之謂也然則學者其可以不務本乎

苟非原泉而為無本之水如七八月之間倏然雨集溝澮中無不盈滿雨止水盡其涸也可立而待之也豈足取哉然則人有實行則不已而漸進以至於極猶有本之水也使人無實行而暴得虛譽猶無本之水也故聲聞過情而名浮於實者君子深恥之恥其無本也知君子之所恥學者可不務本而躐等以干譽哉

存之章全旨　此章敘舜以開道統之傳首言性之理存於君子雖引起下節寔統冒下四章之意下言舜自然存所性之理

孟子曰人之所以異於禽獸者幾希庶民去之君子存之

只有一兩路子明人若以私欲蔽了這虛靈便是禽獸人與禽獸只爭這些子所以謂幾希　飢食渴飲之類是人與禽獸同者有親有義之倫此乃與禽獸異者存是存所以異於禽獸之道理

陳新安曰集註知之一字示人以存之之門戰兢惕厲四字授人以存之之法。

次節　張子曰明庶物察人倫皆窮理也既知明理但知順理而行而未嘗有以爲仁

幾希少也庶衆也人物之生同得天地之理以爲性同得天地之氣以爲形其不同者獨人於其間得形氣之正而能有以全其性爲少異耳雖曰少異然人物之所以分實在於此衆人不知此而去之則名雖爲人而實無以異於禽獸君子知此而存之是以戰兢惕厲而卒能有以全其所受之正也

孟子卜人與禽獸之生性同天地之理形同天地之氣但得其正且通者爲人而性無不全得其偏且塞者爲物而性有所蔽是人之所以異於禽獸者所爭不多特幾希耳乃庶民不知人物之所以分在此幾希之間常放逸怠惰溺於物欲而去之惟君子知人物之所以分只在此幾希之間戰兢惕厲無一事之敢忽爲能存之而不失耳

舜明於庶物察於人倫由仁義行非行仁義也

義仁義之名但人名其行耳

朱子曰明物察倫由仁義行三句以學言之則有序自聖人言之則生知安行不可以先後言也　又曰惟舜便由仁義行他人須窮理知其爲仁爲義從而行之

張南軒曰行仁義猶與爲二物由仁義行則如目視耳聽手持足履身與理一而非二也

物事物也明則有以識其理也人倫說見前篇察則有以盡其理之詳也物理固非度外而人倫尤切於身故其知之有詳略之異在舜則皆生而知之也由仁義行非行仁義則仁義已根於心而所行皆從此出非以仁義爲美而後勉強行之所謂安而行之也此則聖人之事不待存之而無不存矣

稽之上古開君子之統者其舜乎所性之理散於萬殊則爲庶物人倫舜則明於庶物不假思索而有以識其理之當然察於人倫不待研窮而有以盡其理之精詳所性之理具於一心則爲仁義舜則由心之仁義行之於人倫庶物之間非勉強率循而行仁義也是其知生知其行安行不待存之而無不存者也此舜所以開道統之傳也與

禹惡章全旨

此章承上章敘舜而歷敘羣聖以繼之各與一二事以見其憂勤惕厲之意所以能存其所以

禹惡章

首節　輔氏曰惡旨酒則物欲不行好善言則天理昭著

三節　輔慶源曰執中則處義精審立賢無方則用人無間

異於禽獸者也

孟子曰禹惡旨酒而好善言

戰國策曰儀狄作酒禹飲而甘之曰後世必有以酒亡其國者遂疏儀狄而絕旨酒書曰禹拜昌言

孟子曰自舜開存之之統而繼之者禹也以禹之事而言於旨酒則惡之惟恐欲之或熾也於善言則好之惟恐理之或遺也此禹憂勤惕厲之心也

湯執中立賢無方

執謂守而不失中者無過不及之名方猶類也立賢無方惟賢則立之於位不問其類也

繼禹之後者湯也以湯之事而言處事必執乎中惟恐中太過不及之差用賢不拘其類惟恐失天下賢人之心也

三節　朱子曰保民之至而視之猶如傷體
道之極而望之猶未見其純亦不已如是

四節　朱子曰泄邇忘遠此通人與事而言
泄字兼有親狎忽略之意
輔氏曰於人所易狎而不泄則敬心常存於
人所易忘而不忘則誠心不息

湯兢勤惕
厲之心也
文王視民如傷望道而未之見
民已安矣而視之猶若有傷道已至矣而望之猶若未見
聖人之愛民深而求道切如此不自滿足終日乾乾之心
也
繼成湯之後者文武也以文王之事而言其民已安矣而
視之猶若有傷愛民一何深也其道已至矣而望之猶若
未見求道一何切也此
文王憂勤惕厲之心也
武王不泄邇不忘遠
泄狎也邇者人所易狎而不褻遠者人所易忘而不忘德
之盛仁之至也

末節　張南軒曰，不合者，思而未得也。未得之思之惟恐不得，既得之行之惟恐不及也

胡雲峰曰，朱子嘗曰，讀此章使人心惕然而常存。蓋聖人之所以爲聖人者，只是憂勤惕厲，須臾毫忽不敢自逸。理無定在，惟勤則常存；心本活物，惟勤則不死。常人不能憂勤惕厲，故人欲肆而天理亡，身雖存而心已死，豈不大可哀哉

輔慶源曰，集註恐人執孟子之言，而疑聖人於道互有得失，故發明如此

蔡虛齋曰，此章五條事都是舉其切於憂勤惕厲之心

又如此

以武王之事而言，人與事之近者，人所易狎，獨敬之而不泄；人與事之遠者，人所易忘，獨慮之而不忘。而武王憂勤之

周公思兼三王以施四事，其有不合者，仰而思之，夜以繼日，幸而得之，坐以待旦

三王，禹也，湯也，文武也。四事，上四條之事也。時異勢殊，故其事或有所不合，思而得之，則其理初不異矣。坐以待旦，急於行也　此承上章言舜，因歷敘羣聖以繼之，而各舉其一事，以見其憂勤惕厲之意，蓋天理之所以常存，而人心之所以不死也　程子曰，孟子所稱，各因其一事而言，非謂武王不能執中立賢，湯却泄邇忘遠也。人謂各舉其

惕厲者言。故曰人謂各舉其盛亦非也聖人亦無不盛。

王者章

首節　朱子曰緊要在王者之迹熄一句上蓋王者之政存則禮樂征伐自天子出故雅詩自作於上以教天下王迹滅熄則禮樂征伐不自天子出故雅不復作於上而詩降爲國風是以孔子作春秋定天下之邪正爲百王之大法也

盛亦非也聖人亦無不盛。

承文武者周公也周公之事何如周公思兼三代之王以施其四事於當時其合者固已行之矣或有時勢殊隔而不合者則仰而思之以求乎理之一至夜以繼日窮其研精反覆之勢幸而得其理之一矣則坐以待旦而急欲見諸行爲此周公憂勤惕厲之心也由三王以迄周公事雖不同而憂勤惕厲之意無不同此存之之統所以遞傳而不墜也與

王者章全旨　此章敘孔子作春秋以繼羣聖之統首節推春秋所由作次節原春秋爲魯之舊史末節其事其文承魯之春秋說下引起其義一句言孔子竊取大義以明之以見其憂勤惕厲之意

孟子曰王者之迹熄而詩亡詩亡然後春秋作

王者之迹熄謂平王東遷而政教號令不及於天下也詩亡謂黍離降爲國風而雅亡也春秋魯史記之名孔子因

馮潛室曰雅詩多是王者朝會燕享樂章或是公卿大夫規誦獻納之所作東遷以後朝廷既無制作公卿又無獻納故雅詩遂亡獨有民俗歌謠其體制聲節與列國之風同故止謂之王風非聖人能降之也

次節　汪氏曰史不止於晉楚五伯不止於桓文孟子惟及此者晉楚為列國之大者桓文為五伯之盛者也

而筆削之始於魯隱公之元年實平王之四十九年也

孟子曰繼列聖之統者孔子也以孔子之事言之自周室東遷王者之迹滅熄禮樂征伐不自天子出於是雅詩不作於上而詩亡詩亡然後孔子之春秋因之而作焉

晉之乘楚之檮杌魯之春秋一也

乘義未詳趙氏以為興於田賦乘馬之事或曰取記載當時行事而名之也檮杌惡獸名古者因以為凶人之號取記惡垂戒之意也春秋者記事者必表年以首事年有四時故錯舉以為所記之名也古者列國皆有史官掌記時事此三者皆其所記冊書之名也

夫春秋非自孔子創也當時列國皆有史書記事如晉國之乘楚國之檮杌魯國之春秋名各不同而其為史一也

末節　張南軒曰春秋未經聖筆則固魯之史耳自其義理人有取焉則史外傳心之要典所以存天理遏人欲撥亂反正示王者之法於將來也

輔慶源曰夫子之作春秋不過以史之文載當時之事而已而其竊取之義則在於定天下之邪正爲百王之大法也夫春秋之善善惡惡撥亂世而反之正上明四代之禮樂下示百王之法程聖人之用備見此書而夫子之言則又謙抑如此畧無自居其功之意此孟子所以因而述之以繼羣聖之後也

是春秋原魯史也

其事則齊桓晉文其文則史孔子曰其義則丘竊取之矣

春秋之時五霸迭興而桓文爲盛史史官也竊取者謙辭也公羊傳作其辭則丘有罪焉耳意亦如此蓋言斷之在已所謂筆則筆削則削游夏不能贊一辭者也尹氏曰言孔子作春秋亦以史之文載當時之事也而其義則定天下之邪正爲百王之大法　此又承上章歷叙羣聖因以孔子之事繼之而孔子之事莫大於春秋故特言之

其春秋所載之事則齊桓晉文征伐會盟之事其所書之文則史官編年紀月之辭不過紀事之書不足以昭勸戒也孔子曰其義則丘嘗竊取而裁定之矣蓋因其文而筆削之即其事而褒貶之皆斷自聖心以定天下之邪正爲

五世章

首節　張南軒曰五世大槩約度如此自今觀之孔子之澤其所浸灌萬世不斷也

蔡虛齋曰君子小人以位言孔子在君子之數史記以孔子入世家孔子常曰以吾從大夫之後

百王之大法此其繼詩而維王迹也而歷聖相傳之統在是矣

五世章全旨　此章孟子自任得統於孔子也首節引起下節孔子之澤萬世不斷言五世者主去聖人之世若此其未遠耳

孟子曰君子之澤五世而斬小人之澤五世而斬

澤猶言流風餘韻也父子相繼爲一世三十年亦爲一世斬絕也大約君子小人之澤五世而絕也楊氏曰四世而緦服之窮也五世袒免殺同姓也六世親屬竭矣服窮則遺澤寖微故五世而斬

孟子曰人之德業在當時而澤遺於後世在位之君子其澤之所遺大約至五世而斬無位之小人其澤之所遺亦大約至五世而斬無上下之別也

次節　張子曰孟子蓋謂孔子猶在五世之內雖不親爲弟子然其餘澤在人我得私取之以爲善。

陳新安曰私竊以善其身解諸人字不順不若云私竊其善於人文意方順。

朱氏公遷曰此見孟子以道統自任無有乎爾之云亦是此類雖爲自謙之辭實則自任之意也。

子未得爲孔子徒也予私淑諸人也

私猶竊也淑善也李氏以爲方言是也人謂子思之徒也自孔子卒至孟子遊梁時方百四十餘年而孟子已老然則孟子之生去孔子未百年也故孟子言予雖未得親受業於孔子之門然聖人之澤尚存猶有能傳其學者故我得聞孔子之道於人而私竊以善其身蓋推尊孔子而自謙之辭也　此又承上三章歷敘舜禹至於周孔而以是終之其辭雖謙然其所以自任之重亦有不得而辭者矣

由孔子至今猶在五世之内予雖不得親受業於孔子之門而爲之徒也而孔子之學尚存猶有能傳其學者予私竊以善其身於在人者也孟子自敘於孔子之後其自任之重可見矣。

朱子曰此段正與孔子曰再斯可矣相似凡事初看尚未定再察則已審矣便用決斷始得。

饒雙峰曰傷廉與傷惠傷勇是兩般意思朱子所以上面下箇固下面下兩箇反字過取固傷廉與本是惠與之過則反害其惠死本是勇死之過則反害其勇。

陳新安曰傷廉者少之不及傷惠傷勇者失之太過

[illegible]

可以章全旨 此示人當斷以從義二可以字非兩可之詞重可以無一邊此已見義不當取不當與不當死矣又取之與之死之是不能斷以從義非察義不精之失也

孟子曰可以取可以無取取傷廉可以與可以無與與傷惠可以死可以無死死傷勇

先言可以者略見而自許之辭也後言可以無者深察而自疑之辭也過取固害於廉然過與亦反害其惠過死亦反害其勇蓋過猶不及之意也林氏曰公西華受五秉之粟是傷廉也冉子與之是傷惠也子路之死於衛是傷勇也

孟子曰凡取與死生之際有義存焉不可不審而持之以斷也夫不苟取之為廉如臨財之際始焉見其可以取及

逢蒙章

許東陽曰此章專爲交友發羿不能取友也殺身孺子能擇交而免禍

首節　逢說曰是亦羿有罪包有自取意但未可用出下引公明儀極有味不是引他說無罪正要辨他說有罪公明儀曾責人也宜若二字極斟酌曰薄乎云爾是發公明儀宜若二字不然曰字云爾字說不去矣

苟審之則可以無取焉即弗取可也而乃竟取之是爲苟取而害於廉矣以物與人固謂之惠如初焉見其可以與及苟審之則可以無與焉即弗與可也而或竟與之是則非惠之正而傷於惠矣捐軀赴難固謂之勇如初焉見其可以死及苟審之則可以無死焉即弗死可也而或竟死之是則非勇之正而傷於勇矣若此者皆不能審待決斷以從於義也

逢蒙章全旨　此章見取友之當愼與羿之有罪在取友之不端端人二字尤是窮源之論然此意只在言外

逢蒙學射於羿盡羿之道思天下惟羿爲愈己於是殺羿孟子曰是亦羿有罪焉公明儀曰宜若無罪焉曰薄乎云爾惡得無罪

羿有窮后羿也逢蒙羿之家衆也羿善射篡夏自立後爲家衆所殺愈猶勝也薄言其罪差薄耳

次節　程子曰孺子之事孟子只取其不背師耳若國之安危在此一舉則殺之可也舍之而無害於國權輕重可也何用虛發四矢哉

張南軒曰使蒙爲夏廷之臣羿篡夏氏凡爲臣子得而誅之蒙以義討賊雖嘗學射亦何罪之有蒙以私意忌而殺之是則爲殺其師耳以此而觀輕重之權衡可得而推矣

昔逢蒙學射於羿盡得羿善射之道乃思天下惟羿爲愈於己於是殺羿以專其勝孟子曰逢蒙殺羿固逢蒙之罪是亦羿有罪焉者公明儀曰羿爲逢蒙所殺羿宜若無罪焉夫公明儀所謂宜若者正謂羿罪特薄於逢蒙故言如此爾羿惡得爲無罪乎

鄭人使子濯孺子侵衛衛使庾公之斯追之子濯孺子曰今日我疾作不可以執弓吾死矣夫問其僕曰追我者誰也其僕曰庾公之斯也曰吾生矣其僕曰庾公之斯衛之善射者也夫子曰吾生何謂也曰庾公之斯學射於尹公之他尹公之他學射於我夫尹公之他端人也其取友必端矣庾公之斯至曰夫子何爲不執弓曰今日我疾作不可以執弓曰小人學射於尹公之他尹公之他學射於夫子我不忍以夫子

之道反害夫子雖然今日之事君事也我不敢廢抽矢扣輪去其金發乘矢而後反

之語助也僕御也尹公他亦衛人也端正也孺子以尹公正人知其取友必正故度庾公必不害己小人庾公自稱也金鏃也扣輪出鏃令不害人乃以射也乘矢四矢也孟子言使羿如子濯孺子得尹公他而教之則必無逢蒙之禍然羿存篡弑之賊蒙乃逆儔庾斯雖全私恩亦廢公義其事皆無足論者孟子蓋特以取友而言耳

試以子濯孺子之事觀之昔鄭人使子濯孺子侵衛見勢不利而遂遁衛使庾公之斯躡其後而追之孺子曰今日我不幸而疾作不可以執弓其何以禦追兵吾死矣夫既而問其御車之僕曰衛之追我者為誰其僕曰乃庾公之

西子章

張南軒曰一自汚而喪其美一自新而洗其惡勸戒彰矣

斯也孺子言曰吾得生矣其僕曰庾公之斯衛之以善射名者也夫子又以疾當之宜不免矣而乃曰吾生何謂也孺子曰庾公之斯學射於尹公之他尹公之他學射於我夫尹公之他其平日立心制行乃端人也其所取之友亦必爲端人可知矣安有端人而背本倖功者哉此吾所以自諒其必生也及庾公之斯至問曰夫子何爲不執弓疑其能而示之不能也孺子曰今日我疾作不可以執弓耳庾公曰小人學射於尹公之他尹公之他學射於夫子是小人之道夫子之道也我不忍即以夫子之道反害夫子雖然今日來追之事乃君所命之事也我不敢以私恩廢公義於是抽矢扣於車輪去其金鏃虛發四矢而後反其曲全孺子如此使羿如孺子奚至罹逢蒙之禍哉此其所以不能無罪也

西子章全旨　此章言質之美不足恃惡不可棄人當惕然自修去惡以遷善也須照尹氏註說不必串講

按兩則字見有倏忽轉移意

孟子曰西子蒙不潔則人皆掩鼻而過之

陳新安曰此章似詩六義中之比。

言性章

朱子曰此章其初只是性上泛說起不是專說性。

西子美婦人蒙猶冒也不潔汙穢之物也掩鼻惡其臭也

孟子曰善惡何常之有顧人之自處何時耳如西子之質本美也苟蒙不潔之物則人皆掩鼻而過之蓋惟見其不潔而不見其爲美矣人之有善者其可自恃哉

雖有惡人齊戒沐浴則可以事上帝

惡人醜貌者也　尹氏曰此章戒人之喪善而勉人以自新也

雖若有惡人貌本醜也苟能齊戒沐浴則可以盡誠而享祀上帝蓋惟鑒其誠而不計其貌之惡矣人之有過者其可自棄哉

言性章全章　此章爲好用私智者發不主論性說首言人性之發見有自然之故引起次節次言鑿之智爲小自然之智爲大行所無事是智之[illegible]發用處方是利之故末又言天有本然之度以見其不必鑿欲智者隨事

順理而行也

孟子曰天下之言性也則故而已矣故者以利爲本

性者人物所得以生之理也故者其已然之跡若所謂天下之故者也利猶順也語其自然之勢也言事物之理雖若無形而難知然其發見之已然則必有迹而易見故天下之言性者但言其故而理自明猶所謂善言天者必有驗於人也然其所謂故者又必本其自然之勢如人之善水之下非有所矯揉造作而然者也若人之爲惡水之在山則非自然之故矣

孟子曰天下之理原於性人惟不識乎性之眞所以事不順理而任其私意以擾天下也夫性無形而難知而其發

首節　朱子曰性是箇難言底物事惟惻隱羞惡之類却是已發見者乃可得而言此即性之故也只看這箇便見得性故集註下箇跡字若四端則無不順利若殘忍之非仁無恥之非義不遜之非禮昏惑之非智即故之不利者也　利是不假人爲而自然者。

林次崖曰此節雖先說故後說利卻歸重在利上總是利之故也故第二節只承利字說去第三節又只言故而不及利其所謂故即利之故也

次節　張南軒曰故者本然之理也無是理而強爲之曰鑿鑿則失其性所以惡夫智也

蔡氏曰鑿於智者非所謂以利爲本也

胡氏雲峰曰鑿字與利字相反利者天理之自然鑿者人爲之使然言性而必本諸天理之自然者所以言智而深惡夫人爲之使然者也

陳新安曰所惡於智者小智也無惡於智者大智也智者順事物自然之理以無事處事使物各付物斯爲大智而非小智矣此一節以治水申言利字之意

末節　陳新安曰此又以天度申言故字之意首一節故字言本然之理此一故字言本然之度也天高星辰遠若因其本然之

見之已然者則有跡而可見天下之言性也亦就其故而之而已矣然其所爲故者又必本其順性而動出於天理之自然者爲故之本若一涉人爲即不順利而非故矣

所惡於智者爲其鑿也如智者若禹之行水也則無惡於智矣禹之行水也行其所無事也如智者亦行其所無事則智亦大矣

天下之理本皆利順小智之人務爲穿鑿所以失之禹之行水則因其自然之勢而導之未嘗以私智穿鑿而有所事是以水得其潤下之性而不爲害也

故以利爲本則人之處事但當順其自然而已所惡於智者爲其務爲穿鑿而不順利也如智者若禹之行水也則無惡於其智矣蓋禹之行水也因地勢水勢而導之未嘗以私意造作於其間是不過以水治水行其所無事也如

故而求之則雖久年日南至之時刻亦可以坐而推致以得之矣

新唐書曆志治曆之本必推上元日月如合璧五星如連珠夜半朔旦冬至自此七曜散行不復餘分普盡總會如初

五代史司天考夫天行之際遠哉微矣而使一藝之士布算積分上求數千萬歲之前必得甲子朔日夜半冬至而日月五星皆會於子謂之上元以爲曆始

金仁山曰求其故者謂推千歲以前之日至也千歲之日至可坐而致之謂推已後之日至也

存疑曰天之高星辰之遠是舉至難以明至易也言天之高星辰之遠其日至之度至難得也苟即其故求之無有不得而况事物之近苟即其故求之豈有不得其理者哉此所謂故即利之故也故蔡曰何以穿鑿爲哉總是申言第二節意

愚按天度全在星辰推出如其星躔某度爲冬至推而上之舊年某星某處爲冬至

智者亦行其所無事凡事物之來各循其自然之理而處之則事事物物無不各得其爲智亦大矣又何惡之有

天之高也星辰之遠也苟求其故千歲之日至可坐而致也

天雖高星辰雖遠然求其已然之跡則其運有常雖千歲之久其日至之度可坐而得况於事物之近若因其故而求之豈有不得其理者而何以穿鑿爲哉必言日至者造曆者以上古十一月甲子朔夜半冬至爲曆元也　程子曰此章專爲智而發愚謂事物之理莫非自然順而循之則爲大智若用小智而鑿以自私則害於性而反爲不智程子之言可謂深得此章之旨矣

試觀天之在上至高也星辰之麗於天去下至遠也其日至之度似難測矣然天之運行星辰之次舍皆有已然之

年年如此積筭則十年而百百年而千其
星辰度次皆可推求故曰至曆元之在上
古者可坐而致也歲月日時皆甲子亦時
有之須要上古者方爲曆元千歲大約言
其久耳金氏謂推已後之日至乃言未來
曆似與故字爲一層

公行章
朱子曰孟子鄙王驩而不與言固也然朝禮
既然則當時雖不鄙之亦不得與之言矣

故尚求其故雖由今之上千歲之久其日冬至爲造曆之
元者可坐而推致之不勞餘力也況夫事物之近若因其
故而求之豈有不得其
理者而何以穿鑿爲哉

公行章全旨　此章是維朝廷之禮重我欲行禮一何王驩固
孟子所鄙而此不與言乃是禮不得言故因其
不悅而明
言以曉之

公行子有子之喪右師往弔入門有進而與右師言者有就
右師之位而與右師言者

公行子齊大夫右師王驩也
許公行子有人子之喪右師王驩往弔方入門之初右師
未就位有進右師於其位而與之言者及右師已就位有
就右師之位
而與之言者

孟子不與右師言右師不悅曰諸君子皆與驩言孟子獨不

鄒王驩於出弔處已見此章意則以朝廷之禮爲重時事不同理各有當

張南軒曰衆與之言以其變於君而諂之也右師以孟子爲簡已者以孟子時所尊敬欲假其辭色以爲榮也君子之遠小人不惡而嚴豈有他哉亦曰禮而已矣

與驩言是簡驩也

簡略也

孟子時亦往弔由未就位及已就位皆不與右師言右師不悅而宣言曰諸君子皆與驩言孟子獨不與驩言是其意簡略於驩也

孟子聞之曰禮朝廷不歷位而相與言不踰階而相揖也我欲行禮子敖以我爲簡不亦異乎

是時齊卿大夫以君命弔各有位次若周禮凡有爵者之喪禮則職喪涖其禁令序其事故云朝廷也歷更涉也位他人之位也右師未就位而進與之言則右師歷已之位矣右師已就位而就與之言則已歷右師之位矣孟子右

存心章
首節　朱子曰這箇存心與存其心不同只是處心與人不同耳
饒氏曰以是存於心添於字便可見孟子意是把仁義來存於我心此心常在仁禮上無頃刻之或離君子大異於人以其能以仁禮存於心也人便不能

師之位又不同階孟子不敢失此禮故不與右師言也
孟子聞之曰禮卿大夫在朝廷站立各有定位不得歷過位次而相與言班列各有定階不得踰越班階而相與揖也公行之事君命所在即朝廷所在我欲行不歷位踰階之禮而子敖乃以我為簡不亦可怪異乎

存心章全旨　此章見君子存心之不苟以仁禮存心二句是通章之主仁者愛人二句是以仁禮存心之實愛人者二句以感應之常引起中三節處橫逆而自反詳言君子存心之功末節承上三自反而結言之總見君子以仁禮存心而不忘也

孟子曰君子所以異於人者以其存心也君子以仁存心以禮存心

以仁禮存心言以是存於心而不忘也

孟子曰均是人也而君子獨異其所以異於人者以其存於心者不同也人多失之殘忍君子獨以仁存心人多失

次節　輔慶源曰、由乎内以施乎外也。

三節　陳新安曰、我感而人應、可驗我之得。人不應、可驗我之失。驗字已含下文必不仁必無禮之意矣。

蔡氏曰、此合上節皆論理之詞、以起下文三自反之意。蓋必人愛人、敬人、方見我之愛人敬人。此橫逆之來、君子所以必自反也

首節存心、就是存此愛人敬人之心　驗非效驗、因人省己、所謂驗也。合上一節、總言有施必有驗、以起下文無驗而三自反之意

翼註曰、恒愛恒敬、起下橫逆。愛敬其恒也。橫逆其變也

四節　輔慶源曰、強暴、橫也。不順理、逆也。陳新安曰、橫逆者、愛敬之反

之傲慢、君子獨以禮存心。二者常存於心而不忘、此其所以異於人也。

仁者愛人、有禮者敬人、

此仁禮之施

君子以仁禮存心者何如。凡仁者必然愛人、有禮者必然敬人、觀其所施而仁心可知矣

愛人者人恒愛之、敬人者人恒敬之

此仁禮之驗

凡愛人者人亦恒愛之、敬人者人亦恒敬之、觀其所感而存心又可知矣

有人於此、其待我以橫逆、則君子必自反也、我必不仁也、必無禮也、此物奚宜至哉

橫逆謂強暴不順理也。物事也

五節　輔慶源曰理無窮盡人有作輟一息不在一物不體便是不盡其心陳新安曰忠非出於仁禮之外仁禮無一毫之不盡其心卽忠也

六節　張南軒曰雖非素患難然自反之功則無窮也學者未勉於此遇橫逆之來則曰吾仁矣有禮矣且忠矣遂斷彼以爲妄人而不復勉反身之道是則自陷於妄而

若有人於此非特不我愛我敬而待我以橫逆强暴而不順理君子必自反而責曰我必不仁而不愛人也必無禮而不敬人也不然此橫逆之物奚宜至於我哉

其自反而仁矣自反而有禮矣其橫逆由是也君子必自反也我必不忠

忠者盡己之謂我必不忠恐所以愛敬人者有所不盡其心也

其自反而仁常愛人矣自反而有禮常敬人矣其橫逆猶如是也君子必自反而責己曰我之仁禮必不能無一毫不盡其心而愛之敬之極其忠也

自反而忠矣其橫逆由是也君子曰此亦妄人也已矣如此則與禽獸奚擇哉於禽獸又何難焉

末節　朱子曰，古聖人多矣，獨言舜爲法於天下何也，法者人倫而已，他聖人因其常而處之不失，未足見人道之盡，惟舜極其變而不失其常，是以人道之盡於此，因可見焉，故特舉舜而言之，然其所謂法舜，亦循乎天則而已。

陳新安曰，前曰以仁存心，以禮存心，末曰非仁無爲，非禮無行，存謂存之於心，爲與行，謂行之於身，表裏一矣，存之於心者有素，而行之於身者益盡，豈惟無一朝之患者，本於此，所以懷終身之憂而欲如舜者，亦不過勉於此而已。

奚擇何異也又何難焉言不足與之校也

其自反而忠矣乃其橫逆之加猶是也君子曰此人爲私欲蒙蔽喪失本心亦妄人也已矣如此則與禽獸奚別哉於禽獸又何忍與之校哉我自盡吾愛敬之心而已矣

是故君子有終身之憂無一朝之患也乃若所憂則有之舜人也我亦人也舜爲法於天下可傳於後世我由未免爲鄉人也是則可憂也憂之如何如舜而已矣若夫君子所患則亡矣非仁無爲也非禮無行也如有一朝之患則君子不患矣

鄉人鄉里之常人也君子存心不苟故無後憂

由是自反觀之是故君子有終身不釋之憂無一朝驟至之患也乃若所憂則有之以爲舜人也我亦人也舜之仁

禹稷章

首節　饒雙峯曰禹三過其門稷是帶說

陳新安曰賢其用世而憂民之憂

禮上能化頑嚚之親下能化其傲弟人倫之至既為法則於天下又可傳於後世而我不仁禮不能解人之橫逆猶未免為鄉人也是則可憂也憂之將何如務去其不如舜者就其如舜者而已矣君子之憂如此此所為有終身之憂也若夫君子所患則亡矣蓋惟不仁不禮則有患君子以仁存心非仁則無為也以禮存心非禮則無行也仁與禮兼盡則在我無致患之道設遇非意之橫逆而有一朝之患則問心無歉君子不以為患矣此所為無一朝之患也君子存心之不苟如此此其所以異於人也

禹稷章全旨　此章重在顏子能為禹稷上首二節敘事下皆根此發論兩賢同道且不可說出孟子斷以同道正推孔子同賢之心而斷之也禹思二節正發明所以同道處末二節是又喻其同處所謂心一則道同也　孟子推尊顏子亦寓自任之意

禹稷當平世三過其門而不入孔子賢之

事見前篇

次節 陳新安曰賢其避世而樂己之樂。

三節 輔慶源曰道則以其所行而言之也。心則以其所存言之也。救民者修己之驗。修己者救民之本。有是心則有是道。有是本則有是驗。

四節 蔡虛齋曰禹稷惟以爲己責是以如是其急要說得是以分明莫把上文就說出急於救民之意

昔禹稷當堯舜之平世。治水教稼三過其家門而不入。蓋忘身憂世勞於民事者也孔子故嘗推尊而賢之。

顏子當亂世居於陋巷一簞食一瓢飲人不堪其憂顏子不改其樂孔子賢之

顏子當春秋無道之亂世居於陋巷之中。食則一簞之食。飲則一瓢之飲。雖人處此不堪其憂顏子不改其所樂此隱居獨善篤於修己者也孔子嘗稱許而賢之

孟子曰禹稷顏回同道

聖賢之道進則救民退則修己其心一而已矣

孟子從而斷之曰。禹稷顏回一則出而救民一則退而修己事雖不同而其道則同也

禹思天下有溺者由己溺之也稷思天下有饑者由己饑之也是以如是其急也

五節　程子曰，君子而時中。若三過其門而不入，在禹稷之時爲中，如居陋巷，則非中矣。居陋巷在顏子之時爲中，如三過其門而不入，則非中矣。

禹稷身任其職，故以爲己責而救之急也。

何也？禹任治水之職，思天下有一民之溺者，皆己之責，由己溺之也；稷任教稼之職，思天下有一民之饑者，皆己之責，由己飢之也。惟身任其職如此，是以如是其急而不暇入其家也。若顏子則無禹稷之任矣，何爲而不自樂於簞瓢陋巷之中也哉。

禹稷顏子易地則皆然。

聖賢之心無所偏倚，隨感而應，各盡其道，故使禹稷居顏子之地，則亦能樂顏子之樂；使顏子居禹稷之任，亦能憂禹稷之憂也。

是禹稷顏子之不同，地爲之也。使禹稷易而居顏子之地，則能樂顏子之樂；使顏子易而居禹稷之地，則亦能憂禹稷之憂。何異而不皆然哉？蓋聖賢進則救民，退則修己，其心一而已矣。此吾所謂同道，此孔子所以皆賢之也。

本二節　孫疏曰人情於同私是爲親者也如有鬬者而不救勸之是疏其親也禹稷當平世既達而在上宜急於救民也如不急於救民是在上位而不恤民者也鄉鄰於己爲疏非親也如往救之是親其疏矣顏子當危亂之世既窮而不得用亦宜處陋巷而不改其樂矣如改其樂是嫌於仕而非賢者也　此章言顏子之心有同於禹稷者也

今有同室之人鬬者救之雖被髮纓冠而救之可也

不暇束髮而結纓往救言急也以喻禹稷

嘗試取而譬之今有與己同室之人鬬者己必救之雖被髮纓冠不暇束髮而急救之可也何則同室之情親已不得辭其救之之責也所處之地然也禹稷之救民類是

鄉鄰有鬬者被髮纓冠而往救之則惑也雖閉戶可也

喻顏子也　此章言聖賢心無不同事則所遭或異然處之各當其理是乃所以爲同也尹氏曰當其可之謂時前聖後聖其心一也故所遇皆盡善

至於鄉鄰有鬬者己若被髮纓冠而往救之則惑而不明於理也雖閉戶而自守可也何則鄉鄰之情疎已不任其救之之責也亦所處之地然也顏子之自樂類是

匡章章

首節　吳蓀右曰此稱字乃稱人之惡之稱。猶云首議論他不孝也。

次節　陳新安曰五不孝之序從輕漸説至重。

匡章章全旨　此章見論人當察其心章子無世俗不孝之罪。但不當責父之善以致不相遇耳然其志行可矜故孟子不輕絶之。

公都子曰匡章通國皆稱不孝焉夫子與之遊又從而禮貌之敢問何也

匡章齊人通國盡一國之人也禮貌敬之也

公都子問孟子曰匡章爲人通齊國皆稱其不孝焉大節已虧宜在所絶矣。而夫子與之遊又從而加禮貌以待之敢問何也

孟子曰世俗所謂不孝者五惰其四支不顧父母之養一不孝也博弈好飲酒不顧父母之養二不孝也好貨財私妻子不顧父母之養三不孝也從耳目之欲以爲父母戮四不孝

三節　饒氏曰章子得罪於父與其他得罪不同章子但不合責善於父耳先說子父責善是言子責父之善下說父子是泛言

四節　陳新安曰父子間所以不責善而惟朋友當責善者蓋朋友以義合責善而不從則交可絕父子以天合責善而不相遇則賊恩而將至於離故也然而從父之令

也好勇闘很以危父母五不孝也章子有一於是乎

戮羞辱也很忿戾也

孟子曰世俗所謂不孝者有五惰其四支怠棄子職不顧父母之養一不孝也博奕好飲酒驕佚淫蕩不顧父母之養二不孝也好貨財私妻子貪利溺愛不顧父母之養三不孝也從耳目之欲恣淫聲色以爲父母羞辱四不孝也好勇闘很小忿忘身以危及於父母五不孝也

如此五者則誠在所絕矣章子寧有一於此乎

夫章子子父責善而不相遇也

夫章子但以子而責父之善而不相遇合故爲父所逐也

遇合也相責以善而不相合故爲父所逐也

責善朋友之道也父子責善賊恩之大者

賊害也朋友當相責以善父子行之則害天性之恩也

藜照樓

子曰聖賢自有成規幾諫之章內則與幾諫相表裏之言皆是也

末節　朱子曰孟子之於匡章蓋憐之耳非取其孝也

饒雙峯曰章子通國稱其不孝仲子通國稱其廉孟子於此二人所謂衆惡之必察焉衆好之必察焉

曹雲巖曰是則章子已矣皆說總承責善自責二意愚謂夫章子子父責善而不相遇也已斷過章子只是責善不在不孝之列矣下隨言賊恩之大者見得章子不爲無罪則章子似無可取然其痛自咎責之心則有可哀者觀本文是則罪之大者是則章子已矣兩是則字緊承說下言其得罪於父而痛自咎責如此則章子已矣見其情有可哀而不宜絕也只宜承自責說不必復牽涉責善

責善乃朋友所行之道也若父子相責以善必至於相離是賊害恩誼之大者章子徒知責善於親而不顧賊恩之禍是則不能無罪耳

夫章子豈不欲有夫妻子母之屬哉爲得罪於父不得近出妻屏子終身不養焉其設心以爲不若是是則罪之大者是則章子已矣

言章子非不欲身有夫妻之配子有子母之屬但爲身不得近於父故不敢受妻子之養以自責罰其心以爲不如此則其罪益大也　此章之旨於衆所惡而必察焉可以見聖賢至公至仁之心矣楊氏曰章子之行孟子非取之也特哀其志而不與之絕耳

陳新安曰不狥衆見至公也不輕與絕至仁也

曾子章

首節 析講曰無寓人等語是語守者左右曰是私議忠在心敬在親

然章子未嘗不自知其罪而痛自刻責也夫章子豈不欲已有夫妻子有子母之依屬哉但爲得罪於父不得近於父以奉養之故出其妻屏其子終身亦不受妻子之養焉原其設心以爲身旣得罪於父又不若是屏出而安受妻子之養則罪之中又有罪焉是則罪之大者而有所不安之甚也是則其爲章子而已矣我所以與之游而禮貌之者亦有以諒其心耳

曾子章全旨 首二節敘二賢遇難同而所以處難不同然所處不同而其道無不同師臣二義正發明同道之意 上兩節只敘事勿用一語斷其是非其微意卻露在先生字君字故末節斷之亦略重在曾子能爲子思邊

曾子居武城有越寇或曰寇至盍去諸曰無寓人於我室毀傷其薪木寇退則曰修我牆屋我將反寇退曾子反左右曰待先生如此其忠且敬也寇至則先去以爲民望寇退則反殆於不可沈猶行曰是非汝所知也昔沈猶有負芻之禍從

先生者七十人未有與焉

武城魯邑也名盍何不也左右曾子之門人也忠敬言武城之大夫事曾子忠誠恭敬也爲民望言使民望而效之沈猶行弟子姓名也言曾子嘗舍於沈猶氏時有負芻者作亂來攻沈猶氏曾子率其弟子去之不與其難言師賓不與臣同

昔曾子居武城設教有越人入寇或告之曰寇且至矣盍去而避諸曾子遂行但語守舍者曰毋寓人於我室毀傷其室中之薪木及聞寇退又傳語守舍者曰爾即修我墻屋我將反而居之寇退曾子反其左右門人私議曰武城之大夫內盡其誠外盡其禮待先生如此其忠且敬也今寇至則先去以爲衆民之觀望寇退則遂反視武城之難漠不相關殆於救卹之誼不可沈猶行曰先生之去周有義焉是非汝輩所知也昔先生嘗舍於沈猶氏時有負

次節　君誰與守。卽示以不去之意。

末節、張南軒曰、君子不避難。亦不與難。惟當於理而已。於不當避而避。私也。於不當與而與。是勇於就難。亦私也。夫曾子。師也。父兄也。師之尊。與父兄之義同。以師道居則無與其難。在師之義當然也。子思臣也。微也。委質以服君之事。有難而可逃之乎。

芻者爲難之禍、其時從先生者七十人、相率去之、未有與其難者焉。知昔日之於沈猶、則知今日之於武城矣。是曾子之去難如此。

子思居於衛有齊寇或曰寇至盍去諸子思曰如伋去君誰與守

言所以不去之意如此

子思仕衛國而居衛。有齊人入寇。或告之曰。寇且至矣。盍去而避諸。子思曰。國方有難。如伋舍而去之。君則誰與共守此人民社稷乎。是子思之守難如此。

孟子曰曾子子思同道曾子師也父兄也子思臣也微也曾子子思易地則皆然

微猶賤也尹氏曰或遠害或死難其事不同者所處之地

則與君同守而不去。為臣之義當然也。從容乎理之所當然。曾子子思何殊哉。故曰易地則皆然。以天理之時中一而已。

輔慶源曰：子思雖無死難之事，然寇至不去，有死難之理。

儲子章

不同也。君子之心不繫於利害，惟其是而已，故易地則皆能為之。　孔子曰：古之聖賢言行不同，事業亦異，而其道未始不同也。學者知此，則因所遇而應之，若權衡之稱物，低昂屢變而不害其為同也。

孟子從而斷之曰：曾子子思，去與不去，迹雖不同，而其道則同也。蓋曾子設教武城，師也。師之尊猶父兄也。鬬子弟衛父兄不鬬，父兄為子弟而死也。子思仕衛，臣也。臣之分甚微也。見危致命，事君之義，安有臣下而不急君父之難者乎？此各有所處之地也。使曾子子思易地而處，則皆如是。曾子決節不奪，何怯於死難；子思明哲保身，何昧於遠害？惟其是而已，此所謂同道也。

儲子章全旨

此見聖賢無異人之行。齊王疑孟子有驚世駭俗之為，故欲使人瞯其有異於人否。孟子曰：何以異於人哉？言己之所為，無異堯舜與人同耳，見己之不能為異也。

陳新安曰孟子因有以異乎人之問而答之曰我何以異於人哉雖堯舜亦與人同耳集註謂聖人亦同耳豈有異於人哉乃是釋堯舜與人同耳一句與孟子原文何以異於人哉所指不同矣

齊人章

首節　張南軒曰意孟子在齊適見此事以為與世之求富貴者無異故載之吳氏程曰因儲子有夫子之語遂發良人一段言小人陰為陽揜則可瞯君子言行如

儲子曰王使人瞯夫子果有以異於人乎孟子曰何以異於人哉堯舜與人同耳

儲子齊人也瞯竊視也聖人亦人耳豈有異於人哉

儲子告孟子曰夫子王之所仰慕而不能無疑者也王使人私瞯夫子夫子果有以異於常人者乎孟子曰我之所為非有甚高異常之事亦何以異於人哉豈止於我即聖如堯舜亦不過與人同耳豈能為其異哉

齊人章全旨　此孟子借齊人以形容求富貴者醜態全在東郭墦間三句說到妻妾羞泣乃指出羞惡之眞心言不重妻妾能羞泣只重令人致妻妾之羞泣而不自知羞恥反以驕人故儆之重由君子觀之上君子欲羞泣乞人仍得意也

齊人有一妻一妾而處室者其良人出則必饜酒肉而後反其妻問所與飲食者則盡富貴也其妻告其妾曰良人出

一○何瞷之有恐是一章非闕文也○

必饜酒肉而後反問其與飲食者盡富貴也而未嘗有顯者來吾將瞷良人之所之也蚤起施從良人之所之徧國中無與立談者卒之東郭墦間之祭者乞其餘不足又顧而之他此其為饜足之道也其妻歸告其妾曰良人者所仰望而終身也今若此與其妾訕其良人而相泣於中庭而良人未之知也施施從外來驕其妻妾

章首當有孟子曰字闕文也良人夫也饜飽也顯者富貴人也施邪施而行不使良人知也墦塚也顧望也訕怨詈也施施喜悅自得之貌

齊人有一妻一妾而處室中者其良人出則必饜飫酒肉而後反○其妻問所與之飲食者則所言盡富貴人也○其

黄勉齋曰：此章形容苟賤之態，殊可賤惡。然流俗滔滔，務爲卑諂，未得則憂愁窮蹙，志氣薾然自視不勝其小；既苟得則志得意滿，驕親戚，傲閭里，哆然自視不勝其大。可賤甚於乞墦而莫之覺也。學者深明義利之辨，充吾羞惡之心，而養吾剛大之氣，然後知孟子此言誠末俗之鍼砭也。

妻疑而告其妾曰：良人出則必饜酒肉而後反，問其與之飲食者，盡富貴也。夫有富貴者與之飲食，則必有富貴者之往來，而未有一顯者之來，何也？吾將瞯良人之所往也。於是蚤起，邪施而行，陰從良人之所之，但見歷徧國中無一與之立談者，及其卒也，乃之東郭墦間之祭者乞其祭餘，而尚不充足，又顧而之他所，此乃其所謂饜足之道也。其妻歸而告其妾曰：良人者吾爾所仰望而託之以終身者也，今其所爲乃若此。於是與其妾訕詈其良人而相泣於中庭，而良人未知妻妾之得其情也，猶施施然喜悅自得，從外而來，以驕矜其妻妾焉。齊人之行見羞於其妻妾者如此。

由君子觀之，則人之所以求富貴利達者，其妻妾不羞也，而不相泣者，幾希矣。

孟子言自君子而觀，今之求富貴者皆若此人耳，使其妻妾見之，不羞而泣者少矣，言可羞之甚也。趙氏曰：言今

之求富貴者皆以枉曲之道昏夜乞哀以求之而以驕人於白日與斯人何以異哉

由君子觀之則人之所以求富貴利達者其情其態悉齊人類也特其妻妾未之見耳使其妻妾一見之不爲之羞愧而不至於相泣者幾希矣

四書說約卷之二十一終

大全諸說合參

舜往章

首節　輔氏曰父慈子孝理之常也何有於怨慕惟遭事之變故深思其所以不得於親之故而自怨咎其在我者有何罪戾而致然又思慕於親無頃刻忘必欲得親之慕也

四書述朱卷之二十二

婺江黃昌衢康諧纂編
錫山張麗金荊南參訂
弟　昌佩庭直
　　昌儒若莊　全校

孟子

萬章章句上　凡九章

舜往章全旨　此章見聖人之純孝以怨慕二字爲主次辨其怨也而非怨親下詳其怨慕之實而贊舜之慕親爲孝之大也

萬章問曰舜往于田號泣于旻天何爲其號泣也孟子曰怨

歡心而後已此所謂怨慕也
陳新安曰怨慕二字真得舜之心亦包盡一章之意怨非怨親怨已之不得乎親也慕則念念不忘而思得其親也惟順於父母可以解憂以上言怨也人少則慕父母以下言慕也

次節 陳新安曰孟子推明公明高之意以爲孝子之心旣不得乎親必不若是之恝然無愁也

曹雲舉曰爲不若是恝至而已矣作一句讀若是二字方有着落我竭力耕田共爲子職而已矣正是恝然處孝子之心必不若是下二句方正說孝子之心怨慕意只於末二句見之時說皆未明

舜往于田耕歷山時也仁覆閔下謂之旻天號泣于旻天呼天而泣也事見虞書大禹謨篇怨慕怨己之不得其親而思慕也（此預注下節）

萬章問曰嘗聞舜往耕于田每號泣而呼乎旻天不知有何故而號泣也孟子曰舜嘗日不得于親怨慕迫切故呼天而泣也

萬章曰父母愛之喜而不忘父母惡之勞而不怨然則舜怨乎曰長息問於公明高曰舜往于田則吾旣得聞命矣號泣於旻天於父母則吾不知也公明高曰是非我所知也夫公明高以孝子之心爲不若是恝（恝字貫下二句）我竭力耕田共爲子職而已矣父母之不我愛於我何哉

長息公明高弟子公明高曾子弟子于父母言呼父母亦書辭言呼父母而泣也慕無愁之貌於我何哉自責不知己有何罪耳非怨父母也楊氏曰非孟子深知舜之心不能爲此言蓋舜惟恐不順於父母未嘗自以爲孝也若自以爲孝則不孝矣

萬章不喻怨慕之旨復問曰聞之爲子者父母愛之則喜而不忘父母惡之雖勞而不怨今舜以怨慕而號泣然則舜怨其親乎孟子曰非也昔長息問於公明高曰舜往于田爲躬耕以養親則吾既得聞夫子命矣乃號泣而呼旻天又呼父母則吾不知其何心也公明高曰聖人心事是非爾所能知也吾推公明高之意以孝子之心不得乎親必不若是恝然無愁我但竭力耕田以供爲人子之職而已矣其心正謂父母之不我愛必我有罪以致之第不知我之罪何在耳求其罪而不得此所以呼號而泣也夫公明高之意如此是舜之怨乃自責不知已有何罪耳豈

節　胡雲峰曰如窮人無所歸六字譬喻最形容得舜之情不得以自達身不得以自安心不得以自釋其爲怨慕迫切之甚可知

怨其父母哉

帝使其子九男二女百官牛羊倉廩備以事舜於畎畝之中天下之士多就之者帝將胥天下而遷之焉爲不順於父母如窮人無所歸

帝堯也史記云二女妻之以觀其內九男事之以觀其外又言一年所居成聚二年成邑三年成都是天下之士就之也胥相視也遷之移以與之也如窮人之無所歸言其怨慕迫切之甚也

舜之怨慕不但耕歷山之時爲然也自師錫以後帝堯使其子九男事之二女妻之列以百官給以牛羊倉廩莫不備具以事舜於畎畝之中於是天下之士翕然向慕多歸附而就之者帝且將使攝天子之事與之相視天下而遂

四節　輔慶源曰上文是說舜之實事此又孟子推述舜之心以解上文之意言舜之心事實有如此者耳舉天下之所欲不足以解憂者所性不存焉故也惟順於父母可以解憂者性之不可離而亦不可以不盡也

遷以與之焉可謂極遇之隆矣而舜則爲不順於父母其心戚戚皇皇如窮人無所依歸者然是雖歷所遇之隆而怨慕迫切無異于田之日也

天下之士悅之人之所欲也而不足以解憂好色人之所欲妻帝之二女而不足以解憂富人之所欲富有天下而不足以解憂貴人之所欲貴爲天子而不足以解憂人悅之好色富貴無足以解憂者惟順於父母可以解憂

孟子推舜之心如此以解上文之意極天下之欲不足以解憂而惟順於父母可以解憂孟子眞知舜之心哉

如窮人無歸舜之憂心甚矣天下之士悅之人情之所欲也而不足以解其憂好色人情之所欲也妻帝之二女而不足以解其憂富乃人情之所欲富有天下而不足以解其憂貴乃人情之所欲貴爲天子而不足以解其憂人悅

末節

蒙引曰、上言舜不以得衆人之所欲爲樂、而以不順乎親爲憂、此則贊其異於衆人如此也。人少則慕父母、是良心。五十而慕、是大人不失其赤子之心。仕則慕君、此不過功名富貴之流、若移孝爲忠、又當別論。上說怨慕、此只說慕字、慕心即怨心也。此節重大孝終身一句、言五十已該終身。蓋舜登庸時、凡少艾妻子富貴、已歷盡了、此時猶慕、則後來更有何物動他、故謂之大孝。

吳蘇右曰、合舜之始終觀之、方親之未順、則勞而不怨、其慕也、舉天下無以加、及親之已順、則喜而不忘、其慕也、有天下而不與。此舜所以爲終身慕親之大孝、而于田號泣、乃怨己慕親、而非怨其親也、不愈明乎。如此收繳、方有合荅問本意。

之好色富貴、舉無足以解憂者、惟順於父母、諭親於道、而得其歡心、然後可以解其憂耳。舜之怨慕之專何如

人少則慕父母、知好色則慕少艾、有妻子則慕妻子、仕則慕君、不得於君則熱中。大孝終身慕父母。五十而慕者、予於大舜見之矣。

言常人之情、因物有遷、惟聖人爲能不失其本心也。艾、美好也。楚詞、戰國策所謂幼艾、義與此同。不得、失意也。熱中、躁急心熱也。言五十者、舜攝政時年五十也。五十而慕、則其終身慕可知矣。○此章言舜不以得衆人之所欲爲己樂、而以不順乎親之心爲己憂、非聖人之盡性、其孰能之。

夫舜之怨慕如此、豈可求之人情之內哉。常人少之時、大性未漓、則慕父母。及長而知好色、則慕父母之心移而慕

娶妻章

首節　許東陽曰懟父母言人之常情也爲
廢大倫則雖子亦不免有仇怨父母之心
舜固非懟父母者然告則必廢大倫故不
告也此聖人善處變事處

少艾及有妻子則慕父母之心移而慕妻子至於仕則慕
父母之心移而慕君倘不得於君則躁急熱中不能自適
未有能終身慕父母者也惟大孝之人至性誠篤雖終身
不失慕父母之初心焉計歷年五十閱盡可慕之境而惟
父母是慕者予於大舜見之矣此
所爲慕以終身而爲大孝也與

娶妻章全旨　此章見聖人善處人倫之變前二節見舜用權
以全倫不失子道之常章不得以經律之後二
節見舜用誠以全恩不失兄弟之常章不得
以僞疑之權與經合誠與明合所以爲聖人

萬章問曰詩云娶妻如之何必告父母信斯言也宜莫如舜
舜之不告而娶何也孟子曰告則不得娶男女居室人之大
倫也如告則廢人之大倫以懟父母是以不告也

詩齊國風南山之篇也信誠也誠如此詩之言也懟讎怨
也舜父頑母嚚常欲害舜告則不聽其娶是廢人之大倫

次節 吳氏程曰帝亦至妻也作一句焉乃助語羨字

以讎懟於父母也

萬章問曰齊風之詩云娶妻如之何必告父母信如此詩之言則能盡此道者宜莫如舜矣舜乃不告而娶何也孟子曰告而娶禮之常也舜遇父母之變如告則必見阻而不得娶夫男女居室宗嗣所關人之大倫也如告而不得娶則廢人之大倫以讎懟於父母是以寧不告也此舜之行權而不失其常也

萬章曰舜之不告而娶則吾既得聞命矣帝之妻舜而不告何也曰帝亦知告焉則不得妻也

以女爲人妻曰妻程子曰堯妻舜而不告者以君治之而已如今之官府治民之私者亦多

萬章又曰舜之不告而娶爲告則不得娶則吾既得聞命矣帝以女妻舜而不告以諭之何也孟子曰帝亦知舜之父母不可告若告焉而不樂其娶舜必不忍逆親之命帝亦難以強舜之從則不得妻也故亦不告也

三節　程子以萬章言完廩浚井之説恐未必有此事論其理而已堯在上而使百官事舜于畎畝之中豈容象得以殺兄而使二嫂治其棲乎學孟子者以意逆志可也

真氏曰象欲殺舜其迹甚明舜豈不知然見其憂則憂見其喜則喜略無一毫芥蔕於其中聖人之心與天地同量也世儒疑堯在上二女嬪虞象無敢殺舜之理不知孟子但論舜之心使其有是處之不過如此豈必真有是哉

林次厓曰惟茲臣庶汝其于予治亦是見其衆而喜之因使爲看視耳非以治理之責寄之也

蔡虛齋曰象憂亦憂句是件象喜亦喜説

愚按四岳舉舜時已云烝烝乂不格姦矣象何至於殺舜況堯在帝位舜在貳室而皋陶爲士耶故註以爲有無不可知若百里奚秦人稱五羖大夫則食牛干秦事似有來歷孟子却斷他必無並不問有無者

萬章曰父母使舜完廩捐階瞽瞍焚廩使浚井出從而揜之象曰謨蓋都君咸我績牛羊父母倉廩父母干戈朕琴朕弤朕二嫂使治朕棲象往入舜宮舜在牀琴象曰鬱陶思君爾忸怩舜曰惟茲臣庶汝其于予治不識舜不知象之將殺已與曰奚而不知也象憂亦憂象喜亦喜

完治也捐去也階梯也揜蓋也按史記曰使舜上塗廩瞽瞍從下縱火焚廩舜乃以兩笠自捍而下去得不死後又使舜穿井舜穿井爲匿空旁出舜既入浚瞽瞍與象共下土實井舜從匿空中出去即其事也象舜異母弟也謨謀也蓋蓋井也舜所居三年成都故謂之都君咸皆

原聖心也必辨其否者據常理也

也績功也舜既入井象不知舜已出欲以殺舜爲已功也干盾也戈戟也琴舜所彈五弦琴也弤琱弓也象欲以舜之牛羊倉廩與父母而自取此物也二嫂堯二女也棲牀也象欲使爲已妻也象在舜宫欲分取所有見舜生在牀彈琴蓋既出卽潛歸其宫也鬱陶思之甚而氣不得伸也象言已思君之甚故來見爾忸怩慙色也臣庶謂其百官也象素憎舜不至其宫故舜見其來而喜使之治其臣庶也孟子言舜非不知其將殺已但見其憂則憂見其喜則喜兄弟之情自有所不能已爾萬章所言其有無不可知然舜之心則孟子有以知之矣他亦不足辨也程子曰象

末節　許東陽曰。魚入水有悠然而逝之理。弟有思兄鬱陶之理。故子產與舜皆信之。舜之愛弟自天性。況象又以愛兄之道來感之乎。

憂亦憂象喜亦喜人情天理於是爲至

章又問曰。舜處父母之變。固以權通矣。至所以處傲弟者又足異焉。常聞舜父母聽象之謀。使舜完治倉廩。舜既上廩。捐去其階梯。瞽瞍遂縱火焚之。時則舜已先下而求得死。又使浚穿其井。舜已別出。瞍不之知。乃從而下土以揜之。象以爲舜死於井矣。乃自夸於父母曰。謨蓋都君皆我之功。凡都君所有。父母當與我共之。如牛羊則歸父母。倉廩則歸父母。如干戈則歸朕。琴與弤則歸朕。二嫂使治朕棲。象於是往入舜宮。但見舜在床琴。象猝出意外。乃飾辭曰。我因思君。鬱陶之甚。是以來見耳。然其色則忸怩有慙愧焉。舜喜而謂之曰。惟茲臣庶。汝其爲予治之。當其時不識舜不知象之將殺已而爲是言與。孟子曰。舜奚爲不知也。但聖人兄弟之情。倍於常人。見象憂則已亦憂。象喜則已亦喜。至情發見自有所不能已耳

曰然則舜僞喜者與曰否昔者有饋生魚於鄭子產子產使校人畜之池校人烹之反命曰始舍之圉圉焉少則洋洋焉

悠然而逝子產曰得其所哉得其所哉校人出曰孰謂子產智予既烹而食之曰得其所哉得其所哉故君子可欺以其方難罔以非其道彼以愛兄之道來故誠信而喜之奚偽焉

校人主池沼小吏也圉圉困而未舒之貌洋洋則稍縱矣悠然而逝者自得而遠去也方亦道也罔蒙蔽也欺以其方謂誑之以理之所有罔以非其道謂昧之以理之所無象以愛兄之道來所謂欺之以其方也舜本不知其偽故實喜之何偽之有○此章又言舜遭人倫之變而不失天理之常也

章又曰舜既知象之將殺已然則舜其偽爲喜者與孟子曰否聖人無偽昔者有饋生魚於鄭子產子產使校人畜

象曰章

首節　正解曰立爲天子，刑賞在手，正當誅不弟者以勵天下。乃天子之事，不是說復仇。蓋萬章疑放之罪輕。　日是每日如此也。放是安置之意。

之於池，校人私烹之，飾辭反命曰：始舍之，水魚之困尚未舒，圉圉焉莫知有縱壑之娛也，少頃則洋洋焉知水之樂，遂攸然而逝矣。子產喜而歎曰：魚得其所哉，得其所哉。校人出而譏之曰：孰謂子產有明見之智，予既烹魚而食之矣，尚信予言，曰得其所哉，得其所哉。由子產之信校人推之，故君子雖有先見之明，可欺之以理之所有，雖無逆詐之情，難罔之以理之所無。象雖無愛兄之心，弟有愛兄之道，彼言鬱陶思君，以愛兄之道來見，是正欺之以其方也。故舜誠心信而喜之也，奚僞焉。

象曰章全旨　全其親愛無已之心。

此章總見聖人愛弟之仁，以親愛二字作主。封之有庳，固是親愛其弟之仁；使吏代治，亦所以

萬章問曰：象日以殺舜爲事，立爲天子則放之，何也？孟子曰：封之也，或曰放焉。

放猶置也，置之於此，使不得去也。萬章疑舜何不誅之。孟

次節　饒雙峯曰仁人之於弟雖有怒亦不藏之雖有怨亦不宿之少間便釋然親之欲其親近於我貴之是也愛之欲其得遂所欲富之是也

子言舜實封之而或者誤以爲放也

萬章問曰象日以殺舜爲事當舜立爲天子卽誅之亦不爲過乃但放置之何也孟子曰舜當日實封之也或者不知遂以爲放焉耳

萬章曰舜流共工于幽州放驩兜于崇山殺三苗于三危殛鯀于羽山四罪而天下咸服誅不仁也象至不仁封之有庳有庳之人奚罪焉仁人固如是乎在他人則誅之在弟則封之曰仁人之於弟也不藏怒焉不宿怨焉親愛之而已矣親之欲其貴也愛之欲其富也封之有庳富貴之也身爲天子弟爲匹夫可謂親愛之乎

流徙也共工官名驩兜人名二人比周相與爲黨三苗國

名負固不服殺殺其君也殛誅也鯀禹父名方命圮族治水無功皆不仁之人也幽州崇山三危羽山有庳皆地名也或曰今道州鼻亭即有庳之地也未知是否萬章疑舜不當封象使彼有庳之民無罪而遭象之虐非仁人之心也藏怒謂藏匿其怒宿怨謂留蓄其怨

萬章曰，舜爲天子嘗流象恭滔天之共工於幽州北裔放比周爲黨之驩兜于崇山南裔殺負固不服之三苗于三危西裔殛治水無功之鯀于羽山東裔治此四凶之罪天下咸服其用刑之當以其所誅者皆不仁之人爲天下而除害也象至不仁甚於四凶顧乃封之于有庳有庳之人果何罪焉而遭象之虐仁人之用心固如是乎在他人不仁則誅之在弟不仁則封之而刑賞之不公乎曰仁人之於弟也不見可怒而藏匿焉不見可怨而留宿焉惟有親厚之友愛之而已矣親之則必欲其貴而近於己也愛之則必欲其富而遂其欲也仁人所以待其弟者如此今舜

末節　朱子曰封之有庳富貴之是不以公義廢私恩所以爲仁之至使吏治其國納貢稅而不得肆暴是不以私恩害公義所以爲義之盡後世如漢文之於淮南景帝之於梁王始則縱之太過不得謂之仁後又窘治之甚不得謂之義皆兩失之

存疑曰不及貢以政相連下凡諸侯朝貢於天子皆有政事不及貢以政接於有庳常得無事頻見也

書蒙引以故謂之放分上言有放之之迹豈得暴彼民哉是破有庳之人奚罪一句只輕帶過重欲常常而見之數句上時說但云於不得虐民之中寓親愛無已之情則主客失矣

封象于有庳正富之貴之而親愛之也苟身爲天子富貴已極而貶爲匹夫忍其貧賤可謂親愛之乎然則舜之封象乃舜之所以爲仁也豈可以四罪例乎

故問或曰放者何謂也曰象不得有爲於其國天子使吏治其國而納其貢稅焉故謂之放豈得暴彼民哉雖然欲常常而見之故源源而來不及貢以政接於有庳此之謂也

孟子言象雖封爲有庳之君然不得治其國天子使吏代之治而納其所收之貢稅於象有似於放故或者以爲放也蓋象至不仁處之如此則既不失吾親愛之心而彼亦不得虐有庳之民也源源若水之相繼也來謂來朝覲也不及貢以政接于有庳謂不待及諸侯朝貢之期而以政

事接見有庳之君蓋古書之辭而孟子引以證源源而來之意見其親愛之無已如此也○吳氏曰言聖人不以公義廢私恩亦不以私恩害公義舜之於象仁之至義之盡也

章問舜之於象既實封之矣而或者傾以爲放何謂也孟子曰象雖爲有庳之君然不得有所爲於其國天子使吏代治其國而納其所收之貢稅於象焉自其不得有爲而言之有似乎放故謂之放耳象既不得有爲亦豈得暴虐彼有庳之民哉汝謂有庳之人奚罪焉其疑可釋矣雖然舜不但使象不得暴棄其民其意蓋欲常常而見之故使吏治其國使象無政事之拘得以源源相繼而來也古書有云不及諸侯朝貢之期與述職之疏而以政接見於有庳之君此正源源而來之謂也何其親愛之無已也

咸丘蒙章全旨　此章見舜盡臣子之道首節辨無臣君之理重堯老舜攝一句中二節辨無臣父之理重

咸丘蒙章

首節　張商軒曰堯老而命舜攝行天子事則是堯爲君而舜則臣也堯崩舜帥天下臣民以爲堯三年喪是猶以堯之事行於天下也至於堯三年之喪畢舜避堯之子而天下訟獄謳歌歸之不容舍焉而後舜始踐天子位此堯舜相繼之際書傳所載莫詳焉不獨見於孟子之書也

存疑曰堯老而舜攝固見其無臣堯之事引堯典及孔子之言又見其無臣堯之理

曹雲槐曰按語云[illegible]岌岌乎皆咸丘蒙所引之言盛德之士君不得而臣父不得而子三句便照堯之臣舜瞽瞍之朝舜而言總是野人杜撰之語非古語也下文兩語字即承此語字說蒙引淺說直解俱云士雖盛德不得屈君以爲臣屈父以爲子作爲古君子之語非也即末節是爲父不得而子也猶云吾聞其以堯舜之道要湯原非寔事今必云其所謂父不得而子者亦自

爲天子父四句末節破父不得而子之說。

咸丘蒙問曰語云盛德之士君不得而臣父不得而子舜南面而立堯帥諸侯北面而朝之瞽瞍亦北面而朝之舜見瞽瞍其容有蹙孔子曰於斯時也天下殆哉岌岌乎不識此語誠然乎哉孟子曰否此非君子之言齊東野人之語也堯老而舜攝也堯典曰二十有八載放勳乃徂落百姓如喪考妣三年四海遏密八音孔子曰天無二日民無二王舜既爲天子矣又帥天下諸侯以爲堯三年喪是二天子矣堯老舜攝一語斷盡。

咸丘蒙孟子弟子語者古語也蹙頻蹙不自安也岌岌不安貌也言人倫乖亂天下將危也齊東齊國之東鄙也孟

有暇卻似古寔有此語者俱欠斟酌今悉正之

愚按莊列等書俱有假託孔子之語如此處於斯時也三句設果有之孔子以堯舜爲何如主唐虞爲何等世界耶並可證盛德之士三語總出齊東野人不可誤認曲解矣

子言堯但老不治事而舜攝天子之事耳堯在時舜未嘗即天子位堯何由北面而朝乎又引書及孔子之言以明之堯典虞書篇名今此文乃見於舜典蓋古書二篇或合爲一耳言舜攝位二十八年而堯死也徂升也落降也人死則魂升而魄降故古者謂死爲徂落遏止也密靜也八音金石絲竹匏土革木樂器之音也

咸丘蒙問曰語有云盛德之士君不得而臣之父不得而子之舜向南面而立堯本君也師天下諸侯北面而朝之瞽瞍父也亦北面而朝之舜見瞽瞍其容有蹙然不自安者孔子有感而歎曰於斯時也君臣父子之倫已亂天下將危殆哉岌岌乎不知此語誠如是乎哉孟子曰否無是理也此非君子之言齊國東鄙野人之語也以臣堯之妄誑之蓋當時堯老倦勤而舜特攝行天子之事非眞爲天子也堯典有曰舜攝位二十有八載放勲乃徂落畿內百

文節　朱子曰逆是前去追迎之意將自家意思去前面等候詩人之志來所謂逆者其至否遲速不敢自必而聽於彼也大抵讀書須虛心平氣優游玩味徐觀聖賢立言本意所向如何然後隨其遠近淺深輕重緩急而爲之說庶乎可以得之若便以吾先入之說橫於胷次而驅牽聖賢之言以從己意設使義理可通已涉私意穿鑿而不免於郢書燕說之誚況又義理窒礙實有所不可行乎。

輔氏曰以文害辭是泥一字之文而害一句之辭也以辭害志是泥一句之辭而害詩人設辭之志也意是己意志是詩人之志以我之意迎取詩人之志然後可以得之

姓如喪考妣將服三年至四海之遠亦皆以悲哀而遏密八音不作樂焉以堯爲天子故也孔子曰天無二日民無二王以孔子之言斷之若堯未崩之時舜既爲天子矣又帥天下諸侯以爲堯三年喪是又以天子代堯有二天子矣於民無二王之意謂何是舜之臣堯固無是事而亦無是理也

咸丘蒙曰舜之不臣堯則吾既得聞命矣詩云普天之下莫非王土率土之濱莫非王臣而舜既爲天子矣敢問瞽瞍之非臣何如曰是詩也非是之謂也勞於王事而不得養父母也曰此莫非王事我獨賢勞也故說詩者不以文害辭不以辭害志以意逆志是爲得之如以辭而已矣雲漢之詩曰周餘黎民靡有孑遺信斯言也是周無遺民也此節只破其引詩之謬。

不臣堯不以堯爲臣使北面而朝也詩小雅北山之篇也

普徧也率循也此詩今毛氏序云役使不均已勞於王事而不得養其父母焉其詩下文亦云大夫不均我從事獨賢乃作詩者自言天下皆王臣何爲獨使我以賢才而勞苦乎非謂天子可臣其父也文字也辭語也逆迎也雲漢大雅篇名也孑獨立之貌遺脫也言說詩之法不可以一字而害一句之義不可以一句而害設辭之志當以已意迎取作者之志乃可得之若但以其辭而已則如雲漢所言是周之民眞無遺種矣惟以意逆之則知作詩者之志在於憂旱而非眞無遺民也

咸丘蒙曰舜卽位於堯崩之後而不臣堯則吾既得聞命矣乃其不臣瞽瞍則何有可疑者北山之詩云普天所覆

三節 輔慶源曰上既言讀書之法以破丘蒙之惑此又言尊親養親之至以見舜無使父朝己之理夫舜既爲天子則瞽瞍實爲天子之父備享四海九州之奉而舜爲尊親養親之至矣故引下武詩以咏嘆之以爲如舜者然後可謂能長言孝思而爲

之下尺地莫非王土率此環海之濱一民莫非王臣而舜既爲天子矣則瞽瞍雖父亦王臣也敢問瞽瞍之非臣如何孟子曰是詩也非是天子可臣其父之謂也乃行役大夫勞於王事不得歸養其父母而作也詩之意若曰此莫非王之事凡爲王臣者皆當任其勞何爲獨以我爲賢而勞之也是莫非王臣乃詩之辭而賢勞失養乃詩之志也故凡說詩者不可以一字之文而害一句之辭不可以一句之辭而害作詩之志惟以我讀者之意迎彼作者之志優游涵泳乃可得其志於文辭之外而與之黙契焉如但泥其辭而已則如雲漢之詩曰周家所餘之黎民無有孑然獨立而遺脫者信斯言也是周之民眞無遺種矣惟以意逆之則知作詩者之志在於憂旱而特甚其辭也奈何泥莫非王臣之辭而疑天子可臣其父乎

孝子之至莫大乎尊親尊親之至莫大乎以天下養爲天子父尊之至也以天下養養之至也詩曰永言孝思孝思維則此之謂也

此言舜爲天子正尊親養親之至而爲至孝非爲天子而反臣其父也

天下法則者矣。豈有使其父北面而朝之理乎。

末節　胡雲峯曰如咸丘蒙之說則所謂父不得而子者以位言也殊不知古語云盛德之士本是專以德言祗載見瞽瞍夔夔齊栗此舜之盛德處瞽瞍亦允若則反見化於其子盛德之中而不得以不善及其子也

言瞽瞍既爲天子之父則當享天下之養此舜之所以爲尊親養親之至也豈有使之北面而朝之理乎詩大雅下武之篇言人能常言孝思而不忘則可以爲天下法則也

子疑舜之臣父在爲天子。豈知舜爲天子正所以成其至孝乎。夫爲人子者凡用力用勞以事其親皆可爲孝而孝子之至則莫大乎尊崇其親凡有家有國以顯其親皆可爲尊而尊親之至莫大乎以天下之祿爲養今舜貴爲天子尊其父爲天子之父尊之至也富有四海養其父以天下之祿養之至也此舜之所以爲至孝而可爲法於天下者也下武之詩曰武王常言孝思而不忘則可以爲天下之法則此卽舜之謂也豈有使其父北面而朝之理乎

書曰祗載見瞽瞍夔夔齊栗瞽瞍亦允若是爲父不得而子也

此節活說輕帶非認父不得而子爲正論以己意解之也

書大禹謨篇也祗敬也載事也夔夔齊栗敬謹恐懼之貌

蓋若思曰盛德之士三句本非正理孟子引書而曰父不得而子只是就文活解猶云如此說終通耳純要活透若依雲峰專以德言乃是釋家天上天下惟我獨尊父母反拜之說豈可爲訓如竟謂不得屈父爲子即是不可臣父正論矣又何必引書如此順釋耶

堯以章

首節　蒙引曰此節所答非所問意也所問只是下章不傳子之意耳孟子不直答以其事之有無但言其無此理　按不能一字含下天與人歸意註天下之天下即是

允信也若順也言舜敬事瞽瞍往而見之敬謹如此瞽瞍亦信而順之也孟子引此而言瞽瞍不能以不善及其子而反見化於其子則是所謂父不得而子者而非如咸丘蒙之說也

彼謂父不得而子者我以意代爲解之書曰舜敬烝瞽瞍往而見之夔夔然齊栗敬謹之至由是積誠所感瞽瞍亦信而順之焉夫瞽瞍不能以不善及其子而反見化於其子以是爲父不得而子亦說之可通者也若謂子可臣其父眞齊東野人之語耳

堯以章全旨　此章見堯之禪舜出於公天子不能以天下與人是一章綱領下詳言舜有天下皆出於天總發明此一句然舜之有天下出于天而究其所以爲天者則在於民故以太誓結之天民二字當提天字串在民上

萬章曰堯以天下與舜有諸孟子曰否天子不能以天下與

天下人心之所在。猶言惟天下歸而與之。天下非堯一人能與之。但未明言耳。非天下人箇箇有分之說。萬章看與字做有心之與。有諸問有其事否。當時如子噲子之之流。皆借堯舜之授受爲口實。故章有此問。天子句括盡一章大旨。此天子寬說。末方繳堯不能與。

次節　顧麟士曰：當時以傳子爲德衰。傳賢爲篡。子噲子之之事所由來也。孟子並斷爲無此理。而兩處皆歸之天與。至究所以天與之者。則又以人歸爲之本。此等議論。杜奸雄覬覦之心。堅仁賢兼勵之志。皆照千古。不但評論往事爲有判決矣。

三節　問意總見天與之無據。

人。

天下者天下之天下非一人之私有故也

萬章問曰：人相傳堯以天下與舜。有此事否。孟子曰：否。無是理也。蓋天下。天下之天下。雖統於天子。而寔非天子所得擅。天子不能以一人之私而與人以天下。豈堯獨能與舜哉。

然則舜有天下也孰與之曰天與之

萬章問而孟子答之

萬章曰：堯既不能以天下與舜。然則舜有天下也。果孰與之。孟子曰：帝王相傳。皆天之歷數。舜有天下。天寔操其權而與之。堯不能違之也。

天與之者諄諄然命之乎

萬章問也諄諄詳語之貌

藜照樓

四節　吳蓀右曰、孟子亦不辨天不諄諄。只把示字換他命字。見命是顯然有言示則默然意授矣。出身曰行。加民曰事。如云德行事業也。而已矣、言特如此而無他命之之言也。行事示之之實。什下文。此處尤渾含。

五六節　輔氏曰、下薦人於上。公心也。者有心上用之之心。則私意矣。上只言天。此又幷民而言者。天民一理。天實以民為視聽也。

胡雲峰曰、以行與事二節。雖天與民並言。乃概論舜之行事。以明以行與事示之之意。纔見天與之之實。舜相堯。蓋非人之所能為也。天也。尚言天。堯崩以下。又從人心之歸說。歸天與上。通章反覆曲折。只是天與之一意。

萬章又謂天與之者。豈天果諄諄然詳語以命令之乎。

曰否。天不言。以行與事示之而已矣

行之於身謂之行。措之天下謂之事。言但因舜之行事而示以與之之意耳

孟子曰。否。天豈有言以命人哉。但因舜之行出乎身與事之措諸天下者。示以與之之意而已矣

曰以行與事示之者如之何。曰天子能薦人於天。不能使天與之天下。諸侯能薦人於天子。不能使天子與之諸侯。大夫能薦人於諸侯。不能使諸侯與之大夫。昔者堯薦舜於天而天受之。暴之於民而民受之。故曰天不言。以行與事示之而已矣

暴顯也言下能薦人於上不能令上必用之受爲天人所受是因舜之行與事而示以與之之意也

萬章曰以行與事示之者如之何孟子曰凡天子能薦人於天言其可以理天下然不能使天必與之天下猶之諸侯能薦人於天子言其可爲諸侯然不能使天子必與之諸侯大夫能薦人於諸侯言其可爲大夫然不能使諸侯必與之大夫蓋其所能者人也其所不能者天也昔者堯薦舜於天舜之行事合於天而天受之暴舜於民舜之行事合乎民而民受之即天人所受之處而天與之之意寓焉故曰天不言以行與事示之而已矣

曰敢問薦之於天而天受之暴之於民而民受之如何曰使之主祭而百神享之是天受之使之主事而事治百姓安之是民受之也天與之人與之故曰天子不能以天下與人

○○○在于○○

萬章曰敢問薦之於天而天受之暴之於民而民受之其實如何孟子曰鬼神所在即天之所在堯使舜主祭是薦

之於天也。誠無不格。而百神享之。非天受之乎。朝廷之事。皆爲民而設。堯使舜主事。是暴之於民也。事無不治。而百姓安之。非民受之乎。天受之。即天與之也。民受之。即人與之也。天人交與。故曰天子不能以天下與人

舜相堯二十有八載非人之所能爲也天也堯崩三年之喪畢舜避堯之子於南河之南天下諸侯朝覲者不之堯之子而之舜訟獄者不之堯之子而之舜謳歌者不謳歌堯之子而謳歌舜故曰天也夫然後之中國踐天子位焉而居堯之宮逼堯之子是篡也非天與也

不然

南河在冀州之南其南即豫州也訟獄謂獄不決而訟之也

然不但神享民安爲足以見天之所與也。觀夫舜之相堯。歷年之多。二十有八載。此非人力之所能爲也。天爲之也

末節　蔡氏曰此節雖証朝覲四句而寔總結通節薦天下歸之天論天與歸之民此古今之格論也

至於堯崩之後三年之喪畢舜避堯之子而居於南河之南廣天下不歸已而歸堯之子也乃天下諸侯朝覲奉命者不之堯之子而之舜訟獄質成者不之堯之子而之舜謳歌功德者不謳歌堯之子而謳歌舜凡此人心之歸皆非人所能爲故曰與之者天也夫然後不得已自南河之中國踐天子之位焉向使不爲南河之避而遽居堯之宮以逼逐堯之子是簒逆之爲也非天與之也

大誓曰天視自我民視天聽自我民聽此之謂也

自從也天無形其視聽皆從於民之視聽民之歸舜如此則天與之可知矣

何以見人心之歸舜爲天與耶太誓之詞曰天無視也其視皆從民之視天無聽也其聽皆從民之聽民心所在即天意之所在民心所歸即天意之所歸此書之言正吾所謂人之歸舜即天之歸舜是天與舜以天下之謂也

人有言章全旨　此章見繼禪皆出於公以天與賢二句爲綱首節敘民之從賢從子次節承上而斷爲天

人有言章

首節　張南軒曰堯舜傳之賢禹傳之子而後世遂有至禹而德衰之論此以私意觀聖人也禹薦益於天與堯之薦舜舜之薦禹其心一也益避禹之子與舜之在南河禹之在陽城其心一也而天則與子也禹亦豈得而與之哉

之與賢與子皆以禹益爲主堯舜爲客以形之正意已盡此二節下以伊尹周公之不有天下形益之不有天下只是餘意仲尼不有天下又借以引起伊周末引孔子之言總結上文正與天與賢二句相應

萬章問曰人有言至於禹而德衰不傳於賢而傳於子有諸

孟子曰否不然也天與賢則與賢天與子則與子昔者舜薦禹於天十有七年舜崩三年之喪畢禹避舜之子於陽城天下之民從之若堯崩之後不從堯之子而從舜也禹薦益於天七年禹崩三年之喪畢益避禹之子於箕山之陰朝覲訟獄者不之益而之啓曰吾君之子也謳歌者不謳歌益而謳歌啓曰吾君之子也

陽城箕山之陰皆嵩山下深谷中可藏處啓禹之子也楊

氏曰此語孟子必有所受然不可考矣但云天與賢則與賢天與子則與子可以見堯舜禹之心皆無一毫私意也

萬章問曰人有言堯舜盛德故能公天下以傳賢至於禹而德衰私其天下不傳於賢而傳於子有諸孟子曰人言非是聖人所爲不然也天子不能以天下與人又何能以天下與子顧天意何如耳天與賢則從而與賢天與子則從而與子皆非有私意於其間也何以見之昔者舜薦禹於天任之爲相十有七年舜崩三年之喪畢禹避舜之子而居於陽城欲以天下讓之舜子也乃天下之民舍舜子而從之亦若堯崩之後不從堯之子而從舜也民之歸禹如此禹薦益于天任之爲相七年禹崩三年之喪畢益避禹之子居於箕山之陰以盛滿難居而歸政於啟也時則朝覲訟獄者不之益而之啟曰此吾君之子也謳歌者不謳歌益而謳歌啟曰此吾君之子也民心之歸啟如此是禹之薦益無異於堯舜之心而民之不從益有異於從舜禹也

丹朱之不肖舜之子亦不肖舜之相堯禹之相舜也歷年多

次節　朱子曰舜禹益相去久遠是命之在外者其子之賢不肖是命之在內者聖人

窮理盡性以至於命便能贊化育堯之子不肖他便不傳於子而傳於舜本是箇不好底意思却被他一轉轉得好

輔慶源曰天則天理之本體命則天理之命於人者

北溪陳氏曰天以全體言命以其中妙用言其曰以理言之謂之天是專就天之正義言却包命在其中其曰自人言之謂之命命是天命因人形之而後見故吉凶禍福自天來到於人然後爲命乃是於天理中截斷命爲一邊而言其指歸一爾

說約曰丹朱之不肖至皆天也皆一氣起下之謂之不肖之相堯相舜相禹歷年多少數之字便是喚天字不可不認

施澤於民久啟賢能敬承繼禹之道益之相禹也歷年少施澤於民未久舜禹益相去久遠其子之賢不肖皆天也非人之所能爲也莫之爲而爲者天也莫之致而至者命也

堯舜之子皆不肖而舜禹之爲相久此堯舜之子所以不有天下而舜禹有天下也禹之子賢而益相不久此啟所以有天下而益不有天下也然此皆非人力所爲而自爲非人力所致而自至者蓋以理言之謂之天自人言之謂之命其實則一而已

夫丹朱之爲子不能肖堯舜之子商均亦不能肖舜舜之相堯二十八載禹之相舜十有七年歷年多施恩澤於民甚久而啟之爲子則賢能敬以承繼禹之道益之相禹不過七年歷年少施恩澤於民未久同一相而舜禹益歷年

三節、匹夫不分有位無位皆是舜禹爲相繼亦匹夫也對天子言之耳、匹夫節引起下節伊尹二節發明之末引孔子語以証大意重在益不有天下之故上還不重益又重在禹非有意與子上亦不重禹又重天不廢繼世之賢上

蒙引曰伊尹相湯周公不有天下二段不過申明上繼世一條

四節、吳蔡石曰天不廢繼世意最重正與天與子則與子意關合益之不有天下正

相去之久遠同一子而其賢不肖之皆出於天意非人之力所能爲也大凡莫之作爲而予奪去就若或爲之者是理宰於冥冥之中天也莫之召致而窮通得喪自然而至者是數禀於有生之始命也是子不肖而賢之爲相久天意欲與賢也子賢而賢之爲相不久天意欲與子也堯舜禹皆奉天而行耳豈可以禹之傳子爲德衰耶

匹夫而有天下者德必若舜禹而又有天子薦之者故仲尼不有天下 此言仲尼之不有天下引起下節

孟子因禹益之事歷舉此下兩條以推明之言仲尼之德雖無愧於舜禹而無天子薦之者故不有天下

且自古聖人之不有天下者豈獨益哉凡匹夫而有天下者必其德若舜禹而又有天子若堯舜者薦之故仲尼之德不啻舜禹而不有天下以無堯舜之薦也是仲尼之不有天下者大也

繼世以有天下天之所廢必若桀紂者也故益伊尹周公不

由於此則禹非私子意。不辨自明。繼世句泛論。暗指着啟。合上節下二節。皆以益為主。伊周孔子俱是客。　天之所廢必若桀紂者也。重在苟能嗣業。不輕廢意。繼世不廢。則相臣不興。故益伊尹周公不有天下。

五節　相湯致王。言其德可有天下。嗣君顛覆。言其勢可有天下。而天不廢繼世。故天下終歸太甲也。　天意已偏太甲。則丙壬之四年二年。天若或促之也。其三年聽訓者。天若或啟之也。句句要見天與太甲意。放之者。欲其悔過也。必於桐者。欲其親湯

有天下　此合下二節。以伊尹周公之不有天下。証益之不有天下。

繼世而有天下者。其先世皆有大功德於民。故必有大惡如桀紂。則天乃廢之。如啟及太甲成王。雖不及益伊尹周公之賢聖。但能嗣守先業。則天亦不廢之。故益伊尹周公雖有舜禹之德。而亦不有天下。

若夫有德有薦而亦不有天下者。以繼世之有賢君也。凡繼世以有天下。其為天之所廢。必滅德暴虐如桀紂者也。苟非桀紂。則天亦不輕廢之。故益伊尹周公皆不有天下。

伊尹相湯以王於天下。湯崩。太丁未立。外丙二年。仲壬四年。太甲顛覆湯之典刑。伊尹放之於桐。三年。太甲悔過。自怨自艾。於桐處仁遷義。三年。以聽伊尹之訓己也。復歸于亳。

敎而興思也。於桐必三年者，以其有三年之喪也。處仁遷義，則自艾之愆兼存心處事，太甲能改而爲賢，則天亦不廢之矣。此伊尹所以不有天下。知伊尹不有天下之故，況賢知啟者乎。

愚按：書經蔡傳太甲服仲壬之喪，則外丙仲壬俱立而爲先君諒陰，固禮也。安從趙注，充說短促，乃見天意若云幼沖，豈能舉稚子而悉數其年耶。

此承上文言伊尹不有天下之事。趙氏曰：太丁，湯之太子，未立而死。外丙立二年，仲壬立四年，皆太丁弟也。太甲，太丁子也。程子曰：古人謂歲爲年。湯崩時，外丙方二歲，仲壬方四歲，惟太甲差長，故立之也。（此說是。）二說未知孰是。顛覆，壞亂也。典刑，常法也。桐，湯墓所在。艾，治也。說文云：艾，芟草也。蓋斬絕自新之意。亳，商所都也。

以伊尹之事言之。伊尹相湯伐桀，以王於天下。湯崩，長子太丁未立而死，外丙立二年，仲壬立四年。太甲以太孫嗣位，壞亂湯之常法。伊尹於是因諒陰之制而放之於桐三年。欲其顧祖墓而興思也。太甲乃悔過自怨以懲其既往，自艾以治其將來，朝夕於桐，處仁遷義，三年之間，惟聽伊尹之訓己也。伊尹見其克終厥德，復迎歸於亳焉。此伊尹之不有天下，以太甲不失爲賢君也。

六節　合上節詳伊尹周公所以不有天下。以天意在繼世之太甲成王知伊周。愈知益矣。　按伊尹述其事而周公言其意與周公不以證益也亦不妨復即益以證周公知周公之不有天下而益之不有天下益明矣反覆見繼世有賢君而爲相者必無得天下之理　引孔子周公伊尹以證益只是論事不是論心蓋仲尼益尹周公原無得天下之心也

末節　張南軒曰一者何也亦曰奉天命而已矣

愚按禪繼抑揚說勿平對方與上與賢與子何相應繼合於禪可見繼之心不殊於禪之心而繼之德非減於禪之德義一語皆奉天無私不可二視

周公之不有天下猶益之於夏伊尹之於殷也

此復言周公所以不有天下之意

周公之不有天下者以其値成王之賢猶益之於夏有啓伊尹之於殷有太甲也蓋所遇皆非天之所廢也是伊尹周公之不有天下許天也何嘗疑於益哉

孔子曰唐虞禪夏后殷周繼其義一也

禪授也或禪或繼皆天命也聖人豈有私意於其間哉

尹氏曰孔子曰唐虞禪夏后殷周繼其義一也孟子曰天與賢則與賢天與子則與子知前聖之心者無如孔子繼孔子者孟子而已矣

孔子嘗曰唐虞禪天下夏后殷周繼天下其義一也皆以奉天命而已矣觀於此言可見與子與賢皆天之所爲而

伊尹章

首節　輔氏曰戰國之時人不知有義理之學汲汲然志於功名事業以求其富貴利達雖枉已辱身有所不顧故設爲此等議論上以誣聖下以便一已之私耳

次節　楊龜山曰一介之與萬鍾若論利則有多寡若論義其理一也伊尹惟能一介

傳子之心不殊於傳賢之心也禹德之非衰益明矣

伊尹章全旨　此章見聖人出處之正以樂堯舜之道一句爲主耕莘二節樂堯舜之道於已也幡然以下行堯舜之道於天下也以上俱是敘吾未聞二節就正天下推出正已方斷其無辱已之事末引書証伐夏救民見決非辱已者所能爲也

萬章問曰人有言伊尹以割烹要湯有諸

要求也按史記伊尹欲行道以致君而無由乃爲有莘氏之媵臣負鼎俎以滋味說湯致於王道蓋戰國時有爲此說者

萬章問曰人有言伊尹欲得君無由乃負鼎俎以割烹之事要湯之用有諸乎

孟子曰否不然伊尹耕於有莘之野而樂堯舜之道焉非其

知所取與故能祿之以天下弗顧繫馬千駟弗視

問道義一物。非其義。則非其道矣。一介不妄取與則大者可知矣既曰非義又曰非道旣曰一介又曰天下千駟。何也朱子曰道義兼舉體用而言也。一介千駟極其多少而言也蓋人之氣質不同器識有異或務大而忽小。或拘小而遺大故必兼舉而極言之然後足以見其德之全耳

饒雙峯曰亘古窮今只一箇道義是隨時處事之權義以事言道以理言以事言則得其宜以理言則得其止然後爲盡善故兩言之

林次崖曰祿之以天下四句。要只是樂堯舜之道內事

三節　胡雲峯曰湯以幣聘尹。便見尹非要湯幣聘且囂囂然弗顧況肯要君以倖進

義也非其道也祿之以天下弗顧也繫馬千駟弗視也非其義也非其道也一介不以與人一介不以取諸人

華國名樂堯舜之道者誦其詩讀其書而欣慕愛樂之也駟四匹也介與草芥之芥同言其辭受取與無大無細一以道義而不苟也

孟子曰人言否也伊尹所爲不然伊尹當未仕之先躬耕於有莘之野。慕堯舜之道誦其詩讀其書欣然而樂之焉以堯舜精一之道體之於身凡事必揆之道義設使非其義也非其道也雖祿以天下之富而弗顧繫馬千駟之多而弗視無大之或徇也非其義也非其道也雖一介而不以與人一介不以取諸人無以小而或敢忽也其樂道而能自守如此

湯使人以幣聘之囂囂然曰我何以湯之聘幣爲哉我豈若

哉卽此已可斷割烹要湯之誣矣但此處方是敘事之始未可遽出此意耳

輔氏曰伊尹以堯舜之道自樂故常無欲而自得

蒙引曰伊尹果無意於斯世何以爲聖之任也下所述以道覺民非其夙昔所抱負者耶大抵囂囂然曰云云者以觀湯意之處與否也若論伊尹堯舜君民之心則自畎畝中誦詩讀書以樂其道時便已炯然於懷矣

四節　蔡虛齋曰始而囂囂是堅已之志猶然弗視弗顧之心既而幡然是諒湯之遇不是非義非道之比　幡然改亦非因湯幣而易初願蓋度湯可以爲堯舜而已之道必可行於湯全是爲道而出非苟於應聘也　三豈若字甚緊下一項又總承上二項

顧麟士曰前節豈若內重外輕之別後節豈若空言實事之別

處畎畝之中由是以樂堯舜之道哉

囂囂無欲自得之貌

及湯慕其樂道使人以幣聘之尹則囂囂然自得曰我無所慕於外亦何用湯之聘幣爲哉與其出而憂人之憂我豈若處畎畝之中由是以樂夫堯舜之道哉其樂道而不輕出如此

湯三使往聘之既而幡然改曰與我處畎畝之中由是以樂堯舜之道吾豈若使是君爲堯舜之君哉吾豈若使是民爲堯舜之民哉吾豈若於吾身親見之哉

幡然變動之貌於吾身親見之言於我之身親見其道之行不徒誦說向慕之而已也

乃湯之於尹不一聘而遂已也三使人往聘之既而幡然變動而改曰與我處畎畝之中由是以樂堯舜之道而獨

善其身也吾豈若以道致君使是君爲堯舜之君哉吾豈若以道澤民使是民爲堯舜之民哉吾豈若行堯舜之道而平日之誦說向慕者於吾身親見之哉

天之生此民也使先知覺後知使先覺覺後覺也予天民之先覺者也予將以斯道覺斯民也非予覺之而誰也

此亦伊尹之言也知謂識其事之當然覺謂悟其理之所以然覺後知後覺如呼寐者而使之寤也言天使者天理當然若使之也程子曰予天民之先覺謂我乃天生此民中盡得民道而先覺者也既爲先覺之民豈可不覺其未覺者及彼之覺亦非分我所有以予之也皆彼自有此理我但能覺之而已

五節　朱子曰程子云知是知此事覺是覺此理如事親當孝事兄當弟事也其所以當孝所以當弟理也今人知得此事講解得這道理皆是知之之事及至自悟則又自有箇見解處　中央兩箇覺字皆訓喚醒是我喚醒他

輔慶源曰知淺而覺深知有限界覺無偏全程子云譬之人睡他人未覺而我先覺傍揣撼其未覺者亦使之覺及其已覺也元無少欠而亦未嘗有增加適一般耳此說說得覺字極爲全備

六節　王觀濤曰思天下五句是因其言而推其心故就湯二句是因其心而實其事總爲下辱已以正天下一句張本　自耕於有莘至此是敘述伊尹之出處下斷其無割烹要湯之事也

且天之生此民也知覺同具而先後難齊天之意必使先知此事者覺夫後知先覺此理者覺夫後覺也予於天所生民之中幸而爲先覺之人豈容負天之意哉予將以斯堯舜之道覺斯民之所未覺也使非予覺之而誰爲覺之也其應湯聘之言如此

思天下之民匹夫匹婦有不被堯舜之澤者若已推而內之溝中其自任以天下之重如此故就湯而說之以伐夏救民

書曰昔先正保衡作我先王曰予弗克俾厥后爲堯舜其心愧恥若撻于市一夫不獲則曰時予之辜孟子之言蓋取諸此是時夏桀無道暴虐其民故欲使湯伐夏以救之

徐氏曰伊尹樂堯舜之道堯舜揖遜而伊尹說湯以伐夏者時之不同義則一也

七節　上文言伐夏救民是以道正天下也此節上段即正天下而信其不辱已下段又即聖人而信其必潔已皆泛論其理以斷伊尹也不同泥定伊尹說至下節始明尹無割亨要湯上文桑麥叙來者一語盡結之

指南曰遠近去不去只就一人身上看遠隱于野近仕於朝以出處言去遠他鄉不去居於位以去就言須重近與不去上方形得伊尹來

吳蘇右曰遠而去者以重道其潔身易知近而不去者以行道其潔身難知要分輕重

即尹之言推其心思天下之民皆吾一體必以堯舜之道施之使各得其所但匹夫匹婦有不被堯舜之澤者則引爲已辜若已推而內之於溝中其以一身而自任天下之重如此惟自任之重故就湯而說之以伐無道之夏而救天下之民焉其欲使君爲堯舜之君民爲堯舜之民者固於身親見之矣其出而大行其道如此

吾未聞枉已而正人者也況辱已以正天下者乎聖人之行不同也或遠或近或去或不去歸潔其身而已矣

透說下節

辱已甚於枉已正天下難於正人若伊尹以割烹要湯辱已甚矣何以正天下乎遠謂隱遁也近謂仕近君也言聖人之行雖不必同然其要歸在潔其身而已伊尹豈肯以割烹要湯哉

夫伐夏救民尹之所以正天下也若割烹要湯辱已甚矣吾未聞枉其身已而能正人者也況辱已以干進而能成

八節　陳新安曰，承其要湯之語而正之，謂伊尹所以要湯在堯舜之道，而非割烹也，其實伊尹未常要求于湯，如夫子之求之與，文不得而子語脉相似，故集註引以爲証

正解曰，尹有堯舜之道，湯不得不來求之，便是要，此借要字言其致湯之求

末節　輔慶源曰，此伊尹所自言，於此可見其任重之意，則不肯枉道自汙以要君必矣

正解曰，此引書以証伐夏救民之事，見非割

正天下之功者乎，即尹之能正天下，而其不辱巳可信矣

大凡聖人之行，其大致不盡同也，未仕之先，或遠而隱，或近而見，既仕之後，或不合而去，或合而不去，遠與去，固所以潔其身，即近與不去，亦道有可就，非狥利而汙巳也，要歸於潔其身而巳矣，身之不潔，何爲聖人，奈何以要湯之事汙尹哉

吾聞其以堯舜之道要湯，未聞以割烹也

林氏曰，以堯舜之道要湯者，道在此而湯之聘自來耳，猶子貢言夫子之求之也異乎人之求之也，愚謂此語亦猶前章所論父不得而子之意

即所謂要者，言之吾聞其樂堯舜之道於畎畝之中，道在尹而湯之聘自來，是以堯舜之道要湯，未聞以割烹也

伊訓曰，天誅造攻自牧宮，朕載自亳

伊訓商書篇名，孟子引以證伐夏救民之事也，今書牧宮

亦要君者所能爲須講得與上文相貫常說便覺隔斷矣牧宮卽桀之宮在鳴條故書云造攻自鳴條

孔子章

首節　戰國遊士每因匪人干進如商鞅因景監見孝公之類每每誣聖賢以藉口雖孔子大聖猶有此議故孟子歷証其誣

陳新安曰周禮天官有瘍醫瘍瘡癰也

作鳴條造載皆始也伊尹言始攻桀無道由我始其事於亳也

試以其伐夏救民者言之伊訓有曰湯奉天誅始攻桀於牧宮由我始其事於亳邑也此足以証伐夏救民之事而見其任重之意矣豈徒巳要君者而能爲此乎

孔子章全旨　此章見聖人所主之不苟重第二節上言孔子以義命自處決無苟主之理三節言當阨尚擇所主何況無事之時末言君子小人各從其類決其無苟主之事

萬章問曰或謂孔子於衛主癰疽於齊主侍人瘠環有諸乎

孟子曰否不然也好事者爲之也

主謂舍於其家以之爲主人也癰疽瘍醫也侍人奄人也瘠姓環名皆時君所近狎之人也好事謂喜造言生事之

次節　朱子曰：三揖而進，一辭而退。進以禮揖讓辭遜，退以義剛決果斷。聖人以義處命，本不待斷以命也。所以曰有命，對彌子瑕言之也。

陳新安曰：上言禮義，下只言義者，進以禮、亦一義所當進，義可以該禮也。

張南軒曰：孔子非擇禮義而爲進退，聖人之進退無非禮義，禮義之所在，固命之所在也。此所謂義命合一者也。高中立曰：命之當然處便是義，如用舍是命，則行則藏便是義。宋儒安義則命不足道之說，未免支離。　子路以告，恭亦非欲附勢，因孔子志在行道，或亦從權如往公山之類耳。　前有命專指衛卿之得言，後有命泛指爵祿

人也

萬章問曰：或謂孔子於衛主衛君近狎之人爲癰疽者，於齊主齊君近狎之人爲侍人瘠環者，有諸乎？孟子曰：否。此言非理，孔子所爲不然也。乃好事者造爲此言，誣聖人以便己也。

於衛主顏讎由。彌子之妻與子路之妻兄弟也。彌子謂子路曰：孔子主我，衛卿可得也。子路以告。孔子曰：有命。孔子進以禮，退以義，得之不得曰有命。而主癰疽與侍人瘠環，是無義無命也。

顏讎由，衛之賢大夫也，史記作顏濁鄒。彌子，衛靈公幸臣彌子瑕也。徐氏曰：禮主於辭遜，故進以禮；義主於斷制，故退以義。難進而易退者也。在我者有禮義而已，得之不得

之得不得言。進以禮審而後進也退以義當退即退也當退不退是無義不當得而得是無命不必補禮字

三節 輔慶源曰以孔子進禮退義曰有命觀之則必無主癰疽侍人之理以當阨主司城貞子觀則必無主癰疽侍人之事

邵二泉曰司城宋官名貞子既仕陳而猶曰司城貞子者本其舊爵而稱之也

趙注曰司城貞子宋卿也雖非大賢亦無諂惡之罪故謚爲貞子陳侯周陳懷公子也爲楚所滅故無謚但曰陳侯耳

蔡氏曰司城雖宋官名此時必仕於陳故仕爲陳侯周臣曰既明非癰疽侍人之流也

則有命存焉。

昔觀孔子於衛主於賢大夫顏讎由之家衛君近卿者彌子瑕其妻於子路之妻兄弟也彌子謂子路曰孔子於讎由而主我則衛卿可得也子路以告於孔子孔子曰衛卿之得有命存焉非彼所能爲也夫孔子不忘日進必從容遜順而以禮不易進也退必果斷剛決而以義不難退也禮義盡其在我爵位之得與不得則曰有命而無容心焉若主癰疽與侍人瘠環則義當退而不退命不得而求得是無義無命也於平日之言行安在也

孔子不悅於魯衛遭宋桓司馬將要而殺之微服而過宋是時孔子當阨主司城貞子爲陳侯周臣

不悅不樂居其國也桓司馬宋大夫向魋也司城貞子亦宋大夫之賢者也陳侯名周按史記孔子爲魯司寇齊人饋女樂以間之孔子遂行適衛月餘去衛適宋司馬魋欲

史記孔子自衛過曹及去曹適宋與弟子習禮大樹下宋司馬桓魋欲殺孔子拔其樹遂去宋與弟子相失遂至陳主司城貞子家歲餘

末節　張南軒曰此泛言觀人之法豈獨爲人臣者所當知爲人君者尤當明此義則遠近交見而不蔽于耳目之私矣

正解曰此節即觀人之法以見君子小人各從其類而君子不與癰疽爲類決無主之之理也觀遠臣句是主上句是伴說蔡虛齋云此亦即上二節而申明之如於衛主讎由不主彌子於陳主貞子便見得君子小人各從其類旣是孔子必不主癰疽以盡上二節之意　吾聞二句泛說觀人之法以其所爲主者看他爲何等人之主也以其所主者看他主何等之家也　註中類字最妙以觀近臣之法推之則知癰疽侍人必不爲孔子所主以觀遠臣之法推

殺孔子孔子去至陳主於司城貞子孟子言孔子雖當阨難然猶擇所主況在齊衛無事之時豈有主癰疽侍人之事

然不但無事之時不苟主也孔子嘗不悅於魯衛去而適宋遭宋桓司馬將要而殺之遂微服而過宋適陳是時孔子正當阨難猶主於昔爲宋司城名貞子者今爲陳侯名周者之臣之家即處變不苟如此況平日乎

吾聞觀近臣以其所爲主觀遠臣以其所主若孔子主癰疽與侍人瘠環何以爲孔子

近臣在朝之臣遠臣遠方來仕者君子小人各從其類故觀其所爲主與其所主者而其人可知

且人之邪正各從其類吾聞觀在國之近臣以其所爲主者何如人或爲君子之主或爲小人之主而近臣之賢否

之則知孔子必不主癰疽侍人

百里奚章

首節 顧麟士曰五羖大夫必節詩羔羊之文素絲五紽之義言其節儉也史記與自鬻之言甚妄

孫疏曰史記云晉獻公既虜百里奚以爲秦穆姬媵于秦奚亡秦走宛楚鄙人執之穆公聞奚賢欲重贖之恐楚人不與乃使人請以五羖羊皮贖之楚人許之穆公釋其囚授之以國政號曰五羖大夫 秦養牲者是穆公嬖幸之人

可知矣觀所至之遠臣以其所主者何如人或主於君子或主於小人而遠臣之賢否可知矣孔子大聖雖癰疽瘠環小人之尤若孔子主癰疽與侍人瘠環則所從非其類矣何以爲孔子甚矣好事者之誣聖人也

百里章全旨 此章據奚之去虞入秦見其賢智斷其必不干主也 中節只敘事末節方是斷語自晉人以至宮之奇諫總見虞君贖貨愎諫起百里不諫一句而百里奚不諫一句又起下智與賢也 末節賢智二字自是通章眼目蓋智者必知食牛干主之爲汙而賢者必不肯爲自鬻之事也

萬章問曰或曰百里奚自鬻於秦養牲者五羊之皮食牛以要秦穆公信乎孟子曰否不然好事者爲之也

百里奚虞之賢臣人言其自賣於秦養牲者之家得五羊之皮而爲之食牛因以干秦穆公也

萬章問曰人有言百里奚自賣於秦養牲之家得五羊之皮爲之食牛因以干秦穆公使知而用之有諸乎孟子曰

次節　范氏曰虞之將亡宮之奇諫百里奚不諫。二人皆是也。宮之奇不忍虞之亡。諫而不聽。然後以其族行。君臣之義盡。百里奚事虞公年七十矣。而無所遇。知其不可諫。不諫而先去之。去就之理明。奇爲忠臣。奚爲智士。故曰皆是也。

否此言非理百里奚所爲不然乃好事者爲之以借口便己也。

百里奚虞人也晉人以垂棘之璧屈產之乘假道於虞以伐虢宮之奇諫百里奚不諫

虞虢皆國名垂棘之地所出之璧也屈產之地所生之良馬也乘四匹也晉欲伐虢道經於虞故以此物借道其實欲并取虞宮之奇亦虞之賢臣諫虞公令勿許虞公不用遂爲晉所滅百里奚知其不可諫故不諫而去之秦

夫百里奚生於虞而仕於虞乃虞人也時晉人欲伐虢思并取虞乃用荀息之謀以垂棘之地所出之璧與屈地所生之馬來假道於虞以伐虢虞臣宮之奇以輔車脣齒之說諫虞公不聽百里奚則不諫。

三節　許東陽曰後語六反四智二賢皆反覆明奚之事第一總言去虞之秦之智第二第三詳言去虞之智第四詳言入秦之智第五以事實言其賢爲下節張本第六專以上文之賢証自鬻之言之妄前後皆是彷彿言之惟第五節爲要然不智則不能明去就之幾不賢則不足以見其智之正故反覆言之

蒙引曰自知虞公之不可諫凡四段皆以首一段爲主下三段皆以推明此意相秦全末凡二段則重在下段　按此說極有見蓋首一段統下三段俱有由矣其二段則中首段中不可諫三段則中首段知虞公四段則中首段中去之秦也不如此看則下三段贅矣　言奚智則辨知食牛爲汙故曰重首段言奚賢又辨不自鬻以干主故曰直下段皆借論也　知黙知廢知與三段平看

知虞公之不可諫而去之秦年已七十矣曾不知以食牛干秦穆公之爲汙也可謂智乎以前事見其智而斷之不可諫而不諫可爲不智乎知虞公之將亡而先去之不可謂不智也時舉於秦對上他字知穆公之可與有行也而相之可謂不智乎以後事見其賢而斷之相秦而顯其君於天下可傳於後世不賢而能之乎自鬻以成其君鄉黨自好者不爲而謂賢者爲之乎

自好自愛其身之人也孟子言百里奚之智如此必知食牛以干主之爲汙其賢又如此必不肯自鬻以成其君也然此事當孟子時已無可據孟子直以事理反覆推之而知其必不然耳　范氏曰古之聖賢未遇之時鄙賤之事

蔡氏曰：戰國之時，人不知道，惟知以功利爲急。甚者敢誣聖賢，欲借以行其私。如伊尹割烹要湯，孔子主癰疽侍人，百里奚自鬻，雖萬章之徒，亦不知其爲非，而猶不免於疑問。習俗移人之心如此，孟子安得不歷數而明辨之哉。

不恥爲之。如百里奚爲人養牛，無足怪者，惟是人君不致敬盡禮，則不可得而見，豈有先自汙辱以要其君哉？莊周曰：百里奚爵祿不入於心，故養牛而牛肥，使穆公忘其賤而與之政，亦可謂知百里奚矣。伊尹、百里奚之事，皆聖賢出處之大節，故孟子不得不辨。尹氏曰：當時好事者之論，大率類此，蓋以其不正之心度聖賢也。

知虞公之不可諫而去之秦，當其時年已七十矣，是其歷練老成，曾不知以食牛干秦穆公之爲汙也，可謂之智乎？夫不可諫而不諫，識語默之宜也，可謂不智乎？知虞公之將亡而先去之，見幾之哲也，不可謂不智也。及去秦虞，有舉于秦者，知穆公之可與有爲也而輔相之，擇主之明也，可謂不智乎？以奚之智如此，必知食牛以干主爲汙矣。且其相秦也，取威定霸，顯其君于天下，而榮名以烈可傳於後世，非有才之賢者而能爲之乎？賢則必能自重，若自

鬻其身以成就其君之業。即鄉黨之常人稍知自愛者亦不肯爲。而謂賢如奚者而肯爲之乎。甚矣好事者之誣也

二十二終

大全諸說合參

伯夷章

首節　首二句是視聽不苟，非君四句是事使進退不苟，横政三句是所居不苟，思與三句是所處不苟，當紂三句□貫事結待天下之清，伏一清字。

四書述朱卷之二十三

婺江黄昌衢康謠彙編
錫山張麗金荊南參訂
弟　昌修虞獻
　　昌伊若尹　仝校

孟子

萬章章句下　凡九章

伯夷章全旨　此章表孔子之聖異於羣聖。前四節敘事，第五節評斷，六節言孔子之智聖兼備，末言孔子之聖由於智。總明孔子之全，異於三聖之偏，以見願學之意也。

孟子曰：伯夷目不視惡色，耳不聽惡聲。非其君不事，非其民不使。治則進，亂則退。横政之所出，横民之所止，不忍居也。思次節首二句是伊尹之言次二句是承其言而狀其行次七句又是伊尹之言次五句又即其言而推其心惟其事使皆君民故進退無分於治亂所以然者則以覺民

與鄉人處如以朝衣朝冠坐於塗炭也當紂之時居北海之濱以待天下之清也故聞伯夷之風者頑夫廉懦夫有立志

横謂不循法度頑者無知覺廉者有分辨懦柔弱也餘並見前篇

孟子曰古有伯夷者目不視非禮之惡色耳不聽非禮之惡聲非其可事之君不事非其可使之民不使世治則進而仕世亂則退而隱若横政所出之地横民所止之處不忍一日居也推其心思與鄉人同處如以朝衣朝冠坐於塗炭若將浼已也當紂之時天下濁亂避居北海之濱以待天下之清也其不降志不辱身如此故後世聞伯夷之遺風者雖頑貪之夫皆化而廉潔懦弱之夫皆化而有特立之志焉

伊尹曰何事非君何使非民治亦進亂亦進曰天之生斯民也使先知覺後知使先覺覺後覺予天民之先覺者也予將

之責自任故也自任天下之重。伏一任字。

三節　此由立朝說到居鄉上。總是不分爾我不與世泥之意此正惠之寬敦處伏箇和字。

新安陳氏曰凡言聞其風者。皆道不行於當

以此道覺此民也思天下之民匹夫匹婦有不與被堯舜之澤者若己推而內之溝中其自任以天下之重也

何事非君言所事即君何使非民言所使即民無不可事之君無不可使之民也餘見前篇

有伊尹者嘗曰君皆可事何所事而非吾君。民皆可使何所使而非吾民。故世治亦進而仕世亂亦進而仕。其應湯聘之言曰天之生斯民也使先知其事者覺後知之人使先覺其理者覺後覺之人予乃天生民中之先覺者也予將以此知覺之道覺此後知後覺之人不容負天之託也由其言以推其心思天下之民有匹夫匹婦不與被堯舜治民之澤者若己推而納諸溝中以陷之是其以一人之身而自任以天下之重有然也

柳下惠不羞汙君不辭小官進不隱賢必以其道遺佚而不怨阨窮而不憫與鄉人處由由然不忍去也爾爲爾我爲我

時而其流風餘韻足以聳動後世者也伊尹道行於當時有功業可見不待以風言夷惠道不行於當時無功業可見而其制行之高足使後世想聞其餘風而興起所以以風言夷則風之清惠則風之和也

四節　蒙引曰遲遲吾行也蓋因子路趨行曰夫子可以行矣故夫子以此言曉之非必在路上遲遲也

衆去齊去魯一事而推其生平速久處仕皆當其可末以孔子也三字然之便含三聖不可語此意

雖袒裼裸裎於我側爾焉能浼我哉故聞柳下惠之風者鄙夫寬薄夫敦

鄙狹陋也敦厚也餘見前篇

有柳下惠者不以汙君爲羞而事之不以小官爲卑而辭之其進而事汙君爲小官也不隱其在己之賢能而必以其直道雖人遺佚之而不怨雖身處阨窮而不憫與鄉人處其中由由然自得不忍舍而去也其言曰爾自爲爾我自爲我雖袒裼裸裎於我之側亦爾自無禮耳焉能浼於我哉其與物無忤如此故聞柳下惠之遺風者雖鄙隘之夫皆化而有寬大之量雖刻薄之夫皆化而有敦厚之性焉

孔子之去齊接淅而行去魯曰遲遲吾行也去父母國之道也可以速而速可以久而久可以處而處可以仕而仕孔子也

五節　朱子曰夷惠氣質有偏比之夫子終有不中節處　問既云偏何以謂之聖曰聖只是做到極處自然安行不待勉強故謂之聖非中之謂也　三聖是知之不至

接猶承也淅漬米水也漬米將炊而欲去之速故以手承水取米而行不及炊也舉此一端以見其仕止久速各當其可也或曰孔子去魯不稅冕而行豈得爲遲楊氏曰孔子欲去之意久矣不欲苟去故遲遲其行也膰肉不至則得以微罪行矣故不稅冕而行非速也

蓋稽孔子之當其去齊則接淅而行不遑計食至於去魯則曰遲遲無急吾之行也所以遲遲者蓋去父母之國情義不容恝然其道固如是也即此觀之可以速去而速不必於速可以久留而久不必於久可以隱處而處不必於處可以仕進而仕不必於仕此則孔子之行也

孟子曰伯夷聖之清者也伊尹聖之任者也柳下惠聖之和者也孔子聖之時者也

不惟清不能和，和不能清，但於清處和處亦皆過，如射者皆中而不中鵠。又問：既是如此，何以謂聖人之清和？曰：却是天理中流出，無駁雜，雖是過當，直是無纖毫查滓。

許東陽曰：夷、惠、伊尹之聖，只是清任和到極處，故謂之聖。孔子則是大而化之之聖，其行之時中，則清任和時而出之，亦無不到極處。

張南軒曰：孔子之遲也，速也，皆道之所在也。曰可以速而速，可以久而久，比公孫丑篇易一則字，尤見從容不迫與時偕行之意。聖之時云者，非聖人之趨時，聖人之動固無不時也。

剔累曰：清任和時四字，從聖字分別出來，倒轉便非。

六節　朱子曰：聖人之德，精粗大小，無所不周。聖人之德，精粗大小，無所不備，其始終

張子曰：無所雜者清之極，無所異者和之極。勉而清，非聖人之清；勉而和，非聖人之和。所謂聖者，不勉不思而至焉者也。孔氏曰：任者以天下為己責也。愚謂孔子仕止久速各當其可，蓋兼三子之所以聖者而時出之，非如三子之可以一德名也。或疑伊尹出處合乎孔子，而不得為聖之時，何也？程子曰：終是任底意思在。

孟子既敘四人之行，因斷之曰：夷、尹、下惠及孔子皆古聖人也。卽其行而論之，伯夷節高天下，皭然潔白，是聖之清者也；伊尹道濟天下，毅然擔當，是聖之任者也；柳下惠量容天下，由然與偕，是聖之和者也；若孔子推移變化，措之咸宜，如元氣自然之運，是聖之時者也。

孔子之謂集大成。集大成也者，金聲而玉振之也。金聲也者

相成。蓋如此此金聲而玉振之所以譬孔子之集大成而非三子之所得與也

許東陽曰此一節以樂比孔子知之至行之極條理卽八音以金而聲之所以始其衆樂以玉而振之所以終其衆樂聲振始終皆是動用字

張南軒曰始條理析衆理於毫釐終條理者備衆理於一貫也

蒙引曰小成之始終只在其一音之內大成之始終則通八音而言始於金而終於玉也知三子之所知所行則在其一清一任一和之內如孔子之所知所行則兼乎三子之清任和也　智者知之所及謂知之所到處也聖者德之所就謂行之結裹成就也智與聖是知行之已成名目知與行却是用工名目

始條理也玉振之也者終條理也始條理者智之事也終條理者聖之事也此一節言孔子之兼全衆理智聖平說首句借用集大成三字贊孔子之德之全集大成也六句說樂始條理四句說孔子

此言孔子集三聖之事而爲一大聖之事猶作樂者集衆音之小成而爲一大成也成者樂之一終書所謂簫韶九成是也金鐘屬聲宣也如聲罪致討之聲玉磬也振收也如振河海而不洩之振始始之也終終之也條理猶言脉絡指衆音而言也智者知之所及聖者德之所就也蓋樂有八音金石絲竹匏土革木若獨奏一音則其一音自爲始終而爲一小成猶三子之所知偏於一而其所就亦偏

於一也八音之中金石爲重故特爲衆音之綱紀又金始震而玉終詘然也故並奏八音則於其未作而先擊鎛鐘以宣其聲俟其旣闋而後擊特磬以收其韻宣以始之收以終之二者之間脉絡貫通無所不備則合衆小成而爲一大成猶孔子之知無不盡而德無不全也金聲玉振始終條理疑古樂經之言故兒寬云惟天子建中和之極兼總條貫金聲而玉振之亦此意也

夫清任和爲聖之一德而時統聖德之全孔子合羣聖之德於一身其集衆小成而爲一大成之謂乎集大成也者合樂之時金以聲之於先而玉振之於後備極其全之謂也金聲也者非金自爲始所以始衆音之條理也玉振之也者非玉自爲終所以終衆音之條理也始終之間脉絡貫通無所不備此樂之所爲集大成也夫始條理者卽孔

末節　問其至爾力其中非爾力還是三子只有力無智否朱子曰不是無智知處偏故至處亦偏如孔子則箭箭中的三子則每人各中一邊緣他當初見得偏故至處亦偏

許東陽曰此一節以射比四聖人能挽強弓射遠地此力也能中其的乃巧也必先知的之所在又知中之之法然後用力之所至而中之三子力量雖到而知有未至故不及孔子

胡雲峰曰此章之旨集註偏全二字盡之譬之樂則一音自爲始終者偏而八音相爲始終者全譬之射則力而不巧者偏力而又巧者全

子智之事也孔子於天下之理條分縷析知之無一不精以是開力行之始其與金之始條理者無以異也終條理者即孔子聖之事也孔子於天下之理經緯錯綜行之無一不當以是要知至之終其與玉之終條理者無以異也

知無不盡而德無不全此孔子之所爲集大成也

智譬則巧也聖譬則力也由射於百步之外也其至爾力也其中非爾力也　此節言孔子之聖由於智乃推其所以兼全乎衆理也

此復以射之巧力發明智聖二字之義見孔子巧力俱全而聖智兼備三子則力有餘而巧不足是以一節雖至於聖而智不足以及乎時中也　此章言三子之行各極其一偏孔子之道兼全於衆理所以偏者由其蔽於始是以缺於終所以全者由其知之至是以行之盡三子猶春夏

北宮章

張彥陵曰通章天子重看諸侯之去籍無天子也說天子一位便見名位森然不可奸也說天子之制地方千里便見大小截然不可僭也觀天子之所尚視侯視伯視子男則天子之重可知矣即不能五十里之附亦天子附之也在官代祿之差亦天子差之也周制內外相馭大小相維若此則諸侯惡而去之固天子之所必誅也　又曰此章言封建而末微及於井田井田封建相爲維持故祿蔡耕食相爲參酌

首節　錡生戰國而爲此問尚有尊周室之

秋冬之各一其時孔子則太和元氣之流行於四時也

由孔子之智而思之譬則巧之運机於先也由孔子之聖而思之譬則力之決勝於後也由射於百步之外也其至於侯者力也其中乎的者則非力也巧也夫德之造其極者聖也而德之會其全所以爲集大成者非聖也智也此孔子之聖所以異於三子之聖也與

北宮章全旨　此章明先王班爵祿之制天子一節是班爵之通於天下國中者天子之制五節是班祿之通於天下國中者總要提唯天子二字見得定一尊名分不可僭大一統制度不可紊末節輕帶發明祿足以代耕之義皆是舉其略而言

北宮錡問曰周室班爵祿也如之何

北宮姓錡名衛人班列也

北宮錡見當時爵祿無定制問於孟子曰周室之初其班爵與祿也如之何

孟子曰其詳不可得聞也諸侯惡其害己也而皆去其籍然而軻也嘗聞其略也

當時諸侯兼并僭竊故惡周制妨害己之所爲也

孟子曰初制甚詳今已不可得聞也蓋其詳載於典籍當今諸侯僭竊兼併惡舊日班爵與祿之王制妨害於己而皆去其典籍是以無所考而知也然而軻也或得之殘編傳之故老亦嘗聞其大略也

忠班者次第之謂言等級分明不可僭也
爵祿兼君臣言

次節　輔慶源曰兼并則其國日大僭竊則其祿日侈

朱公遷曰孟子以貢助徹告滕文公以班爵祿答北宮皆制度之損益不常者故可言其略而不可言其詳也

天子一位公一位侯一位伯一位子男同一位凡五等也君一位卿一位大夫一位上士一位中士一位下士一位凡六等

此言班爵之略

此班爵之制也五等通於天下六等施於國中

其略何如以爵之班於天下者言之天下之大統於一故父天母地而爲之子者天子也是一位由是而下其分理

三節　輔慶源曰位以爵定

趙氏悳曰疏父天母地而爲之子者天子也爵位盛大以無爲爲德者公也斥候于外也以君人爲德者侯也足以長人者伯也其德足以養人者子也男任也任安也其德足以安人者男也出命足以正衆者君知進退而其道上達者卿也知足以帥人者大夫也才足以事大者士也

四節　蔡氏道傳曰附庸凡四等字者方三十里名者方二十里人氏者方十五里氏不若人人不若名名不若字

庶邦有爵位盛大以無私爲德者公也又一位所撥於外以君人爲德者侯也又一位德足以長人者伯也又一位德足以養人者曰子德足以安人者曰男則同一位凡五等也以爵之班於國中者言之一國之中統於尊故出令以正衆者君也是一位由是而下其共理國事有知進退而道上達者卿也又一位智足以率人者大夫也又一位才足以事人者士也上士一位中士一位下士一位凡有六等此班爵之制之大略也

天子之制地方千里公侯皆方百里伯七十里子男五十里凡四等不能五十里不達於天子附於諸侯曰附庸此以下言班祿之略

此以下班祿之制也不能猶不足也小國之地不足五十里者不能自達於天子因大國以姓名通謂之附庸若春秋邾儀父之類是也

爵定而祿以分以祿之班於天下者言之天子之分獨尊則其祿獨厚其制地方千里自天子而下公侯之地皆方

五節　趙氏曰食采邑於畿內祿之多少以外諸侯爲差不言中下士視附庸也

六節　趙岐註曰公侯之國爲大國卿祿居於君祿十分之一大夫祿居於卿祿四分之一上士之祿居於大夫祿二分之一中士下士轉相倍庶人在官者未命爲士者也不得耕以祿代耕也

朱子曰君十卿祿祿猶今之俸祿蓋君所自得爲私用者至於貢賦賓客朝覲祭享交聘往來又別有財儲爲公用

百里伯則方七十里子男則方五十里以爵之崇卑爲祿之多寡凡四等外此又有地不足五十里而貢賦有限朝覲會同不能自達於天子但附於大國之諸侯以姓名通者謂之曰附庸此祿之班於天下者也

天子之卿受地視侯大夫受地視伯元士受地視子男

視比也徐氏曰王畿之內亦制都鄙受地元士上士也

以祿之班於王國者言之天子國十倍於侯矣天子之卿所受采地比於大國之侯所食之祿大夫所受之地比於次國之伯所食之祿元士所受之地比於小國之子男所食之祿以畿內之所比藩封之君所以尊天子也

大國地方百里君十卿祿卿祿四大夫大夫倍上士上士倍中士中士倍下士下士與庶人在官者同祿祿足以代其耕也

十十倍之也四四倍之也倍加一倍也庶人在官府史胥

曹寅穀曰此合下二節趙註與說約俱重卿大夫士上說然本文先云大國地方百里次國地方七十里小國地方五十里皆自君說起則君十卿祿仍不得歸重卿祿也但順文說去爲是

七節　趙岐註曰伯爲次國大夫祿居卿祿三分之一也

徒也愚按君以下所食之祿皆助法之公田藉農夫之力以耕而收其租士之無田與庶人在官者則但受祿於官如田之入而已

以祿之班於侯國者言之公侯之大國地方百里君得公田之入十倍於卿祿卿之祿四倍於大夫大夫一倍於上士上士一倍於中士中士一倍於下士下士與庶人在官爲府史胥徒者同祿授之以祿使足以代其耕也蓋其身在官不得躬耕以祿代之而已

次國地方七十里君十卿祿卿祿三大夫大夫倍上士上士倍中士中士倍下士下士與庶人在官者同祿祿足以代其耕也

二謂二倍之也

八節。趙岐註曰子男爲小國大夫祿居卿祿三分之一。

趙氏曰由卿而上三等之國與由大夫而下三等之國同者盖卿而上其祿豐厚者不爲之殺則地之所出不足以供大夫而下其祿淺薄苟爲之殺則臣之所養不能給也。

曹雪報曰下士有田祿者其制與耕者之所獲一夫百畝之數同有定額無增減是亦取祿足代耕之義也庶人在官者有祿而無田其祿不煩簡則祿有多寡視五等之農夫以爲差與士之有田者不同觀末節卑官庶人在官者其祿以是爲差不及下士則下士與庶人在官者同祿只是大概語耳。

末節　蔡氏曰此節發明祿足代耕之義耕

若伯之次國地方七十里君得公田之入十倍於卿祿卿之祿則三倍於大夫大夫一倍於上士上士一倍於中士中士一倍於下士下士與庶人之在官者同祿祿取足以代其耕而已。

小國地方五十里君十卿祿卿祿二大夫大夫倍上士上士倍中士中士倍下士下士與庶人在官者同祿祿足以代其耕也

二卽倍也

若子男之小國地方五十里君得公田之入十倍於卿祿卿之祿則二倍於大夫大夫一倍於上士上士一倍於中士中士一倍於下士下士與庶人之在官者同祿祿取足以代其耕而已凡侯國之祿等殺如此。

耕者之所獲一夫百畝百畝之糞上農夫食九人上次食八人中食七人中次食六人下食五人庶人在官者其祿以是

者之所獲一句只意至五人句方盡農有五等以力之勤惰分而食因以異也任官亦有五等以事之煩簡分而祿因以別也不及下士者想下士之祿只等上農夫耳

問友章

爲差此節只明祿足代耕之義

獲得也一夫一婦佃田百畝加之以糞糞多而力勤者爲上農其所收可供九人其次用力不齊故有此五等庶人在官者其受祿不同亦有此五等也

祿取代耕其數亦有不同彼耕者所獲之田并一夫得百畝如佃田百畝而加之糞勤惰不齊則所食因之而異上農夫糞多力勤百畝所入之數可食九人上次者可食八人中等可食七人中次者可食六人下等僅可食五人庶人在官者事有煩簡則祿有多寡其受祿以是五等爲差所謂祿足以代其耕者如此要而論之皆周制之大略輒之所聞僅如此

問友章全旨此章見交友不可挾以友德爲綱以不挾貴爲主蓋挾貴爲人所易犯故中四節皆舉古之不挾貴者言之末言尊賢之義同以貴貴正以見貴之不可挾也

首節　陳新安曰有挾則取友之意不誠賢者必不與之友矣三者之中挾貴尤常情所易犯下文四節皆不挾貴者但有小大之差耳

次節　蒙引曰獻子所重五人者在於忘人之勢此正所以友其德也則獻子之不挾其勢彰彰矣

萬章問曰敢問友孟子曰不挾長不挾貴不挾兄弟而友友也者友其德也不可以有挾也

挾者兼有而恃之之稱

萬章問曰敢問交友之道何如孟子曰交友之道心欲下而禮欲恭不挾恃已之年長不挾恃已之尊貴不挾恃已有兄弟之勢而與之友蓋友也者所以友其人之德爲已之資也既友其德則當折節虛懷以致其誠敬之意不可以有所挾也

孟獻子百乘之家也有友五人焉樂正裘牧仲其三人則予忘之矣獻子之與此五人者友也無獻子之家者也此五人者亦有獻子之家則不與之友矣

孟獻子魯之賢大夫仲孫蔑也張子曰獻子忘其勢五人

三節　存疑曰，或師或友，言無所挾也。王順長息，自是帶說。

者忘人之勢不資其勢而利其有然後能忘人之勢若五人者有獻子之家則反爲獻子之所賤矣

不觀諸古人之交友乎。孟獻子，魯百乘之家也，有友五人焉，一曰樂正裘，一曰牧仲，其餘三人，則予忘其姓名矣。獻子之與此五人者相友也，以五人以德自重，不動心於勢利，無獻子之家於中者也。借使此五人者其心亦有獻子之家，獻子方且賤之，則不與之友矣。此獻子爲德而友，而百乘之貴非所挾也。

非惟百乘之家爲然也雖小國之君亦有之費惠公曰吾於子思則師之矣吾於顏般則友之矣王順長息則事我者也

惠公費邑之君也師所尊也友所敬也事我者所使也

非惟百乘之家爲能不挾貴而友也，雖小國之君而不挾者亦有之。費惠公曰，吾於子思則以師道尊之矣，吾於顏般則以友道敬之矣，若王順長息則非師非友而事我者也。即惠公之言觀之，可見其所友亦必以德，而小國之貴

門節　蔡氏曰不敢不飽以上稱平公之不挾以下斷其所未至亦因而示人以王公尊賢之則耳非貶平公也
吳蓀右曰非王公之尊賢便有下文堯友舜的意思然引平公事還是取其不挾貴然終於此而已以下原不甚重
愚按然終於此一段作結煞上文便似貶平公非章旨也作引起下節乃切贊帝堯況上二節非惟百乘之家為然非惟小國之君為然俱根上轉下何至此間獨無承落乎乃知蒙引所見雖確不若時講之活矣

非所挾也

非惟小國之君為然也雖大國之君亦有之晉平公之於亥唐也入云則入坐云則坐食云則食雖疏食菜羹未嘗不飽蓋不敢不飽也然終於此而已矣弗與共天位也弗與治天職也弗與食天祿也士之尊賢者也非王公之尊賢也

亥唐晉賢人也平公造之唐言入公乃入言坐乃坐言食乃食也疏食糲飯也不敢不飽敬賢者之命也范氏曰位曰天位職曰天職祿曰天祿言天所以待賢人使治天民非人君所得專者也

非惟小國之君為能不挾然也雖大國之君其不挾也亦有之晉平公之於亥唐也嘗慕其德而造其廬唐云入公

五節　蒙引曰此節不承王公之尊賢說蓋堯之於舜固能與共天位治天職食天祿然孟子此節本意只在無所挾上故曰是天子而友匹夫也

曹雲敷曰蒙引說固是但上文然終於此一段斷屬引到此節觀末節用上敬下謂之尊賢以尊賢爲友德則獻子惠公平公雖皆言友德而尊賢即在其中但不可謂王公之尊賢耳堯之於舜雖曰是天子而友匹夫爲友德之極而王公尊賢之意亦即在其中矣故平公之不挾只當找在不致不飽也之下不可找在非王公尊賢之下以礙過下語勢

則入唐云坐公則坐唐云食公則食其所食者雖疏食菜羹之薄未嘗不飽蓋敬唐之命不敢不飽也是固以德爲友而大國之賢非所挾也然惜乎其終於此而已矣弗與共天位以官之也弗與治天職以任之也弗與食天祿以養之也是士人無爵土者之尊賢也非王公有國者之尊賢也

舜尚見帝帝館甥於貳室亦饗舜迭爲賓主是天子而友匹夫也

尚上也舜上而見於帝堯也館舍也禮妻父曰外舅謂我舅者吾謂之甥堯以女妻舜故謂之甥貳室副宮也堯舍舜於副宮而就饗其室

進而上之則有堯之於舜者昔舜自歷山側而見帝帝既妻以二女以舜爲甥乃館之於貳室亦嘗就舜之館而饗其食焉其館舜也堯爲主而舜爲賓其饗舜也堯爲賓而舜爲主略君臣之分而迭爲賓主是堯以天子之貴而友

一舜之匹夫也堯之友德一不掞盛哉無以加矣

用下敬上謂之貴貴用上敬下謂之尊賢貴貴尊賢其義一也。

貴貴尊賢皆事之宜者然當時但知貴貴而不知尊賢故孟子曰其義一也。此言朋友人倫之一所以輔仁故以天子友匹夫而不爲詘以匹夫友天子而不爲僭此堯舜所以爲人倫之至而孟子言必稱之也

要而論之凡以下而敬上者謂之貴貴位之所在士雖賢而屈於貴以上而敬下者謂之尊賢德之所在上雖貴而屈於賢論名分則貴固宜貴論道德則賢亦宜尊位非獨隆而德非獨詘貴貴尊賢其爲義之宜一也乃世之人但知有貴而不知有賢友德之風不可復見矣

末節　蔡氏曰此總結上四節而斷其同歸於義重尊賢上賢卽德也

王觀濤曰論名分下當敬上論道德上當敬下正見位非獨重而德非獨輕意

明雲峰曰朋友居人倫之一而足以輔仁則又有裨於人倫者也孟子言性善必稱堯舜既言其君臣之倫又稱其盡父子兄弟之倫此則又稱其朋友之倫朋友人倫之一非知堯之友舜不足以爲朋友人倫之至

交際章

吳蓀右曰交際在諸侯餽士上說前五節反覆論交際可受之義而折衷於孔子後二節因論孔子可仕之義亦所以發明交際可受之義也通章以事道二字爲大綱以交以道三句爲斷案以下無非發明此三句引孔子之獵較以明賜之可受正見受賜皆爲行道之意孟子之時侯王無好上

之誠。而猶有下士之禮。皆過爲峻拒。天下終無可交之人。吾道如何行得。不若因其折節之處。以顯師臣賓臣之義。亦可爲遇合機緣。與孔子事道心事相符。非區區仕從交際起見也。萬章苛責其物之所從來。始終以爲可卻。孟子薄責其物之所從來。始終以爲可受。不知不卻而受此委曲以爲行道之端。即孔子因獵較之心而仕。際可公養之意也。

首節　問卻此者何心也。陳新安曰。所以表見其恭也。

次節　陳新安曰。若計其物之初得。合義與否。而酌其辭受。受其合義者。則卻之者必以爲不合義也。有此心。非恭矣。

交際章全旨　此章見聖賢委曲行道之心。孟子之受交際與孔子因獵較爲之兆意同。故前五節反覆交際之可受。而折之孔子。後二節論孔子可仕之故。亦以發明可受之義也。

萬章問曰。敢問交際何心也。孟子曰。恭也。

際接也。交際。謂人以禮儀幣帛相交接也。

萬章問曰。敢問人以禮儀幣帛相交接。此何心也。孟子曰。所以將其恭敬之誠也。

曰。卻之卻之爲不恭。何哉。曰。尊者賜之。曰其所取之者義乎不義乎。而後受之。以是爲不恭。故弗卻也。

卻不受而還之也。再言之。未詳。萬章疑交際之間有所卻者。人便以爲不恭何哉。孟子言尊者之賜而心竊計其所以取此物者。未知合義與否。必其合義。然後可受。不然則

節　輔慶源曰他辭卻之視貪利者固優然亦失之過孔子受之者得中道也

卻之矣所以卻之爲不恭也

萬章曰交際固爲恭矣若辭而不受亦人之常也乃卻之卻之便以爲不恭何哉孟子曰尊者有賜於我而必竊計其賜之所從來曰其所以取此物者合於義乎抑不合於義乎必義而後受之若不義則卻之是鄙其物而輕其人此所以卻之爲不恭也故君子於尊者之賜受之而弗卻也

曰請無以辭卻之以心卻之曰其取諸民之不義也而以他辭無受不可乎曰其交也以道其接也以禮斯孔子受之矣

萬章以爲彼既得之不義則其餽不可受但無以言辭間而卻之直以心度其不義而託於他辭以卻之如此可否邪交以道如餽贐聞戒周其饑餓之類接以禮謂辭命恭敬之節孔子受之如受陽貨烝豚之類也

四節　問殷受夏四句趙氏謂三代相傳以此法不須辭問也於今爲歷歷明法如之何受其餽也朱子曰如趙氏之說則辭受二字與上下文亦不相似仁山金氏曰據舊說亦自可通蓋殺人而奪其貨人所共惡於法皆不待教而誅者也此法殷受之夏周受之殷不待辭說今尚明烈則禦奪之貨如之何其可受乎

萬章曰請無以言辭顯然卻之但以心隱然卻之心度之曰此其不義而取諸民者不可受也而外託他辭以無受則在我無不義之汙在彼亦無不恭之嫌不亦可乎孟子曰其交也以道而非出於無名其接也以禮而不失之苟簡斯孔子亦受之矣何以卻爲哉

萬章曰今有禦人於國門之外者其交也以道其餽也以禮斯可受禦與曰不可康誥曰殺越人于貨閔不畏死凡民罔不譈是不待教而誅者也殷受夏周受殷所不辭也於今爲烈如之何其受之

禦止也止人而殺之且奪其貨也國門之外無人之處也萬章以爲苟不問其物之所從來而但觀其交接之禮則設有禦人者用其禦得之貨以禮餽我則可受之乎康誥

周書篇名越顛越也今書閔作愍無凡民二字譈怨也言殺人而顛越之因取其貨閔然不知畏死凡民無不怨之孟子言此乃不待教戒而當即誅者也如何而可受之乎商受至爲烈十四字語意不倫李氏以爲此必有斷簡或闕文者近之而愚意其直爲衍字耳然不可考姑闕之可也

萬章曰若不問物所從來而但觀其交際設令有禦奪人於國門之外者其交也亦以道其餽也亦以禮斯可受其禦得之貨與孟子曰不可受也康誥曰殺人而顛越其尸以取其貨閔然不知畏死凡民無不譈怨之是不待教戒而當即誅者也此誅禦人之法殷受之於夏周受之於殷所不待辭說而正其罪也於今尚昭然爲烈如之何受其禦得之貨與

五節　輔慶源曰其教之不改而後誅之乎於此可見孟子待人之恕夫謂非其有而取之者盜也充類至義之盡也於此又可見孟子析理之精夫孰其充類盡義之說而欲一概以繩人幾何而不流於於陵仲子之爲哉

述說曰子以爲有王者作三句言其於法有可容是就法度上辨其非眞盜夫謂非其有二句言其於理未甚害是就義理上辨其非眞盜此二段平看總是辨其猶禦之非應上取民猶禦意孔子之仕以下是明其可受賜應上君子受之意

曰今之諸侯取之於民也猶禦也苟善其禮際矣斯君子受之敢問何說也曰子以爲有王者作將比今之諸侯而誅之乎其教之不改而後誅之乎夫謂非其有而取之者盜也充類至義之盡也孔子之仕於魯也魯人獵較孔子亦獵較獵較猶可而況受其賜乎

比進也言今諸侯之取於民固多不義然有王者起必不連合而盡誅之必教之不改而後誅之則其與禦人之盜不待教而誅者不同矣夫禦人於國門之外與非其有而取之二者固皆不義之類然必禦人乃爲眞盜其謂非有而取爲盜者乃推其類至於義之至精至密之處而極言

之耳，非便以爲眞盜也。然則今之諸侯雖曰取非其有，而豈可遽以同於禦人之盜也哉？又引孔子之事，以明世俗所尚，猶或可從，况受其賜，何爲不可乎？獵較未詳。趙氏以爲田獵相較，奪禽獸以祭。孔子不違，所以小同於俗也。張氏以爲獵而較所獲之多少也。二說未知孰是。

萬章曰：禦既不可受矣，今之諸侯其不義而取之於民也，猶之夫禦也，苟善其禮以交際，則君子受之，敢問此何說也？孟子曰：諸侯取人固多不義，而比之於禦，子以爲有王者起，以大義繩諸侯，將連今之諸侯而盡誅之乎？其教戒之不改而後誅之乎？必教之不改而後誅之，則與禦人之不待教而誅者不同矣。夫謂非其所當有而取之者盜也，乃充不取之類至於義之至精至密之處而極言之耳，非眞盜也。然則今之諸侯雖取非其有，而豈信同於禦人之盜也哉？既不同於禦，則彼以禮來，此以禮受而已。昔孔子之仕於魯也，魯人田獵較奪禽獸以祭，孔子亦從俗之獵

六節　輔慶源曰魯人獵較孔子亦獵較於以見聖人同物之仁簿正祭器不以四方之食供簿正於以見聖人處事之知未嘗有所終三年之淹於以見聖人制行之勇

較夫曰獵較則所取不盡合義尚猶可從而況受諸侯之賜何爲不可乎

曰然則孔子之仕也非事道與曰事道也事道奚獵較也曰孔子先簿正祭器不以四方之食供簿正曰奚不去也曰爲之兆也兆足以行矣而不行而後去是以未嘗有所終三年淹也

此節見孔子委曲事道之心重不去一邊不可以決去看

此因孔子事而反覆辨論也事道者以行道爲事也事道奚獵較也萬章問也先簿正祭器未詳徐氏曰先以簿書正其祭器使有定數而不以四方難繼之物實之夫器有常數實有常品則其本正矣彼獵較者將久而自廢矣未知是否也兆猶卜之兆蓋事之端也孔子所以不去者亦

末節　問孔子仕於定公而言於季桓子何
也朱子曰當日季氏執國柄定公亦自做

欲小試行道之端以示於人使知吾道之果可行也若其
端既可行而人不能遂行之然後不得已而必去之蓋其
去雖不輕而亦未嘗不決是以未嘗終三年留於一國也

萬章曰以孔子亦獵較觀之然則孔子之仕也非以行道
爲事與孟子曰事道也萬章曰既以行道爲事則獵較
敝俗奚在所革何爲從俗爲之也孟子曰孔子先以簿書
正其祭器使有定數不以四方難繼之物供簿書所正之
器夫器有常數食有常品則其本正矣彼獵較雖多亦無
所用其難將久而自廢矣於從俗之中而寓變俗之法此
固無妨於事道也萬章曰如此則孔子亦不得已而爲之
耶何不遂去也孟子曰孔子之道大矣人或畏其難行其
所以從俗而不急於去者亦欲小試行道之端以示於人
使知吾道之果可行也若其兆既可行矣而人不能遂行
之然後決意去之是以未
嘗有終三年留於一國也

○孔子有見行可之仕有際可之仕有公養之仕於季桓子見

王不起孔子相魯皆由桓子及桓子受女樂。孔子便行矣。

輔慶源曰：見行可，庶乎道之可行也。際可，適其禮之宜也。公養，受其養之義也。

愚按：見行可就仕魯言，際可、公養又俱以仕衛言，應轉君子受賜本意，現茫分明作兩層說，不可以文法三平混殺，反以交際爲投足語也。

陳新安曰：以此釋際可公養之仕，與章首本意有照應，有收拾。　按陳氏此條是朱註，而於衛之事二句釋文，正孟子答問轉折也。

答事道　此三句應交際

行可之仕也；於衛靈公，際可之仕也；於衛孝公，公養之仕也。

見行可，見其道之可行也。際可，接遇以禮也。公養，國君養賢之禮也。季桓子，魯卿季孫斯也。衛靈公，衛侯元也。孝公，春秋史記皆無之，疑出公輒也。因孔子仕魯，而言其仕有此三者。故於魯則兆足以行矣而不行，然後去；而於衛之事，則又受其交際問餽而不卻之一驗也。　尹氏曰：不聞孟子之義，則自好者爲於陵仲子而已。聖賢辭受進退，惟義所在。

蒙引論之：孔子之仕有三：有見其道之可行而爲見行可之仕，有接遇以禮而爲際可之仕，有國君養賢而爲公養之仕。於季桓子時爲司寇攝相於魯者，見行可之仕也。其仕於衛靈公者，乃際可之仕也。仕於衛孝公者，乃公養之

仕非章

首節　陳新安曰、下二句、不過譬上二句。所以下文不復言此。

仕也、夫見行可而仕、固爲事道、而際可、公養、亦仕、孰非委曲以與其道之行哉、此可知君子之受賜矣。

仕非章全旨　此章爲爲貧而苟祿者發、前四節言爲貧之仕、安居易稱之職、而証之以孔子、末節推明爲貧之仕所以安居易稱之職也。

孟子曰、仕非爲貧也、而有時乎爲貧、娶妻非爲養也、而有時乎爲養。

仕本爲行道、而亦有家貧親老、或道與時違、而但爲祿仕者、如娶妻本爲繼嗣、而亦有爲不能親操井臼、而欲資其饋養者。

孟子曰、君子之仕、本欲以致君澤民、非爲貧也故也、而有時不得已而爲貧者、如娶妻本係乎人之大倫、非爲養之故也、而有時不得已而爲養者娶之、非其常也。

次節　張南軒曰既曰爲貧則不當處尊與富若處尊與富是名爲爲貧而實竊位也處尊富則當任行道之責。

三節　蔡虛齋曰此要見其職易稱之意下文會計當而已矣牛羊茁壯長而已矣正見其職之易稱也

爲貧者辭尊居卑辭富居貧

貧富謂祿之厚薄蓋仕不爲道已非出處之正故其所居但當如此

爲貧而仕者既非其常則但邀一職以資其升斗足矣當辭爵之尊而居其卑辭祿之富而居於貧也

辭尊居卑辭富居貧惡乎宜乎抱關擊柝

柝夜行所擊木也蓋爲貧者雖不主於行道而亦不可以苟祿故惟抱關擊柝之吏位卑祿薄其職易稱爲所宜居也李氏曰道不行矣爲貧而仕者此其律令也若不能然則是貪位慕祿而已矣

辭尊而居卑辭富而居貧何者爲其所安居乎如抱關之吏以擊柝爲事位卑祿薄其職易稱乃其所安居也

四節　此引孔子以証爲貧而仕之意。看嘗爲二字。是當其道不行之時而爲之也。會者總其數計者開其數當者錢穀積算明白也　曰字是孟子度其意而言之　而巳矣郎下不言高之意惟取巳職之稱而止耳外此别無行道之責也　茁壯牛長貌詩云彼茁者葭　長字蒙引解作生息滋繁

末節　趙註曰位卑不得言高預朝事故但稱職而巳立本朝大道當行不行爲巳之耻是以君子祿仕者不處大位

蒙引曰立乎人之本朝而道不行耻也亦正爲爲貧而仕者發

説約曰位卑四句俱反言然言高罪中寓也

孔子嘗爲委吏矣曰會計當而巳矣嘗爲乘田矣曰牛羊茁壯長而巳矣

此孔子之爲貧而仕者也委吏主委積之吏也乘田主苑囿芻牧之吏也茁肥貌言以孔子大聖而嘗爲賤官不以爲辱者所謂爲貧而仕官卑祿薄而職易稱也

言孔子爲貧而仕嘗爲主委積倉廩之吏矣意嘗曰出納之際總會分計之數得其當而吾職盡矣又嘗爲主苑囿芻牧乘田之官矣意蓋曰畜養牛羊茁壯長盛而吾職盡矣取其卑而職易稱也孔子之爲貧而居卑貧者如此

位卑而言高罪也立乎人之本朝而道不行耻也

以出位爲罪則無行道之責以廢道爲耻則非竊祿之官此爲貧者之所以必辭尊富而寧處貧賤也　尹氏曰言

道不行貧中主也又有辨

士之章

首節　補氏曰諸侯之視諸侯。雖其爵有五等之殊然其實則皆國君也。凡本有國土不幸出奔而來適我國則是國君以廩餼之是乃禮之所安也故可受而謂之寄公。若士之於諸侯則有尊卑貴賤之不同。又本無爵土豈可自比於諸侯故必仕而後常賦以祿。

蔡氏曰託是我而託於彼。其意倨。故曰不敢。

為貧者不可以居尊。居尊者必欲以行道

所以然者何也。凡位之卑者無行道之責苟論列朝廷而言高位之事。是侵官也。罪也。位之尊者。非竊祿之地。苟立乎人之本朝。而道不行於上下。是曠官也。恥也。惟尊富而道不行為可恥。此為貧而不為行道者。所以必辭尊富而寧居卑貧也。

士之章全旨　此章論士之自待。與君所以待士之道。士以限自處不敢上同於君。亦不敢下同於臣。君以賢待士。當養而能舉。而不可徒託於周。孟子本意重君待士上。

萬章曰士之不託諸侯何也孟子曰不敢也諸侯失國而後託於諸侯禮也士之託於諸侯非禮也

託寄也謂不仕而食其祿也古者諸侯出奔他國食其廩餼謂之寄公士無爵土不得比諸侯不仕而食祿則非禮

以名分言故不敢上同於君。賜是自彼而賜於我雖不嫌倨亦曰不敢者以職分言而不敢混同於有位之臣。

次節　蔡氏曰此言餽無常數故可受。特有道之氓也故以氓自待而受君之餽。上

三節　陳新安曰未仕爲民。既仕爲臣。方爲民可以受無常數之周救未爲臣不敢受有常數之俸祿。士之自處當然也。

也

萬章曰士之不寄託於諸侯而食其所賜之祿。何也。孟子曰不敢也。此諸侯失國而出奔他國食其廩餼謂之寄公其託食於諸侯禮也。士本無爵土而託食於諸侯是以士而上比於君非禮也故不敢也。

萬章曰君餽之粟則受之乎曰受之受之何義也曰君之於氓也固周之

周救也視其空乏則周卹之無常數君待民之禮也

萬章曰託則不敢矣。如君餽之以粟則受之乎。孟子曰受之萬章曰受之是何義也。孟子曰君之於氓也固當周卹其空乏之居其國爲其民。君以其饑餓而餽之。此有可受之義也。

曰周之則受賜之則不受何也曰不敢也曰敢問其不敢何也曰抱關擊柝者皆有常職以食於上無常職而賜於上者

四書述朱　卷二十三　十八　藜照樓

四節　陳新安曰。士之自處。固如上文所言。然君待士則有養賢之禮焉。繆公待子思。使亟亟拜受餽之。適以勞之。非禮也

以祭不恭也

賜謂予之祿有常數。君所以待臣之禮也。

萬章曰。周之以粟則受之。賜之以常食則不受。何也。孟子曰。蓋有所不敢也。萬章曰。敢問其不敢者何謂也。孟子曰。周乃君待民之禮。賜乃君待臣之禮。如抱關擊柝之微者。皆有常職以得食於上。亦以既仕爲臣也。若士未仕。則無常職。無常職而受常數之賜於上。是以民而上同於臣。以爲不安分而不恭也。故不敢受也。此皆士人自待之道也

曰君餽之則受之。不識可常繼乎。曰繆公之於子思也。亟問亟餽鼎肉。子思不悅。於卒也。摽使者出諸大門之外。北面稽首再拜而不受。曰今而後知君之犬馬畜伋。蓋自是臺無餽也。悅賢不能舉。又不能養也。可謂悅賢乎

亟數也。鼎肉熟肉也。卒末也。摽麾也。數以君命來餽。當拜

五節

曾雲舉曰子思三句只推子思不悅之意言繆公數以君命將之非養君子之道也映出下文五句乃是養君子之道若作推子思却餽之意來找云故不受也則

受之非養賢之禮故不悅而於其末後復來餽時麾使者出拜而辭之犬馬畜伋言不以人禮待己也臺賤官主使令者蓋繆公愧悟自此不復令臺來致餽也舉用也能養者未必能用況又不能養乎

萬章曰君餽之則受之矣不識餽可常繼乎孟子曰昔魯繆公之於子思也亟命使者問其安否亟命使者餽以鼎肉子思有所不悅於心於其卒復來餽也乃麾使者出諸大門之外北面稽首再拜而不受且曰今而後知君以犬馬畜伋而無愛敬之意也蓋自是繆公悔悟不復令臺官來致餽也夫所貴乎悅賢者必能養而又能舉今既不能舉之以共天位又不曲盡誠意終繼之以餽而不能養也可謂之悅賢乎

曰敢問國君欲養君子如何斯可謂養矣曰以君命將之再拜稽首而受其後廩人繼粟庖人繼肉不以君命將之子思

與如何斯可謂養矣一句不相照應

末節　蒙引曰加上位謂上相之位非天子之位。此人君養士之標的以見士不過此只合守爲氓之禮也

以爲鼎肉使已僕僕爾亟拜也非養君子之道也

初以君命來餽則當拜受其後有司各以其職繼續所無不以君命來餽不使賢者有亟拜之勞也僕僕煩猥貌

萬章曰君之於士亟餽不可無餽又不可敢問國君欲養君子如何斯可謂能養矣孟子曰始有餽以君命將之君子則再拜稽首而受以禮相重也其後廩人繼續其粟庖人繼續其肉不以君命將之欲使賢者無拜賜之勞所以優之也此國君養君子之道也彼子思之所以非繆公者以爲不過鼎肉亟令亟餽使已僕僕然有亟拜之勞也非養君子之道也

堯之於舜也使其子九男事之二女女焉百官牛羊倉廩備以養舜於畎畝之中後舉而加諸上位故曰王公之尊賢者也

不見章

首節　陳新安曰、市井草莽之臣、與詩率土莫非王臣同、未仕之臣也。傳質爲臣、乃已仕之臣也。

愚按首節不見、就平日言、不敢以庶人上

能養能舉、悅賢之至也、惟堯舜爲能盡之、而後世之所當法也。

求其能養能舉而爲悅賢之至者、其惟堯乎。堯之於舜也、初使其子九男事之、且二女女焉、凡百官牛羊倉廩皆備、以養舜於畎畝之中、其養之之隆如此、後舉而加諸爲相之上位、又能舉焉、能養能舉、悅賢之道盡矣、故曰王公之尊賢者也、此國君待士之道也。

不見章全旨

此章總言士不可往見諸侯之意。士爲庶人、於禮則不敢見、士爲賢人、於義則不敢見、士未仕可以庶人召之、士既仕可以官召之、以士爲賢而欲見之、則不可召。中間責君之召、正明士之不可見、總發明不往之大義也。

萬章曰：敢問不見諸侯、何義也？孟子曰：在國曰市井之臣、在野曰草莽之臣、皆謂庶人。庶人不傳質爲臣、不敢見於諸侯、

同於臣下文不見就召之言不肯以士下等於庶人

次節　說約曰按紹聞編上文庶人不傳質爲臣不敢見於諸侯禮也此一句已答盡了此因萬章再問云云答曰往役義也往見不義也剖析得斬然分明禮義二字是一章骨子章末夫義路也禮門也正應前

禮也

傳通也質者士執雉庶人執鶩相見以自通者也國內莫非君臣但未仕者與執贄在位之臣不同故不敢見也

萬章曰敢問士不往見諸侯此何義也孟子曰士之在國都者名曰市井之臣在郊野者名曰草莽之臣皆爲未仕之庶人庶人未通贄見之禮而爲臣則守庶人之分不敢見於諸侯乃禮之當然也

萬章曰庶人召之役則往役君欲見之召之則不往見之何也曰往役義也往見不義也

此承上文轉出召之而不往見則往見爲不義下數節發明之

往役者庶人之職不往見者士之禮

萬章曰士既與庶人等庶人召使給役事則往而供役君欲見之召之則不肯往見何也孟子曰君召之役是不知其爲士而泛以庶人處之往役乃安庶人之分而不敢違義也君召之使見是明知其爲士而仍以庶人待之往見

三節　朱子曰賢與多聞細分固皆有別亦不必深數意

四節　張南軒曰在我則當守庶人之分在君則當隆師事之理。

蔡氏曰此引子思一段正明不可召之意而而況可召與一句下引虞人復借以形士以暢不可召之說非與子思平傳兩語

古之人三句猶云古人只說箇事之豈說

則不安爲士之分而輕其身非義也故不往見也

且君之欲見之也何爲也哉曰爲其多聞也爲其賢也曰爲其多聞也則天子不召師而況諸侯乎爲其賢也則吾未聞欲見賢而召之也此節言君不可以召士並含士不可往見之意

我且問子君之欲見士也何爲也哉萬章曰爲其多聞而學問之富也爲其賢而道德之隆也孟子曰既爲其多聞也必受學而師之矣雖天子且就問而不召師也況諸侯而可召乎既爲其賢也必屈己而就見之矣吾未聞欲見賢而傾召之來見也。

繆公亟見於子思曰古千乘之國以友士何如子思不悅曰古之人有言曰事之云乎豈曰友之云乎子思之不悅也豈不曰以位則子君也我臣也何敢與君友也以德則子事我

節友之以德則子二句言當傾心師事賢者乃能取善受益蓋自尊正以尊君也不可說士千乘之君二句放開說不粘定繆公子思　友是乎交召則卑之矣故着而況二字

五節　召之而往是非其招而可往也故引虞人一段

者也奚可以與我友千乘之君求與之友而不可得也而況可召與　此即子思之事言士不可召以明所以不往見之義

孟子引子思之言而釋之以明不可召之意

昔魯繆公以子思之賢而亟見之因問曰古有擁千乘之國以下而友士何如蓋自況也子思不悅曰聞古之人有言曰人君於士當降之以師禮事之云乎豈但如君所言友之云乎吾想當日子思之不悅也豈不曰以位言則子君也我臣也爵卑禮絕我何敢與君友也以德言則道在於我子當以師禮事我者也奚可以與我友若子思之意千乘之君求與之友而不可得也而況可召之使見與

齊景公田招虞人以旌不至將殺之志士不忘在溝壑勇士不忘喪其元孔子奚取焉取非其招不往也　將猶取也　此下三節即虞人事明士不可召

又嘗觀齊景公田獵招虞人以旌虞人不至景公以其違命將殺之孔子美之曰志士固窮常念死於溝壑勇士輕

六節　通節以虞人爲主備言之以明旌之不可概用故招虞人必以皮冠若庶人僅以旃士僅以旂必大夫方以旌旌豈可以招虞人

七節　趙注曰以貴者之招招賤人賤人尚不敢往況以不賢人之招招賢人乎

士常念喪其元首孔子奚取於虞人而以志士勇士美之耶取非其分之招而守死不往也士豈智出虞人下哉

曰敢問招虞人何以曰以皮冠庶人以旃士以旂大夫以旌皮冠田獵之冠也事見春秋傳然則皮冠者虞人之所有事也故以是招之庶人未仕之臣通帛曰旃士謂已仕者交龍爲旂析羽而注於旂干之首曰旌

蔿章曰旌非虞人之招敢問招虞人當何以也孟子曰以皮冠以其所有事也此虞人之分也若庶人則以通帛之旃象其質素也士則以交龍之旂象其變化也至於大夫乃以析羽之旌象其有文明之德也旌豈可以招虞人乎

以大夫之招招虞人虞人死不敢往以士之招招庶人庶人豈敢往哉況乎以不賢人之招招賢人乎

欲見而召之是不賢人之招也以士之招招庶人則不敢

八節　不以其道是召見所謂不賢人之招也義禮非兩件就制事言之謂之義就檢身言之謂之禮能由與出入就平日之立身行己言而不往見意即在其中　夫義路也禮門也自君子而言不必以見賢上言

輔氏曰以周道爲君子所履證義路爲賢者所出

往以不賢人之招招賢人則不可往也

景公以大夫之招招虞人虞人守死而不敢往以此推之以士之招招庶人庶人又豈敢往哉夫執貴者之物以招賤者未爲屈之也賤者猶以爲非分而不敢往況乎欲見而召之是不賢人之招也而乃以之招賢人乎其不可往也必矣。

欲見賢人而不以其道猶欲其入而閉之門也夫義路也禮門也惟君子能由是路出入是門也詩云周道如底其直如矢君子所履小人所視

首二句輕起下明君子不可召之故收收徹所以不往見之意

詩小雅大東之篇底與砥同礪石也言其平也矢言其直也視視以爲法也引此以證上文能由是路之義

人君欲見賢人而不以見之之道乃以不賢之招招之猶欲其人之入而閉之門也豈可得而見哉所以然者以士

求節　章非眞疑孔子不合於禮義乃終疑不往見之爲未是。

輔氏曰當仕有官職則非草莽市井之臣以其官召之則非爲其多聞與賢孔子之往所以敬君之命是即禮義而已矣蓋爲士則以不赴召爲禮義居官則以赴召爲禮義。

守禮義也夫義爲裁制之宜一舉足而不容離猶行之有路也禮爲中正之閑一措躬而不容越猶室之有門也而能循之者鮮矣惟君子知之明守之定爲能由是路而不舍出入是門而不踰也小雅大東之詩云周道之平如砥其直又如矢是在上之君子所履以爲行在下之小人所視以爲法也由是觀之可見君子之動必以禮義矣豈肯往不賢之招乎而士之所以不往見者彰彰矣

萬章曰孔子君命召不俟駕而行然則孔子非與曰孔子當仕有官職而以其官召之也此節合徵庶人不傳質爲臣召之則不往見之意

孔子方仕而任職君以其官名召之故不俟駕而行徐氏曰孔子孟子易地則皆然　此章言不見諸侯之義最爲詳悉更合陳代公孫丑所問者而觀之其說乃盡

萬章曰孔子聞君命召則不俟駕車而行以士之不往召觀之然則孔子獨不知禮義之當守而非與孟子曰孔子

友善章

首節　陳新安曰惟善蓋一鄉始能友一鄉之善士不然則我所取之友必有所偏或有所遺不能盡得而友之矣一國之善士即一鄉之善士中其善不止蓋一鄉而足以蓋一國者也推而至於天下皆如此

當仕嘗爲司寇時有官守之職而君以其官召之所以急趨君命也若士無官職則必不可召豈肯往見之耶

友善章全旨　此章見取善當要其極兩節連看由鄉而國由國而天下由今而古不是漸進意是益進意益直至尚友而後取善爲無遺也

孟子謂萬章曰一鄉之善士斯友一鄉之善士一國之善士斯友一國之善士天下之善士斯友天下之善士

言己之善蓋於一鄉然後能盡友一鄉之善士推而至於一國天下皆然隨其高下以爲廣狹也

孟子謂萬章曰善量無窮而取善之量亦無窮如己爲一鄉之善士斯盡友一鄉之善士而取一鄉之善爲吾善己爲一國之善士斯盡友一國之善士而取一國之善爲吾善己爲天下之善士斯盡友天下之善士而取天下之善爲吾善能盡取一世之善則可爲一世之士矣

次節 張南軒曰自友一鄉之善士至上論古之人每進而愈上也所見者愈大則所取愈廣矣

胡雲峰曰人性之善古今所同孟子論性必論其故論尚友必論其世皆已然之迹也論性而不論其已然之迹性之理易涉於空虚論古而不論其已然之迹古之人易涉於渺邈

張拡川曰頌詩讀書只先觀其言知人論世乃後考其行故註以爲論其行事之迹蓋以言行對說也然玩不知其人可乎是進一步推說註尚論古人之法當在原心不在考迹纔講尚友世字須就古今世變上說如堯舜揖讓湯武征誅唐虞禪賢三代繼世伊尹放桐周公居東夷齊扣馬箕子陳疇禹稷三過顔子陋巷曾子去武城子思爲衛守之類事異心同易地皆然須是論而知之不可泥註中事跡二字淺看也

問鄉章

以友天下之善士爲未足又尚論古之人頌其詩讀其書不知其人可乎是以論其世也是尚友也

尚上同言進而上也頌誦同論其世論其當世行事之迹也言既觀其言則不可以不知其爲人之實是以又考其行也夫能友天下之善士其所友衆矣猶以爲未足又進而取於古人是能進其取友之道而非止爲一世之士矣

然猶以友天下之善士所取但今人之善所友但今世之人其心缺然有所未足又上而考論古之人焉古人之言見於詩則取其詩而誦之古人之言著於書則取其書而讀之然第觀其言不知其爲人之實可乎是以論其當世之所行因時以觀其人緣迹而求其心灼然如親見其人是尚而友於古人也斯則取善益廣不徒爲一世之士矣

問鄉章全旨 此章論爲卿之道卿有親疏之殊道有經權之異總是悚激齊王當聽忠言也

首節　朱子曰孟子所謂易位者言其理當如是耳世或疑此言有以起篡奪之禍者則孟子豈不嘗曰有伊尹之志則可無伊尹之志則篡也

齊宣王問卿孟子曰王何卿之問也王曰卿不同乎曰不同有貴戚之卿有異姓之卿王曰請問貴戚之卿曰君有大過則諫反覆之而不聽則易位

大過謂足以亡其國者易位易君之位更立親戚之賢者蓋與君有親親之恩無可去之義以宗廟爲重不忍坐視其亡故不得已而至於此也

齊宣王問爲卿之道孟子曰王之所問者是何卿也王曰卿有不同乎孟子曰不同有同姓而爲貴戚之卿有疏遠而爲異姓之卿王曰請問貴戚之卿其道何如孟子曰貴戚之卿以宗社爲重若有大過關國之存亡者則必諫至於反覆之而不聽危及宗社則易其位而更立賢者以代之此貴戚之卿其道當如此也

王勃然變乎色

末節　陳新安曰親者可以行權疏者惟當守經

輔慶源曰集註守經行權尤足以補孟子之說蓋行權者非至於甚不得已則不可爲守經者則日用常行而須臾不可離者也

眞西山曰反覆二字最宜深體前世人臣固有見君之過失姑一言以塞責者曰吾亦嘗諫之云耳諫而不從非吾責也此其用心既欲苟全爵位又欲壓塞公言必反覆而諫諫而不從則去此人臣之正法

勃然變乎色貌

王聞易位之言而駭勃然變乎顏色蓋疑其言之而太過也

曰王勿異也王問臣臣不敢不以正對

孟子言也

孟子慰之曰王勿怪臣言也王問臣臣不敢避諱遷就而不以正理對蓋貴戚之卿其道固當然也

王色定然後請問異姓之卿曰君有過則諫反覆之而不聽則去

君臣義合不合則去　此章言大臣之義親疏不同守經行權各有其分貴戚之卿小過非不諫也但必大過而不聽乃可易位異姓之卿大過非不諫也雖小過而不聽已

愚按西山重闢反覆二字之義以明人臣苦心正爲貴戚之易位非縱權擅廢立異姓之去國非懟然潔一身絕前後洗發也其曰此人臣之正法若併貴戚異姓合言之則意更醒矣

可去矣然三仁貴戚不能行之於紂而霍光異姓乃能行之於昌邑此又委任權力之不同不可以執一論也

王色既定然後請問異姓之卿孟子曰異姓之卿以義而合君苟有過則必諫至於反覆之而不聽義不可以苟留則去之在異姓之卿其道則如此也

四書遜朱卷之二十三終

大全諸說合叅

杞柳章

首節朱子曰，告子只是認氣爲性，見得性有不善，須拗他方善。

陳新安曰，義猶栝棬也，義上脫一仁字。

王[illegible]齋曰，朱子釋性字，指性之全體而言，不

四書述朱卷之二十四

婺江黃日衢康謠彙編

錫山張應奎荊南叅訂

弟　日偁元之　日偱際五　仝校

孟子

告子章句上 凡二十章

杞柳章全旨 此章見仁義爲性之固有。告子以氣爲性，謂性無仁義，必待矯揉而後成。孟子以理爲性，謂仁義即性，不必矯而自然。然孟子却不正言其理，但闢其立言貽害之大，而意已無不明矣。

告子曰：性猶杞柳也，義猶栝棬也。以人性爲仁義，猶以杞柳爲栝棬。

是解告子所言之性。

荀子性惡篇曰人之性惡其善者僞也

猶杞柳只是空質猶桮棬全是人爲且虛

虛說下二句方發性無仁義之意

張菽川曰孔子謂道不遠人又曰人能弘道

益證人卽證性道也告子先不識人安其

不識性爲說三變卻都混人於物故孟子

只拈一人字疏闢之曰將戕賊人曰無

有不善曰猶人之性與亦使之識人而已

矣

次節　朱子曰杞柳必矯揉而後爲桮棬性

非矯揉而爲仁義孟子辨告子數處皆是

辨倒著告子便休不曾說盡道理

眞西山曰告子之說蓋謂人性本無仁義必

用力而強爲若杞柳本非桮棬必矯揉而

後就也何其昧於理耶夫仁義卽性也告

子乃曰以人性爲仁義如此則性自性仁

義自仁義其可乎夫以杞柳爲桮棬必斬

伐之屈折之乃克有成若人之爲仁義乃

性之所固有孩提皆知愛親卽所謂仁及

性者人生所稟之天理也杞柳柜柳桮棬屈木所爲若卮匜之屬告子言人性本無仁義必待矯揉而後成如荀子性惡之說也

告子曰今之言性者必言仁義自我論之人之生而有性猶杞柳之質也人之行事而有義猶桮棬之器也人性本無仁義以人性而強爲仁義猶杞柳本非桮棬乃以杞柳而強爲桮棬皆人力使然也

孟子曰子能順杞柳之性而以爲桮棬乎將戕賊杞柳而後以爲桮棬也如將戕賊杞柳而以爲桮棬則亦將戕賊人以爲仁義與率天下之人而禍仁義者必子之言夫言如此則天下之人皆以仁義爲害性而不肯爲則因子之言而爲仁義之禍也

長皆知敬兄即所謂義何勉強矯揉之有使告子之言行世人必曰仁義乃戕賊人之物將畏憚而不肯爲是率天下而害仁義其禍將不可勝計此孟子所以不可不辨也

輔慶源曰不言戕賊人之性而言戕賊人者人之所以爲人者性也

饒雙峰曰禍仁義與楊墨充塞仁義相似了能二句非兩詰之詞乃是言子豈能如彼將必加此也如將二句方卽其言難之

湍水章

首節　輔慶源曰告子本以氣爲性此說亦然故因前說但前說以性爲惡必矯揉而後可爲善而此說則以性爲本無善惡但可以爲善可以爲惡耳此其爲小變也

朱子曰告子以善惡皆性之所無而生於習楊子以善惡皆性之所有而成於修亦有小異故曰近

楊子修身篇曰人之性也善惡混修其善則爲善人修其惡則爲惡人氣也者所適善

孟子曰杞柳本非桮棬子謂以杞柳爲桮棬其能順杞柳之性而遂自然以爲桮棬乎抑將斬伐之屈抑之戕賊杞柳之本然而後以爲桮棬也如將戕賊杞柳而後以爲棬則亦將戕賊人之本然斲喪其性而後以爲仁義與率天下之人以仁義爲戕賊人性之物而不肯爲仁義是爲仁義之禍者必自子之言也夫

湍水章全旨　此章見性之本善告子言性無定體善惡皆非性之所能主孟子言性有定體止有善而無惡未言爲惡之由於人正以明性之無有不善也

告子曰性猶湍水也決諸東方則東流決諸西方則西流人性之無分於善不善也猶水之無分於東西也

湍波流瀠回之貌也告子因前說而小變之近於楊子善惡混之說

告子曰人之性猶湍水之爲物也湍水瀠回圓轉決而引之於東則東流決而引之於西則西流人性之無分於善

惡之屬歟

次節，朱子曰，觀水之流而必下，則水之性可知；觀性之發而必善，則性之蘊善亦可知矣。

張南軒曰，告子不識大本，故始譬性爲杞柳，謂以人性爲仁義；今復譬性爲湍水，謂無分於善不善。夫無分於善不善，則性果爲何物耶？論眞實之理，而委諸茫昧之地，其所害大矣。善乎孟子之言曰，人無有不善，水無有不下，可謂深切著明矣。

蔡虛齋曰，告子之言以性無定體，可善亦可惡。孟子之言以性有定體，有善而無惡。其曰人無有不善，此章之要指也。

人性之善二句渾淪說，倒性善下二句，決斷其詞，而信其爲必善也。

末節　新安倪氏曰，先師謂當看集註本性之本字。雲峯謂須看集註定體二字。水之定體無有不下，性之定體無有不善，可使過顙在山，爲不善，在使字皆非定體，故謂

與不善，而非有定體也，猶水之無分於東與西，而非有定向也。

孟子曰，水信無分於東西，無分於上下乎？人性之善也，猶水之就下也。人無有不善，水無有不下。

言水誠不分東西矣，然豈不分上下乎？性卽天理，未有不善者也。

孟子曰，水之流信無分於東西矣，然豈不分於上下乎？其可決而東，必東之地勢爲下也；可決而西，必西之地勢爲下也。人性之本然善也，猶水之本就下也。天下之人稟賦雖均，必無有不善，如天下之水萬派殊，何必無有不下。性豈無定體乎？

今夫水，搏而躍之，可使過顙；激而行之，可使在山，是豈水之性哉？其勢則然也。人之可使爲不善，其性亦猶是也。

本體者本然之性定體卽此性本然之定體也若有使之者則出於人力之所爲而非此性本然之定體矣貫一先生之說而一之於本字定體字背能着眼則朱子釋孟子之淺意可見矣

眞西山曰水之性本嘗不就下雖搏擊之可暫違其本性而終不能使不復其本性人之爲不善者固有之矣所以然者往往爲物欲所誘利害所移而非其本然之性也故雖甚愚無知之人詈之以惡逆斥之以盜賊鮮不變色者至於見赤子之入井則莫不怵惕而救之朱子章旨數言盡之矣

蔡虛齋曰既曰人無有不善而又曰今夫水云云者以天下自有惡者一種須着如此解破

生之章

首節　朱子曰生之謂性只是就氣上說得蓋謂人也有許多知覺運動物也有許多

搏擊也躍跳也顙額也水之過顙在山皆不就下也然其本性未嘗不就下但爲搏擊所使而逆其性耳　此章言性本善故順之而無不善本無惡故反之而後爲惡非本無定體而可以無所不爲也

人性本善而亦有不善者何哉今夫水性本下也若搏擊而跳躍之可使過於顙激其下流而逆行之可使在山是豈水本然之性哉其搏擊之勢使之而然也人之可使爲不善其性爲人所逆亦猶水之爲搏擊所使也性必使之而不善則性之無不善可知矣無分於善不善是何說耶

生之章全旨　此章見氣不可以言性告子以氣爲性是他學術差誤之本孟子分別出箇人物以闢之見生則人物所同性則人物所異豈可卽以生謂性乎

告子曰生之謂性

知覺運動人物只一般却不知人所以異於物者以其得正氣故全得許多道理如物則氣昏而理亦昏了 生之謂氣生之理之謂性 禪家説如何是佛曰見性成佛如何是性曰作用是性蓋謂目之視耳之聽手之執捉足之運奔皆性也只説得箇形而下者

次節 黃勉齋曰告子旣不知性與氣之分而但以氣爲性又不知氣或不齊性因有異而遂指凡有生者以爲同是以孟子以此詰之而進退無所據也

趙氏惠曰羽性輕雪性消玉性堅雖俱白而性不同

生指人物之所以知覺運動者而言告子論性前後四章語雖不同然其大指不外乎此與近世佛氏所謂作用是性者略相似

告子曰吾以杞柳湍水喻性矣以一言蔽之生之謂也人有生之初禀得天地之生氣其爲知覺爲運動者卽是性豈別有所謂性乎

孟子曰生之謂性也猶白之謂白與曰然白羽之白也猶白雪之白白雪之白猶白玉之白與曰然

白之謂白猶言凡物之白者同謂之白更無差別也白羽以下孟子再問而告子曰然則是謂凡有生者同是一性矣

末節　朱子曰形而上者一理渾然無有不善形而下者則紛紜雜揉善惡有所分矣氣相近如知寒暖識饑飽好生惡死趨利避害人與物都一般理不同如蜂蟻之君臣只是他義上一點明虎狼之父子只是仁上有一點明其他更推不去　此章乃告子錯繆之本根孟子闢示之切要蓋知覺運動者形氣之所爲仁義禮智者天命之所賦學者於此正當審其偏正全闕而求知所以自貴於物不可以有生之同反自陷於禽獸而不自知已性之大全也

胡雲峰曰大學中庸首章或問皆以爲人物之生理同而氣異而此則以爲氣同而理異何也朱子嘗曰論萬物之一原則理同

孟子將折其非而先詰之曰生之卽謂性也猶物之白者卽謂之白與告子曰然孟子復詰之曰天下物之白者多矣今若此而同之將所謂白羽之白也卽猶白雪之白白雪之白卽猶白玉之白而更無差別與告子復應之曰然彼蓋欲蒙其白之謂白之對而不知生之謂性之非固自此而可闢矣

然則犬之性猶牛之性牛之性猶人之性與

孟子又言若果如此則犬牛與人皆有知覺皆能運動其性皆無以異矣於是告子自知其說之非而不能對也

愚按性者人之所得於天之理也生者人之所得於天之氣也性形而上者也氣形而下者也人物之生莫不有是性亦莫不有是氣然以氣言之則知覺運動人與物若不異也以理言之則仁義禮智之禀豈物之所得而全哉此

而氣異觀萬物之異體則氣猶相近而理絕不同氣之異者粹駁之不齊理之異者偏全之或異也

孫疏曰犬金言其性守牛土言其性順

張敬川曰性卽理也故孟子道性善後人論性之誤釋老爲甚是自告子生之謂性一言發之高忠憲謂釋氏以心爲性老氏以氣爲性可謂破的亦卽告子之病根也孟子未嘗不言心言氣第因情指性又以理義徵心惟其不偏言心而後心統性情矣其闢告子說氣處只微分個人物而不明剖就裡要之槩言生便無善無惡揭言人便有善無惡惟其不混言氣而後理氣合一矣

食色章

首節　朱子曰告子先云仁義猶桮棬其意本皆以仁義爲外皆不出於本性既得孟子說方略認仁爲在內亦不以仁爲性之所有但比義差在內耳

胡雲峰曰告子所謂仁內義外者皆自食色

人之性所以無不善而爲萬物之靈也告子不知性之爲理而以所謂氣者當之是以杞柳湍水之喻食色無善無不善之說縱橫繆戾紛紜舛錯而此章之誤乃其根本所以然者蓋徒知知覺運動之蠢然者人與物同而不知仁義禮智之粹然者人與物異也孟子以是折之其義精矣

孟子因而折之曰若然則犬同一生卽同一性犬之性固猶牛之性牛之性猶人之性遂亦猶人之性而更無差別與吾知生則人物之所同性則人與物異生豈卽性之謂乎

食色章全旨　此章辨義外之說告子只就人之長論義不就我長之之心論義故以義爲外孟子長之者義乎剖斷得極明下二節因其執而未喻而以所明者通之

告子曰食色性也仁內也非外也義外也非內也

□以食色爲性。言性既粗。故言仁義亦
粗。猶食悅色是自家心裏愛那食色。愛便
屬仁。便是仁愛之心生於內。至若食色。却
有可愛者。有不可愛者。則是事物之宜由
乎外也。
饒雙峰曰。告子雖知以仁爲內。而不知愛是
情。仁是性。愛未便是仁。愛之理是仁。今便
指愛爲仁。已是不識性了。如義則是心之
制。事之宜。宜者雖在彼。而其所以裁
制而得其宜者。全由在我。若非我有箇裁
知。何處得物。告子認以爲外。可謂全無見
識矣。觀告子前數章之意。則謂性中仁義
都無。到這裏。又却有仁而無義。皆是遁辭
輔慶源曰。人之甘食者。知其食之美而甘之
也。悅色者。知其色之美而悅之也。知即知
覺也。甘與悅即運動也。
曹雲巢曰。告子意不在內仁。全是以仁內決
義外。故孟子只就義外詰之。
次節　朱子曰。告子不知辨別那利害處。正
是本然之性。所以道彼長而我長之。蓋謂

告子以人之知覺運動者爲性。故言人之甘食悅色者即其性。故仁愛之心生於內。而事物之宜由乎外。學者但當用力於仁。而不必求合於義也。

告子曰。性非有他。人生而甘食悅色。即性也。自人之甘食悅色推之。可見凡仁愛之生於心者。皆由中出。內也。非外也。自食色之可甘可悅推之。可見凡事物之有其宜者。皆自外至。外也。非內也。

孟子曰。何以謂仁內義外也。曰。彼長而我長之。非有長於我也。猶彼白而我白之。從其白於外也。故謂之外也。

孟子曰。仁義一也。何以謂仁內而義獨外也。告子曰。義莫重於敬長。彼人年長。而我從而長之。是因長在彼。而非有長之之心在我也。猶彼人色白。而我從而白之。是從其白於外。非有白之之心於我也。故謂義爲外也。

我無長彼之心由彼長故不得不長之所以指義爲外也

三節　朱子曰白馬白人我道這是白馬這是白人言之則一若長馬長人則不同長馬則是口頭道個老大底馬若長人則是敬之之心發於中從而敬之所以爲義內

輔慶源曰人孰以長人之心求馬乎其所以然者乃吾心之義有不同耳義蓋隨事之宜而裁之也

曰異於白馬之白也無以異於白人之白也不識長馬之長也無以異於長人之長與且謂長者義乎長之者義乎

張氏曰上異於二字疑衍李氏曰或有闕文焉愚按白馬白人所謂彼白而我白之也長馬長人所謂彼長而我長之也白馬白人不異而長馬長人不同是乃所謂義也義不在彼之長而在我長之之心則義之非外明矣

孟子曰子以白喻長非其倫也夫白乎馬之白與白乎人之白但同謂之白而已無以異也不識長乎馬之長也無以異於長乎人之長與夫長馬之長不過以彼爲長耳若長人之長則必有恭敬之心存焉而與長馬者不同也安得以長之白之同論乎且子謂彼長而我長之其以彼人之年長者爲義乎抑以在我長之者爲義乎必以長之者爲義也以長之之心爲義則義豈在外哉

此節　張南軒曰：長則同，而待吾之長固有間矣。其分之殊，即所謂義也。

末節　輔慶源曰：炙在外，而耆之者在我；長在外，而長之者在我。初無異也。告子所明者食色，故取譬於耆炙，因其所明，道其所蔽，亦納約自牖之意也。

金仁山曰：以長爲悅，則是長長則慊於吾心也，則悅豈在外歟。

曰：吾弟則愛之，秦人之弟則不愛也，是以我爲悅者也，故謂之內。長楚人之長，亦長吾之長，是以長爲悅者也，故謂之外也。

言愛主於我，故仁在內；敬主於長，故義在外。

告子曰：我亦非以長爲義也，但以仁相較。吾之弟則愛之，秦人之弟則吾不愛之也。是以我之悅爲主，順從我意，人不能強我之愛也，故仁謂之內。若夫長楚人之長，亦長吾之長，是以長爲悅，順從乎彼而施敬，非有長之之心於我也，故義謂之外也。

曰：耆秦人之炙，無以異於耆吾炙。夫物則亦有然者也，然則耆炙亦有外與？

言長之、耆之，皆出於心也。林氏曰：告子以食色爲性，故因

許東陽曰物則指炙而言謂豈獨於人爲然物亦有如此者以耆之之心比長之之心則可見義之在内無疑矣

胡雲峯曰夫子之言曰義以方外夫義所以裁制其在外者而非在外也

孟季子章

其所明者而通之　自篇首至此四章告子之辨屢屈而屢變其說以求勝卒不聞其能自反而有所疑也此正其所謂不得於言勿求於心者所以卒於鹵莽而不得其正也

孟子乃因其甘食之明而通之曰長楚人之長亦長吾之長豈獨於人爲然哉耆秦人之炙亦耆吾之炙而無以異然夫物則亦有然者矣子謂以長爲悅而爲外然則人之耆炙亦以炙爲悅而有外與吾知炙在外而耆之之心則在内長在外而長之之心則在内義不在外明矣

孟季子章全旨　此章明義内之意義主於敬故公都子以行吾敬明義之在内下季子兩執已見俱以敬因人轉而外夫義孟子公都各伸其説俱以敬由中出發明義之在内

孟季子問公都子曰何以謂義内也

[illegible]次二節　行吾敬三字最重，已足括義內之旨，此自孟子長之者義體出。

三節　指南曰：季子聞行吾敬之言，欲辨駁吾字，故設爲鄉人伯兄之難。一得敬兄之語，便以酌則誰先搖奪之；及得先酌鄉人之語，遂以所敬在兄，而鄉人之酌敬遂在鄉人，是敬因人以改移，吾不得自主，張信義之在外而非內也。此即告子長楚人之

孟季子孟仲子之弟也蓋聞孟子之言而未達故私論之

孟季子聞孟子義內之說而未達，問公都子曰：何以謂義內也？

曰行吾敬故謂之內也

所敬之人雖在外然知其當敬而行吾心以敬之則不在外也

公都子曰：義主於敬者也。知其人之當敬，而行吾心之敬以敬之，敬由心出，故謂之內也。

鄉人長於伯兄一歲則誰敬曰敬兄酌則誰先曰先酌鄉人

所敬在此所長在彼果在外非由內也

伯長也酌酌酒也此皆季子問公都子答而季子又言如

長四句意

摘訓曰果在外非由內是就義說註乃解作敬長之心果不由中出又是就敬說乃推一步說也蓋敬長之心果不由中出可見義果在外非由內也

四節　趙氏曰因時制宜所謂集也兄叔父之當敬此禮之常若弟在尸位則暫當敬以親加祖考之義而敬弟鄉人在賓位則暫當裁以尊賓之義而敬鄉人此皆暫時之敬耳或常或暫因時而裁制其宜皆本於吾心耳故曰由中出也

存疑曰所敬在兄二句是解所敬在此二句言所敬在此者常時之敬在兄也所長在彼者暫時之敬在鄉人也敬有常暫是皆因時而制其宜是皆由中出也可以見義之果在內矣

淺說曰因時制宜皆由中出得朱子補此二

此則敬長之心果不由中出也

季子曰義果在內必敬能自主假如鄉人長於伯兄一歲則誰敬公都子曰敬以親疏爲殺鄉人雖長疏不踰戚必當敬兄季子曰設會鄉人伯兄酌酒則誰先公都子曰酌以賓主爲序伯兄雖親主不先客必當先酌鄉人季子曰所敬既在此伯兄當酌之時所長又在彼鄉人是敬不由我惟視人爲轉移義果在外非由內也

公都子不能答以告孟子孟子曰敬叔父乎敬弟乎彼將曰敬叔父曰弟爲尸則誰敬彼將曰敬弟子曰惡在其敬叔父也彼將曰在位故也子亦曰在位故也庸敬在兄斯須之敬在鄉人

尸祭祀所主以象人雖子弟爲之然敬之當如祖考也在位弟在尸位鄉人在賓客之位也庸常也斯須暫時也言

何意方明白當時孟子若先說出季子聞之必無疑矣

末節　胡雲峰曰集註以爲此亦耆炙之義耆炙在外而耆之在乎心亦與湯在外而斟酌其可飲不可飲在乎心然則事物之宜在乎外而所以斟酌事物之宜則在乎心也

指南曰季子不能理會常暫字便是中有常主仍說敬叔父與敬弟都由外邊爲轉移依舊是所敬在此二句之義公都子就庸敬斯須上認出有田中酌其宜之意故以

因時制宜皆由中出也

公都子屈於辨而不能答乃述之以告孟子孟子教之辨曰子試倣其誰敬之問而詰之曰敬叔父乎敬弟乎彼將答曰敬叔父子又倣其酌則誰先之問而詰之曰弟或爲尸則當誰敬彼將答曰敬弟子乃從而折之曰既曰敬弟則叔父不得伸其尊矣所以敬叔父者惡在也彼必將曰所以敬弟者弟在尸位故也叔父雖尊不得不爲祖考屈矣子亦曰向所謂先酌鄉人者以鄉人在賓客之位故也伯兄雖親不得不爲主道屈矣然庸常之敬在兄斯須之敬在鄉人庸常斯須之敬自有權衡之當非徒在此在彼因人而轉移也義豈在外而不在內哉

季子聞之曰敬叔父則敬敬弟則敬果在外非由內也公都子曰冬日則飲湯夏日則飲水然則飲食亦在外也

此亦上章耆炙之義　范氏曰二章問答大指略同皆反覆譬喻以曉當世使明仁義之在內則知人之性善而皆

夏日則飲水二句發明之

蒙引曰同一敬叔父則敬敬弟則敬也但季子所認則叔父與弟字重孟子公都子之說則敬字重敬出於我也季子之說是謂吾之敬由叔父與弟而生也孟子之說是謂吾之敬施之於叔父與弟也

公都子章

首節　此言性之渾淪

語類云無善無不善謂性中無惡則可謂無善則性是何物

陳新安曰蘇東坡論性謂自堯舜以來至孔子不得已而曰中曰一未嘗分善惡言也自孟子道性善而一與中支矣胡文定公論性謂性不可以善言纔說善時便與惡對非本然之性矣孟子道性善只是贊嘆之辭說好個性五峰論性云凡人之生粹

可以爲堯舜矣

季子聞之曰當敬叔父時則敬叔父當敬弟時則敬弟以其所在因用其敬義果在外非由內也公都子即其易見者曉之曰敬之與施譬之飲食然冬日宜飲湯也則飲湯夏日宜飲水也則飲水于以因人之敬爲在外然則因時而飲食者亦在外與湯與水雖在外而酌其當飲之宜者心也叔父與弟雖在外而酌其當敬之宜者心也因時制宜皆由中出義在內而不在外明矣

公都子章全旨　此章明性善之旨。三說主氣性善主理驗性之善處全重情可爲善上不只帶言觀末引詩及孔子之言可見

公都子曰告子曰性無善無不善也

此亦生之謂性食色性也之意近世蘇氏胡氏之說蓋如此

天地之心道義全具無適無莫不可以善惡辨不可以是非分

次節　此言性之無定。兩則字甚活。又見爲之兩可處

三節　此言性之有定。三而字是不容有而有之意君父子兄弟等俱不虛見情親則易化分尊則易行

韓子原性篇曰性也者與生俱生也性之品有上中下三上焉者善焉而已矣中焉者可導而上下也下焉者惡焉而已矣

朱子曰韓子三品之說只說得氣不曾說得性。　此章三者雖同說氣質之性然兩或

公都子曰天下之言性者不一矣告子曰性只是知覺運動而已。本無有善而不可以善名亦無有不善而不可以不善名也。

此一說也

或曰性可以爲善可以爲不善是故文武興則民好善幽厲興則民好暴

此即湍水之說也

或曰性無定體可以習於善而爲善可以習於不善而爲不善是故文武興於上師民以善則民皆化之而好善是性可以爲善也幽厲興於上師民以暴則民皆化之而好暴是性可以爲不善也此又一說也

或曰有性善有性不善是故以堯爲君而有象以瞽瞍爲父而有舜以紂爲兄之子且以爲君而有微子啓王子比干

此對比干說　此對微子說。如註以微箕皆爲紂之叔父

韓子性有三品之說蓋如此按此文則微子比干皆紂之

曰之說猶知分別善惡惟無善無不善之說最無狀他就此無善無惡之名渾無分別雖爲善爲惡總無妨也與今世不擇善惡顛倒是非而稱爲本性者何以異哉

四節　前二說兼善惡後一說無善惡孟子則常言善故疑之而謂三說皆非也

五節　輔慶源曰先儒皆訓若爲順言順其本然之情則無不善恐不必如此說蓋情自善不待順之而善也且此乃若正與下文若夫字相對故斷以爲發語詞

朱子曰性不可說情却可說情可爲善則性無有不善

陳北溪曰在心裏未發動底爲性事物觸著便發動出來底是情這動底只是就性中發出來不是別物情之中節是從本性發來便是善

叔父而書稱微子爲商王元子疑此或有誤字或亦如央攻漢非准泗汴之江偶然之誤耳

或又曰有生來性善者必不移於惡有生來性不善者必不移於善是故以堯之聖爲之君非不能化民於善也而有象之傲象之性非不善之一定者乎以瞽瞍之頑爲之父能以不善及其子而有舜之聖以紂之惡爲兄之子猶親而易染且以爲君分尊而易從而有微子啓王子比干之賢舜與微子比干之性非善之一定者乎此又一說也

今曰性善然則彼皆非與

今夫子獨曰性善然則彼三說者皆非與

孟子曰乃若其情則可以爲善矣乃所謂善也

乃若發語辭情者性之動也人之情本但可以爲善而不可以爲惡則性之本善可知矣

孟子曰吾謂性善豈無所驗哉蓋人有性即有情性蘊於中而無形乃若其情之感物而動發見於外者有眞無僞

□曰性渾然全體在中未發無形象可
□□而爲情方可見耳仁義禮智之性動
而爲惻隱羞惡辭讓是非之情所謂本但
可爲善而不可爲惡者也因其情之善而
可知其性之本善蓋溯其流而知其源也

六節　朱子曰情是這心裏動出有個路脈曲折隨物恁地去才是能主張運動做事底這事有人做得有不會做得這處可見其才　其性既善則其才亦可以爲善今乃至於爲不善是非才如此乃自家使得才如此故曰非才之罪　問孟子言情與才皆善如何朱子曰性之本體理而已情則性之動而有爲才則性之具而能爲者也性無形象聲臭之可形容也故以二者言之誠知二者之本善則性之善必矣

眞西山曰善者性也而能爲善者才也性以體言才以用言才本可以爲善而不可以爲惡今乃至於爲不善者是豈才之罪也哉陷溺使然也

饒雙峯曰孟子是指那好底才說如仁之□

則可以爲善矣情既善則性之本善可知乃所謂性善也

若夫爲不善非才之罪也

才猶材質人之能也人有是性則有是才性既善則才亦善人之爲不善乃物欲陷溺而然非其才之罪也

情善而性善天下宜無不善之人矣若夫人之爲不善者乃物欲陷溺其心而然非其才不能爲善之罪也

串上情可以爲善

惻隱之心人皆有之羞惡之心人皆有之恭敬之心人皆有之是非之心人皆有之惻隱之心仁也羞惡之心義也恭敬之心禮也是非之心智也仁義禮智非由外鑠我也我固有

此處只重我固有勿粘說弗思

之也弗思耳矣故曰求則得之舍則失之或相倍蓰而無算者不能盡其才者也

應轉非才之罪

愛其親義之能敬其兄所謂良能是也

七節　朱子曰一性之中萬善完備發用出來事事做得便是盡其才

眞西山曰物有求而弗得者在外故也性求其在我者何不得之有思而求之則得之而全其本善不思不求則失之而流於惡善惡相去之遠由一倍五倍而極於無算者皆不思不求不能擴充以盡其才故也曰思曰求而又曰盡皆孟子喫緊教人處

恭者敬之發於外者也敬者恭之主於中者也鑠以火銷金之名自外以至內也算數也言四者之心人所固有但人自不思而求之耳所以善惡相去之遠由不思不求而不能擴充以盡其才也前篇言是四者爲仁義禮智之端而此不言端者彼欲其擴而充之此直因用以著其本體故言有不同耳

然何以見情之善可以驗性之善哉蓋人之感於物而發乎情也遇可傷痛之事則惻隱生此心人皆有之遇可愧耻之事則羞惡生此心人皆有之或交際往來則恭敬生此心人皆有之或辨別可否則是非生此心人皆有之惻隱羞惡恭敬是非豈有不善乎此情之可以爲善也而實根於性即惻隱之心可以驗其性之仁仁主於愛也羞惡之心可以驗其性之義義主於剛斷也恭敬之心可以驗其性之禮禮主於敬也是非之心可以驗其性之智智主

本節 蔡氏曰、所謂美德。即所謂物之則也。其曰好是者。即指上文秉彝而言。天命之所賦者謂之則。人性之所秉者謂之彝。存於心而有所得者謂之德。實一而已。孟子舉此者。蓋謂秉彝懿德即是常性。心上所好者德。即是情之發動者。不外乎性。就性初發動處指出以示人。方見得性之本無不善也。

王觀濤曰、引詩及聖言。是證明情善而性善自見。詩意不必講。留孔子說詩處發之。孔子說詩趣味只在故字必字也字有精神。全要體貼。好是懿德。正所謂情之善也。玩故字。此句全跟物則秉彝來。所以由情善

於別也。仁義禮智。豈有不善乎。此所以謂性善也。然是仁義禮智不從外得。非由外鑠我也。乃與生俱生。我固有之者也。但人溺於物欲。弗思而求之耳。故曰思而求則得之。不思而舍則失之。惟其舍之而失。故卒歸於惡。而與善相去之遠。或相倍蓰而至於無算者。由不思不求。縱有一念之善。不能擴充之以造其極而盡其才者也。然則爲不善者。夫豈才之罪哉。

詩曰天生蒸民有物有則民之秉夷好是懿德孔子曰為此詩者其知道乎故有物必有則民之秉夷也故好是懿德

詩大雅蒸民之篇。蒸詩作烝。衆也。物事也。則法也。夷詩作彝。常也。懿美也。有物必有法。如有耳目則有聰明之德。有父子則有慈孝之心。是民所秉執之常性也。故人之情無不好此懿德者。以此觀之。則人性之善可見。而公都子所

而知性之必善也。

曹雲華曰乃若其情則可以爲善矣乃所謂善也是以情之善驗性之善民之秉彝也故好是懿德又是言性本善故其情必善正是反覆發明處。

問之三說皆不辯而自明矣　程子曰性卽理也理則堯舜至於塗人一也才稟於氣氣有淸濁稟其淸者爲賢稟其濁者爲愚學而知之則氣無淸濁皆可至於善而復性之本湯武身之是也孔子所言下愚不移者則自暴自棄之人也又曰論性不論氣不備論氣不論性不明二之則不是張子曰形而後有氣質之性善反之則天地之性存焉故氣質之性君子有弗性者焉愚按程子此說才字與孟子本文小異蓋孟子專指其發於性者言之故以爲才無不善程子兼指其稟於氣者言之則人之才固有昏明强弱之不同矣張子所謂氣質之性是也二說雖殊各有

所當然以事理考之程子爲密蓋氣質所稟雖有不善而不害性之本善性雖本善而不可以無省察矯揉之功學者所當深玩也

然此非我之私言也嘗徵諸詩與孔子之言矣大雅烝民之詩曰天生衆民有形氣之物有天理之則此乃民所執之常性無不好是懿美之德者孔子讀而贊之曰爲此詩者其知性情之道乎故天與之氣以成形而有物則必與之理以成性而有則未有有物而則不具者矣惟民莫不有此秉執之常性也故理義之說聖賢有獨契庸愚亦有同心莫不好此懿德爲此詩者信乎其知道也夫曰則曰夷曰懿德性之善也曰好是懿德情之善也惟民有此秉夷故好此懿德則情之善本乎性之善也情信可徵性善矣

富歲章全旨　此章亦明性善之意也通章以心明性全重心之同然上首節言性之本同而不同者由於陷溺麰麥二節即物類之同以明人之相似故龍子五節又即人身之同以明人心之同理義爲心之同然可見人性

富歲章

首節　存疑曰陷溺之心即是下面同然之心人心同然乎理義子弟多暴則不同然乎理義矣蓋由其心之陷溺也故下文詳說人心同然理義以明此意　賴字只作善字說然字是指爲暴多暴處且勿說出衣食不足留作陷溺其心内脉

陳新安曰天之降才與書所謂上帝降衷文意略似言非天賦以有爲之才如此殊異也乃阻饑而陷溺其良心賊其爲善之才而然耳

次節　陳新安曰種麰麥苟多同雖其間有多寡之不同者則以地有肥磽之分雨露有行無之異人事有勤惰之不齊故耳以譬降才不同而養其心與陷溺其心有不同也

之皆善而天之降才無殊矣彼陷溺其心者豈可謂性之有不善哉（側重此句）

孟子曰富歲子弟多賴凶歲子弟多暴非天之降才爾殊也其所以陷溺其心者然也

富歲豐年也賴藉也豐年衣食饒足故有所賴藉而爲善凶年衣食不足故有以陷溺其心而爲暴

孟子曰人性本善而有不善者非其初也故富歲子弟多有所賴藉而爲善凶歲子弟則多暴棄而爲不善非天之降才厚於彼而薄於此如此其殊異也由凶年衣食不足則不暇顧禮義有以陷溺其良心而然也

今夫麰麥播種而耰之其地同樹之時又同浡然而生至於日至之時皆熟矣雖有不同則地有肥磽雨露之養人事之不齊也

三節　陳新安曰，凡同類謂凡物之同類者。
人性善無不同，此提掇綱領處。

四節　故字承聖人與我同類來，引龍子不
言足同上，只將此引起下文口耳目之同

麰大麥也耰覆種也日至之時謂當成熟之期也磽瘠薄
也

試觀之物，今夫麰麥，播種而耰之，其地同，樹之時又
同，及其浡然而生，日至之時，無不熟矣。
雖其所獲有多寡之不同，則以地有肥磽之分，雨露有
存無之異，人事有勤惰之不齊也。在麰麥豈有不同哉。

故凡同類者舉相似也何獨至於人而疑之聖人與我同類
者。

聖人亦人耳其性之善無不同也

以麰麥推之，故凡天下之物同一所生之類者，舉各有其
相似也。何獨至於人而疑其有不相似乎。雖聖人亦同得
天地之氣以成形，而與我同類
者，類既同，則無不相似者矣。

故龍子曰不知足而為屨我知其不為蕢也屨之相似天下

上蓋欲即形以見性也觀末節但言口耳目可見

林次崖曰屨之相似二句是孟子解龍子之言。

之足同也

蕢草器也不知人足之大小而爲之屨雖未必適中然必似足形不至成蕢也

惟人類之同故龍子嘗曰不知人足之大小而爲之屨雖未必適中。我知其必似足形而不爲蕢也夫屨之相似者乃天下之足同也

口之於味有同耆也易牙先得我口之所耆者也如使口之於味也其性與人殊若犬馬之與我不同類也則天下何耆皆從易牙之於味也至於味天下期於易牙是天下之口相似也

易牙古之知味者言易牙所調之味則天下皆以爲美也

五六七節　此三節總是皆形體之所悅者
形容出心之所欲者而見其相同也
陳新安曰易牙齊桓公臣能辨淄澠二水味
此先得我口之所耆已爲下文先得我心
之所同然者張本矣。　如使口之於味也
四句是反言以見其同宜一氣讀下。
子都是鄭大夫公孫閼也有寵於莊公後
見殺。

然所同者豈偏一足爲然彼人與人口之於味也有同耆
好也雖易牙極嗜於調味不過先得我口之所耆者也豈
嘗與人殊哉如使易牙口之於味也其所耆之性與人殊
若犬馬之與我本不同類也則天下之人何其所耆皆從
易牙所調之味也至於味天下皆期必
於易牙之所調是天下之口舉相似也

惟耳亦然至於聲天下期於師曠是天下之耳相似也

師曠能審音者也言師曠所和之音則天下皆以爲美也

豈獨口爲然哉惟耳亦然至於音律之聲其清濁高下天
下之人皆期必於師曠之所和是天下之耳舉相似也

惟目亦然至於子都天下莫不知其姣也不知子都之姣者無目者也

子都古之美人也姣好也

又豈獨耳爲然哉惟目亦然至於子都天下之人莫不知
其色之姣好也若不知子都之姣者必其無目者也是只

末節　朱子曰然是然否之然人心同以爲然者義理也　理是此物上便有此理義是於此物上自家處置合如此便是義楊雄言義以宜之韓愈言行而宜之之謂義若以義爲宜則義有在外意思須如程子言處物爲義是則處物者在心而非外也

如今處一件事苟當於理則此心必安人亦以爲當然如此則其心悅乎不悅乎悅於心必矣

雲峰胡氏曰芻豢人之所同耆也耆之斯悅之矣理義人之所同然也然之而悅之矣

陳新安曰此章大意以人心理義之同而見人性之皆善也衆人與聖人同此至善之性所以同此理義之心本同而卒莫之同者陷溺其心故也能以理義養其心而不至陷溺其心則心得所養於理義得無味之味如悅芻豢有味之味其於希聖之學自將勉勉循循而欲罷不能矣始與聖人

下之有目者繇相似也

故曰口之於味也有同耆焉耳之於聲也有同聽焉目之於色也有同美焉至於心獨無所同然乎心之所同然者何也謂理也義也聖人先得我心之所同然耳故理義之悅我心猶芻豢之悅我口

然猶可也草食曰芻牛羊是也穀食曰豢犬豕是也程子曰在物爲理處物爲義體用之謂也孟子言人心無不悅理義者但聖人則先知先覺乎此耳非有以異於人也程子又曰理義之悅我心猶芻豢之悅我口此語親切有味須實體察得理義之悅心真猶芻豢之悅口始得

句者其終何患與聖人不同哉

牛山章

饒雙峰曰此章緊要在三箇存字首說存乎人者是說此心本來存次說夜氣不足以存是說衆人不能存此心終說操則存是教人用力以存此心

首節　陳新安曰山以生物爲性猶曰天地以生物爲心謂爲無林豈山之本性哉此全是引起以譬喻下一節

吳蔡右曰通節大意言山之木嘗美而所以

性其舉相似如此故曰凡口之於味也人有同耆焉凡耳之於聲也人有同聽焉凡目之於色也人有同美焉一身衆體無不有所同如此至於心爲一身之宰神明之用豈無所同以爲然者乎心之所同然者何也謂即物而存之理也處物而宜之義也在聖人不過先知先覺乎理義而先得我心之所同然者耳我豈有異於聖人哉是以有此人即有此心有此心即有此理義故理義之悅我心不待安排而秉彝之好不容已猶芻豢之味之悅我口不期於耆而自無不耆也理義爲心所同然如此可見人性之善無不同矣彼爲暴者良由陷溺其心而然耳豈天之降才有所殊也哉

牛山章全旨　此章言人心貴於存養前二節以山木例人心只爲人心放失而發第三節結上二節明人心消長之幾連已放而求復一邊末引言心不可不持守該未放已放而言

孟子曰牛山之木嘗美矣以其郊於大國也斧斤伐之可以爲美乎是其日夜之所息雨露之所潤非無萌蘖之生焉牛

失其美者始病於斧斤之伐繼病於牛羊之牧此山無才之故也而非山之性也玩一嘗字今從不美之後而追論之在大國郊而曰郊於大國是倒字法郊近則伐之者易國大則伐之者多有此二意

羊又從而牧之是以若彼濯濯也人見其濯濯也以爲未嘗有材焉此豈山之性也哉

牛山齊之東南山也邑外謂之郊言牛山之木前此固嘗美矣今爲大國之郊伐之者衆故失其美耳息生長也日夜之所息謂氣化流行未嘗間斷故日夜之間凡物皆有所生長也萌芽也蘖芽之旁出者也濯濯光潔之貌材材木也言山木雖伐猶有萌蘖而牛羊又從而害之是以至於光潔而無草木也

孟子曰吾觀牛山之木前此固嘗美矣以其所生之郊在於大國也斧斤伐之者衆尚可以爲美乎是其日與夜氣化之所生息加以雨露之所潤澤非無萌芽旁蘖之生焉奈牛羊又從而於此牧放之生之未幾戕之繼至是以若

次節　朱子曰平旦之氣只是夜間息得許多時節不與事物接纔醒來便有得這些清明之氣此心自恁地虛靜少間纔與物接依舊又汨沒了　牿如被禁械在那裏更不容他走作亡如將自家物失去了反覆非顛倒之謂蓋有互換更迭之意

程子曰夜氣之所存者良知也良能也苟擴而充之化旦晝之所牿為夜氣之所存然後有以至於聖人也

朱子曰氣日裏也生夜間也生只是日間生底為物欲牿亡隨手又耗散了夜間生的則聚在那裏不曾耗散所以養得那良心譬如一井水終日攪動便渾了至夜稍靜便有清水出所謂夜氣不足以存者如攪動得太甚則雖有些息時此水亦不能清矣　人心每日梏於事物斷喪戕賊所餘無幾惟夜氣靜庶可以少存耳至夜氣之靜而猶不足以存則天理都喪去禽獸不

彼之濯濯濯濯光潔也人徒見其濯濯也以為牛山未嘗有材木焉此豈山之生物之性也哉

雖存乎人者豈無仁義之心哉其所以放其良心者亦猶斧斤之於木也旦旦而伐之可以為美乎其日夜之所息平旦之氣其好惡與人相近也者幾希則其旦晝之所為有牿亡之矣牿之反覆則其夜氣不足以存夜氣不足以存則其違禽獸不遠矣人見其禽獸也而以為未嘗有才焉者是豈人之情也哉

良心者本然之善心即所謂仁義之心也平旦之氣謂未與物接之時清明之氣也好惡與人相近言得人心之所同然也幾希不多也牿械也反覆展轉也言人之良心雖

遠矣。此章以仁義之良心爲主其存其亡皆以心言之下文引孔子之言以明心之不可不操則意益明矣但日夜所息以下只以好惡相近爲良心之萌蘖不復更着心字故說者謂氣有存亡而欲致養於氣誤矣

陳新安曰前言好惡與人相近今遂去禽獸不遠則與人遠矣人見其如此而以爲未嘗有能爲之才者此豈人性發而爲情之本然者哉

已放失然其日夜之閒猶必有所生長故平旦未與物接其氣清明之際良心猶必有發見者但其發見至微而旦晝所爲之不善又已隨而梏亡之如山木既伐猶有萌蘖而牛羊又牧之也晝之所爲既有以害其夜之所息夜之所息又不能勝其晝之所爲是以展轉相害至於夜氣之生日以寖薄而不足以存其仁義之良心則平旦之氣亦不能清而所好惡遂與人遠矣

即山木以譬乎人雖不能保其終而存乎人者其始豈無仁義之良心哉其所以放失其良心者日爲物欲斲喪所餘無幾亦猶斧斤之於木也旦旦而伐之尚可以爲美乎然其自日而夜物欲既退天良之所生息至於平旦而清明之氣未爲物欲所昏其好仁義惡不仁義與人之初心相近也者幾希但發見至微則其旦晝之所爲又有以梏

三節　朱子曰此段緊要在苟得其養四句見得雖牿亡之餘有以養之則仁義之心即存緣是此心本不是外面取來乃是與生俱生下文說存養之要舉孔子之言操則存舍則亡見此良心其存亡只在眇忽之間纔操便在這裏纔舍便失去若能知得常操之而勿放則良心常存夜之所息益有所養夜之所養愈深則旦晝之所為無非良心之發見矣

陳新安曰斧斤伐牛羊牧山木之失養而消也放其良心所爲牿亡人心之失養而消也所以養其心者不外乎下文之操存而已此結上二段以起下文所引孔子語之意

末節　朱子曰心豈有出入出只指外而言入只指內而言只是要人操而存之耳非是如物之散失而後收之也　心是箇活物須是操守不要放舍亡不是無只是走作逐物去了所謂人者亦曰逐物之心暫息則此心未嘗不在內了又見得心不操

牿而亡之矣今日牿之明日牿之反覆循環而不已則其夜氣之生日以浸薄不足以存養其良心夜氣不足以存其心則其去禽獸不遠矣人見其禽獸如此也而以為未嘗有爲善之才焉者是豈人性發而爲情之本然哉

故苟得其養無物不長苟失其養無物不消

山木人心其理一也

由是觀之可見山木人心皆係於所養矣故苟得其養即戕賊之後猶其生機自油然莫閼無物不長若苟失其養當復生之時更以斲喪則生機日盡無物不消然則人心豈可失其養乎

孔子曰操則存舍則亡出入無時莫知其鄉惟心之謂與

孔子言心操之則在此舍之則失去其出入無定時亦無定處如此孟子引之以明心之神明不測得失之易而保守之難不可頃刻失其養學者當無時而不用其力使神

則舍不出則入無閒處可以安頓惟心之謂與直指而總結之　出者亡也入者存也本無一定之時亦無一定之處特繫於人之操舍何如耳

陳北溪曰忽然出忽然入無有定時忽在此忽在彼亦無定處操之便存在此舍之便亡去了

無或章

首節　陳新安曰此章前一譬謂交修者不得常用其力後一譬謂自修者不肯專用

清氣定常如平旦之時則此心常存無適而非仁義矣程子曰心豈有出入亦以操舍而言其操之之道敬以直內而已

所以養心者何如孔子有言曰有物於此操之則即此而存舍之則失去而亡其存也忽然而入矣而其亡也又忽然而出出入惟係於操舍初無定時也其入也忽在於內矣而其出也又忽在於外內外惟係於操舍莫知其定處也此其神明不測惟心之謂與心之當操而不可舍也如此人苟能操之而不舍則得其所養而此心常存無適而非仁義矣

無或章全旨　此章見君心之智係於所養者嘆王不智之空下言王之不智固由於寒之者衆亦由己有鴻鵠之馳也末節是進一步意非推原吾見之罕寒之日衆之由

孟子曰無或乎王之不智也

其尤王之不智固。羣邪寒之者之罪亦自鴻鵠其心之罪也。

次節　眞西山曰：人主之心，養之以義理則明，蔽之以物欲則昏，猶草木然，煖之以陽則生，寒之以陰則瘁。孟子於齊王引以當道，正秉彝之心其端倪亦有時而動矣，而進見之時少，理義浸灌之益微，退而蔽之以私欲者何可勝既，雖有萌芽之發，旋復摧折，雖孟子其如之何哉。

熊勿軒曰：此見孟子格心之學須就有萌上着力，善端之發正須正人賢士輔翼而開廣之。

或與惑同，疑怪也。王，疑指齊王。

孟子曰：君德莫貴於智，而所以不智者必有由然，今無惑乎齊王之不能成其智也。

雖有天下易生之物也，一日暴之，十日寒之，未有能生者也。吾見亦罕矣，吾退而寒之者至矣，吾如有萌焉何哉。

暴，溫之也。我見王之時少，猶一日暴之也。我退則諂諛雜進之日多，是十日寒之也。雖有萌蘖之生，我亦安能如之何哉。

蓋君心係於所養，譬之於物，雖有天下易生之物也，使一日暴之，纔得陽氣之和，乃十日寒之，不勝陰氣之慘，未有能生者也。而况於王心乎？吾得接見於王亦罕少矣，吾退而諂諛之徒寒王之心者接迹而至矣。雖王心之善不無萌動於吾一見之時，而衆邪交攻，牿亡反覆，吾其奈王之萌蘖何哉。

末節　饒雙峯曰專心是心之所主專在此致志是極其心之所向直到那田地二節雖一意而有兩層前節是言見賢之時少下節是言王見賢之心不專　上節吾見者退吾如有萌三句通章止繁餘俱輸從而三者字尤要着眼孟子以弈秋自居奈何之不聽其誨何

今夫弈之爲數小數也不專心致志則不得也弈秋通國之善弈者也使弈秋誨二人弈其一人專心致志惟弈秋之爲聽一人雖聽之一心以爲有鴻鵠將至思援弓繳而射之雖與之俱學弗若之矣爲是其智弗若與曰非然也

弈圍棋也數技也致極也弈秋善弈者名秋也繳以繩繫矢而射也　程子爲講官言於上曰人主一日之間接賢士大夫之時多親宦官宮妾之時少則可以涵養氣質而薰陶德性時不能用識者恨之范氏曰人君之心惟在所養君子養之以善則智小人養之以惡則愚然賢人易疏小人易親是以寡不能勝衆正不能勝邪自古國家治日

舍生章
首節　朱子曰，義在於生則舍死而取生義在於死則舍生而取死

常少而亂日常多蓋以此也

且天下之理無有不思不求而自得者今夫弈之爲數小數也然不專一其心之所至不致極其志之所向不可得精也如弈秋通國中所稱善弈者也使弈秋誨二人以弈其一人則專心致志惟弈秋之誨爲聽一人耳雖聽之乃一心以爲有鴻鵠將至思援弓繳而射之是學在弈而心不專於弈也雖與彼人俱學必不若彼之精矣爲是其生稟之智不若彼人歟曰非其智之弗若而然也心不若彼之專志不若彼之致也弈之小數不專心致志則不得若此況乎理義之精可不專心致志以求之乎奚止心者既衆而王又不能自盡其心以蔽其本心之明雖欲成其智之德不可得也

故王之不智不足怪也

舍生章全旨　此章欲人全其義之本心也以舍生取義一句爲主第一節明所以舍生取義之意如使二節反覆明人之必有此心是故二節言此心人所同有萬鍾二節言人心蔽於物欲而失其心

孟子曰魚我所欲也熊掌亦我所欲也二者不可得兼舍魚

次節　問生人心義道心乎朱子曰欲生惡死人心也惟義所在道心也權輕重却又是義

陳新安曰人遇死生之大變欲全生則害義欲全義則不得生與其不義而生不若全義而死是義之可欲有甚於生之可欲故不為苟得以偷生不義之可惡有甚於死之可惡故甘死而不肯避死也

堵牧遊曰義也者堅如金石壽如川岳生固不朽死亦不朽雖歷千古猶生存也若今人所戀戀者特血肉耳死固朽生亦朽也吾願人愛生者務要愛得真莫要愛得不真務要愛得了莫要愛得不了則當前鑊鋸甘之如飴不須慷慨以求直可從容而

而取熊掌者也生亦我所欲也義亦我所欲也二者不可得兼舍生而取義者也

魚與熊掌皆美味而熊掌尤美也

孟子曰魚之味我所欲也熊掌之味亦我所欲也設或得魚而失熊掌得熊掌而失魚二者不可得兼則寧舍魚而取熊掌者也生而全身我所欲也義而全節亦我所欲也設或全生則害義全義則害生二者不可得兼則寧舍生而取其義者也

生亦我所欲所欲有甚於生者故不為苟得也死亦我所惡所惡有甚於死者故患有所不避也

釋所以舍生取義之意得得生也欲生惡死者雖衆人利害之常情而欲惡有甚於生死者乃秉彝義理之良心是

就。雖曰舍生取義。而。即義。即生。可欲莫大焉。故曰所欲有甚於生。所惡有甚於死。可以得生避患而有不爲也

輔慶源曰利害之常情。私欲也。秉彝之良心。天理也。孟子只就欲惡二者中。分别出天理人欲最分明。

二節四節　此兩節。即次節之義而反覆言之。乃一反一正之詞

以欲生而不爲苟得惡死而有所不避也

所以舍生取義者何哉生亦我所欲而本然之良心所欲尤有甚於生者故不爲苟且以得生也不生則必死矣死亦我所惡而本然之良心所惡尤有甚於死者故當患難而有所不倖免而辟也

如使人之所欲莫甚於生則凡可以得生者何不用也使人之所惡莫甚於死者則凡可以避患者何不爲也

設使人無秉彝之良心而但有利害之私情則凡可以偷生免死者皆將不顧禮義而爲之矣

如使人之所欲莫甚於生則凡可以爲得生計者何所恤而不用也誰其舍之使人之所惡莫甚於死則凡可以爲避患計者何所畏憚而不爲也誰其就之

由是則生而有不用也由是則可以避患而有不爲也

五節　林次崖曰是故所欲有甚於生以上雖有四節亦不過只是一意反覆說人有羞惡之心耳故遂一語結斷曰人皆有之賢者能勿喪耳

說約曰賢者能勿喪耳與聖人先得我心之所同然耳語意一般俱是要見其同處不是要見其異處

六節　輔慶源曰路人與乞丐人至微賤者也簞食豆羹生死所係利害之至急切者也於此而猶惡無禮寧舍之而不食則羞

由其必有秉彝之良是以其能舍生取義如此

由是所欲有甚於生則雖可以得生而有不用也由是所惡有甚於死則雖可以避患而有不爲也是舍生取義乃其必有之良心也

是故所欲有甚於生者所惡有甚於死者非獨賢者有是心也人皆有之賢者能勿喪耳只重人皆有之上

羞惡之心人皆有之但衆人汩於利欲而忘之惟賢者能存之而不喪耳

是故所欲有甚於生者所惡有甚於死者此羞惡之本心非獨賢者有是心也即此人即同此心人人皆有之但賢者能存之而勿喪耳非賢者所獨也

一簞食一豆羹得之則生弗得則死嘑爾而與之行道之人

惡之本心所欲惡有甚於生死者可見人無有無是心者也

林次崖曰一簞食一豆羹條又是即義心之激發處以明之與言人皆有不忍之心明以孺子入井之事一般

七節　陳新安曰萬鍾對簞豆而言彼物之微也尚惡無禮非義不可食而不受此物之富者乃不辨禮義而受之吾身受用不假萬鍾之富是萬鍾於吾身其實何所加

弗受蹴爾而與之乞人不屑也

豆木器也嘑咄啐之貌行道之人路中凡人也蹴踐踏也乞人丐乞之人也不屑不以爲潔也言雖欲食之急而猶惡無禮有寧死而不食者是其羞惡之本心欲惡有甚於生死者人皆有之也

何以驗人皆有是心哉如一竹簞之食一木豆之羹得而食之則生不得食之則死爲物雖微而係於生死爲甚重安不擇義之可否而受之矣然使嘑爾咄啐而與之雖行道之常人亦弗肯受又使蹴爾踐踏而與之雖乞人之至賤亦弗以爲屑也況非行人乞人乎此可以驗其羞惡之本心而欲惡有甚於生死者人皆有之矣

萬鍾則不辨禮義而受之萬鍾於我何加焉爲宮室之美妻妾之奉所識窮乏者得我與

益哉

林次崖曰簞食豆羹生死所係是於我有益者而猶惡無禮萬鍾之得失非若簞食豆羹之關於生死是於我身無益者乃不辨禮義而受之所以可怪也

愚按萬鍾於我何加焉我字只對上節得生失死淺說非以性分言謂不加毫末也勿誤講

末節　陳新安曰是亦不可以已乎最喚醒人○人之不能爲君子多是不得已而爲之今此三者豈不可以已而乃肯爲之乎此之謂失其本心尤斷制得明白失其本心與前所謂賢者能勿喪耳正相反賢者惟克去私欲故能勿喪其良心衆人惟汨於心

萬鍾於我何加焉於我身無所增益也所識窮乏者得我謂所知識之窮乏者感我之謂也上言人皆有羞惡之心此言衆人所以喪之由此三者蓋理義之心雖曰固有而物欲之蔽亦人所易昏也

簞食豆羹生死所係而惡無禮而不受一旦萬鍾在前則不辨其合禮義與否而受之萬鍾之得失無關於生死於我身何所加焉爲宮室之美非此無以致其華妻妾之奉非此無以適其欲所知識之窮乏者非此無以市其德而從之歟抑乃貪自以受之歟

鄉爲身死而不受今爲宮室之美爲之鄉爲身死而不受今爲妻妾之奉爲之鄉爲身死而不受今爲所識窮乏者得我而爲之是亦不可以已乎此之謂失其本心

私欲故至於失其本心也
林次崖曰牛山之木章是存養之功魚我所欲章是取舍之分此章總註最看得好危迫之際尚有能忍宴安之時乃就利焉可見省察之功不可頃刻而或忘也　論語以富貴貧賤判取舍之大分此章以生死判取舍之大分兩處俱以人之所欲人之所惡中分別出天理人欲最明切

人心章

首節　陳潛室曰孟子只恐人懸空去討仁故即人心而言程子又恐人以人心爲仁

言三者身外之物其得失比生死爲甚輕鄉爲身死猶不肯受嘑蹴之食今乃爲此三者而受無禮義之萬鍾是豈不可以止乎本心謂羞惡之心　此章言羞惡之心人所固有或能決死生於危迫之際而不免計豐約於宴安之時是以君子不可頃刻而不省察於斯焉

鄉爲身死而嘑蹴之食不受今爲宮室之美受無禮義之萬鍾則爲之鄉爲身死而嘑蹴之食不受今爲妻妾之奉受無禮義之萬鍾則爲之鄉爲身死而嘑蹴之食不受今爲所識窮乏者得我受無禮義之萬鍾則爲之是亦不可以已乎夫簞食豆羹生死所係此不可已者也三者無關於生死此可已者也不可已而已之乃其羞惡之本心也可已而不已其謂之何此之謂失其本心夫本心失而可以爲人乎人可惕然思矣

人心章全旨　此章示人當存其本心也首節言仁義切於人二節嘆人自棄其仁義三節儆人不知求放心

故以穀種而言。　道書云心猶如穀種生
之性便是仁陽氣發處乃情也。或問孟
子謂道若大路然又曰義人路也道爲義
體義爲道用均謂之路何耶陳潛室曰道
以路言謂事事物物各有當行之路義亦
言路者謂處事處物各就他當行路上行
故皆以路言然道若大路則取其明白易
知義爲人路則取其往來必由此孟子言
意別處

胡雲峰曰中庸言仁者人也此指人之身而
言人有此身便自具此生理此之他處言
仁已甚親切此則直指人之心而言見生
之理具於人之身而心如穀種又其此生
理而未生者也視中庸又親切矣

語類曰路字非譬喻恐人難曉故謂此爲人
之路在所必行耳

次節　朱公遷曰此儆戒學者之詞孟子所
言哀哉蓋深嘆人之不可以不學也

末節言放心不可不求重末節上能
求放心則不違於仁而義在其中矣

孟子曰仁人心也義人路也

仁者心之德程子所謂心如穀種仁則其生之性是也然
但謂之仁則人不知其切於己故反而名之曰人心則可
以見其爲此身酬酢萬變之主而不可須臾失矣義者行
事之宜謂之人路則可以見其爲出入往來必由之道而
不可須臾舍矣

孟子曰立人之道曰仁與義仁非他人心是也蓋其兼統
萬善隨感發生即人之本然之心也義非他人路是也蓋
其分別事理因時制宜
乃人所共由之路也

舍其路而弗由放其心而不知求哀哉

三節　朱子曰雞犬放有未必可求者惟是心纔求則便在知其爲放而求之則不放矣　今人之心靜時昏動時擾亂便是放了放心不獨是走作喚做放纔昏睡去了便是放

末節　朱子曰求放心不是外面求得箇放心來只是求時便在亦非以一心求一心只求的便是已放之心雖放去千萬里之遠只一收便在此他本無去來也　如中庸言學問思辨四者甚切然使放心不收則何者爲學問思辨哉收歛此心不容一物乃是用功須要心上做得主定方驗得聖賢之言有歸着自然有契　蓋于學問求放心又謂有是四端知皆擴而充之說得散好人之一心在外者要收入來亦

哀哉二字最宜詳味令人惕然有深省處

仁義之切於人如此乃世之人往往舍其路而弗由放其心而不知求則不可謂之人矣不亦可哀之甚哉

人有雞犬放則知求之有放心而不知求

程子曰心至重雞犬至輕雞犬放則知求之心放則不知求豈愛其至輕而忘其至重哉弗思而已矣愚謂上兼言仁義而此下專論求放心者能求放心則不違於仁而義在其中矣

人有雞犬放失於外則皆知求之有放失其心而不知求之者豈其不知輕重之等哉弗思甚耳

學問之道無他求其放心而已矣

學問之事固非一端然其道則在於求其放心而已蓋能

内者又要推出去孟子一部書皆是一意所謂存所謂放只是喚醒自已學者工夫只在喚醒上放縱只爲昏昧喚醒則自不昏昧不昏昧則自不放縱矣　上有學問二字不只是求放心便休看自能尋向上去二句這是存得此心方可做去必不是塊然坐守得心便了

語類曰學問之道求其放心而已矣不是學問之道只有求放心一事乃是學問之道皆所以求放心如聖賢一言一語都是道理　問須是窮理而後求得放心不是求放心而後窮理朱子曰然

無名指章

首節　陳新安曰此承上章以雞犬與心分輕重而言下三章亦以類相方而加切焉

鄱陽朱氏曰此章明人心當加矯揉之功

如是則志氣清明義理昭著而可以上達不然則昏昧放逸雖曰從事於學而終不能有所發明矣故程子曰聖賢千言萬語只是欲人將已放之心約之使反復入身來自能尋向上去下學而上達也

抑知放心之不可不求乎此學問之事非止一端乃其道非有他也講習討論以燭理欲之幾省察克治以制人欲之私皆以求其放失之心而已矣能求放心則仁常存而義不外見矣

無名指章全旨　此章激人之羞惡以存其心上節特假借引起下節不必以體之大小言

孟子曰今有無名之指屈而不信非疾痛害事也如有能信之者則不遠秦楚之路爲指之不若人也

無名指手之第四指也

次節　張南軒曰人與聖人同類以心之同耳不同者陷溺之故也心不若人而知惡之必求所以免於惡蓋有須臾不遑寧處者矣

拱把章

衛陽朱氏曰此章明吾身義理當加養之之功

張南軒曰愛其身必思所以養之古之人理義以養其心以至動作起居聲音笑貌之間莫不有養之之法所以尊德性道問學以成其身也於桐梓知所養則自拱把至合抱可以馴致於身知所養則自士而爲

孟子曰人今有無名之指屈而不能伸非甚疾痛而害事也如有人能治之而轉屈而伸者則不遠秦楚之路而求以伸之此何爲哉爲其指之屈不若人之伸也

指不若人則知惡之心不若人則不知惡此之謂不知類也

不知類言其不知輕重之等也

夫一指之微已之屈不若人之伸則知恥惡之心至重已之放失不若人之常存而不知恥惡之此之謂不知輕重之等類也

拱把章全旨　此章發人之所愛以養其身養身全以養心爲主但言身者對桐梓而言也

孟子曰拱把之桐梓人苟欲生之皆知所以養之者至於身而不知所以養之者豈愛身不若桐梓哉弗思甚也

拱兩手所圍也把一手所握也桐梓二木名

賢爲聖亦循循可進矣

陳新安曰苟一思之則思吾之一身三綱五常係焉四端萬善備焉必思所以養之養之之道養心以養其內謹九容之類以養其外使吾身爲仁義禮智根心粹面盎背之身非徒養其口體血氣之身而已也

人之章

首節　陳新安曰無所不愛曰兼愛無所不養曰兼養無尺寸之膚至不養也中兼愛兼養意　証輕重即下文貴賤大小也

孟子曰有拱把之桐梓於此人苟愛其美材而欲生長之皆知培植灌溉而所以養之者無不至矣至於吾身之所係爲甚重而不知所以養之以使其身之歸於善者是豈愛身反不若一桐梓哉心有所蔽而不思之甚也思之則必知所以養之矣

人之章全旨　此章戒人之養身者以小而害大首節言人之於身當審其所養之善否次節言養之善否三四節設喻以起第五節言養小者之失大末反言以决養小者之害大

孟子曰人之於身也兼所愛兼所愛則兼所養也無尺寸之膚不愛焉則無尺寸之膚不養也所以考其善不善者豈有他哉於己取之而已矣

人於一身固當兼養然欲考其所養之善否者惟在反之於身以審其輕重而已矣

次節。蔡氏曰此節明於己取之之意無以賤害貴尚未說到養見得當審其輕重也小凡耳目手足之類皆是承于因下文專言飲食之人故以口腹爲小體正不可泥看　末二句只言大小而貴賤自在其中

三節　蔡氏曰此就物上比養小失大。

孟子曰凡人之於一身也必兼在所愛兼所愛則兼在所養而不失其調護也無尺寸之膚不自愛焉則無尺寸之膚不欲養也然欲於無所不養之中而審其所養善否之異何者養之得而爲善何者養之失而爲不善豈有他術哉亦惟反之於己之身以審其輕重而已矣

體有貴賤有小大無以小害大無以賤害貴養其小者爲小人養其大者爲大人

賤而小者口腹也貴而大者心志也

所謂於己取之者何也蓋人身之體不一有其分獨尊而爲貴有令是從而爲賤有各分一形而爲小有兼統衆形而爲大雖兼在所養然當致審於斯無以小之故而害大無以賤之故而害貴若徒養其小者則是從人欲而爲卑下之小人必須養其大者則能全天理而爲高明之大人此善不善之所以分而不可不自考也

今有場師舍其梧檟養其樲棘則爲賤場師焉

四節　蔡氏曰此就身上側養小失大。肩背譬大意非真以肩背爲大也一指肩背俱就小體中別大小耳。狼善顧。若有一處病則周身皆不顧矣。二節總以起下飲食之人一節不必分賤害貴小害大。

五節　朱子曰使飲食之人真無所失。則口腹之養本無害。然人屑屑理會口腹則必有所失無疑

末節　説約曰前原説無尺寸之膚不愛不養。此口腹不但尺寸乎照應理如此也

場師治場圃者梧桐也檟梓也皆美材也樲棘小棗非美材也

設令有場師於此舍其梧檟有用之林。而養取其樲棘無用之材則爲賤場師焉

養其一指而失其肩背而不知也則爲狼疾人也

狼善顧疾則不能故以爲失肩背之喻

人若養其一指之細。而自失其肩背之大而不知也則是無善顧之明。而爲狼有疾之人也

飲食之人則人賤之矣爲其養小以失大也

飲食之人專養口腹者也

所以天下飲食之人役於饑渴。不辨禮義。則人皆賤惡之矣爲其專養小體而失其大體也

飲食之人無有失也則口腹豈適爲尺寸之膚哉

鈞是章

首節　陳新安曰心能爲身之主使耳目從心之令者大人也心不能爲身之主反聽命於耳目而從其欲者小人也

此言若使專養口腹而能不失其大體則口腹之養軀命所關不但爲尺寸之膚而已但養小之人無不失其大者故口腹雖所當養而終不可以小害大賤害貴也

使飲食之人所養者小而於大者無有失也則口腹之養軀命所關豈僅爲尺寸之膚而已哉但專養口腹之人無不失其大者此其所以爲人所賤也愛身者其知善養之道哉

鈞是章大全　此章見心之係於人者大也重從大體上下節發上節之意

公都子問曰鈞是人也或爲大人或爲小人何也孟子曰從其大體爲大人從其小體爲小人

鈞同也從隨也大體心也小體耳目之類也

公都子問曰鈞是人也其人品安無不同矣乃或名爲大人或名爲小人其故何也孟子曰人之一身體有大小如

次節　朱子曰物交物上物字指外物下物字指耳目耳目謂之物者以其不能思心能思所以爲大體若子問當於思處用工能不妄思是能立其大者然後耳目之小者不能奪此句最有力且看他下個立字謂之立者是要卓然豎起此心使自立所謂敬以直內是也　又曰外物也不能思而交於外物只管引將去心之官固是主於思然須是思方得若不思却倒把不是做是是底做不是邪思雜慮便順他做去却害事　問蔽是遮蔽如目之視色從他去時自是爲他所遮蔽若能思則視其所當視不視其所不當視則不爲他所蔽矣朱子曰然若不思則耳目亦是一物

從其大體思之爲主則爲大人如從其小體任其馳逐則爲小人

曰鈞是人也或從其大體或從其小體何也曰耳目之官不思而蔽於物物交物則引之而已矣心之官則思思則得之不思則不得也此天之所與我者先立乎其大者則其小者不能奪也此爲大人而已矣

官之爲言司也耳司聽目司視各有所職而不能思是以蔽於外物既不能思而蔽於外物則亦一物而已又以外物交於此物其引之而去不難矣心則能思而以思爲職凡事物之來心得其職則得其理而物不能蔽失其職則不得其理而物來蔽之此三者皆天之所以與我者而心

朱公遷曰大人不失其赤子之心功效在不失字此章思則得之功夫在思字得之即不失之謂也

爲大若能有以立之則事無不思而耳目之欲不能奪之矣此所以爲大人也

公都子曰鈞是人也其趨向宜無不同矣乃或從其大體或從其小體其故又何也孟子曰耳目之職不能思慮而蔽於聲色之物不知其當視聽與不當視聽又以聲色之物交於耳目之物則視聽隨之其引之而去不難矣此耳目之所以爲小體也心則至虛至靈而以思爲職凡事物之來盡其職而思則得其理而物不能蔽失其職而不思則不得其理而物來蔽之理之得不得係於心之思不思此心之所以爲大體也此小體大體皆天之所賦與於我者苟知心之爲大而先於物感未接之時卓然立其主宰則事至能操物來能慮必視其所當視聽其所當聽而耳目之欲不能奪之矣能從其大體如此則理無不全德無不備此所以爲大人而已矣

天爵章全旨 此章爲慕人爵而棄天爵者發總是欲人修天爵之意首節言爵有天人之分下二節嘆古今人之不相及也天爵二句孟子立言語氣雖分别天人實重天爵邊曰惑之甚曰終必亡都是點醒世人語

天爵章

首節　張南軒曰仁義又言忠信忠信只是誠實此二者。

陳新安曰樂善即樂此仁義忠信不倦者樂之至也

曹雲舉曰樂善不倦即好是懿德此亦天生帶來的

次節　張南軒曰古之人修其天爵而已非有所爲而爲之人爵從之者言其理則然也

孟子曰有天爵者有人爵者仁義忠信樂善不倦此天爵也公卿大夫此人爵也

天爵以德義可尊自然之貴也

孟子曰人情莫不重爵然爵亦有不同有自然之貴而爲天爵者有使然之貴而爲人爵者何謂天爵心之全德曰仁心之裁制曰義仁義發諸心而無不盡曰忠仁義見諸事而無不實曰信樂此仁義忠信之善而自始至終而不倦此皆不假於勢而自尊乃天爵也何謂人爵九命曰公六命曰卿三命曰大夫此皆得勢而榮乃人爵也

古之人修其天爵而人爵從之

修其天爵以爲吾分之所當然者耳人爵從之蓋不待求之而自至者也

古之人知天爵之爲貴惟盡夫仁義忠信之理造於樂善不倦之地以修其天爵天爵既修則得人爵之理固已在

末節　朱子曰孟子時人尚修天爵以要人爵後世皆廢天爵以要人爵

張南軒曰古之士修身於下無一毫求於其君之心而人君求賢於上每懷不及之意上下皆循乎天理是以人才衆多而天下治逮德之衰在下者假名而要利在上者徇名而忘實而人才始壞矣降及後世則不復以仁義忠信取士而乃求之於文藝之間自孩提之童則使之懷利心而習爲文辭則併與其假者而不務矣則人才何怪其難哉

欲貴章

我而公卿大夫之位不待求而自從之焉

今之人修其天爵以要人爵既得人爵而棄其天爵則惑之甚者也終亦必亡而已矣

要求也修天爵以要人爵其心固已惑矣得人爵而棄天爵則其惑又甚焉終必并其所得之人爵而亡之也

今之人但知人爵之爲貴於是修其天爵以爲要求人爵之階既得人爵遂棄其天爵而不修夫修天爵以要人爵其心爲勢位所役固已惑矣得人爵而棄天爵則益爲物欲所蔽而忘之甚者也天爵既棄則名實俱虧人爵可長保乎終亦必亡而已矣

欲貴章全旨　此章覺人以良貴也首慨人不思任己之貴次以人貴之不足貴形出下文良貴之可貴正見人當反求諸己而不必求諸人也思字極重

首節　弗思耳三字最提醒人處言人本自有貴於己者只一向趨慕外邊去將自己的貴都忘却了。　欲貴指欲在人之貴說

次節　倪新安曰晉爲盟主趙氏世卿故當時謂趙孟能貴賤人。

末節　陳新安曰兩不願字即中庸不願乎其外之意充足乎仁義之良貴則自無所

孟子曰欲貴者人之同心也人人有貴於己者弗思耳

貴於己者謂天爵也

孟子曰、常情莫不好榮而惡辱。故欲貴者。人之同心也。乃人人皆有貴於己者。無待於外而自足者。特弗反而自思耳。

人之所貴者非良貴也趙孟之所貴趙孟能賤之

人之所貴謂人以爵位加己而後貴也良者本然之善也趙孟晉卿也能以爵祿與人而使之貴則亦能奪之而使之賤矣若良貴則人安得而賤之哉

今人以爵位加己而爲貴者。非在己本然之良貴也。彼趙孟能以爵祿予人而使之貴。趙孟即能奪而使賤之。何如貴之在己者爲足恃哉

詩云既醉以酒既飽以德言飽乎仁義也所以不願人之膏

尊乎人爵之貴矣

張南軒曰令聞廣譽君子非有欲之之心飽乎仁義則聞譽自至猶言爲善有令名理之固然者也

許東陽曰孟子前章尚有修天爵而人爵自至之說此章則於人爵下兩不願字是不將這個爲念矣

不願膏粱正形容飽仁義之可貴不願文繡正形容聞譽施身之可貴下句只在上句中來出兩所以字正從思處引出耳

仁之章

首節　朱子曰仁之勝不仁也猶水勝火以理言之則正之勝邪天理之勝人欲甚易而邪之勝正人欲之勝天理若甚難以事言之則正之勝邪天理之勝人欲甚難而邪之勝正人欲之勝天理却甚易蓋緣是

粱之味也令聞廣譽施於身所以不願人之文繡也

詩大雅既醉之篇飽充足也願欲也膏肥肉粱美穀令善也聞亦譽也文繡衣之美者也仁義充足而聞譽彰著皆所謂良貴也　尹氏曰言在我者重則外物輕

試以良貴言之大雅既醉之詩云既醉以酒既飽以德所謂飽以德者言仁義之德根於心而充飽乎仁義也飽乎仁義則良貴足於此至味在已所以不願人之膏粱之味也仁義既飽則實大者聲宏而令聞廣譽自施於身被聞譽之隆則良貴彰於外至文在已所以不願人之文繡之華也此可見良貴之可欲而人貴不足羨矣欲貴者思之

仁之章全旨　此章爲爲仁而不力者發仁不仁以理欲言謂之作自諉說如此看較直捷

孟子曰仁之勝不仁也猶水勝火今之爲仁者猶以一杯水救一車薪之火也不熄則謂之水不勝火此又與於不仁之

贏失一兩件事便被邪來勝將去若是以正勝邪則須是做得十分工夫方勝得他然猶自恐怕勝他未盡

張南軒曰此爲有志於仁而未力者言也用力於仁貴乎久而勿舍若一暴十寒假得復失則暫存之天理豈能勝無窮之人欲遂以爲仁不可以勝不仁而不加勉焉則同於不仁之甚者其淪胥以亡也必矣

末節　與於不仁以人言亦終必亡以己言所謂爲能爲有亡算不得帳也勿泥終字看作先存後亡

甚者也

與猶助也仁之能勝不仁自然之理也但爲之不力則無以勝不仁而人遂以爲眞不能勝是我之所爲有以深助於不仁者也

孟子曰仁之勝不仁也猶水之能勝火若天理常存則人欲自去乃今之爲仁者以幾希之天理而欲滅昌熾之人欲猶以一杯之水救一車薪之火而思熄之也及其不熄則謂之水不勝火不自咎其爲仁之不力而諉爲仁不能勝不仁此言一出彼凡爲不仁者皆以爲仁之難成而益堅其不仁之習此又有助於不仁之甚者也

亦終必亡而已矣

言此人之心亦且自怠於爲仁終必并與其所爲而亡之

趙氏曰言爲仁不至而不反諸己也

五穀章、胡雲峰曰此章與上章相因上章言爲仁之不力無以勝不仁此章言仁之熟由於爲之力熟無所容力熟之在乎用力而已矣者不是爲仁之功盡於熟之之說見必熟而後可謂之仁也

豈惟有害於人即其自己亦且信之不專爲之益怠終必并其幾希之仁而亡之已矣

五穀章全旨　此章勉人用力于熟仁五穀四句是借五穀之當熟以引起末句穀必熟方成爲美種仁必熟方成爲美德不熟不如荑稗非荑稗之可貴正見穀之當熟耳熟是成效熟之是熟前用功必有熟之之功方到得熟的地位而已矣三字見必熟之而後可謂之仁無別法也

孟子曰五穀者種之美者也苟爲不熟不如荑稗夫仁亦在乎熟之而已矣

荑稗草之似穀者其實亦可食然不能如五穀之美也但五穀不熟則反不如荑稗之熟猶爲仁而不熟則反不如爲他道之有成是以爲仁必貴乎熟而不可徒恃其種之美又不可以仁之難熟而甘爲他道之有成也　尹氏曰

輔慶源曰日新日進也不已無間斷也必日進於一日而又無間斷然後純熟夫仁

羿之章

四必字要玩彀是射之法舍此法何以善射規矩是匠之法舍此法何以爲方員

首節　志即內志正之志引弓滿彀凝神不分乃可命中故曰志

日新而不已則熟

孟子曰五穀者天所生以養人種之美者也然必熟之而後爲美苟爲不熟則反不如荑稗之熟猶可食也五穀之不可不熟如此況夫仁爲心德之美豈可令其或消或長而爲之不力哉亦在乎克復日新功純無間使心即仁仁即心以熟之而已矣

見曲藝且然也

羿之章全旨

此章即藝以見道見必不能廢成法教學兩意俱重正意盡在總註本文皆借言猶詩之有比

孟子曰羿之教人射必志於彀學者亦必志於彀

羿善射者也志猶期也彀弓滿也滿而後發射之法也學謂學射

孟子曰天下之事未有無法而可底於成者故善教者必有所據善學者必有所循如羿之教人射必期於彀其學

以用也規矩無一定之則大小方員準所用之故曰以

胡雲峰曰此章與離婁篇首章相似彼謂治天下不可無法此謂師之教弟子之學皆不可無法

饒雙峰曰聖門教人定法無如一部大學摘訓曰如致知力行之法則吾道之彀與規矩也

陳新安曰二節兩學者字一謂學射者一謂學匠者

射者亦必期於彀率滿而後發射之法也不能舍是而相爲授受也

大匠誨人必以規矩學者亦必以規矩

大匠工師也規矩匠之法也　此章言事必有法然後可成師舍是則無以教弟子舍是則無以學由藝且然况聖人之道乎

大匠誨人制器必以規矩其學藝者亦必以規矩蓋規矩以爲方員匠之法也不能舍是而相爲授受也然則君子之教人與學者之學道其有成法不可或易亦若是則焉已矣

四書述朱卷之二十四　終

大全諸說合參

任人章

楊誦菴曰。此見禮法之辨。當論其大分。不當較其一偏。屋廬爲偏理所勝。故孟子以正理教之。此章輕重。如稱物相似。任人是一頭重輕者。孟子之說則兩頭俱重。取舍了然矣。此等議論。眞有功於人心世道。

四書述朱卷之二十五

婺江黃昌衢康謠氏纂編
錫山張麗金荆南參訂
弟　昌儼若思　昌佺時肩　仝校

孟子

告子章句下 凡十六章

任人章全旨　此章見理欲之辨。當較大分。而不較其一偏也。任人是以食色之重者。較禮之輕者。故不見禮重。孟子是以禮之重者。與食色之重者兩重較。而禮爲尤重也。

任人有問屋廬子曰。禮與食孰重。曰。禮重。

任國名。屋廬子名連。孟子弟子也。

旨次二節　張南軒曰食色雖出於性而其流則以害性苟無禮以正之則將何所極哉禮之重於食色固不待較而明也惟夫汨於人欲而昧夫天性於是始有禮與食色孰重之疑矣。

三節　朱子曰不親迎則得妻如古者國有凶荒則殺禮而多昏盜貧窮不能行親迎之禮法許如此。

四節　於答何有正謂徑應一節下三節先就其言而斷之。

任人有問屋廬子曰禮始諸飲食而食之中有禮禮與食孰重屋廬子曰禮所以節飲食之宜也禮為重

色與禮孰重

任人復問也

任人又問禮始諸昏姻而色之中有禮色與禮其孰重歟

曰禮重曰以禮食則饑而死不以禮食則得食必以禮乎親迎則不得妻不親迎則得妻必親迎乎

屋廬子曰禮所以別男女之交也禮為重任人以設難以問之曰禮固重於食矣設若饑餓之甚而與之食者未必致敬而有禮待以禮食則饑而死不以禮而食則得食以生禮不急於軀命必以禮乎禮固重於色矣設若貧之之甚而欲娶妻者不能備物以成禮必拘親迎之禮則不得妻不拘親迎之禮則可以得妻禮不急於大倫必親迎乎

屋廬子不能對明日之鄒以告孟子孟子曰於答是也何有

五節、輔慶源曰物之不齊。固當揣其本以齊其末不可只據其末以定其高卑。

此下三節先開明屋廬子之心。末節方教以往應。此與下節雖有一正一反。然只是一意。大概以寸木可高於岑樓。一輿羽重於鉤金與下食色之重者。重於禮之輕者耳。二節俱不可露正意。

六節、輔慶源曰物固有重有輕。然重者少而輕者多則輕者反重而重者反輕矣。

何有不難也

屋廬子屈於任人之難。而不能對。明日往之鄒國。以告孟子。孟子曰於以明答是問也何難之有。

不揣其本而齊其末方寸之木可使高於岑樓

本謂下。末謂上。方寸之木至卑。喻食色。岑樓樓之高銳似山者。至高喻禮。若不取其下之平。而升寸木於岑樓之上。則寸木反高。岑樓反卑矣。

夫人之持論。貴得其平。而不可失之偏。如不揣其底本。而但齊其杪末。則方寸至卑之木。而加於岑樓之上。可使反高於岑樓矣。

金重於羽者豈謂一鉤金與一輿羽之謂哉

鉤帶鉤也。金本重而帶鉤小故輕。喻禮有輕於食色者。羽

十節　朱子曰禮之大體固重於食色矣然其間事之大小緩急不同則亦或有反輕於食色者惟理明義精者爲能權之而不失耳權之不失是乃所以全禮之重而深明食色之輕也

本輕而一與多故重輸食色有重於禮者

又如金至重也羽至輕也然金之重於羽者豈謂一帶鈎金之少與一輿羽毛之多以較輕重之謂哉多少必稱也

取食之重者與禮之輕者而比之奚翅食重取色之重者與禮之輕者而比之奚翅色重

禮食親迎禮之輕者也饑而死以滅其性不得妻而廢人倫食色之重者也奚翅猶言何但言其相去懸絶不但有輕重之差而已

夫饑而死食之重者也以禮食禮之輕者也偏取夫食之重者與禮之輕者而比之則食之重於禮甚矣奚但食之差重而已哉得妻色之重者也親迎禮之輕者也偏取夫色之重者與禮之輕者而比之則色之重於禮甚矣奚但色之差重而已哉此正所謂寸木可高於岑樓鉤金反輕於輿羽也任人之論豈得其平者乎

末節　不紾則不得食而至於饑死食之重者也。然較之敬兄之禮則兄之食必不可奪而禮尤重於食矣不摟則不得妻而至於絕嗣色之重者也。然較之昏娶之禮則東家之處子必不可摟而禮尤重於色矣

許東陽曰敬兄禮也雖無食而將死必不可奪兄之食而違敬兄之禮婚娶禮也雖至於絕嗣必不可摟人處子以違婚娶之禮孟子止就其所言食色性者使之自權其輕重而自思之

張德生曰公都子曰行吾敬故謂之內本有定見及季子鄉人伯兄之說出不能答矣屋廬再言禮重最爲正論及任人禮食親迎之難作不能答矣非孟子善辨一則以庸敬斯須破之一則以本末輕重折之幾何不爲所窮耶此明善者所以不可無明辨而格物窮理之功必貴盡其變也

往應之曰紾兄之臂而奪之食則得食不紾則不得食則將紾之乎踰東家牆而摟其處子則得妻不摟則不得妻則將摟之乎

紾戾也摟牽也處子處女也此二者禮與食色皆其重者而以之相較則禮爲尤重也　此章言義理事物其輕重固有大分然於其中又各自有輕重之別聖賢於此錯綜斟酌毫髮不差固不肯枉尺而直尋亦未嘗膠柱而調瑟所以斷之一視於理之當然而已矣

若各舉其重而並較之則見禮爲尤重矣汝試往應之曰子以饑死爲滅性食固重矣然敬兄亦禮之重也如紾兄之臂而奪之食則得食不紾則不能得食則將犯禮以紾之乎吾知寧饑而死而兄之食必不可奪也禮之重於食

曹交章

首節　朱子曰孟子道人皆可以爲堯舜何曾道便是堯舜更不假修爲耶

次節　曹交挾此形體以求聖人不知作聖在於修爲而不在於形體也且玩如何則可更有不勝堯舜之患而有不爲之意故孟子下數節以有爲勵之

也何如哉子以不得妻爲廢倫色固重矣然以正相從尤禮之重也如踰東家牆而摟其處子則得妻不摟則不能得妻則將犯禮以摟之乎吾知寧至無後而東家之處子必不可摟也禮之重於色也何如哉

曹交章全旨　此章見聖人可爲而不假外求意首二節是曹交欲希聖而患不能爲奚有節言堯舜只在於爲徐行節言堯舜之不難爲子服節則教之使爲也末節歸而求之即終亦爲之而已之意

曹交問曰人皆可以爲堯舜有諸孟子曰然

趙氏曰曹交曹君之弟也人皆可以爲堯舜疑古語或孟子所嘗言也

曹交問曰嘗聞之人皆可以爲堯舜不識果有此理否乎孟子曰然誠有此理也

交聞文王十尺湯九尺今交九尺四寸以長食粟而已如何則可

三節　陳新安曰爲之一字爲此章之要所謂弗爲耳及下文所不爲也皆與爲之而已一句相應而行堯之行與歸而求之行求也皆所以爲之也舉烏獲之任是亦爲烏獲以譬能爲堯舜之事是亦爲堯舜也曹交舉曰此弗爲以堯舜言是畏之而弗爲下不爲以徐行言是忽之而不爲此是大統說下指其事而言

曹交問也食粟而已言無他材能也

曹交曰交聞文王體長十尺湯體長九尺皆爲堯舜若此今交九尺四寸以長形體在湯文之間如此然無他材能但食粟而已不能爲堯舜也如何則可以爲堯舜也耶

曰奚有於是亦爲之而已矣有人於此力不能勝一匹雛則爲無力人矣今日舉百鈞則爲有力人矣然則舉烏獲之任是亦爲烏獲而已矣夫人豈以不勝爲患哉弗爲耳

匹字本作鴫鴨也從省作匹禮記說匹爲鶩是也烏獲古之有力人也能舉移千鈞

孟子曰爲堯舜奚有於此形體哉亦在乎勇往以爲之而已矣如有人於此始焉不用力而力不能勝一匹雛則爲無力人矣於今肯用力而自任曰我舉百鈞則爲有力人矣勇快觀其所舉如此然則能舉烏獲所舉之任不必有

四節　輔慶源曰堯舜不過率是性而充其量非有所增益於性分外也

朱子曰堯舜之道孝弟而已這是對那不孝不弟底說孝弟便是堯舜之道不孝不弟便是桀紂

張南軒曰人性莫大於仁義仁莫先於愛親義莫先於從兄此孝弟之所由立也盡得孝弟則仁義亦無不盡是則堯舜之道豈不可以一言蔽之乎

堯舜之道道字虛下孝弟即是道不可說到功業上此二句正言爲堯舜之易

烏獲之形體是亦爲烏獲而已矣夫人豈以材質之庸下不勝堯舜之事爲患哉但甘於暴棄而弗之爲耳

徐行後長者謂之弟疾行先長者謂之不弟夫徐行者豈人所不能哉所不爲也堯舜之道孝弟而已矣

陳氏曰孝弟者人之良知良能自然之性也堯舜人倫之至亦率是性而已豈能加毫末於是哉楊氏曰堯舜之道大矣而所以爲之乃在夫行止疾徐之間非有甚高難行之事也百姓蓋日用而不知耳

且堯舜不難爲也如步趨之間徐行而後於長者即謂之弟疾行而先於長者即謂之不弟夫徐行者豈是難事而爲人所不能哉特人所忽焉而不爲也古今聖人言道大者必歸堯舜不知堯舜之道非有甚高難行之事亦不外乎孝弟而已矣孝弟盡人可能則爲堯舜豈人所不能哉

五節　陳新安曰上一節告以徐行疾行此一節告以衣服言行皆是就其病之切處發教之
是堯而已矣正與上是亦爲烏獲而已矣遥應須結到爲之上

六節　見鄒君有挾貴意假館有求安意
蒙引曰孟子鄒人時正居鄒故曹交願留於此
輔慶源曰此亦是富貴之習氣都未知那居

子服堯之服誦堯之言行堯之行是堯而已矣子服桀之服誦桀之言行桀之行是桀而已矣

言爲善爲惡皆在我而已詳曹交之問淺陋粗率必其進見之時禮貌衣冠言動之間多不循理故孟子告之如此兩節云

堯舜不難爲亦顧子之所爲何如耳今使子被服堯之爲服誦述堯之爲言體行堯之爲行禮貌言動皆法堯而循乎道則是堯而已矣子如不然而被服桀之爲服誦述桀之爲言體行桀之爲行禮貌言動皆似桀而不循乎理則是桀而已矣故曰奚有於是亦爲之而已矣

曰交得見於鄒君可以假館願留而受業於門

假館而後受業又可見其求道之不篤

無求安之味在

末節　朱子曰道之精微固難知也然自始學言之則如是而爲孝如是而爲弟如是而爲不孝如是而爲不弟其大體向背之間豈不明而易知乎　曹交識致凡下又有挾貴求安之意故孟子拒之然所以告之者亦極親切非終拒之也

輔慶源曰道若大路然人所共由者也初匪難知但患人蔽於私役於氣自暴自棄而不肯求耳誠能即其孝親弟長之良知良能而遡其自然之性則一性之中萬理皆備日用之間隨所感處無不發見而察之而體之則師不必求於外而得道不必索於外而存矣

交聞言而有感於心告孟子曰交得謁見於鄒君可以假借一館願留於此而受業於夫子之門以終爲堯舜之教

曰夫道若大路然豈難知哉人病不求耳子歸而求之有餘師

言道不難知若歸而求之事親敬長之間則性分之內萬理皆備隨處發見無不可師不必留此而受業也　曹交事長之禮既不至求道之心又不篤故孟子教之以孝弟而不容其受業蓋孔子餘力學文之意亦不屑之教誨也

孟子聽之曰子欲假館受業豈以道未易知而欲師我以求道耶夫道具於性分之內著於日用之常譬若大路爲衆人之所共由也豈難知哉特人自絕於道病在不知所以求之耳子若歸而求之事親敬長之間則性分之理觸處而形無往非道亦無往非師蓋自有餘師矣何必留此而受業哉

小弁章

首節　張南軒曰家國之念深故其憂甚父子之情切故其辭哀

次節　陳新安曰小弁之怨人倫之大變宗社傾覆繫焉如之何勿怨是其怨乃所以

小弁章全旨　此章見處父子之際自有天性之至情高子以小弁之怨疑其爲小人孟子以小弁之怨見其爲仁孝蓋小弁宜怨而怨不可以凱風之不怨比論也須知只是論詩不是論幽王

公孫丑問曰高子曰小弁小人之詩也孟子曰何以言之曰怨

高子齊人也小弁小雅篇名周幽王娶申后生太子宜臼又得褒姒生伯服而黜申后廢宜臼於是宜臼之傅爲作此詩以敘其哀痛迫切之情也

公孫丑問曰高子嘗曰小弁一詩乃小人所作之詩也孟子曰何以言之也公孫丑曰高子以其詞指過怨非君子渾厚之作耳

曰固哉高叟之爲詩也有人於此越人關弓而射之則己談

見親親之心，恭愛親之心，仁之發見者也。

三節　陳新安曰：母生七子而寡，不能安其室，七子作詩，不敢非其母，引罪自責，謂子

笑而道之，無他，疏之也。其兄關弓而射之，則已垂涕泣而道之，無他，戚之也。小弁之怨，親親也。親親，仁也。固矣夫，高叟之爲詩也。

固謂執滯不通也。爲猶治也。越，蠻夷國名。道，語也。親親之心，仁之發也。

孟子曰：固矣哉，高叟之治詩也。謂其詩之怨則誠然，因其怨而遂謂之小人則非也。譬有人於此，越人關弓而欲射之，則已於其旁談笑而勸止之，無他，越人本疏，因其疏而疏之，言之不甚切也。若其兄關弓而射之，則已於其旁涕泣而勸止之，無他，兄本至戚，因其戚而戚之，言之痛切，恐其亥殺人而陷於罪也。小弁之詩之怨，非徒自傷，欲以感悟其君父，正所謂涕泣之道，而親其親也。親親之心，仁之所發。仁乃君子之道，而謂之小人，固矣夫高叟之爲詩也。

曰：凱風何以不怨

不能慰母心使母不安以感動之也

四節　朱子曰親之過大則傷天地之太和戾父子之至愛若此而不怨焉則非坐視其親之陷於大惡恝然不少動其心而父子之情益薄矣此之謂愈疎親之過小而特以一時之私心而少有虧於父子之天性若此而遽怨焉則是水中不可容一激石一有激石則叫號而遽怨矣此之謂不可磯故二者均為不孝也

凱風邶風篇名衛有七子之母不能安其室七子作此以自責也

公孫丑曰小弁固所當怨矣若凱風之詩之過其母猶小弁之過其父也何以置而不怨若凱風之不怨未必非則小弁之怨未必是矣

曰凱風親之過小者也小弁親之過大者也親之過大而不怨是愈疏也親之過小而怨是不可磯也愈疏不孝也不可磯亦不孝也

磯水激石也不可磯言微激之而遽怒也

孟子曰凱風親之過小者也其失在於一身小弁親之過大者也其危將及宗社親之過大而不怨則親既疏我而我復視親如路人是愈疏也親之過小而怨則子不容毋猶石微激而水遽怒是不可磯也愈疏則有忘親之心是

末節　開說詩者皆以小弁之意與舜怨慕同竊謂只我罪伊何一似與舜於我何哉之意同彼而君子秉心維其忍之君子不惠不舒究之分明是怨其親與舜怨慕之意似不同朱子曰作小弁者自是未到得舜地位蓋亦常人之情耳只我罪伊何上面說何辜于天亦似自以爲無罪未可與舜同日語也

不孝也此小弁之所以怨也亦不可磯則無怨親之心亦不孝也此凱風之所以不怨也怨與不怨各有攸當奈何以凱風律小弁哉

孔子曰舜其至孝矣五十而慕

言舜猶怨慕小弁之怨不爲不孝也　趙氏曰生之膝下一體而分喘息呼吸氣通於親當親而疏怨慕號天是以小弁之怨未足爲愆也

孔子嘗曰舜其天下之至孝矣年五十而思慕其親不能忘焉小弁之怨出於親親亦自慕而生也是固孝子之用情矣而可目之爲小人之詩乎

宋經章全旨　此章見士人當正其救世之術言功利則足以長人心而亡其國言仁義則人心正而可以致王雖就游說之名號而發實欲端其所學以救天下也

宋牼章

前四節　蔡氏曰宋牼在當時想亦是年德之高者故孟子以先生呼之而猶不免溺於利害之私蹊不知仁義之正道世俗從可知矣。

宋牼將之楚孟子遇於石丘

宋姓牼名石丘地名

昔游說之士宋牼將之楚而孟子適與之遇於石丘之地。

曰先生將何之

趙氏曰學士年長者故謂之先生

孟子問之曰先生此行將之何國

曰吾聞秦楚構兵我將見楚王說而罷之楚王不悅我將見秦王說而罷之二王我將有所遇焉

時宋牼方欲見楚王恐其不悅則將見秦王也遇合也按莊子書有宋銒者禁攻寢兵救世之戰上說下教強聒不

五節　張南軒曰說之以利使其能從亦利心耳罷兵雖息一時之患而徇利實紛乃

纂疏云齊宣王時人以事考之疑即此人也

宋牼曰吾聞秦楚二國搆兵相伐我將南見楚王說之而罷其兵說楚王不以吾言爲悅我將西見秦王說而罷之不合於楚必合於秦二王我將有所遇焉

曰軻也請無問其詳願聞其指說之將何如曰我將言其不利也曰先生之志則大矣先生之號則不可

徐氏曰能於戰國擾攘之中而以罷兵息民爲說其志可謂大矣然以利爲名則不可也

孟子曰軻也邂逅之際請無問說二國之詳願聞其大指說之將何如以爲詞宋牼曰我將言其兵連禍結民困財盡非國之所利也孟子曰先生之志在於罷兵息民可謂大矣然先生言其不利則是以利爲號實有所不可也

先王以利說秦楚之王秦楚之王說於利以罷三軍之師是

世之弊。

眞西山曰戰國交兵之禍烈矣宋牼一言而罷之豈非生民之福而仁人之所甚願者哉顧利端一開君臣父子兄弟大抵皆見利而動其禍又有甚於交兵者是以聖賢不得不嚴其防也

末節　林次崖曰以仁義說秦楚之王只是就搆兵上說其非仁義不是搆兵外另說他去做仁義若所謂殃民遏制告愼子是也　懷仁義以事其君是懷個仁義之心

三軍之士樂罷而悅於利也爲人臣者懷利以事其君爲人子者懷利以事其父爲人弟者懷利以事其兄是君臣父子兄弟終去仁義懷利以相接然而不亡者未之有也

何以見利之不可也先生以利說秦楚之王而曰息兵則利搆兵則不利以利爲號秦楚之王悅於利之說以罷此三軍之師是三軍之士皆樂罷而悅於利也利之名一倡而人心皆趨於利爲人臣者心懷乎利以事其君而非實心以事君爲人子者心懷乎利以事其父而非實心以事父爲人弟者心懷乎利以事其兄而非實心以事兄是舉國之君臣父子兄弟終去仁義之本心惟懷利以相接吾恐見利則爭失利則怨親愛之意泯而弑奪之禍興然而不亡其國者未有此理也

利不可以爲名者如此

先生以仁義說秦楚之王秦楚之王悅於仁義而罷三軍之師是三軍之士樂罷而悅於仁義也爲人臣者懷仁義以事

去事君不是把仁義去事君也這裏容易誤

陳新安曰以利說二王而罷兵若是爲斯民幸矣然上下皆懷利以相接必將有滅亡之禍是利未得而害已甚矣以仁義說二王而罷兵上下皆懷仁義以相接則仁必愛親義必急君雖不言利而仁義之利自在其中矣此章大意與首篇首章相似

其君爲人子者懷仁義以事其父爲人弟者懷仁義以事其兄是君臣父子兄弟去利懷仁義以相接也然而不王者未之有也何必曰利

此章言休兵息民爲事則一然其心有義利之殊而其效有興亡之異學者所當深察而明辯之也

先王若以仁義說秦楚之王而曰殃民非仁取非其有非義以仁義爲號秦楚之王悅於仁義之說而罷息三軍之師是三軍之士皆樂罷而悅於仁義也仁義之名一倡而人心皆知有仁義爲人臣者懷仁義之心以事其君無所爲而爲忠爲人子者懷仁義之心以事其父無所爲而爲孝爲人弟者懷仁義之心以事其兄無所爲而爲弟是舉國之君臣父子兄弟盡去利心懷仁義以相接也如此則倫理明而風俗厚人心固而國勢張然而不興王業而王於天下者未有此理也言利則亡言仁義則王先生亦說之以仁義而已矣何必曰利

居鄒章

首節　蒙引曰，不報不往答拜也。是報其意，非報其物也。　曰居鄒，曰平陸，曰處守，曰爲相，此是敘事中書法，却未道破。　常居曰居，暫寓曰處，守位者不出政曰處守。

二三節　朱子曰：初不自來，但以幣交，未爲非禮。但孟子既受之後，便當來見，而又不

居鄒章全旨　此章見君子報施之宜，一見一不見，通章眼目。處守爲相四字是伏案，不成享三字是斷案，不得之鄒、得之平陸是結案。

孟子居鄒，季任爲任處守，以幣交，受之而不報；處於平陸，儲子爲相，以幣交，受之而不報。

趙氏曰：季任，任君之弟。任君朝會於鄰國，季任爲之居守其國也。儲子，齊相也。不報者，來見則當報之，但以幣交則不必報也。

孟子當居鄒之時，有任君之弟季任，爲任君居守其國，以幣帛至鄒交於孟子，孟子受之而不往見以報其禮；處於齊之平陸時，儲子爲齊之相，亦以幣帛至平陸交於孟子，孟子亦受之而不往見以報其禮。

他日由鄒之任，見季子；由平陸之齊，不見儲子。屋廬子喜曰

來則其誠之不至可知矣故孟子過而不見施報之宜也亦不屑之教誨也

正解曰得間謂得一間隙而問非謂孟子所處有間隙可議處也爲其爲相與乃故設此問端以探其理義所在非真以此疑孟子也

四節　蔡氏曰享不在幣而在於禮幣有餘而禮不足亦所謂不享也

連得間矣

屋廬子知孟子之處此必有義理故喜得其間隙而問之

他日孟子由鄒至任見季子以報之由平陸至齊不見儲子則終不爲之報焉屋廬子喜曰其交也皆同其答也有異夫子之處此必有義理存焉吾得其間隙而問之矣

問曰夫子之任見季子之齊不見儲子爲其爲相與

言儲子但爲齊相不若季子攝守君位故輕之耶

乃問於孟子曰季子儲子均以幣交夫子之任見季子之齊不見儲子豈爲儲子爲齊相不若季子攝守居位之爲貴故輕之耶

曰非也書曰享多儀儀不及物曰不享惟不役志于享

書周書洛誥之篇享奉上也儀禮也物幣也役用也言雖

五節　蒙引曰，爲其不成享也一句，要見是發上文未發之意，莫與上文不享一般看。要深一步，正是解那意。

存疑曰，惟不役志于享，是書自解曰不享意。爲其不成享，又是孟子解書曰不享意。蓋不役志于享而儀不及其物，則不成個享禮了，所以曰不享。

末節　輔氏曰，不得之鄒而不來，是制于禮者也；得之平陸而不至，是簡於禮者也。君子之所爲，一視其禮意之輕重而行吾義而已。

享而禮意不及其幣，則是不享矣，以其不用志於享故也。

孟子曰，非以儲子爲相故不見也。書曰，享上之道貴乎多其禮意之儀，若物有餘而禮意不及其物，即謂之曰不享，惟其但以物爲享而不用志於享故也。書之言如此。

爲其不成享也。孟子釋書意如此。

書之意蓋謂享人者，必先有禮意之誠，而後將之以幣帛之物，有本有文，方成個享。若不用志于享而但以物爲享，則文焉已耳，豈成享哉？爲其不成個享禮，故曰不享也。我之不見儲子，亦爲其徒以幣交耳，豈爲其爲相哉。

屋廬子悅。或問之，屋廬子曰：季子不得之鄒，儲子得之平陸。

徐氏曰：季子爲君居守，不得往他國以見孟子，則以幣交而禮意已備；儲子爲齊相，可以至齊之境內而不來見，則

淳于髡章
首節，先後即緩急意。名實二字要一類看，即後節事功之意。仁者何，髡全以形迹上譏孟子，見名實不及于人，便不得爲仁。故下節孟子以仁不論迹而論心曉之。

雖以幣交而禮意不及其物也

屋廬子得孟子不見儲子之故而悅，或人不知而問之，屋廬子曉之曰：季子爲其君居守，不得之鄒，而見幣交足矣。若儲子爲齊相，得之平陸，而見而但以幣交，是亦儀不及物而不成享者也。夫是以不見也。

淳于髡章全旨　此章見論君子當以心也。通章以首二節爲主。髡譏孟子無功去齊爲未仁，而辨君子之去就一歸於仁，此是問答本意。中二節髡譏孟子雖不去亦無益於齊，而辨賢者之有益於國。末二節髡直說孟子仕齊無功不足爲賢，而折其不識乎賢。髡後兩問俱從前一問轉出，一步緊一步，孟子只隨問而答之，不可以賢字與仁字作對也。

淳于髡曰：先名實者，爲人也；後名實者，自爲也。夫子在三卿之中，名實未加於上下而去之，仁者固如此乎？

名，聲譽也；實，事功也。言以名實爲先而爲之者，是有志於

救民者也以名實為後而不為者是欲獨善其身者也名實未加於上下言上未能正其君下未能濟其民也

淳于髡曰君子處世只有兩端如以名譽功實為急務而先之者是有志於救民為人者也以名譽功實為緩者而後之者是有志於獨善自為者也今夫子於齊位在三卿之中是志在為人明矣乃名實未加於上下君民之間而徒然去之又不成其為人所謂行道濟時之仁者固如此乎

孟子曰居下位不以賢事不肖者伯夷也五就湯五就桀者伊尹也不惡汙君不辭小官者柳下惠也三子者不同道其趨一也一者何也曰仁也君子亦仁而已矣何必同

仁者無私心而合天理之謂楊氏曰伊尹之就湯以三聘之勤也其就桀也湯進之也湯豈有伐桀之意哉其進伊

次節　存疑曰古之聖賢救世之心雖切在己之道終不可枉故雖立人本朝欲行救世之事道苟不合則奉身而退孔子之去魯孟子之去齊皆是道也但此意有難以語髡者故特舉伯夷伊尹柳下惠之事以曉之蔡伯夷去也柳下惠就也伊尹有去有就者也去者是仁就者亦是仁以見已既在三卿之中名實未加於上下而去之者亦仁也故曰君子亦仁而已矣何必同曹雲舉曰君子二句是孟子自謂在三卿之

非。就。也。名賞未加于上下而去之去也去就之迹不同而同歸于仁以見己之去就皆仁也但不必說透明耳

三節 史記云公儀休魯博士以高第爲魯相奉法循禮無所變更使食祿者不得與

尹以事之也欲其悔過遷善而已伊尹既就湯則以湯之心爲心矣及其終也人歸之天命之不得已而伐之耳若湯初求伊尹卽有伐桀之心而伊尹遂相之以伐桀是以取天下爲心也以取天下爲心豈聖人之心哉

孟子曰子安可以去就之迹論仁哉且以古人言之居士庶之下位不以己之賢仕不肖之君者伯夷也爲湯所聘而五就湯爲湯所進而五就桀者伊尹也不惡汙君而亦事之不辭小官而亦爲之者柳下惠也之三子者夷不屑就惠不屑去尹有去有就其道雖若不同乃其心之所趨向一也所謂一者何也曰仁也蓋去者非絕俗就者非徇世有去有就者亦無定守要皆無一毫之私而合乎天理之當然者也然則君子處世可就則就可去則去亦歸於仁而已矣何必拘拘於事迹之同哉

曰魯繆公之時公儀子爲政子柳子思爲臣魯之削也滋甚

下民爭利受大者不得取小　子柳言君
子道行則樂其治子思請結恩百姓修禮
鄰國非復昔日之魯曰削甚髡蓋誣之也

四節　陳新安曰亡則何止於削故曰削何
可得魯之不亡尚以三賢在也否則如虞
之亡求削而不可得矣
孟子借虞臣來說見齊若用我我不去必
然有益于齊也

五節　謳聲有曲折也歌長言也
說苑曰齊莊公攻莒杞梁與莒戰梁遂門

若是乎賢者之無益於國也
公儀子名休爲魯相子柳泄柳也削地見侵奪也髡譏孟
子雖不去亦未必能有爲也
淳于髡曰昔魯繆公之時公儀子爲執政之卿子柳子思
爲師傅之臣衆賢在魯宜乎魯之强矣乃當時鄰國交侵
疆宇日促魯之削也滋甚以此觀
之若是乎賢者之無益於人國也
曰虞不用百里奚而亡秦穆公用之而霸不用賢則亡削何
可得與
孟子曰子知夫百里奚乎虞不用之而亡其國秦穆公用
之而遂霸天下夫不用賢則亡雖欲止於削何可得與然
則魯之止於削尚以有三賢在
也安得謂賢者之無益於國哉
曰昔者王豹處於淇而河西善謳緜駒處於高唐而齊右善

殺二十七人而死妻聞而哭城爲之阤而
隅爲之崩
吳程曰按左傳禮記皆無華周妻哭之事
不過帶說華周猶前篇稱禹稷過門不入
耳

末節　汪氏曰爲肉爲無禮皆非知孔子蓋
不能用聖人而耽聲色君之大罪燔肉不

歌華周杞梁之妻善哭其夫而變國俗有諸內必形諸外爲其事而無其功者髡未嘗覩之也是故無賢者也有則髡必識之

王豹衛人善謳淇水名緜駒齊人善歌高唐齊西邑華周杞梁二人皆齊臣戰死於莒其妻哭之哀國俗化之皆善哭髡以此譏孟子仕齊無功未足爲賢也

淳于髡曰昔有謳者王豹處於衛之淇水而河西皆化而善謳歌者緜駒處於齊之高唐而齊右皆化而善歌華周杞梁之妻善哭其夫而齊之國俗皆化而善哭歌哭之化彰彰如是可見有才能藴諸内者則必有實效形見於外如有才以爲其事而無成功之可見者髡未嘗覩之也是故今之世無賢者也若有賢則事功可見髡必識之矣

曰孔子爲魯司寇不用從而祭燔肉不至不稅冕而行不知

非君之微罪若不以微罪行而暴君之罪則爲不仁苟去則爲不義以微罪行仁也不爲苟去義也君子之所爲仁義而已

陳新安曰髡始謂孟子去齊而未仁孟子答以夷惠伊尹或去或就皆仁也又謂有賢則必識之孟子答以夫子之去魯亦豈髡所能識哉反覆言古人事末方以君子自擬以衆指髡髡雖譏孟子未立功而去而孟子所以去齊之故終不自言以顯齊王之失亦見幾明决而用意忠厚焉自謂所願則學孔子今觀其進退語默宛然孔氏家法也

者以爲爲肉也其知者以爲爲無禮也乃孔子則欲以微罪行不欲爲苟去君子之所爲衆人固不識也

按史記孔子爲魯司寇攝行相事齊人聞而懼於是以女樂遺魯君季桓子與魯君往觀之怠於政事子路曰夫子可以行矣孔子曰魯今且郊如致膰乎大夫則吾猶可以止桓子卒受齊女樂郊又不致膰俎于大夫孔子遂行孟子言以爲爲肉者固不足道以爲爲無禮則亦未爲深知孔子者蓋聖人於父母之國不欲顯其君相之失又不欲爲無故而苟去故不以女樂去而以膰肉行其見幾明决而用意忠厚固非衆人所能識也然則孟子之所爲豈髡

之所能識哉　尹氏曰淳于髡未嘗知仁亦未嘗識賢也宜乎其言若是

孟子曰賢者用於世則功業易見不用於世其用心難窺昔孔子為魯司寇魯君相惑於女樂而不能用斯時孔子之心已決於去矣然猶未即去適魯有郊祭孔子以大夫而從祭禮當賜胙而燔肉又不至孔子於是不俟祭祀之畢而行焉當時不知孔子者以為為燔肉之微而去也即知孔子者亦以為為失待大夫之禮而去也乃孔子之心則欲以若相之微罪而行不顯其受女樂之大失又不欲為無故而苟去而借端於燔肉之間其見幾明決而用意忠厚如此彼以為為肉為無禮者亦孰得而識其心哉即此而觀可見君子之所為事功未立而去國隨之有大不得已於此者衆人固不識也

五霸章全旨

此章傷王道之益衰也自五霸擅天子之命討而王綱廢然五霸猶能明天子之禁而今之諸侯皆犯之今之大夫又從而逢君之惡則王道益衰絕矣專重尊王貶伯上而罪今之諸侯大夫意較輕　首節先

五霸章

首節　陳新安曰自王道衰霸圖盛人惟知五霸之功豈敢議五霸之罪惟孟子崇王賤霸故以三王律五霸而名其爲罪人焉

五霸宜從前一解

統立罪案下三節

乃發其罪之實

次節　張南軒曰天子入諸侯之國首察其土田次詢其賢才蓋爲國之道莫先於農桑莫要於人才也

六師移之分上是備舉三王之法下是舉

孟子曰五霸者三王之罪人也今之諸侯五霸之罪人也今之大夫今之諸侯之罪人也

趙氏曰五霸齊桓晉文秦穆宋襄楚莊也三王夏禹商湯周文武也丁氏曰夏昆吾商大彭豕韋周齊桓晉文謂之五霸

孟子曰世道之日降也君臣之間皆不道矣如五霸者自謂有功於三王實三王之罪人也今之諸侯自謂追踪於五霸實五伯之罪人也今之大夫自謂有功於諸侯實今之諸侯之罪人也

天子適諸侯曰巡狩諸侯朝於天子曰述職春省耕而補不足秋省斂而助不給入其疆土地辟田野治養老尊賢俊傑

征伐一端以著五霸之罪也上一截巡狩述職是綱省耕省斂帶言入疆二段言巡狩之事以慶讓爲目言賞罰之權出於天子一不朝三段言述職之事以貶削移爲目言征誅之權出於天子是故天子討而不伐單承征誅說下形出諸侯伐而不討以立五伯之罪案五伯摟諸侯以伐諸侯名雖伐而實則討是無王矣故曰云云

在位則有慶慶以地入其疆土地荒蕪遺老失賢掊克在位則有讓一不朝則貶其爵再不朝則削其地三不朝則六師移之是故天子討而不伐諸侯伐而不討五霸者摟諸侯以伐諸侯者也故曰五霸者三王之罪人也

慶賞也益其地以賞之也掊克聚斂也讓責也移之者誅其人而變置之也討者出命以討其罪而使方伯連帥帥諸侯以伐之也伐者奉天子之命聲其罪而伐之也摟牽也五霸牽諸侯以伐諸侯不用天子之命也自入其疆至則有讓言巡狩之事自一不朝至六師移之言述職之事何以見五霸爲三王之罪人三王之世天子以時適諸侯之國其名曰巡狩諸侯以時而朝於天子其名曰述職時

三節　蔡氏曰。初命齊家之事。再命貴德之事。三命養遠能邇之事。四命天命天討敘

乎春也。天子省畿內民之耕者。有不足則補之。而諸侯莫不省其國之耕。時乎秋也。天子省畿內民之斂者。有不給則助之。而諸侯莫不省其國之斂。其凡巡狩也。天子入諸侯之疆。見其未墾之土地增闢。已熟之田野皆治。養老而無凍餒。尊賢而重有德。使俊傑在位。而取用人才。以修百職。是其國治矣。則有慶以示賞勸焉。所慶者以地。若入其疆。而土地荒蕪。不辟而治也。遺棄老者。廢失賢人。不養而尊也。掊克聚斂之徒。使之在位。而朝無俊傑也。是其國不治矣。則有讓以示懲罰焉。至諸侯述職有常期也。倘一不來朝。則貶其爵。公貶爲侯。侯貶爲伯。伯貶爲子男。再不朝。則削其地。百里削爲七十里。七十里削爲五十里。三不朝。則天子命六師誅其人。而更置其君焉。此可見三王之世。賞罰。征討。自天子出。而諸侯無敢自專而不承命者也。是故天子但出令以討罪。而不親伐。以損威重。諸侯但奉命以伐罪。而不擅討以侵大權。若五霸者。摟率與國之諸侯。以伐叛。已之諸侯。皆不用天子之命者也。其違三王征討之典如此。則違三王賞罰之典可知矣。故曰五霸者。三王之罪人也。

五霸桓公爲盛。葵丘之會諸侯。束牲載書而不歃血。初命曰：

臣之事。五命睦鄰尊王。境外之事皆天子之禁也　言歸于好以上述五伯之禁以下言今諸侯犯禁之罪也言歸于好言字助語辭如詩經言旋薄言之類歸于好非但言和好謂務遵約束不得背也

陳新安曰五命即載書之辭才者育之亟於尊賢所以明貴德言歸於和好無構怨也

輔慶源曰一明天子之禁但一意以明天子之禁而已不孝是不子易樹子是不父以妾爲妻則無夫婦之別

誅不孝無易樹子無以妾爲妻再命曰尊賢育才以彰有德三命曰敬老慈幼無忘賓旅四命曰士無世官官事無攝取士必得無專殺大夫五命曰無曲防無遏糴無有封而不告曰凡我同盟之人既盟之後言歸於好今之諸侯皆犯此五禁故曰今之諸侯五霸之罪人也

按春秋傳僖公九年葵丘之會陳牲而不殺讀書加於牲上壹明天子之禁樹立也已立世子不得擅易初命三事所以修身正家之要也賓賓客也旅行旅也皆當有以待之不可忽忘也士世祿而不世官恐其未必賢也官事無攝當廣求賢才以充之不可以闕人廢事也取士必得必

得其人也無專殺大夫有罪則請命乎天子而後殺之也無曲防不得曲爲隄防壅泉激水以專小利病隣國也無遏糴鄰國凶荒不得閉糴也無有封而不告者不得專封國邑而不告天子也

何以見今之諸侯爲五霸之罪人五霸惟齊桓爲盛觀其葵丘之會諸侯也威信足以服人但束牲於壇加載書於其上而不歃血以要質鬼神其書命之辭有五初命曰罪莫大於不孝有不孝則誅之而無赦國之本在世子無大故不得輕易其已樹之子妻所以配身而承宗廟者也無以妾爲妻而亂其嫡此明天子修身正家之禁也再命曰賢者尊而禮之才者養而用之以彰顯有德之士此明天子貴德之禁也三命曰老者尊而敬之幼者恤而慈之賓客行旅皆有以待之而無忽亡焉此明天子能邇柔遠之禁也四命曰勳舊之子或有非才但世祿而無世官官事各有攸司無得使人兼攝而至於廢事取士必得有德之人無使不肖得以冒進大夫有罪必請命於天子而後殺

末節　張南軒曰君有惡承順而長之固爲罪矣逢君惡者逆探君意而成之罪尤大也　自古姦臣之得君未有不自逆探君意以成其惡故君臣之相愛不可解卒至於俱亡而後已逢君之惡云者可謂極小人之情狀矣

輔慶源曰長君之惡者無能而巽懦阿諛之人也逢君之惡者有才而傾險憸邪之人也

黃岡陽山孟子評曰貶斥五伯就以力假仁上推原辨王道伯功分於誠僞此春秋精意也此章著其爲三王罪人見禮樂征伐自天子出臣擅君權何以正人又春秋大

不敢自專此明天子天命天討之禁也五命曰無曲爲堤陽旱則壅泉潦則激水專利於己而遺害鄰邦也無遏爲閉糴坐視鄰國之凶荒而不之恤也天下之土皆王土不得專封國邑而不告天子也此明天子睦隣尊王之禁也五命旣終又申之曰凡我同盟之人自此旣盟之後務遵五禁以歸於和好不得違五禁之命也今之諸侯皆犯此五禁而違五霸之法故曰今之諸侯五霸之罪人也

長君之惡其罪小逢君之惡其罪大今之大夫皆逢君之惡故曰今之大夫今之諸侯之罪人也

君有過不諫又甚之者長君之惡也君之過未萌而先意導之者逢君之惡也　林氏曰邵子有言治春秋者不先治五霸之功罪則事無統理而不得聖人之心春秋之間有功者未有大於五霸有過者亦未有大於五霸故五霸

法也。而伯者益不足尚矣。不曰周室罪人而曰三王罪人者，正以三王同此名分，同此法紀，爲諸侯者不得干犯，遂爲古今之罪人耳。孟子之所首攻在此。今之諸侯、今之大夫二段，只感慨帶說，見世道日下。援引葵丘五命，以証諸侯違禁無節，取桓公意，亦不是傷天下之無伯，蓋仲尼之徒原無道桓文之事者也。罪大夫逢君之惡，惡在無王，不在叛伯；逢之者罪在無王，不在叛伯。要貫看得清。

者功之首罪之魁也孟子此章之義其亦若此也與然五霸得罪於三王今之諸侯得罪於五霸皆出於異世故得以逃其罪至於今之大夫容得罪於今之諸侯則同時矣而諸侯非惟莫之罪也乃反以爲良臣而厚禮之不以爲罪而反以爲功何其謬也

何以見今之大夫爲今之諸侯之罪人。凡長君已著之惡，不能匡救而又順之者，其罪猶小；逢君未萌之惡，探其必至之欲而先意以導之者，其罪至大。今之大夫皆逢君之惡，賊其君而陷之於敗亡之地，故曰今之大夫今之諸侯之罪人也。

慎子章全旨

此章見戰功之不可尚。通章重一仁字。孟子首說箇殃民，便見不仁而不可爲。下言遂制之不可，又是進一層意看。然且仁者不爲，況於殺人以求之乎。是仍歸重殃民說也。以上言魯伐齊之非。末節規慎子以

愼子章

首節　將伐齊取地雖出魯君之意當亦愼子有以引之此故下文孟子規之

次節　此以是非論齊不可伐曰殃民正伏下仁字

輔慶源曰能如是而教其民乃可以卽戎不然則是陷之於死地也故謂之殃民在堯舜之仁政豈容之哉

三節　此以利害論齊不可伐合上節一串說下

事君之義務引至而已矣一氣貫下亦歸到志仁在

魯欲使愼子爲將軍

愼子魯臣

魯人欲使愼子爲將軍將伐齊以取其南陽也

孟子曰不教民而用之謂之殃民殃民者不容於堯舜之世

教民教之禮義使知入事父兄出事長上也用之使之戰也

孟子謂愼子曰教民斯可以卽戎平日不教其民而一旦用之以戰民未嘗有勇知方是陷之死地而殃之也殃民者愛民者之所必誅也豈容於堯舜之世哉

一戰勝齊遂有南陽然且不可

陳新安曰就使能倖克敵已驕敵怒禍方深耳況未必能且不免敗乎王觀濤曰然且不可虛說勿露違制意然且二字使含未必勝意

四節　慎子疑孟子以功爲罪宜其不解矣

五節　輔慶源曰觀此二段則知先王之制封國大小自有意義豈私意可得而損益之哉

是時魯蓋欲使慎子伐齊取南陽也故孟子言就使慎子善戰有功如此且猶不可

今縱使子有善戰之才一戰而勝齊遂有南陽之地不殃民而立大功於理且猶不可況未必一戰決勝乎

慎子勃然不悅曰此則滑釐所不識也

滑釐慎子名

慎子勃然不悅而言曰使一戰得地已成奇功而亦爲不可此其故則滑釐之所不識也

曰吾明告子天子之地方千里不千里不足以待諸侯諸侯之地方百里不百里不足以守宗廟之典籍

待諸侯謂待其朝覲聘問之禮宗廟典籍祭祀會同之常制也

六節　朱子曰竊意其初只方百里後來吞併遂漸漸大如禹會諸侯于塗山執玉帛者萬國到周時只千八百國自非吞併如何不見了許多國武王時諸國地已大武王亦不奈何只得就而封之當時封許多功臣之國緣當時滅國五十得許多空地可封不然則周公太公亦自無安頓處孟子百里之說亦只是大綱如此說不是實攷得見古制

孟子曰吾明告子以不可之故昔先王建邦設都天子畿內之地定制方千里蓋以不千里則地之所出不足以供朝聘之燕享錫予而待諸侯也諸侯封國之地定制方百里蓋以不百里則地之所出不足以供祭祀之犧牲粢盛會同之庭實幣帛而守宗廟之典籍也

周公之封於魯為方百里也地非不足而儉於百里太公之封於齊也亦為方百里也地非不足也而儉於百里

二公有大勳勞於天下而其封國不過百里儉止而不過之意也

夫魯之封始於周公周公雖有大功而其封於魯僅為方百里也當其時地非不足而儉於百里以足守魯之宗廟典籍而已齊之封始於太公太公雖有大功而其封於齊也亦為方百里也當其時地非不足也而儉於百里以足守齊之宗廟典籍而已

七節　損益二語見魯已有之地且在所損況可益以未有之南陽乎此所以爲不可地也

八節　輔慶源曰不殺人而取彼與此仁者猶且不爲以其非所當得故也況於殃民而求廣土地者乎

末節　真西山曰道之與仁非有二也以事之理而言則曰道以心之德而言則曰仁存心於仁則其行無不合道矣

今魯方百里者五子以爲有王者作則魯在所損乎在所益乎

魯地之大皆併吞小國而得之有王者作則必在所損矣

今魯之地方百里者五倍其踰制亦多矣子以爲有王者作正封國之舊制則魯之地在所損乎抑在所益乎其有損而無益也必矣奈何欲取齊之地而益之乎此吾之所以爲不可也

徒取諸彼以與此然且仁者不爲況於殺人以求之乎

徒空也言不殺人而取之也

由是言之雖使不興一兵不戮一人徒取彼南陽之地以與魯然且仁者以爲非理之當得而在所不爲也況於殺不教之民以求之仁者豈忍爲之乎是違制虐民尤不可也

君子之事君也務引其君以當道志於仁而已矣

陳新安曰事合理必不爭也所不當行也地
心在仁必不殺人以爭地二句不特可斷
此一事實臣事君之法也殘民者仁之反
欲慎子道君以仁毋殘民而爲不仁也

今之章
存疑 朱子曰鄉道志仁不可分爲二事中
庸曰修道以仁孟子言不志於仁所以釋
不鄉道之實也前章務引其君以當道志
於仁而已亦言志仁之爲當道耳
晉雲泉曰辟土地充府庫一串事蓋謂地力
則厚於財而府庫充矣

當道謂事合於理志仁謂心在於仁

大欲伐齊以取南陽雖出自魯君子亦與有責焉凡君子之事君也不在立一時之奇功務引其君以所行合道而志之所向常在於仁而已今子引君以南陽之役道耶仁耶亦異於君子矣

今之章全旨 此章見富強之臣不可用首二節言富強之臣所害於民末節言人君用之終不利於其國意重末節上

孟子曰今之事君者曰我能爲君辟土地充府庫今之所謂良臣古之所謂民賊也君不鄉道不志於仁而求富之是富桀也

辟開墾也

孟子曰良臣事君引君當道志仁而已乃今之事君者自負曰我能爲君辟墾土地充滿府庫此今之所謂良臣實

次節　陳新安曰前是爲君富國剏下奉上者此是爲君強兵戰勝攻取者暴君之良臣實治世之民賊不能引君鄉道志仁而導以不道不仁助紂爲虐者也

曹雲纂曰約與國戰必克一串事蓋協與國之力則可以決勝也

末節　張南軒曰君不鄉道不志於仁而但爲之富強之計則君益以驕肆而民益以憔悴是上成君之惡而下絕民之命也當時諸侯乃以民賊爲良臣豈不痛哉

陳新安曰自當時觀之孟子之論若迂且激旣而六國吞幷暴秦亡此論豈不深中大驗

蒙引曰本文由字與變字主君言以此二等爲良臣者今之道今之俗也

古之所謂民賊也何則君方拂民從欲不能向道不志於仁而以黷貨爲事與桀無異矣而爲臣者又求爲聚斂以富之是富桀也夫國日富則民財日盡矣非民賊而何哉

我能爲君約與國戰必克今之所謂良臣古之所謂民賊也

君不鄉道不志於仁而求爲之強戰是輔桀也

約要結也與國和好相與之國也

今之事君者又自負曰我能爲君約合與國每戰必克此今之所謂良臣實古之所謂民賊也何則君方好大喜功不能向道不志於仁而以黷武爲事與桀無異矣而爲臣者又求爲之強戰以輔之是輔桀也夫兵甲日強則民命日殘矣非民賊而何哉

由今之道無變今之俗雖與之天下不能一朝居也

言必爭奪而至於危亡也

愚按卽此說則下雖與之天下語方合君不鄉道云云特申解民賊一句耳

白圭章

輔慶源曰白圭欲以其術施之國家故孟子明辨其不可觀其始則取其事之易辨者以開其智中則歷陳其不可之實以破其說末則舉堯舜之道不可得而輕重者使之有所歸着亦可謂委曲詳盡矣

首節　存疑曰白圭儉嗇以致富其欲二十取一註謂欲以其術施之國家者蓋欲儉薄以足用不多取民以足用也

夫今以民賊爲良臣者固以其富國強兵而可以取天下也不知由今所行富強之道無變今所尚富強之俗雖與之以天下而民心怨離弑奪日起不能一朝居也況不可得天下乎然則爲君者而終用若臣何也

白圭章全旨　此章見堯舜治民之中道萬世不易重之固不可輕之亦不可也○輔氏曰二三節取其事之易辨者以開其智中三節歷陳其不可之實以破其說末節舉堯舜之道不可得而輕重者以示其可法不可易

白圭曰吾欲二十而取一何如

白圭名丹周人也欲更稅法二十分而取其一分林氏曰按史記白圭能薄飲食忍嗜欲與童僕同苦樂樂觀時變人棄我取人取我與以此居積致富其爲此論蓋欲以其術施之國家也

白圭曰古今稅法皆什分而取一吾欲更之二十而取一何如

次節　此闢之爲貉道見不可行於中國

三節　此設喻以詰之見輕稅之不足用

四節　此正詳指其爲貉道諸侯字總管幣帛饔飧既無諸侯因無諸侯交際之幣帛饔飧類舉幣帛饔飧當指天子賜予言百官是大者有司是小者

孟子曰子之道貉道也

貉北方夷狄之國名也

孟子曰子之道乃貉狄之道也第可行之於貉而已

萬室之國一人陶則可乎曰不可器不足用也

孟子設喻以詰圭而圭亦知其不可也

試舉類言之彼萬室之國生齒浩繁但一人爲之陶以供其用則可乎白圭曰不可爲陶者寡而用器者多器之所出恐不足以供用也

曰夫貉五穀不生惟黍生之無城郭宮室宗廟祭祀之禮無諸侯幣帛饔飧無百官有司故二十取一而足也

北方地寒不生五穀黍早熟故生之饔飧以飲食饋客

五節　去與無背跟稅來言欲二十取一
勢必去之無之而後可

六節　蔡氏曰此申明如之何其可之意前以陶對稅法言此以陶對君子言國無人不治是中國不可無君子而稅法不可輕明矣君子是維持此人倫者言君子該得人倫

林次崖曰孟子辨白圭之非主意只是言其

禮也

孟子曰吾謂子之道爲貉道者蓋夫貉地寒五穀不生惟黍早熟故生之是物產之少已無可以多取矣其俗無城郭宮室以爲居所爲土木之費者無之無宗廟祭祀之禮所爲犧牲粢盛之費者無之無諸侯幣帛饔飧所爲朝會貢賜賓享之費者無之無百官有司所爲祿食之費者無之是所費之少又不必於多取故二十取一而足也

今居中國去人倫無君子如之何其可也

無君臣祭祀交際之禮是去人倫無百官有司是無君子

今居中國而欲二十取一將必廢宗廟祭祀與諸侯交際而去人倫不設百官有司而無君子如此則何以立國何以治人如之何其可也

陶以寡且不可以爲國況無君子乎

因其辭以折之

不足用所以不足用者正以不可無君子耳　上曰城郭宮室等後只內去人倫無君子人只曰况無君子乎歸重百官有司也蓋城郭宮室人倫皆由君子而立

末節　陳新安曰彼貊貉桀爲大者此爲小者也

朱公遷曰因其過而以中道矯之者所以救時政之弊也因其不及而以中道闢之者所以正邪說之誣也皆所以明先王之道不可不行也

輔氏曰什一中正之制也故以爲堯舜之道且子謂器不足用是陶以寡且不可以爲國况無君子何以綠人倫而爲中國乎君子不可無則二十取一必不足於用其法不可行矣

欲輕之於堯舜之道者大貉小貉也欲重之於堯舜之道者大桀小桀也

什一而稅堯舜之道也多則桀寡則貉今欲輕重之則是小貉小桀而已

蓋什一而稅堯舜中正之道也貉則輕於此矣今欲輕於堯舜而與貉同道則彼爲大貉而吾亦小貉也桀則重於此矣今欲重於堯舜而與桀同道則彼爲大桀而吾亦小桀也桀固不可爲貉亦豈可爲哉惟法堯舜之中道可也

丹之章全旨　此章見治水當以禹爲法重水之道也一句言不以一巳之私意治水而以水之道治水也圭以治水自負全在築堤壅水蓋了拈一道字正是破他築堤壅水之術見禹順水性而除天下之災非不順水性而

為鄰國之壑。仁人之所惡也。何愈焉。歸重仁字上。

丹之章

首節　言中築隄壅而注之他國。即下以鄰國爲壑意也。此處且勿露。

次節　此言禹順水之性。非逆水之性。侵露出貽患意

三節　摘訓曰是故承上來謂禹之治水如此則禹以四海爲壑矣。或以下句實上句非也。

白圭曰丹之治水也愈於禹

趙氏曰當時諸侯有小水白圭爲之築堤壅而注之他國

白圭曰吾稱善治水者必曰禹然禹之治水必事四載之勞。八年之久。今丹之治水也隄防一築而泛濫即除豈不愈於禹乎。

孟子曰子過矣禹之治水水之道也

順水之性也

孟子曰子之言過矣。蓋禹之治水順水之性而行所無事也。

是故禹以四海爲壑今吾子以鄰國爲壑

壑受水處也

【本節】此非圭貽害之大水逆行二句只大概言之跌出洪水二字不承鄰國爲壑說吾子句方直白圭

陳新安曰禹除天下之害順水之性而委之於海圭除一國之害不順水之性而但委之於鄰是禹爲天下除害而圭乃爲鄰國之害也不仁之甚矣

君子章

張南軒曰諒對貞而言則專於諒者未必貞也以己之私意爲諒非諒之正也孟子之

是故水性就下以海爲歸禹疏瀹決排導流入海是以四海爲壑今吾子築堤壅水激而注之鄰國則以鄰國爲壑也視禹之治水不亦異乎

水逆行謂之洚水洚水者洪水也仁人之所惡也吾子過矣

水逆行者下流壅塞故水逆流今乃壅水以害人則與洪水之災無異矣

夫水逆行謂之洚洞無涯之水洚水者即堯時之洪水也此仁人之所惡而欲除其害者也今吾子欲要治水之功乃以鄰國爲壑則水勢逆行鄰國受害與洪水之災無異矣禹治洪水而除害子興洪水而貽害乃反以爲功而自以爲愈於禹也子誠過矣

君子章全旨　此章見君子有守之學惡乎執者反言以決其能亮也執在亮中只重亮字

孟子曰君子不亮惡乎執

古諒。諒之正也。
輔慶源曰：此與論語人而無信章意同。此以守言。彼以行言也。

樂正子章
首次節　能任政曰強。能謀政曰知慮。能達政曰聞識。　強即有力量意。強者於政能擔當。有智慮者於政能圖謀。多聞識者於政能通達。皆以才言。曰否者，言非其所長也。亦不限定是正子之所短。

亮，信也。與諒同。惡乎執，言凡事苟且無所執持也。

孟子曰：君子於天下之事，灼然有定見而自信不疑者，謂之亮。確然有定守而特立不變者，謂之執。然必亮而先事有主，然後斯能執而臨事有成功也。苟於正理之所在，尚疑相參而心有不亮，則凡事苟且無所執持，而事不可立矣。是故君子貴乎亮也。

樂正子章全旨　通章見相天下者不在才而在量也。首六節只重其爲人也好善一句。孟子喜正子爲政以此，其許正子優於天下亦以此。末二節并明好善所以優於天下，而節下乃反言以決之，就正子上推開說。

魯欲使樂正子爲政。孟子曰：吾聞之，喜而不寐。

喜其道之得行。

魯人欲使樂正子爲政，蓋將舉國之政而授之也。孟子曰：吾聞克也將爲政於魯，乃吾道得行之兆也。吾喜之甚而不能寐焉。

三四節　善不指上三者。而三者亦該在內。

公孫丑曰樂正子強乎曰否有智慮乎曰否多聞識乎曰否

此三者皆當世之所尚而樂正子之所短故丑疑而歷問之

公孫丑問曰，爲政未易言也。豈樂正子強而足以任重乎。孟子曰否。強非其所長也。丑又曰，有知慮而足以決疑乎。孟子曰否。知慮非其所長也。丑又曰，多聞識而足以通變乎。孟子曰否。多聞識亦非其所長也。

然則奚爲喜而不寐

丑問也

公孫丑曰，三者既非正子之所長，即見用於魯。未必其道之大行也。然則夫子奚爲喜而不寐

曰其爲人也好善

孟子曰，其爲人也好善。或聞一善言，見一善行，則心誠好之，惟恐求而弗得。此其所長也

五六節　楊氏曰善取於巳則有盡善取於人則無窮此所謂雖治天下猶有餘力也此句指好善之量如是非指王子優字只本好善處看出使不犯輕千里句所以優之實下節方明言之

一

七節　王觀濤曰來告以善則衆思集而忠益廣故優於天下不可云賢才輔而天下治蓋此主聽言說不主用人上

張南軒曰好善誠篤非舍巳私者不能能舍巳則中虛虛則能來天下之善於爲天下何有蓋善者天下之公也自以爲是則專巳而絕天下之公理蔽孰甚焉

好善足乎

丑問也

公孫丑曰魯大國也爲政大任也只好善一節便足以治乎

曰好善優於天下而況魯國乎

優有餘裕也言雖治天下尚有餘力也

孟子曰好善則其量至廣其明無窮由是以舉天下且綽綽然有餘裕矣況區區一魯國乎

夫苟好善則四海之內皆將輕千里而來告之以善

輕易也言不以千里爲難也

何以言好善優於天下蓋人之不徒出於巳而能取諸人者惟好善也夫執政者苟能好善則意氣所孚風聲所感雖四海之內凡有善者皆將輕千里而來告之以善由是以天下之見聞資天下之治理何所處而不當乎所謂優

末節　輔慶源曰世間此等人亦甚多然其所謂智者是乃所以爲愚也然原其始則起於予旣已知之意萌于中而已可不畏乎

好言人惡以爲讒希意黨言以爲諂不擇是非而言以爲諛

於天下者以此

夫苟不好善則人將曰訑訑予旣已知之矣訑訑之聲音顏色距人於千里之外士止於千里之外則讒諂面諛之人至矣與讒諂面諛之人居國欲治可得乎

訑訑自足其智不嗜善言之貌君子小人迭爲消長直諒多聞之士遠則讒諂面諛之人至理勢然也　此章言爲政不在於用一已之長而貴於有以來天下之善

夫苟不好善則人將曰彼之爲人訑訑然自足其智不嗜善言自謂天下之事予旣已知之矣雖有告之以善必不見好也但見訑訑之聲音顏色距人於千里之外無有欲千里而來告之以善者善士旣止於千里之外則讒諂面諛之人至矣設與讒諂面諛之人居則所聞者皆非善言而所行者皆非善政矣國欲治可得乎此爲政之所以貴

陳子章

首節　陳子疑孟子爲難仕。故問古之君子何如則仕。孟子言君子之去就有三。則未嘗不仕。而亦未嘗苟仕也。

次節　此以道爲去就也

於好善也。此君所以喜見之得爲政也。

陳子章全旨

道章以道爲主。一仕以行道。次仕以重道。又次仕以愛道。重道者或寘一有可行之機。而愛道者又留此身以別圖可行之計。總是委曲行道之心。

陳子曰古之君子何如則仕孟子曰所就三所去三

其目在下

陳子問古之君子。不知何如則仕。孟子曰。時之所遇不同。君子之所處亦異。其所委曲而就者三。未嘗不仕也。卽此三就之中。有所決絕而去者三。亦未嘗苟仕也。

迎之致敬以有禮言將行其言也則就之禮貌未衰言弗行也則去之

所謂見行可之仕。若孔子於季桓子是也。受女樂而不朝

三節　此以禮爲去就也亦是重道

末節　此以養爲去就也亦是愛道之意

朱子曰孟子言所就三所去三其上以言之

則去之矣

三就三去何如如國君於迎接之間內焉致敬而外焉有禮言焉又將行其言也君子見道之可行也則就之若禮貌雖未衰而言已弗行也則非其就之之心矣則去之此就與去之一也

其次雖未行其言也迎之致敬以有禮則就之禮貌衰則去之

所謂際可之仕若孔子於衛靈公是也故與公遊於囿公仰視蜚鴈而後去之

其次君雖未行其言也而迎之致敬以有禮君子以其有尊賢之意則就之若禮貌既衰則無可就之理矣則去之此又就與去之一也

其下朝不食夕不食飢餓不能出門戶君聞之曰吾大者不

舜發章

行不行爲去就此仕之正也其次以禮貌衰未衰爲去就又其次至於不得已而受其賜則豈君子之本心哉蓋當是時舉天下莫能行吾言矣則有能接我以禮貌而周我之困窮者豈不善於彼哉是以君子爲猶可就也然孟子蓋通上下言之君君子之自處則在所擇矣

能行其道又不能從其言也使饑餓於吾土地吾耻之周之亦可受也免死而已矣

其下則寓於人國朝不得食夕不得食至饑餓不能出門戶君聞之曰吾大者不能行其所欲行之道又不能從其困事納誨之言也徙使饑餓於我土地吾深耻之於是餽之粟以周之則於義亦可受也蓋亦以免死而已矣夫受其所周是亦就也不過免死則不久亦去矣此又就與去之一也

所謂公養之仕也君之於民固有周之之義況此猶有悔過之言所以可受然未至於饑餓不能出門戶則猶不受也其日免死而已則其所受亦有節矣

舜發章全旨

此章見人不當以困自沮首二節是聖賢之亨於困三節言中人之成於困四節言國家之保於困末節總决其成敗之理總見人當以憂患自勵不當以安樂自娛也

首節　陳新安曰舜聖人且君也故只曰發傅說以下五賢皆臣也故皆曰舉

次節　陳新安曰分配之苦心志所以動心動心則善念由此生勞餓空乏所以忍性忍性則物欲由此窒拂亂所爲所以增益前所不能者而能之則德業由此進

朱子曰動其仁義禮智之心忍其聲色臭味之性

輔慶源曰竦動其心則心術堅忍其性則性定心活則不爲欲所役性定則不爲氣所役

孟子曰舜發於畎畝之中傅說舉於版築之間膠鬲舉於魚鹽之中管夷吾舉於士孫叔敖舉於海百里奚舉於市

舜耕歷山三十登庸說築傅巖武丁舉之膠鬲遭亂鬻販魚鹽文王舉之管仲囚於士官桓公舉以相國孫叔敖隱處海濱楚莊王舉之爲令尹百里奚事見前篇

孟子曰歷觀往昔聖賢如舜爲天子實發跡於畎畝之中傅說相高宗實舉之於版築之間膠鬲相紂實文王舉之於魚鹽之中至於霸佐如管夷吾則齊桓舉之於士官之囚如孫叔敖則楚莊舉之於海濱之際如百里奚則秦穆舉之於市井之閒皆由困而能亨如此

故天將降大任於是人也必先苦其心志勞其筋骨餓其體膚空乏其身行拂亂其所爲所以動心忍性曾益其所不能

胡雲峯曰或謂孟子嘗曰不動心曰養性此曰動心忍性何也曰彼言不動心是處富貴而富貴不能變動其心也此言動心是處貧賤而貧賤有以竦動其心也譬之水動心是浚得源頭活水滾滾出來不動心是水之流不爲泥沙所混不爲波流所汩此養性者養其本然天命之性不使之有所動於外忍性者忍其氣稟食色之性不使之有所動於外

朱子曰只要事事經歷過似一條路須每日從上面往來行得熟了方認得許多險阻去處若素不曾行忽然一旦撞行其間定墮坑落塹也

輔慶源曰人不經憂患困窮頓挫摧折則心不平氣不易察理不精處事多謬故謂人若要熟須從這裏過

三節 朱子曰困心衡慮者心覺其有過徵色發聲者其過形於外

降大任使之任大事也若舜以下是也空窮也乏絕也拂戾也言使之所爲不遂多背戾也動心忍性謂竦動其心堅忍其性也然所謂性亦指氣稟食色而言耳程子曰若要熟也須從這裏過

凡此者皆天意也故天將降君相之大任於是人也必先苦其心志而不得自舒勞其筋骨而不得自伏餓其體膚而飲食不充窮乏其身而財用不足所行之事常拂亂其所營爲而不得如其願若此者正欲其憂思積慮竦動其理義之心澹嗜節欲堅忍其氣稟之性以養其德更歷艱難諳練世故增益其所不能知不能爲以達其才則才全德備而後降之以大任始無不勝之患也然則天之所以困之者乃其所以成之也

人；恒過然後能改困於心衡於慮而後作徵於色發於聲而後喻

恒過非常常有過言因過後改者恒多不正兩指其寔○　困衡者已知有過故曰作徵發者方知有過故曰喻○

陳新安曰作與喻即是改過之事○　心慮屬己色聲屬人○

四節　輔慶源曰上既言上智中人之事矣○故此推言任國亦然○

陳新安曰小人下爲國内有守法持正者拂諫之外有敵國外患以警懼之則不敢縱肆而國可保否則驕縱而國亡矣○

蒙引曰法家是世臣拂士是方仕者○有親疏尊卑之辨○敵國外患也須做兩般看如晉有武仲之據防楚有伍子胥之在吳非敵國乃外患也○

艾東鄉曰此章書原以舜說諸聖賢爲主而人恒過二節特借其小者作証耳○

恒常也猶言大率也衡不順也作奮起也徵驗也喻曉也

此又言中人之性常必有過然後能改蓋不能謹於平日故必事勢窮蹙以至困於心衡於慮然後能奮發而興起不能燭於幾微故必事理暴著以至驗於人之色發於人之聲然後能警悟而通曉也

不特聖賢由困以成其德即中人之性亦恒有過然後能改而遷於善焉蓋其不能謹於平日以免過必至事勢窮蹙困於心而憂鬱不伸衡於慮而思索不通過覺於內矣然後能振作而有爲焉不能燭於幾先以免過必至事理暴著徵於人偶怒之色發於人譙讓之聲過彰於外矣然後能警悟而通曉焉所謂恒過能改者如此

入則無法家拂士出則無敵國外患者國恒亡

此言國亦然也法家法度之世臣也拂士輔弼之賢士也

愚按次節拈提人二字三節提人字四節點國字分明作三層脫卸而主客已井然矣末節乃總承總結之而主意則專人為發說諸人也

末節 陳新安曰憂患未必便生然憂患則警畏而其慮深有生全之理結章首至而後喻一截安樂未必便死然安樂則多怠肆而其志荒有死亡之理結入則無法家至國恒亡一節

胡雲峯曰堅志是入德路頭熟仁是成德地步

黃勉齋曰恐懼修省常生於憂患驕奢淫佚必起於宴安當阨窮困躓之餘其操心危其慮患深其砥礪奮發以進於善有不期然者矣

教亦章

不特人情為然至於國亦有然者苟入而在內無法度之家弼違之士以匡救之出而在外無敵國之強外患之危以恐懼之將見君心日荒國事日非而禍亂隨之矣如此之國恒至於亡

然後知生於憂患而死於安樂也

以上文觀之則知人之生全出於憂患而死亡由於安樂矣 尹氏曰言困窮拂鬱能堅人之志而熟人之仁以安樂失之者多矣

合而觀之然後知憂患乃警心之助人之生全多出於憂患安樂為溺志之途而死亡多由於安樂也然則處憂患者不可忘砥礪而希安樂而處安樂者可不警戒而存憂患之心哉

教亦章全旨 此見曲成之法無窮術字見曲成之妙用術從心來首句虛下正見其術之多也不屑而亦教其多術可知非止言多術中之一術也

吳蕺石曰按註其人若能感悟退自修省似落下一層蓋據我欲其感悟不必待彼能感悟而後爲能教誨也此只重教說不重受教者說

陳新安曰如孔子之於孺悲孟子之於滕更皆是

愚按孟子於夷之求見辭以病於曹交願留受業拒不納俱用不屑之教非但不答滕更也即居齊時辭祿辭餽亦是惓惓望王王意與牖王妙用惜宣王之不悟耳

孟子曰教亦多術矣予不屑之教誨也者是亦教誨之而已矣

多術言非一端屑潔也不以其人爲潔而拒絕之所謂不屑之教誨也其人若能感此退自修省則是亦我教誨之也　尹氏曰言或抑或揚或與或不與各因其材而篤之無非教也

孟子曰學者之質不同君子之教亦多術矣即予於人之有過或拒之而不屑之教誨也者雖曰我無所語而彼無所聞也而我非忍而絕之實將激而進之使之惕悟自新也是亦教誨之而已矣教即存於不教其多術何如哉

四書述朱卷之二十五終

大全諸說合參

[illegible]此章把一。天字。作。骨。知天知理之[illegible]天不違乎天之理。立命。合乎天[illegible]這是合天。處知天不出知性之外。之所[illegible]任存養之中。立命由不貳修俟。知[illegible]之至。則盡人以合天者也。盡心知[illegible]言。存心養性以行言。先知而後行。是學之序。殀壽不貳本知性知天來。修身以俟本存心養性來。知行要其極。是學之修。　又曰理具於心之謂性。心與性本不相離。盡心知性是一套事。存心養性亦然。但知性有工夫。盡心無工夫。故盡心由於知性。存心是體統工夫。養性是調理工夫。故養性屬於存心。或云盡心則知性。或云養性所以存心。都顛倒錯會了。立命之命。兼理數言。單指死生者誤。

四書述朱卷之三十六

婺江黃昌衢康謠彙編
錫山張麗金荊南參訂
弟　昌侃廷直　昌僑若莊　仝校

孟子

盡心章句上 凡四十五章

盡心章全旨 此章總是以人合天之學。首節是造其理之智。次節是履其事之仁。末節是智仁各造其極。總是窮理盡性以至於命也。心性天命四字。只是一樣。人具之為心。心之靈處為性。性之自出為天。天之一定為命。孟子分別出來。正要人從本來處討個下落。然其結求在人身上。故末又點出修身二字。正見心性不屬懸虛。天命不屬冥漠。即在人身上。又見得此身不終軀殼。須合心性天命而後成其身。故通章關鍵。其歸宿在修身二字。其工夫

自節　朱子曰伊川說盡心然後知性此不然盡字大知字零星性者吾心之實理若不知得知盡個甚麼惟就知上積累將去知性之盡則能盡其心矣人能盡其心者只為知其性此何文義與得其民者得其心也相似者字不可不仔細看　盡心與存心不同存心即操存求放之事是學者初用力處盡心則窮理之至廓然貫通之詣

林次崖曰盡心即大學心之全體大用無不明知性即衆物之表裏精粗無不到知天即孔子五十而知天命　盡心知性有先後知性知天無先後

下手在存養二字其貫徹在盡心二字

孟子曰盡其心者知其性也知其性則知天矣

心者人之神明所以具衆理而應萬事者也性則心之所具之理而天又理之所從以出者也人有是心莫非全體然不窮理則有所蔽而無以盡乎此心之量故能極其心之全體而無不盡者必其能窮夫理而無不知者也既知其理則其所從出亦不外是矣以大學之序言之知性則物格之謂盡心則知至之謂也

孫子曰人之一心具衆理而應萬事其全體大用初無限量但理有未窮則有所蔽而無以盡其本然之量故人之能盡其心而無遺者必求即事即物窮究其理而於吾所性之全無乎不知者也既知其性則性所從出之原無不

次節　朱子曰存心者氣不逐物而常守其至正也養性者事必循理而不害其本然也存之養之便是事心性便是天故曰所以事天也

輔氏曰心是活物須是操則存不然便放去矣性是實理但當順之而不害害謂違悖而戕傷之

末節　朱子曰殀壽不貳便是知性知天之力修身以俟便是存心養性之功惟修身以俟之則天之正命自我而立而氣稟之短長非所論矣

朱公遷曰知命以知言俟命以行言立命兼知行言行法以德行言居易以事理言殀壽不貳卽是知命修身俟之卽是俟命合知命俟命則是立命知命俟命則命在天

洞徹而知天不外是矣夫學至於知天則智足以及之矣

存其心養其性所以事天也

存謂操而不舍養謂順而不害事則奉承而不違也

然盡心知性未足[illegible]吾心性之功也必也存其心常使内無所出外無所入而守其至正因以養其性常循其未發之體循其自然之用而不失其初心與性皆天之所與我者吾存之養之卽所以奉事乎天而不敢違也學至於事天則仁足以守之矣

殀壽不貳修身以俟之所以立命也

殀壽命之短長也貳疑也不貳者知天之至修身以俟死則事天以終身也立命謂全其天之所付不以人爲害之

程子曰心也性也天也一理也自理而言謂之天自稟

立命則命在我。

胡雲峰曰。欲造其理者。用工全在知性上。知性有工夫。盡心無工夫。盡是大段見功。知是積累用功。欲履其事者。用功全在存心上。存心有工夫。養性無大工夫。存者操之而不舍。養不過順之而不害耳。

受而言謂之性。自存諸人而言謂之心。張子曰。由太虛有天之名。由氣化有道之名。合虛與氣有性之名。合性與知覺有心之名。愚謂盡心知性而知天。所以造其理也。存心養性以事天。所以履其事也。不知其理。固不能履其事。然徒造其理而不履其事。則亦無以有諸已矣。知天而不以殀壽貳其心。智之盡也。事天而能修身以俟死。仁之至也。

然人雖知天。而生死之數。最人心所易惑。雖能事天而自始至終。亦人之未易能全者也。必其知。天之至。不以殀壽貳其心。惟一意修身以俟夫死之自至。而事天之功。直至死而後已焉。則天之所命於我者。有以全而歸之。而無所失墜矣。乃所以立命也。學至於立命。則智之盡。仁之至。而人與天一矣。

莫非章全旨

此章發上章修身俟命之意。上章命字。以理言。此章命字。以氣數言。然曰順受其正。盡道而死。

莫非章

首節　胡雲峰曰莫非命也凡有生者之所同順受其正能修身者之所獨。

問人或死于干戈死于患難如比干之類亦是正命乎朱子曰固是正命盡其道而死者正命也當死而不死却是失其正命此處須當活看古人所以殺身成仁舍生取義學者須是於此一見得臨利害時便將自家所判了直須是壁立萬仞始得如今小有利害便生計較便說道恁地死非正命如何得。

蔡虛齋曰莫非命也非是該正命與非正命意乃是指吉凶禍福等言孟子所言固不肯該非正命者以爲命也

二節　胡雲峰曰集註於此命字必曰正命者蓋上文有莫非命也一句故死於巖牆之下亦命也但非正命耳惟知正命者則不立乎巖牆之下。

蒙引曰知命者謂曉得正命者必不肯行險也此句緊要帶着順受其正說下面方分

皆以理爲主與殀壽不貳修身以俟相發明即所謂立命也故外註云發上章末句未盡之意蓋以順受發立命之意非以正命發上章命字之意也

孟子曰莫非命也順受其正

人物之生吉凶禍福皆天所命然惟莫之致而至者乃爲正命故君子修身以俟之所以順受乎此也

孟子曰凡人之生吉凶禍福皆有一定之數幸於冥漠之中莫非天之所命也然而有正命焉人但當盡其在我聽其在天以順受其正耳

是故知命者不立乎巖牆之下

命謂正命巖牆牆之將覆者知正命則不處危地以取覆壓之禍

正不正兩股以盡此意。

三節　陳新安曰盡其道節上章所謂修身是也。

蔡虛齋曰死字重與下何同若重盡其道則當云順受其正矣此於理無妨但於文勢何法亦當有別

末節　盡道由平時能修身說桎梏亦即平時不能盡道而陷此者也此桎梏指不盡道者說若龍比殺身便不可謂非正命此與上節即盡道桎梏以側順受不順受意。

陳新安曰能盡其道而值吉且福且壽若固正命也此似有以致之然我惟知自盡其道耳初非有所覬覦於天而爲之也盡道而吉福壽自至焉非天命之正而何苟盡其道不幸而值凶禍夭是我於道理本無媿不過自值大凶禍天耳非我有以致之而然是亦命之正也必不盡其道自取禍敗喪亡則自有以取之始不得爲正命耳非正命又安可以言命哉。

惟當順受其正是故知正命者雖無趨避之心然必擇地而蹈不立乎巖牆之下以取覆壓之禍凡行險僥倖而可以致禍者皆所不爲也此所謂順受其正者也。

盡其道而死者正命也　此申言所以爲正命之意

盡其道則所值之吉凶皆莫之致而至者矣

然果何如而爲正命如盡其自修之道而不免於死者乃莫之致而至是正命也

桎梏死者非正命也　此反言以足正命之意

桎梏所以拘罪人者言犯罪而死與立巖牆之下者同皆人所取非天所爲也　此章與上章蓋一時之言所以發其末句未盡之意

若犯罪而桎梏以死者乃其所自取非正命也知所謂正命則順受其正者亦修其身以俟之而已矣

求則章

朱子曰富貴身外之物求之惟恐不得縱使得之於心無分毫之益況不可必得乎若義理求則得之能不喪其所有可以爲聖爲賢利害甚明

陳新安曰此章言仁義禮智根於性乃所當求富貴利達制于命不可必求也

首節　二則字甚顯有益便是得　在我只說我所固有之物不必露仁義禮智之性來　求則二句不平對不過以舍則失忽照出求則得之耳

二節　求之有道乃有道以制其求也非謂求之有底得之有命言雖得亦命而非可必得也無益便非得在外只說身外之物亦不必露富貴利達方得渾淪口氣

求則章全旨　此章是內重外輕之意欲人抑妄求之心而反求其在我也

孟子曰求則得之舍則失之是求有益於得也求在我者也　○虛說○○○

在我者謂仁義禮智凡性之所有者

孟子曰人情有所慕好則不能無求然所求亦有無益者若求則得之舍則失之得全係於求是求有益於得者也蓋其所求者在我之物也惟其在我故求而可得也

求之有道得之有命是求無益於得也求在外者也　亦虛說

有道言不可妄求有命則不可必得在外者謂富貴利達凡外物皆是　趙氏曰言爲仁由己富貴在天如不可求從吾所好

若求之有道而義不容於妄求得之有命而求不可以必得得不關於求是求無益於得者也蓋其所求者在外之

萬物章

首節　程復心曰：所以生此一物者，即其所以生萬物之理，故一物之中莫不有萬物之理也。所謂萬物皆備者，亦曰有其理而已矣。

次節　朱子曰：萬物不是萬物之迹，只是萬物之理，如君臣之義、父子之親，道理本備於吾身，誠是實有此理，檢點自家身上，果無欠缺，事君真個忠，事父真個孝，莫不各盡其當然，而無一毫之不盡，則仰不愧天，俯不怍人，自然是快活。若不反身而誠

物也，惟其在外，故求而不可得也。彼舍有益之求，而爲無益之求者，亦獨何哉？

萬物章全旨　此章勉人以盡性之學。萬物皆備，是性之全體。此句乃一章之主。自其備於我而真實無妄謂之誠，純粹無私則謂之仁。反身而誠，以自然者言；誠即是仁。強恕而行，以勉然者言；求仁即所以求誠。歸重末節，正示人以盡性之功也。

孟子曰：萬物皆備於我矣。

此言理之本然也。大則君臣父子，小則事物細微，其當然之理，無一不具於性分之內也。

孟子曰：人有是心則有是性，凡人倫事物當然之理，無一不具於性分之中，蓋萬物皆備於我矣。

反身而誠，樂莫大焉。

誠，實也。言反諸身而所備之理，皆如惡惡臭、好好色之實

只是天下公共之理我無與焉

胡雲峰曰此二反字只是自檢點過不是湯武反之之反

程復心曰此言盡性之事也

末節　朱子曰反身而誠則恕從這裏流出不用勉強未到恁田地須是勉強恕而行是要求至於誠○萬物皆備於我下文反身強恕皆蒙此句爲義強恕者亦是他見得萬物皆備於我了只爭一個反身而誠便須要強恕上做工夫亦只是要去個私意而已私意既去則萬物自無欠缺處矣

陳新安曰誠與仁一理非實有此理只曰誠純乎此理而無私則曰仁

胡雲峰曰強恕求仁所以誠之之事

程復心曰此言學者之事也

然則行之不待勉強而無不利矣其爲樂孰大於是

理備於我本無不實苟反之於身私意不萌物欲無累而所備之理一一實有諸己則仰不愧俯不怍而心無不得矣其爲樂孰大於是乎

強恕而行求仁莫近焉

強勉強也恕推己以及人也反身而誠則仁矣其有未誠則是猶有私意之隔而理未純也故當凡事勉強推己及人庶幾心公理得而仁不遠也　此章言萬物之理具於吾身體之而實則道在我而樂有餘行之以恕則私不容而仁可得

反身而誠則仁在我矣若未至乎此者必勉強由恕道而行推己及人以去其己私之蔽庶幾心公而理得而仁不

行之章

陳新安曰此爲凡人言也易曰百姓日用而不知終身由之而不知其道於凡人無責也學者所不當然矣

輔慶源曰所當然是就事上說所以然是就理上說凡事皆有所當然必有理之所以然人能於方行之時明其事之所當然既習之後又識其理之所以然則能知夫道矣

愚按衆字卽以衆人言不必指道中衆事言

無耻章

遠矣求仁孰近於此乎由恕而仁則理一

備於我者無不實而盡性之能事畢矣

行之章全旨　此章全爲人不能知道者而發行習無心著察有意若能著之察之則知其道

孟子曰行之而不著焉習矣而不察焉終身由之而不知其道者衆也

著者知之明察者識之精言方行之而不能明其所當然既習矣而猶不識其所以然所以終身由之而不知其道者多也

孟子曰道在天下本人之所共由也爲人之所共知也乃人之於道暫而行之而不明其所當然行之久而習矣而不察其所以然終身在行習之中卽終身在不著不察之中由之而不知其道者如此之人蓋甚衆也

無耻章全旨　此章欲人存羞惡之心也首句言人當有耻下言知耻之可以遠耻羞見不可無耻意

張南軒曰恥者羞惡之心所推也恥吾之未能進於善則善可遷恥吾之未能遠於過則過可消苟惟漠然無所恥則爲無所忌憚而已矣故人當以無所恥爲恥也

恥之章

前章言知恥之益重勉人意此章言無恥之弊重戒人意

首節 吳蓀右曰此句且虛末節正見其係於人大詮聖賢禽獸語須透說也

愚按此與前章一則曰人不可以無恥一則曰恥之於人大矣俱要挽醒人字方切警人之旨

孟子曰人不可以無恥無恥之恥無恥矣

趙氏曰人能恥已之無所恥是能改行從善之人終身無復有恥辱之累矣

孟子曰人之所以爲人者以其有羞惡之心也若喪其羞惡之心即不可謂之人矣故人必不可以無恥人能於已之無所恥惕然悔悟而以之爲恥則過由是而日收善由是而日遷終身無復有恥辱之累矣有恥之可以遠恥如此然則人其可以無恥乎

恥之章全旨 此章戒人不可失羞惡之心首言恥之所係爲甚大下極言無恥之弊正見恥之所係爲大也

孟子曰恥之於人大矣

恥者吾所固有羞惡之心也存之則進於聖賢失之則入於禽獸故所繫爲甚大

次節　胡雲峯曰巧字便與耻字相反耻則守正而有所不爲巧則行險而無所不爲雖其本心未嘗無耻而彼方自矜其爲之之巧則無所用其耻矣

末節　不耻不若人緊跟無所用耻說何若人有見得此機變之人自謂術爲天下不知自淪於汙下無等也全是儆醒他

孟子曰耻者人所有羞惡之良心也存之則可以爲人失之則不可以爲人其關於人也誠大矣

爲機變之巧者無所用耻焉

爲機械變詐之巧者所爲之事皆人所深耻而彼方且自以爲得計故無所用其愧耻之心也

世有奸險之人機械深藏而莫測變詐百出而不窮爲機變之巧者此人所深耻也而彼方且自以爲得計恬然無所用其耻焉

不耻不若人何若人有

但無耻一事不如人則事事不如人矣或曰不耻其不如人則何能有知人之事其義亦通　或問人有耻不能之心如何程子曰耻其不能而爲之可也耻其不能而掩藏

古之章

輔慶源曰：君好善，則不知勢之在己；士樂道，則不知勢之在人。兩盡其道，則雖若相反，而實相成。不然，君挾其勢而驕夫士，士屈乎勢而徇乎君，則兩失其道矣，尚何足與有爲哉？

說約曰：古之賢王至忘勢一截，古之賢王至忘人之勢又一截，故王公以下只承賢士說，而思賢王意亦見於其中。

之不可也

夫人莫不有羞惡之心，而彼獨無所用其耻，則不耻一事已不如人矣。將見良心日喪，事事不顧義理之正而爲之矣，更何事若人之有？夫一不用耻，而遂至於不若人，耻之於人顧不大哉？

古之章全旨

此爲當時士之枉道者而發。賢王賢士，註雖兩平，按何獨不然一轉，便側入士上。不致敬不得見，況得而臣，俱是說賢士之自重，正傷今之士不然也。

孟子曰：古之賢王好善而忘勢，古之賢士何獨不然？樂其道而忘人之勢，故王公不致敬盡禮，則不得亟見之。見且猶不得亟，而況得而臣之乎？

言君當屈己以下賢，士不枉道而求利，二者勢若相反，而實則相成，蓋亦各盡其道而已。

宋句踐章

首次二節　輔慶源曰：遊說之士，大病是不識義理，而惟欲售其言之售，故往往以人之知不知為欣戚，是以孟子語以自得無欲之說。

孟子曰：人之取重於人者，必當有以自重。古之賢王好人之善，而忘在己之勢，尊士也。古之賢士，何獨不如賢王然乎？亦自樂其道而忘人之勢。惟其樂道忘勢，故王公不致敬外，不盡禮，則賢士以道自重，必不肯枉己苟合，而君不得亟見之矣。夫見之未爲甚屈也，且猶不得亟，而況得以爵祿役使而臣之乎？士非以此自高，其道當然也；而君之好善忘勢，亦君道當然也。二者相成，不令人遐想其盛哉。

宋句踐章全旨　此章見士當重內而輕外。首二節言遊說之道在囂囂，下詳言囂囂之道而徵諸古。通章重尊德樂義四字。

孟子謂宋句踐曰：子好遊乎？吾語子遊。

宋姓，句踐名。遊，遊說也。

孟子謂宋句踐曰：子好遊說諸侯乎？吾語子以遊說之道。

人知之亦囂囂，人不知亦囂囂。

三節　輔慶源曰尊如尊德性之尊樂如樂天知命之樂

陳新安曰能如此則自得無欲之氣象自然著見而不可掩矣

四節　陳新安曰尊德樂義内存於心無迹可見必窮有定守而不失義所謂貧賤不能移達有實用而不離道所謂富貴不能淫此乃尊德樂義著見於行事之實跡也

蒙引曰窮不失義窮而尊德樂義也達不離道達而尊德樂義也窮不失義義字兼德

趙氏曰囂囂自得無欲之貌

夫世之遊說者徒欲其言之售往往以人之知不知爲欣戚此非知道者也子之遊也如說之行而人不知亦囂囂然而不加欣說之不行而人不知亦囂囂然而不加戚自得於己而無欲於外此遊說之道也

曰何如斯可以囂囂矣曰尊德樂義則可以囂囂矣

德謂所得之善尊之則有以自重而不慕乎人爵之榮義謂所守之正樂之則有以自安而不徇乎外物之誘矣

句踐曰囂囂未易言也敢問何如斯可以囂囂矣孟子曰善之有諸己者謂之德吾尊之而不失事之合乎宜者謂之義吾樂之而不倦尊德則良貴在我而人爵之榮不足慕樂義則隨寓而安而外物之誘不能奪則無欲自得之象自然著見於外而可以囂囂矣

故士窮不失義達不離道

達不離道道字兼德義窮達二字應上人知不知意然不可就指人不知爲窮知爲達也蓋此又說開來看士字可見　尊德樂義不專就出處說此曰窮不失義達不離道則專就出處說故曰此尊德樂義見於行事之實也

存疑曰上面尊德樂義就平日用功言此則推開一步就其出處行事言也

五節　輔慶源曰窮不失義則在我者得其所守達不離道則能興道致治以慰斯民平日之望

六節　陳新安曰內盡修身之實而名自著見於世蓋實之不可掩者非君子願乎其外而欲以是自見也

張南軒曰得志澤加于民其道得行也不得志修身見于世惟義之安也其曰得志不

言不以貧賤而移不以富貴而淫此尊德樂義見於行事之實也

夫囂囂本於尊德樂義故士而窮也常守其義而不失窮而尊德樂義也士而達也必循乎道而不離達而尊德樂義也其見於行事之實如此

窮不失義故士得已焉達不離道故民不失望焉

得已言不失已也民不失望言人素望其興道致治而今果如所望也

窮不失義故士之所自重者守之勿喪而得已焉達不離道故能興道致治以慰斯民不失其平日之期望焉節承上轉重人不知

古之人得志澤加於民不得志修身見於世窮則獨善其身達則兼善天下

一邊是語何避本意

得志者蓋澤加于民雖所性不存焉而道
行固亦君子本志之所存也
蒙引曰尊德樂義則可以囂囂者言其理故
士窮不失義達不離道則指實而言也不
失義故士得已不離道故民不失望者言
其理古之人得志澤加于民云云則又指
實而言也
存疑曰既言士得已民不失望又即古人之
事以實之故曰士得已民不失望之實

待文章

張侗初曰興者興起於善道也文王風化之
盛者必待風化之盛薰陶漸漬而後興起
此衆民耳若夫豪傑之士則卓然自立無
待於人雖無文王固自興起也
王觀濤曰氣稟所拘物欲所蔽者凡民也有
過人之資無物欲之蔽者豪傑也似凡民
豪傑皆主資言殊不知性善本同而氣稟
或異能反其性之同則人人豪傑矣

以詩人作証耳

見諸名實之顯著也此又言士得已民不失望之實 此
章言内重而外輕則無往而不善
不觀諸古人乎古之人得行其志則功澤加於民不得行
其志則修其身而名實著見於世不得志窮也而修身
見於世是窮則獨善其身也得志達也而澤加於民是達
則兼善天下也即古人之事可以見士得已民不失望之
實矣而尊德樂義無所往
而不囂囂者亦可知矣

待文章全旨

此欲學者不以凡民自棄而以豪傑自期也凡
民豪傑全在有待無待上分別上二句輕下二
句重總是勉人
以自立之意

孟子曰待文王而後興者凡民也若夫豪傑之士雖無文王
猶興
興者感動奮發之意凡民庸常之人也豪傑有過人之才

附之章
張南軒曰以外物爲輕重者不得遂其欲則不足得則滿矣其滿與不足繫乎外物者也若益以韓魏之家而自視歉然則是不以外物爲重輕志存乎道義而已所進又可量乎其過人也遠矣

知者也蓋降衷秉彝人所同得惟上知之資無物欲之蔽爲能無待於教而自能感發以有爲也

孟子曰人性本善則無不能感發而有爲彼必待文王風教之盛而後興起者此凡民也若夫豪傑之士才知過人而志氣超卓雖無文王作人於上亦能奮然而興起也學者可以凡民自安而不以豪傑自期哉

附之章全旨　此爲世之溺情於富貴者發看附字自字非藐富貴也乃見得我本來無物物何有增於我此真是無損加的境地故曰過人遠矣

孟子曰附之以韓魏之家如其自視欿然則過人遠矣

附益也韓魏晉卿富家也欿然不自滿之意尹氏曰言有過人之識則不以富貴爲事

孟子曰凡人識不足者恒以外物爲重輕今有人以匹夫之微一旦附之以韓魏之大家自人觀之富厚極矣如其

以佚章
陳新安曰使之殺之事雖不得已而理實所當爲則雖咈民之私欲而實契民之公心故民雖勞且死而自不怨也
朱子曰彼有惡罪當死吾求所以生之者而不得然後殺之以安衆而勸其餘此以生道殺之也彼亦何怨之有

自觀欿然若無驕盈之意此不以外物動心超然於世俗之外者也其識之過人遠矣

以佚章大旨 二道字最重全本爲民之實心上看出心雖主於佚與生事實出於不得已若不得不勞與殺則勞正所以成其佚殺正所以成其生

孟子曰以佚道使民雖勞不怨以生道殺民雖死不怨殺者

程子曰以佚道使民謂本欲佚之也播穀乘屋之類是也以生道殺民謂本欲生之也除害去惡之類是也蓋不得已而爲其所當爲則雖咈民之欲而民不怨其不然者反是

孟子曰民情好逸而惡勞勞之鮮有不怨者惟以佚道使民本欲佚之不得已而出於勞則民亦諒其心雖勞而不之怨矣民情樂生而畏死殺之未有不怨者惟以生道殺民本欲生之不得已而用其殺則雖死亦諒其心而不怨

霸者章

首節　陳新安曰二如字助語辭霸者之民感上之惠而驩虞如霸功淺近易悦故也王者之民忘上之德而皥皥如王道廣大深遠而無迹故也

其殺之矣此王者服民之道也

霸者章全旨　此章總重王道之大意首節論王伯之民不同。中節詳王民之實。末節即就中節意著王道之大。與於伯功之小也。他章辨王霸以誠僞言此章辨王霸以大小言。

孟子曰霸者之民驩虞如也王者之民皥皥如也

驩虞與歡娛同皥皥廣大自得之貌程子曰驩虞有所造爲而然豈能久也耕田鑿井帝力何有於我如天之自然乃王者之政楊氏曰所以致人驩虞必有違道干譽之事若王者則如天亦不令人喜亦不令人怒

孟子曰王降而霸規模不同民風亦與霸者之民感上之惠其意象欣喜歡樂驩虞如也王者之民忘上之德其意象則廣大自得皥皥如也

殺之而不怨，利之而不庸，民日遷善而不知爲之者。

此所謂皞皞如也。庸，功也。豐氏曰：因民之所惡而去之，非有心於殺之也，何怨之有？因民之所利而利之，非有心於利之也，何庸之有？輔其性之自然，使自得之，故民日遷善而不知誰之所爲也。

何以見其皞皞如也？刑以懲民惡，王者未嘗不殺民也，而民則忘其殺，不以爲怨；利以厚民生，王者非無所利民也，而民則忘其利，不以爲功；教以正民德，王者非不導民以善也，乃民日遷於善矣，而忘其誰爲引導，不知其爲之者。是民生王者之世，日遊於不識不知之天，豈不皞皞如乎？

夫君子所過者化，所存者神，上下與天地同流，豈曰小補之哉？

次節　蒙引曰：三句道理就是過化存神處，而王道之大於此可見，故繼以下條云云。晢雲舉曰：此節只重不怨不庸不知爲之上見王民之皞皞。章句因民之所惡而去之，因民之所利而利之，輔其性之自然，使自得之等語，乃推言不怨不庸不知爲之之故。此節王道之所以爲大，而民實不知也，不可次入正講。

末節　程子曰：所存者神，在己也；所過者化，及物也。

朱子曰：經歷不必爲經行之地，凡其身之所臨，政之所及，風聲氣俗之所被，皆謂經歷。

程子直以所過者化爲及物蓋言凡所經歷無物不化不必久於此而深治之然後物從其化也其曰在己者蓋以化者無意而及物此則誠於此而動於彼其感應之速如影響形聲之召有不知其所以然者是則所謂神爾　自王者之民皥皥如也而下至此皆說王者功用如此

蒙引曰所過者化一段不是說不怨不庸以前事亦不是說不怨不庸以後事只就不怨不庸上贊王道之大如此蓋王道只是公公則大矣私則小矣

君子聖人之通稱也所過者化身所經歷之處則人無不化如舜之耕歷山而田者遜畔陶河濱而器不苦窳也所存者神心所存主處便神妙不測如孔子之立斯立道斯行綏斯來動斯和莫知其所以然而然也是其德業之盛乃與天地之化同運並行舉一世而甄陶之非如霸者但小小補塞其罅漏而已此則王道之所以爲大而學者所當盡心也

由此觀之夫君子身所經過之處即人無不化政教一施而民俗丕變不待積久而自化也心所存主之處即神妙不測誠於此而動於彼感應之妙不知其然而然也是其神化所被充塞無外直上而至天下而至地與天地之化同運而並行矣豈曰施沾沾之惠乘人之困急以相市如伯者之小補云乎哉此三代之盛所以不可及也

仁言章

首節　此節只就入人上說仁言感發於一時仁聲必灌浸於平日以久暫異也

次節　輔慶源曰善政亦非徒尚夫法度禁令也固亦有德行乎其間但道之以政齊之以刑終不若道之以德齊之以禮者得

仁言章全旨　此章總見爲治者當審所尚意前二節言治道入民得民有深淺末節申言得民之實也蓋仁言仁聲之實正在善政善教故下面只解所以得民處而入人處不必再說

孟子曰仁言不如仁聲之入人深也

程子曰仁言謂以仁厚之言加於民仁聲謂仁聞謂有仁之實而爲衆所稱道者也此尤見仁德之昭著故其感人尤深也

孟子曰爲治之道固欲其兼全尤當知所尤重如人君有不忍人之心所謂仁也仁之發於言語號令者謂之仁言仁之被于民而歌頌徧興者謂之仁聲二者皆有以入人也然仁言發於己而未必其然且但出於一時仁聲傳於人而已有所感且又著於平素仁言之入人不如仁聲之入人深也

善政不如善教之得民也

民之心感而誠服也。

末節 胡雲峰曰孟子之意蓋謂使民畏不如使民愛得民財不如得民心然善政得民財一句集註又恐後世貪君汙吏借此以藉口訓之曰得民財者百姓足而君無不足也意謂無善政則百姓不足君孰與足矣然有善政以得民財孟子猶以爲不如善教之得民心况後世無善政而取民財者哉

蒙引曰民畏之民愛之與得民財得民心自是兩意 政教皆王道之不可闕者况善政乎王者之道固使民愛亦未嘗不使民畏固以得民心爲本亦未嘗不欲得民財也但論二者得效之淺深則彼不若此耳

政謂法度禁令所以制其外也教謂道德齊禮所以格其心也

然所以爲仁言仁聲者不外政教兩端而政教之效又有異者政之善教之善皆有以得民也然善政以紀綱法令整飭民於事迹善教以仁義禮樂道化民於性分善政得民之效小不如善教得民之效大也

善政民畏之善教民愛之善政得民財善教得民心

得民財者百姓足而君無不足也得民心者不遺其親不後其君也

試以其得民者言之善政所設民皆遵守約束畏之而不敢玩善教所感民皆懽欣鼓舞愛之而不忍忘善政不止民畏已也取之有道用之有節百姓足而君無不足有以得民之財善教不止民愛已也孝弟忠信入以事其父兄出以事其長上或忘其勢或忘其死風俗淳厚教化大行有以得民之心夫畏揚於法也愛生於心也苟至於愛而

或者因是遂賤善政之不足爲大誤且仁言亦豈君子之所免哉

良能章

眞西山曰善出於性故有本然之能不待學而能本然之知不待學而知也

吳蓀右曰良字最有味天機自動人力不預故註云本然之善論吾人功力學慮俱不可廢但不學不慮尤是本體呈露之妙耳時解說壞學慮大非

畏不足言矣民心本也民財末也苟得民心而財在其中矣故曰善政不如善教之得民也而仁言仁聲之入人者淺深從可知矣

良能章全旨

此章欲人自識其良心而擴充之以全仁義也當時言仁義者多不知仁義爲吾之性故孟子即愛敬之良以明仁義爲性所固有不待外求而人不可自失其良心也首節良知良能且虛說只就眞機發動處言之次節言良知良能之實三節正明其所以爲良也通章要把不學不慮看得重方見這愛親敬兄是性中原有的仁義不然何以合下知能達之天下如一耶

孟子曰人之所不學而能者其良能也所不慮而知者其良知也

良者本然之善也程子曰良知良能皆無所由乃出於天不繫於人

次節　輔氏曰孩提而下葢指良知良能之
先見而切近者以曉人也
蔡虛齋曰長字對孩提言謂稍長　此只有
知字何也曰連愛敬二字說則有良能矣
愛敬不可說淺須照孩提稍長說

末節　朱子曰無他達之天下只說達之天
下無別道理
陳新安曰仁義不待外求不過即人之本心
可通乎天下之仁心而仁義不可勝用矣
正以愛親敬兄出於良知良能者凡人之

孟子曰凡學而能人也不學而能天也人之所不待學習
而即能者乃本然之能能之最善其良能也凡慮而知人
也不慮而知天也人之所不待思慮而即
知者乃本然之知知之最善其良知也

孩提之童無不知愛其親也及其長也無不知敬其兄也

孩提二三歲之間知孩笑可提抱者也愛親敬長所謂良
知良能者也

所謂不學而能不慮而知者於何見之嘗觀孩提之童初
有知之始而百凡未有所染之時也無不知愛其親者此
學之謂乎及其稍長也無不知敬其兄者此豈慮而然乎
夫即其知愛知敬也而可以觀良知矣即其能愛能敬也
而可以觀
良能矣

親親仁也敬長義也無他達之天下也　綰上孩提無不知

言親親敬長雖一人之私然達之天下無不同者所以爲

性無不同此本然之善故也親親即仁敬長即義不可說是仁義之發人皆畏仁義而不敢爲故明其即是良知良能以見其無可諉

愚按羅念庵云陽明良知本之孟子故嘗以入井怵惕孩提愛敬平旦好惡爲証然言怵惕必以擴充繼之言好惡必以長養繼之言孩提必以達天下繼之玩此語似把孩提天下判作兩層未是竊謂當擴充意只須見言外念庵爲此言蓋不欲抹倒學慮深磨現成良知之弊也

舜之章

陳新安曰善言善行皆是感觸我者聞而急聽之見而急行之若決江河沛然莫禦乃其應之甚速而無不通者也

張南軒曰善言善行豈有外於舜之性者惟舜之心純乎天理故聞善言見善行不得勉強而自趨沛然若決江河之莫禦也

仁義也

然是親親敬長之心非自外至也親親即吾性之仁也敬長即吾性之義也夫親親敬長而即謂之仁義者無他正以愛敬之心達之天下無不同故耳天下同此孩提也其無不知愛之心同也天下無不同此知敬之心同也此正本然之善心得之於天而發見之至眞切者也以是驗之仁義之不待外求也豈不昭昭然哉人能擴充愛敬之良心而仁義不可勝用也

舜之章全旨

此章是形容聖心虛而能應之妙與大舜有大焉二節稍異彼云自耕稼陶漁以至爲帝無非取於人者是兼登庸以後說此則始終皆指歷山時言也與木石居三句不過言其跡之無異以起下文不甚重

孟子曰舜之居深山之中與木石居與鹿豕遊其所以異於深山之野人者幾希及其聞一善言見一善行若決江河沛然莫之能禦也

居濬山謂耕歷山時也蓋聖人之心至虛至明渾然之中萬理畢具一有感觸則其應甚速而無所不通非孟子造道之深不能形容至此也

孟子曰觀聖人者不以其迹而以其心舜當側陋未揚而居濬山之中也與木石爲居與鹿豕爲遊濬山之野人如此舜亦如此無甚異於濬山之野人也此第就其一無所接寂然不動者言之耳及其偶然聞一善言見一善行天下之善因觸吾心之善擧入心通物來順應其感通神速若決江河沛然一往莫之能禦而合天下之善爲一人之善也此則甚異於濬山之野人而大舜之所以爲大也歟

無爲章

朱子曰人心至靈其所不當爲所不當欲之事何嘗不知但初間自知了到計較利害却自以爲不妨便自昧爲之欲之耳今既知其所不當爲不當欲者便要這裏截斷斷然不爲不欲故曰如此而已矣○[illegible]曰情所不爲行所不欲是本來羞惡

無爲章大全　此章示人充義之學所不爲所不欲義也無爲其所不爲無欲其所不欲即所以充義也如此而已矣只指義不可勝用說勿作學問之功盡於此

孟子曰無爲其所不爲無欲其所不欲如此而已矣

之心。無爲其所不爲。無欲其所不欲。是能擴充其羞惡之心。爲是一身之動。欲是一念之動。不惟謹其動。而且謹其動之幾。是眞能擴充其羞惡之心。而義不可勝用矣。
華陽范氏曰。君子所當爲者義也。所不可爲者不義也。所可欲者善也。所不可欲者不善也。不爲不義則所爲皆義。不欲不善則所欲皆善。君子之道。止於如此而已矣。
熊勿軒曰。此大學誠意章事。無爲其所不爲是就躬行上說。猶所謂志士勵行守之於爲也。無欲其所不欲。是就心之發念處說猶所謂哲人知幾誠之於思也

德慧章

首節　輔慶源曰。德之慧。謂德慧也。與昏正相反。術之智。謂智術也。與愚正相反。

李氏曰。有所不爲不欲。人皆有是心也。至於私意一萌而不能以禮義制之。則爲所不爲。欲所不欲者多矣。能反是心。則所謂擴充其羞惡之心者。而義不可勝用矣。故曰如此而已矣。

孟子曰。此人羞惡之本心。皆有所不爲。與所不欲。但私意一萌。不能制之以義。則爲所不爲。欲所不欲者多矣。若能反求諸心。知其所不當爲。即斷然而不爲。知其所不當欲。即斷然而不欲。則所爲所欲皆出於義。所謂能充其羞惡之心。而義不可勝用。亦如此而已矣。自此之外。又安有所爲義哉。

德慧章全旨

此章勉人處憂患之道。可與舜發章參看。首節言人之達於事理者。由於困。下即人之處困而能達者以證之。總是欲人不以困自沮。而以困進德也

孟子曰。人之有德慧術知者。恒存乎疢疾。

次節　張南軒曰：人平居無事，漠然不省，唯疢疾加焉，則動心忍性，有所感發，故慧智由此而生。危故專一，而不敢肆；深故精審，而不敢忽。專精之極，故於事能通達也。處安樂者誦斯言，可不思逸豫之溺人，而深戒懼乎？處憂患者誦斯言，可不念其為進德之地，而自勉勵乎？

陳新安曰：人苟伏憂患之境，處孤孽之勢，當知天以是玉我於成，勿自沮而深自勉，於以進其德，益其術，庶幾操心危而卒無危，慮患深而卒免患，而至於達乎。

德慧術知者，術之知。疢疾，猶災患也。言人必有疢疾，則能動心忍性，增益其所不能也。

孟子曰：人情每快意於安樂，而拂意於困窮，不知困窮乃成德之地。任心之理謂之德，以理燭事，見於未然，是謂德之慧；處事之方謂之術，因事察理，盡其當然，是謂術之智。此何以得之也？人之有德慧術知者，恒不得之於逸豫，而存乎疢疾。蓋險阻備嘗者，乃動心忍性之機；而磨練日深者，亦增益不能之地。此德慧術智所由來也。

獨孤臣孽子，其操心也危，其慮患也深，故達。

孤臣，遠臣；孽子，庶子，皆不得於君親，而常有疢疾者也。達，謂達於事理，即所謂德慧術知也。

何以驗其然也？嘗觀之，同是臣，獨彼為孤臣；同是子，獨彼為孽子者，所謂情義隔於君親，勢分制於近嫡，而嘗有疢疾者也。其操心也危，常若禍患之至，專一而不敢肆；其慮患也深，預防禍患之來，精審而不敢忽。專精之極，故能周知

有事章
胡雲峯曰孟子所謂四者雖人品不同然皆在下而爲臣者也故以乾九二當之
張南軒曰以事是君爲容悅者慕爵祿而從君者也以安社稷爲悅則志存乎功業者也天民者必明見夫達而其道可行於天下而後行之蓋其所主在道而非必於行也正己而物正者正己而物自正也若規規然有意於正物則其道狹矣
首節　輔氏曰阿狥爲容謂長君之惡以求容其身逢迎爲悅謂逢君之惡以求君之悅
蒙引曰容與悅在君而其爲容與悅者則在臣
存疑曰爲字是專務之意
次節　安社稷是爲君安社稷重悅字　上節悅字屬君此節悅字屬臣所指不同
三節　陳新安曰伊耕莘呂釣渭之時可當天民之名使不遇湯武則沒世不出必矣此主其不輕出而言非以伊呂等後來出

人情備嘗世故達於事理而德慧術知全焉故曰有德慧術知者恒存乎疢疾也然則嘗憂患者可不思自勵乎哉

有事章全旨　此章別臣品之不同首二節是志富貴與功名之別後二節是以道自重與盛德及物之別總是欲爲人臣者當以第一等人自處也

孟子曰有事君人者事是君則爲容悅者也

阿狥以爲容逢迎以爲悅此鄙夫之事妾婦之道也

孟子曰人臣之品不同有事君人者其事是君則惟阿狥逢迎事務爲君之容悅者也

有安社稷臣者以安社稷爲悅者也

言大臣之計安社稷如小人之務悅其君眷眷於此而不忘也

有安社稷臣者以身殉國或轉危而爲安或保安於未危惟以安社稷爲悅者也

當大任而言也
胡雲峰曰伊尹爲天民之先覺此則曰有天民者旨意不同蓋前所謂天民者皆禀氣於天均之爲天生之民此則以其全盡天理乃天之民也
四節　朱子曰天民專指未得位者大人則其德已著
楊龜山曰物正物自正也大人只是正己而已惟能正己物自然正此乃篤恭而天下平之意
輔慶源曰上謂君下謂民大人德盛故君民無不化

有天民者達可行於天下而後行之者也
民者無位之稱以其全盡天理乃天之民故謂之天民必其道可行於天下然後行之不然則寧没世不見知而不悔不肯小用其道以徇於人也張子曰必功覆斯民然後出如伊吕之徒
有天民者以道自重必達焉可行其道於天下而後行之不然則不行也
有大人者正己而物正者也
大人德盛而上下化之所謂見龍在田天下文明者此章言人品不同略有四等容悅佞臣不足言安社稷則忠矣然猶一國之士也天民則非一國之士矣然猶有意也

三樂章

首節　張南軒曰君子之樂樂其天也於下文三者得其樂則視王天下之事如太虛中浮雲耳果何異於我而況其他哉

次節　蔡氏曰孟子論大道以仁義爲本論仁義以事親從兄爲實此言三樂又以父母俱存兄弟無故爲之首然後反於成己之仁成物之智益一本之理自行之原也

此是天倫之樂俱存無故則孝友得以自致故可樂　無故亦多端或夭死或患難或相違或不良或不協皆其故也如司馬牛有兄弟而憂其爲亂則有故矣

三節　陳新安曰本文無克己之意此程子推原所以能不愧不怍之由而示人以其

無意無必惟其所在而物無不化惟聖者能之

有大人者德盛化神但正其己而上下化之物自無不正也功在社稷而不尸道行天下而無意必品至此亦極矣

三樂章大旨　此章見性分之學超於勢分之外王天下只就勢位言未說到其道大行處首節虛中詳三樂之實末節又咏嘆性分中有此三樂雖王天下必不以彼而易此非徒結應首節也

孟子曰君子有三樂而王天下不與存焉

孟子曰人皆知王天下勢位尊榮之可樂自我論之君子有三樂而王天下不得與存其數焉

父母俱存兄弟無故一樂也

此人所深願而不可必得者今既得之其樂可知

三樂維何父母俱存壽考而康寧兄弟無故安居而相好則天倫順聚何樂如之此謂一樂也

仰不愧於天俯不怍於人二樂也

要也。人所以俯仰愧怍，累於己私，即克去己私，則內不愧於心，所以仰不愧於天，俯不怍於人，心廣體胖之樂，不期然而然矣。

蔡氏曰：天之所賦者無不全，人之所同者無不盡，所謂反身而誠，樂莫大焉者也。

此是盡性之樂，註中克己意，乃不愧不怍之由。

四節　陳新安曰：朋自遠來，其言平而易遂；得天下英才，其言簡而難必。孟子之門，僅一樂正子，亦恐未足以當此。

蔡氏曰：英才以資質言，不兼學力。既教之，又養之，俟其成也。

此是傳道之樂　又次節補出孝友得盡意，此節專看註中以所樂乎己者二句，方與不愧不怍節克己意對，得來方見二節俱有功天下。林氏總註似輕看首尾二樂矣。

末節　三樂皆吾所固有，而無待於外求者也。彼王天下者，天位雖可樂，孰與天性之光？負榮身雖可樂，孰與誠身之光？得富貴

程子曰：人能克己，則仰不愧，俯不怍，心廣體胖，其樂可知。有息則餒矣。

天之賦於我者無不全，仰焉不愧於天；人之同於我者無不盡，俯焉不怍於人。則心廣體胖，何樂如之！此謂二樂也。

得天下英才而教育之，三樂也。

蓋得一世明睿之才，而以所樂乎己者教而養之，則斯道之傳得之者眾，而天下後世將無不被其澤矣。聖人之心所願欲者莫大於此，今既得之，其樂為何如哉！

盡得天下英賢之才，教而養之，以成其德，則斯道有傳，澤及後世，何樂如之！此謂三樂也。

君子有三樂，而王天下不與存焉。

林氏曰：此三樂者，一係於天，一係於人，其可以自致者，唯不

一腔雖可樂孰與道傳萬世之無窮又安肯以彼易此哉如此講方得兩意相形意

廣土章

首次二節　朱子曰此君子是通聖人而言

韓慶源曰所欲極於所樂固亦非性外事但於吾性所受之全體則初無增損也

胡雲峰曰前章君子三樂所樂在所性之中此章君子樂之所性在所樂之外

愧不怍而已學者可不勉哉

此三樂者一係於親一係於己一係於道皆吾性自有之真樂而無待於外者天下勢分之樂何足以擬此故曰君子有三樂而王天下不與存其數也

廣土章全旨

此章明所性之爲重首二節以欲樂遞說引起所性不存一句欲其澤之遠施樂其道之大行亦是本分事但於性天無所增益故曰所性不存與輕勢位意無涉第三節言所性不有之故末節正言所性又不加不損之故也

孟子曰廣土衆民君子欲之所樂不存焉

地闢民聚澤可遠施故君子欲之然未足以爲樂也

孟子曰吾人之事功雖由道德而施然有內外輕重之別如廣土衆民澤可遠施君子欲之矣然其所及有限而所樂不存乎此焉

中天下而立定四海之民君子樂之所性不存焉

其道大行無一夫不被其澤故君子樂之然其所得於天者則不在是也

若作君作師中天下而立以養以教定四海之民無一夫不被其澤君子樂之矣然有待於勢而所性不存乎此焉

君子所性雖大行不加焉雖窮居不損焉分定故也

分者所得於天之全體故不以窮達而有異

君子所性雖大行其道而不為之加焉雖窮居在下而不為之損焉蓋性得於天其分已定本無不足何得而加本非有餘何得而損故不以大行窮居而有異也

君子所性仁義禮智根於心其生色也睟然見於面盎於背施於四體四體不言而喻

三節　朱子曰此是說生來承受之性君子所性只是這一個道理雖達而為堯舜在上亦不是加添些子若窮而為孔孟在下亦不是減少些子蓋這一個道理合下都定了更添減不得　發得出行其道者亦是人之所欲但其用其舍於我性分之內本不相關進而大行退而窮居於我性分之內無所加損

末節　朱子曰仁義禮知根于心便見得四端著在心上相離不得纔有些子私意便刋斷了那根便無生意辟如木根著在土上方會生其色也睟然便從那根上發出來　四體不言而喻是四體不待命令而

自如此。如手容恭。不待自家教他恭。而手容自然恭。足容重。不是自家教他重。而足容自然重。

蔡覺軒曰。先師云看文字當看大意。又看句語中何字最切要。仁義禮智根於心。根字甚有意。蓋根於心者。培養得厚盛。則發於外者。自然睟面盎背。到得手足順便。不覺其所以然。

蔡虛齋曰。此以君子言。若常人雖同具此性於心。謂之根於心。不可也。根有植立堅固之意。其性實爲己有也。生色二字。通貫下三句。皆仁義禮智之流行呈露也。蓋有諸中必形諸外。故兼言之。皆爲性之所蘊也。

鄱陽朱氏曰。此章明內外輕重之等。道行於世固可樂。德全於己尤可貴。

上言所性之分與所性所樂不同。此乃言其蘊也。仁義禮智性之四德也。根本也。生發見也。睟然清和潤澤之貌。盎豐厚盈溢之意。施於四體。謂見於動作威儀之間也。喻曉也。四體不言而喻。言四體不待吾言。而自能曉吾意也。蓋氣稟清明。無物欲之累。則性之四德根本於心。其積之盛。則發而著見於外者。不待言而無不順也。程子曰。睟面盎背。皆積盛致然。四體不言而喻。惟有德者能之。○此章言君子固欲其道之大行。然其所得於天者。則不以是而有所加損也。

以君子所性言之。君子氣質清明。無物欲之累。所性之仁義禮智。皆植根於心。堅固而不可搖奪。根既內深。則英華

四書集註 下孟 卷二十六 十九

黎

伯夷章

首節　張南軒曰以伯夷太公之事觀之則知天下有善養老者則仁人必歸之蓋善養則其仁心之所存仁政之所行可知矣仁人見其然是以樂從之

陳新安曰仁人指伯夷太公前篇以爲大老此以爲仁人遠尊之齒德居其二大老以齒言仁人以德言也

外發其生色也睟然者見於外、清和潤澤、一四德之呈露也盎然者徵於背豐厚盈溢、一四德之充暢也以至施於四體四體不待語言而自喻動中天則、一四德之條達也君子所性者如此則欲樂之得與不得亦聽之於所遇耳豈以大行窮居而有所加損哉

伯夷章全旨　此章勉諸侯行養老之政也首述二老歸文王之善養以勉人次言文王治岐之政末著其養老之善也

孟子曰伯夷辟紂居北海之濱聞文王作興曰盍歸乎來吾聞西伯善養老者太公辟紂居東海之濱聞文王作興曰盍歸乎來吾聞西伯善養老者天下有善養老則仁人以爲己歸矣

已歸謂已之所歸

次節　蒙引曰此一條且慢說文王養老字出。只說文王治岐之政如此下文方承言文王之政如此自有以養其老者而不待於家賜人益也

孟子曰。伯夷辟紂。隱居北海之濱。聞文王起。爲西伯。乃奮然興曰。盍歸乎來。吾聞西伯善養老者。歸而就其養可也。太公辟紂。居於東海之濱。聞文王起爲西伯。乃奮然興曰。盍歸乎來。吾聞西伯善養老者。歸而就其養可也。夫伯夷太公仁人也。而歸文王如此。今天下之君能善養老如文王。則仁人皆翕然以爲已歸矣。

五畝之宅。樹牆下以桑。匹婦蠶之。則老者足以衣帛矣。五母雞。二母彘。無失其時。老者足以無失肉矣。百畝之田。匹夫耕之。八口之家。可以無饑矣。

此文王之政也。一家養母雞五。母彘二也。

試以文王治岐之政言之。一夫受五畝之宅。於牆下樹之以桑。使匹婦蠶之。則帛有自出。老者足以衣帛矣。一家令畜五母雞二母彘。無失其孕字之時。則肉有自出。老者足以無失肉矣。一夫受百畝之田。令匹夫耕之。則穀有所出。而八口之家。可以無饑矣。

末節　輔氏曰若無孟子此說則人將謂文王之養老只如後世尊養三老五更之禮文而已
說約曰前節敘此節議

所謂西伯善養老者制其田里教之樹畜導其妻子使養其老五十非帛不煖七十非肉不飽不煖不飽謂之凍餒文王之民無凍餒之老者此之謂也

田謂百畝之田里謂五畝之宅樹謂耕桑畜謂雞豚也趙氏曰善養老者教導之使可以養其老耳非家賜而人益之也

文王治岐之政如此則伯夷太公所謂西伯善養老者豈家賜人給之哉亦惟制其田里爲百畝五畝教之樹畜有蠶桑雞彘導引其妻子以田里樹畜之所出者使各養其老而已凡人年五十衣非帛不煖年七十食非肉不飽不煖不飽謂之凍餒當時文王之民無有凍餒之老者此正伯夷太公所爲善養老之謂也今之君可不以爲法乎

易其章全旨　此章見治道以足民爲要首二節言足民之政末言民足而教化可興無不仁只從富足中想

易其章

首次二節　范華陽曰、先王養天下之民、非人人而食之也、惟不奪農時、則皆得治其田疇、恭儉節用、則可以薄其稅斂、此二者、使富足之道也。

末節　范華陽曰、聖人之治天下、既庶而後富之、既富而後教之、倉廩實而知禮節、衣食足而知榮辱、所謂菽粟如水火、則民無有不仁、堯舜三王之盛、皆由此道也、陳新安曰、禮義常心、即所謂仁也、有餘則易

見不可提
仁民說起

孟子曰、易其田疇、薄其稅斂、民可使富也。

孟子曰、王政莫先於足民、誠能不奪農時、而易其田疇、什一是賦、而薄其稅斂、則有以開財之源、而民可使富也。

易、治也、疇、耕治之田也。

食之以時、用之以禮、財不可勝用也。

教民節儉、則財用足也。

民既富矣、乃財恆耗於食、必使食之以時、而朝饔夕飧之有節、財亦匱於用、必使用之以禮、而冠婚喪祭之有經、則有以節其流、而財不可勝用也。

民非水火不生活、昏暮叩人之門戶、求水火、無弗與者、至足矣、聖人治天下、使有菽粟如水火、菽粟如水火、而民焉有不

亦非無不留

公其有所以無不仁不足則各私其有爲得仁民以食爲天使民足其食之天在使民務本以豐財之源儉約以節財之流也

孔子章

許東陽曰第一節兩言登山謂所處地位高則視下愈小觀海難爲水謂所見大則小者不足觀聖門難爲言謂既聽聖人之言則餘人之言皆不足聽第二節言聖人之道有本故明不窮第三節言學者當學聖人以漸而進不可躐等也

首節　輔慶源曰觀於海則知天下之水皆不足以動其之視遊於聖人之門則天下之言皆不足動其之聽

仁者乎

水火民之所急宜其愛之而反不愛者多故也尹氏曰言禮義生於富足民無常產則無常心矣

夫民非水火不生活宜其愛之矣然昏暮叩人之門戶求水火無弗與者以其至足故也聖人治天下知民之所急在菽粟凡所以開其源而節其流者無所不用其至使有菽粟如水火焉菽粟既如水火則禮義生於富足而民皆興行爲有放辟邪侈而不仁者乎夫一足民而民無不仁如此則厚生之政可視爲緩而不知務哉

孔子章全旨　此章欲人法孔子而至乎其極首形容聖道之大次又形容聖道之大而有本末節言學聖人之道者必以漸而至

孟子曰孔子登東山而小魯登泰山而小天下故觀於海者難爲水遊於聖人之門者難爲言

麟士曰孔子二字一頓。集註所處屬聖人所見屬學者。故字轉如是

次節　陳新安曰二者皆是於其用處知其本。承上文以比聖道之所以大者以其有本也

趙註曰容光小郤也

蒙引曰聖人之道大只是泛應曲當聖道之有本只是一理渾然人但見其道之大而不知其大之有本也

此言聖人之道大也東山蓋魯城東之高山而太山則又高矣此言所處益高則其視下益小所見既大則其小者不足觀也難爲水難爲言猶仁不可爲衆之意

孟子曰人至於聖而止道至於聖人而極大哉孔子乎在一國則大於一國其諸登東山之上而小魯歟爲在天下則大於天下其諸登太山之上而小天下焉孔子之大如此是故觀於海者目擊乎汪洋浩瀚之勢則衆水皆不足視而難乎其爲水遊於聖人之門者耳聆乎仁義道德之宗則羣言皆不足聽而難乎其爲言蓋聖人之自處既高則見聖人之大者其餘皆不足觀矣

觀水有術必觀其瀾日月有明容光必照焉

此言道之有本也瀾水之湍急處也明者光之體光者明之用也觀水之瀾則知其源之有本矣觀日月於容光之

末節朱子曰成章是做得成片段有文理可觀如子貢之辨了路之勇都是真個做得成了不是半上落下今日做得明日又休了又曰此一章如詩之有比興比者但比之以他物而不說破其事此之觀水有術在容光必照焉似詩之比興則引物以發其意而終說破其事此之以登山觀海興起遊聖門難為言以流水不盈科不行興起為道不成章不達似詩之興也君子之志於道不成章不達蓋人之為學須是務實乃能有進若這裏工夫欠了分毫定是要透過那裏不得

輔氏曰自有諸己之信至於大而化之之謂聖自志學至於從心不踰矩其間次第皆是足於此而通於彼

隙無不照則知其明之有本矣

然聖人之道有其所以為大者本也如觀水者有術焉必於其瀾而觀之觀其瀾則知水之有源矣日月有至明之體故容光之處必照致焉觀容光之照則知日月之有明矣水與日月皆有其本豈聖道之大而無為之本者乎

流水之為物也不盈科不行君子之志於道也不成章不達

言學當以漸乃能至也成章所積者厚而文章外見也達者足於此而通於彼也　此章言聖人之道大而有本學之者必以其漸乃能至也

聖道之大而有本如此則欲學聖人者豈一蹴所能至哉今夫流水之為物也不盈此科則不行而進君子之至於聖人之道也必至於成章之地學問片段有文理可觀然後可由此而通彼層累而上以漸乎其極茍未至於成章則未足乎此必不能達於彼安能躐等而進以造乎聖道之極哉

雞鳴章

首次二節　雞鳴而起古人之常度孳孳盡一日言之非只謂雞鳴時孳孳也

朱子曰程子嘗曰不獨財利之利凡有利心便不可如作一事須尋自家穩便處皆利心也如此則善利之間相去毫髮苟辨之不明其不反以利爲善者鮮矣此大學之道所以雖以誠意正心爲重而必以格物致知爲先也

末節　朱子曰間是兩者相並在這裏一條路做這邊去一條路做那邊去所以謂之間

陳新安曰善與利之間察之貴乎精而爲善之力守之貴乎一察之不精則認利爲義

雞鳴章全旨　此章嚴聖狂之介首二節從爲善爲惡之一念分判個舜之徒蹠之徒尚未到真舜真蹠此節舜蹠之分在利與善之間之意也末節只申上二節不作推原說

孟子曰雞鳴而起孳孳爲善者舜之徒也

孳孳勤勉之意言雖未至於聖人亦是聖人之徒也

孟子曰人之聖狂如於一念之微如雞鳴而起其心孳孳然勤於爲善者雖未遽至於舜是亦舜之徒也

雞鳴而起孳孳爲利者蹠之徒也

蹠盜蹠也

若雞鳴而起孳孳然勤於爲利者雖未遽至於蹠是亦蹠之徒也

欲知舜與蹠之分無他利與善之間也

程子曰言間者謂相去不遠所爭毫末耳善與利公私而

認人欲為天理者有矣守之不一則今日為明日息焉者有矣必精以察乎善利之間而不雜一以守其為善之力而不移則庶乎不流為蹠之歸而人皆可為舜者將真可為舜矣

愚按雞鳴是夜旦交界之時起而孳孳為善是長養一路人起而孳孳為利是梏亡一路人雞鳴二字要着眼猶前篇言平旦之氣指示極切

楊子章

首節　取是取必之取是立意如此

楊朱篇禽子曰去子體之一毛以濟一世汝為之乎楊朱曰世固非一毛之所濟禽子曰假濟為之乎楊子弗聽

已矣才出於善便以利言也　或問雞鳴而起若未接物如何為善程子曰只主於敬便是為善

夫舜之與蹠其善惡相去遠矣而為舜為蹠自雞鳴而起之一念而始然則欲知舜與蹠之分豈有他哉亦在利與善之間而已蓋利與善發動之初其間相去只有毫末其後自善而充之至無一之不善則為舜自利而充之至無一之非利則為蹠此舜蹠之所以相遠耳毫末之差即成千里之謬人可不惕然自儆以謹於其間也哉

楊子章全旨　此章為竊中之名以亂中者而發楊墨之害道易見竊中者之害道難知雖分三項闢子莫意居多前三節舉三子之行末節斷其害道之同

孟子曰楊子取為我拔一毛而利天下不為也

楊子名朱取者僅足之意取為我者僅足於為我而已不及為人也列子稱其言曰伯成子高不以一毫利物是也

次節 蒙引曰拔一毛對摩頂放踵俱是假借詞非實說總是言楊子凡可以利天下者皆不爲墨子凡可以利天下者皆必爲也。

三節 程子曰中無定體惟達權然後能執之。近之據此名雖似近於道不在猶賢於楊墨說。權即時中非有外於中。

顧麟士曰猶執一也則是爲我兼愛已執一矣故下遂云所惡執一者爲總斷之辭。何謂執中無權蓋聖人之道隨時處中千變萬化如一把秤輕重多少星星皆有隨處皆移子莫只認定中間一星以爲中故曰無權。中無定體隨時而在時當濟世

孟子曰今日異端之學何紛紛耶有楊子者厭猶外之無實僅取爲我充其爲我之心雖拔一毛而利天下彼亦較量於爾我之間而不爲也。況所損不止一毛者乎。

墨子兼愛摩頂放踵利天下爲之

有墨子者厭自私之無用而無所不愛充其兼愛之心雖摩頂至踵極其勞瘁而可以利天下彼亦不吝而爲之。

墨子名翟兼愛無所不愛也摩頂摩突其頂也放至也

子莫執中執中爲近之執中無權猶執一也

子莫魯之賢人也知楊墨之失中也故度於二者之間而執其中近近道也權稱錘也所以稱物之輕重而取中也執中而無權則膠於一定之中而不知變是亦執一而已矣程子曰中字最難識須是默識心通又曰中不可執也

則雖纓冠往救而不得謂之兼愛時當全
已則雖閉戶不救而不得謂之爲我中之
所以貴權也子莫只是膠於一定故不足
語於時中之道

陳潛室曰允執厥中乃時中之中觸處是道
理活法也子莫乃執一以爲中死法也

末節　朱子曰子莫見楊墨皆偏在一處要
就二者之中而執之正是安排尋討也原
其意思固好只是見得不分明依舊不是

胡雲峰曰吾儒之中隨時以取中異端之中
執中而無權吾儒之一一以貫萬異端之
一一而廢百　唐虞授受之中孔子得之
爲時孟子得之爲權

陳新安曰舉一偏而廢百端百者言其多耳

識得則事事物物皆有自然之中不待安排安排著則不
中矣

又有子莫者見二者之各有偏處其爲我不至如楊子之
固其兼愛不至如墨子之泛而不楊不墨中立以爲道據
其執中之名似乎近道矣然中有推移變化之用所謂有
權乃是中也執中而無權則膠於一定而不能權時之輕
重以爲中亦與爲我兼愛
者均爲執一不通之見也

所惡執一者爲其賊道也舉一而廢百也

賊害也爲我害仁兼愛害義執中者害於時中皆舉一而
廢百者也　此章言道之所貴者中中之所貴者權楊氏
曰禹稷三過其門而不入苟不當其可則與墨子無異顏
子在陋巷不改其樂苟不當其可則與楊氏無異子莫執

饑者章

首節　朱子曰饑渴害其知味之性則飲食雖不甘亦以爲甘利欲害其仁義之性則所爲雖不可亦以爲可

陳新安曰富貴有當得不當得之正理知之在心如飲食有美惡之正味知之在口口

爲我兼愛之中而無權卿鄰有鬬而不知閉戶同室有鬬而不知救之是亦猶執一耳故孟子以爲賊道禹稷顏回易地則皆然以其有權也不然則亦是楊墨而已矣

夫楊墨子莫均爲執一則均爲可惡矣而所惡執一者何哉謂其賊害夫聖賢中正之道也蓋道無定體隨時隨事隨物其妙用最多彼只執其一則其餘百端變化皆廢也其賊道如此不亦深可惡哉有衞道之責者其能無辨乎

饑者章全旨　此章上節即饑渴以起貧賤而言欲之累心末節言不累於欲者之過人總是欲人之審富貴而安貧賤也　言口腹以例人心言饑渴以例貧賤言飲食以例富貴言　正味以例正理下節以饑渴之害爲心害是借饑渴二字當貧賤二字也

孟子曰饑者甘食渴者甘飲是未得飲食之正也饑渴害之也豈惟口腹有饑渴之害人心亦皆有害

腹因饑渴而失其正味人易知也人心因貧賤而失其正理人多未知也孟子因舉人之易知者以曉人之未知者。

次節 陳新安曰貧賤不與饑渴對而饑渴亦從自其有求之君子必不能忍饑渴從飲貧賤所求富貴以害其心之正理矣是害口腹者饑渴也害心者亦饑渴也饑渴害口腹口之正味不嘗以害心之正理此君子所以可饑可寒可貧可賤而不可與爲不義也

末又不及人人字指聖賢其中過人人字指衆人惟其過衆人便可及聖賢也

柳下惠章

問此與聖人之和互相發明耶乃所以爲和耶楊龜山曰觀惠之和宜若不介故此特言之問何以知其介曰只不卑小官之處

口腹爲饑渴所害故於飲食不暇擇而失其正味人心爲貧賤所害故於富貴不暇擇而失其正理

孟子曰世之饑者得食則甘之渴者得飲則甘之是皆不甘而以爲甘未得乎飲食之正味也所以失其正味者以饑渴害之也然豈惟口腹有饑渴之害哉人因貧賤之故而苟爲不義之富貴喪其心者多矣人心亦皆有害

人能無以饑渴之害爲心害則不及人不爲憂矣

人能不以貧賤之故而動其心則過人遠矣

是則人心之有害猶口腹有饑渴之害也有人於此能無以口腹之害爲心害不以貧賤而有動於中則其識見高明持守堅定雖品詣有不及人不足以爲憂矣

柳下惠章全旨 人皆知柳下惠之和而不知其和而介故孟子特表而明之分辨只是不苟就惠所守說凡事君處衆皆然

能見可見如柳下惠之不以爲大官何所不可而樂於爲小官則其剛介可知矣。
朱子曰伯夷餓於首陽伊尹祿以天下不顧皆能不以三公易其介獨稱柳下惠何也以惠之和嫌於不介故也
胡雲峰曰人皆知夷齊之清而不知夷齊之清而有量人皆知柳下惠之和而不知惠之和而不流孔孟之言皆闡幽之意也微顯是帶過說

有爲章
輔慶源曰爲人而未得爲聖人言治而不及於堯舜皆爲未及夫泉也
胡雲峰曰當與論語譬如爲山一章通看學問雖成而不至於成者可爲戒矣

孟子曰柳下惠不以三公易其介
介有分辨之意柳下惠進不隱賢必以其道遺佚不怨阨窮不憫直道事人至於三黜是其介也　此章言柳下惠和而不流與孔子論夷齊不念舊惡意正相類皆聖賢微顯闡幽之意也
孟子曰吾觀柳下惠之爲人也進必守道退不憫窮雖與之三公之位以易其介亦不可得也

有爲章全旨　此孟子儆學者之詞見不爲則已爲則必要其成必不可廢於一簣自棄前功也　只主學說勿兼爲治似較確淨
孟子曰有爲者辟若掘井掘井九軔而不及泉猶爲棄井也　一氣下
八尺曰仞言鑿井雖深然未及泉而止猶爲自棄其井也

堯舜章

首節　朱子曰性之是合下如此身之是做到那田地。

楊龜山曰堯舜性之由而行者也湯武身之體之者也五伯則假之而已非已有也

呂仲謙曰仁不如堯孝不如舜學不如孔子終未入於聖人之域終未至於天道未免爲半塗而廢自棄前功也

孟子曰人知自棄者不可與有爲不知爲而不及其至亦爲自棄故有爲者辟若掘井然有爲期於有成猶掘井期於及泉也若掘井九軔而不及泉猶爲自棄其井也然則有爲而不要其成與棄井者何以異哉

堯舜章全旨　此章是黜霸之意首節論帝王霸誠僞不同下深嘆伯者之不知反也

孟子曰堯舜性之也湯武身之也五霸假之也

堯舜天性渾全不假修習湯武修身體道以復其性五霸則假借仁義之名以濟其貪欲之私耳

孟子曰自帝而王而霸乃性道升降之機也而心術之誠僞不能無辨焉堯舜性乎此道自然而全之也湯武身乎此道以體而力行之也五霸則外飾仁義之名以濟其內之貪欲假此道而無其實者也

二節　蒙引曰久假便是不歸不必說不歸於眞言其假之久而安也所謂居之不疑相似　末兩句是孟子嘆詞承上言五伯末是假之而終不自知其爲假所以可嘆也

伊尹章

首節　述說曰始悅其正君之非終悅其成君之德　伊尹言只不狎一句下五句敘

久假而不歸惡知其非有也

歸還也有實有也言竊其名以終身而不自知其非眞有

尹氏曰性之者與道一也身之者履之也及其成功則一也五霸則假之而已是以功烈如彼其卑也

夫假之未非眞有假之久而不歸則居之不疑彼亦不自知其非眞有也始焉苐託之以欺人終遂安之而自欺不亦深可慨乎

伊尹章全旨　此章明人臣之大義首節述伊尹之事下二節就伊尹之論以疑賢者之事君君雖不賢未必可放孟子言有伊尹之志則可不是明伊尹之心見得放君惟伊尹做得餘人皆做不得所以正君臣之分而杜篡奪之禍也

公孫丑曰伊尹曰予不狎于不順放太甲于桐民大悅太甲

其事　不狎句只照註解，蔣經傳註云不可使其習見不順理義之人與此別

次節　賢者泛言，不專指伊尹；有伊尹之志二句，承賢者為人臣言，亦推開說；伊尹之志只是一個無私而已。

末節　張南軒曰：伊尹之事，志存乎宗社，變而得其正者也。

蔡覺軒曰：孟子此二語，不惟見伊尹之心如青天白日，而百世之下姦臣亂賊亦無所逃其罪矣。味則可之詞，亦見處變備可之意，而非正法也，要見不得已意。上則字以可字看，緩詞也；下則字以無字看，急詞也。

輔慶源曰：公天下以為心，豈一朝夕勉強所能為哉？非道全德備，其素行有以信於人，至誠有以通於天者，不能也。

賢又反之，民大悅

予不狎于不順，太甲篇文。狎，習見也。不順，言太甲所為不順義理也。

公孫丑問曰：嘗聞之伊尹曰「予不欲習見嗣君之所為不順義理之事」，因放太甲於桐，當其時民大悅，悅其匡君之過也；及太甲處仁遷義而賢矣，又反之以迎歸于亳，當其時民又大悅，悅其成君之德也。

賢者之為人臣也，其君不賢，則固可放與

由此觀之，凡賢者之為人臣也，設遇其君不賢，則固可放而置之與？

孟子曰：有伊尹之志則可，無伊尹之志則篡也

伊尹之志，公天下以為心，而無一毫之私者也

孟子曰：君何可言放哉！當曰伊尹之志，至公無私，為宗社生民計，不得已而出此，使為臣者有伊尹之志，則猶可為

素餐章

張南軒曰夫君子仁義修乎身居是國也其君用之則安富尊榮如其未用子弟從之則亦薰陶乎孝弟忠信之習而以善俗

陳新安曰君子居人國用則有功於君而功業建不用亦有功於人子弟而風俗厚豈爲無功而食乎丑之見何陋也

林次崖曰蒙引云其君用之與子弟從之相對說謂上有功於君下有功於民最是小註作用不用未是

安謂國祚寧固富謂國計充實尊謂臣民具瞻榮謂大國必畏

張彥陵曰玩用之從之語氣若曰其君只是不用用則便有功於君其子弟只是不從從則便有功於子弟養其身於有待便是有功當世處

若無伊尹之志則是篡位也君何可輕言放哉

素餐章全旨 總見君子有益於國家非無功而食丑意不重不耕只重無功上全爲孟子不仕而傳食發不如君子既仕之功顯而易見未仕之功隱而難知在國勢人心孟子答丑之意只重有功上亦自寓之詞 朱子曰傳食章言人之有功我當食其人主食人者言此言見食於人者必有功於人主食人之食者言也

公孫丑曰詩曰不素餐兮君子之不耕而食何也孟子曰君子居是國也其君用之則安富尊榮其子弟從之則孝弟忠信不素餐兮孰大於是

詩魏國風伐檀之篇素空也無功而食祿謂之素餐此與告陳相彭更之意同

公孫丑問伐檀之詩曰不素餐兮蓋言守志之士不可無事而空食也以此觀之則君子不仕無功但當自食其

愚按其君用之謂信用其言耳若大行其道當王天下豈但安富尊榮而已且功業大著亦不必設不耕而食之疑矣講君子是國只似孟子在齊梁始得

王子章

首次二節　蔡氏曰尚志着力不卑汚其志而必高尚其志此即士之事也此句一章大旨下文正詳言之　尚志猶云士之事在尚志而已高尚其志不爲物欲所污不爲功利所奪便是非隱居高尚之謂也已仕則志見於事未仕則事蘊於志尚志即孔子所謂隱居以求其志也尚字前有許多窮理實踐工夫方能如此如伊尹之耕莘樂道顏子居陋巷而問爲邦都是尚志處觀下文俱以異日得位之事告之可

力乃君子不耕而食人之食何也無乃素餐乎孟子曰君子居是國也如其君用之而言得行於上其國必安富尊榮其子弟從之而教得行於下則人皆孝弟忠信上有功於君下有功於民所謂不素餐兮孰有大於是者哉而何以責其不耕而食也

王子章全旨　此章見士所志之大王子問士何事隱然有輕士之意孟子曰尚志曰大人之事備矣見士雖未得大人之位而已具大人之德業所以著士之尊貴也不專辨有事無事

王子墊問曰士何事

墊齊王之子也上則公卿大夫下則農工商賈皆有所事而士居其間獨無所事故王子問之也

王子墊問於孟子曰人皆有所事士之所爲者則何事乎

孟子曰尚志

見全體大用無不畢具於志中所以可尚
諧參寥一志尚個甚的
朱子曰此志字與父在觀其志之志同未見
於所行方見其所存也
末節　摘訓曰殺無罪八句連看連下四句
兩非也兩惡在兩是也俱非孟子斷語俱
是體士之志而代爲之詞　備大人之事
正見士之志爲莫大之志者士之事即爲
莫大之事不得謂士無事而惟有志也大
人二字最說得重見士不可輕意　何謂
尚志問尚字意居多答以仁義正貼尚字
居言所存路言所行俱要貼志說惟其爲
志所以只說個備字
新
存疑曰非仁非義之事雖小不爲
而所居所由無不在於仁義皆據後日言
其所志如是所以謂尚志此說不然此八
句就窮居現在言如居廣居行大道皆是
平居時事窮以此獨善其身達即以此兼
善天下有其體必有其用故曰大人之事
備矣若平居不能居仁由義而志在後日

尚高尚也志者心之所主也士既未得行公卿大夫之道又不必爲農工商賈之業則高尚其志而已

孟子曰士之事在高尚其志非泛然爲流俗之所爲也

曰何謂尚志曰仁義而已矣殺一無罪非仁也非其有而取之非義也居惡在仁是也路惡在義是也居仁由義大人之事備矣

非仁非義之事雖小不爲而所居所由無不在於仁義此士所以尚其志也大人謂公卿大夫言士雖未得大人之位而其志如此則大人之事體用已全若小人之事則固非所當爲也

則徒有虛願全無實學大人之事豈虛願所能備哉

仲子章

陳新安曰孟子於陳仲子其對匡章既深非之此又申言之二章當參看

朱公遷曰微生之與害於直仲子之操害於廉則皆不合於義者也是故夫子以微事斷之孟子以大節斷之欲人以之爲誠耳

仲子二字一頓　與之齊國不受非仲子實事也設因其不食不居之操推其心而設言其爲人如此　不受非義之國亦非小事但對大倫而言祇足謂之小事耳　信其其字作爲字便明　賢字虛大節字亦虛不指大倫豈可哉言齊人之見以小廉

王子曰何謂高尚其志孟子曰士之志在仁義而已矣如殺一無罪之人非仁也士不忍爲也非其所有之物而取之非義也士不屑爲也其心之所居何在仁是也以萬物爲一體也路之所由何在義是也雖一介必嚴辨也士之尚志如此夫居仁則足以普利澤而安民由義則足以肅紀綱而範俗是士雖未得位而爲大人而大人仁育義正之事已備具矣然則士之所事誠大矣安得以無事少之

仲子章全旨　仲子一生矯廉至於廢大倫而不顧前只辨其廉不能充未暇畢其廢倫故此又以廢倫斥之

在人皆信之截總是律之以大倫而小廉不足取也

孟子曰仲子不義與之齊國而弗受人皆信之是舍簞食豆羹之義也人莫大焉亡親戚君臣上下以其小者信其大者〇其字作爲字看奚可哉

仲子陳仲子也言仲子設若非義而與之齊國必不肯受

爲大節而賢之，而不察其廢倫之罪，以此觀人，未可也。

桃應章

朱子師李先生曰：此亦只是言聖賢之心耳。聖賢之心，合下是如此，權制有未暇論。

此一章之義，見聖賢所處無所不用其極，所謂止於至善者也。

首節　顧麟士曰：此如之何，似只問皐陶後因曰然則舜如之何也。

齊人皆信其賢，然此但小廉耳。其辟兄離母，不食君祿，人道之大倫，罪莫大焉，豈可以小廉信其大節，而遂以爲賢哉。

孟子曰：仲子之爲人也，設若非義而與之齊國，其必不肯受。人皆信之，謂其爲賢，不知此特舍簞食豆羹之義，亦小廉耳。蓋人道大倫，惟內而親戚，外而君臣上下，則人之罪莫大乎亡親戚君臣上下。而仲子辟兄離母，不食君祿，是虧莫大之節，致莫大之罪也。若以其小廉信其高出一世，爲皎皎之大節，而遂以爲賢矣，可哉。

桃應章全旨　朱註觀聖賢用心之所極一句，是一章之大旨。若論國體人情，自有權變，皐陶不必執，舜不必逃。但桃應之問，孟子之答，俱是假設此論，發明聖賢用心之所極耳。　桃應之問，意在兩難；孟子之答，意在各盡。

桃應問曰：舜爲天子，皐陶爲士，瞽瞍殺人，則如之何？

桃應，孟子弟子也。其意以爲舜雖愛父，而不可以私害公

次節執之只是執法非執瞽瞍

皋陶雖執法而不可以刑天子之父故設此問以觀聖賢用心之所極非以爲眞有此事也

桃應問曰處常易處變難設若舜爲天子皋陶爲士師而瞽瞍殺人夫殺人者罪當死而瞽瞍實爲天子之父皋陶於此則如之何

孟子曰執之而已矣

言皋陶之心知有法而已不知有天子之父也

孟子曰皋陶職在守法不可以天子之父而廢法亦執之而已矣

然則舜不禁與

桃應問也

桃應曰然則舜將不禁皋陶之執法以全其父歟

四節　受之受於天也法本於天制於聖人法官相傳而世守之雖天子之命亦不得而廢之也不必拘說受之堯

五節　上文了却皐陶意此及下節方就舜說

末節　張南軒曰爲瞽瞍殺人而枉其法則失天下之公若致辟於瞽瞍則廢父子之倫是皆雖有天下不可一朝居者也舜惟去天下而存此義善發明舜之心者其惟孟子乎

汪天日小竊負而逃畏天故也訢然之樂樂天

曰夫舜惡得而禁之夫有所受之也

言皐陶之法有所傳受非所敢私雖天子之命亦不得而廢之也

孟子曰夫舜惡得而禁之哉皐陶之法本於天討制於聖人夫有所受之也非皐陶之敢私雖天子亦不得廢之也

然則舜如之何

桃應問也

桃應曰舜既不得禁皐陶之執法又不可坐視其父之執於法然則舜於此當如之何以處之

曰舜視棄天下猶棄敝蹝也竊負而逃遵海濱而處終身訢然樂而忘天下

蹝草履也遵循也言舜之心知有父而已不知有天下也

故也孟子之對示後世爲人臣子之道而
已以天子之父殺人且不可赦況其卑者
乎以天下之大且可棄況其小者乎

自范章
此章重居廣居一句。動位之居。猶足移氣與
賤者與廣居之居。其能充吾正氣。而與常
人異也必矣。
首節　蒙引曰望見齊王之子。喟然嘆曰其
發嘆之意。全在況居天下之廣居者乎

孟子嘗言舜視天下猶草芥而惟順於父母可以解憂與
此意互相發　此章言爲士者但知有法而不知天子父
之爲尊爲子者但知有父而不知天下之爲大蓋其所以
爲心者莫非天理之極人倫之至學者察此而有得焉則
不待較計論量而天下無難處之事矣
孟子曰舜視天下之大猶棄敝蹝之輕也吾意於臯陶
未執之先必竊負其父而逃遵海濱而僻處將終其身
訢然以天倫爲樂而忘天下矣既不屈朝廷之
法亦得伸人子之情舜之所處如此而已矣

自范章全旨　此章見學者當以性分自養只重居廣居一句
前因王子而感觸後引齊君以旁証總嘆性分
之居異於勢
分之居也

孟子自范之齊望見齊王之子喟然嘆曰居移氣養移體大

先有此感然後發此嘆。非徒歆羡其勢位之器宇異於凡人而已也。大哉居乎言所關於氣體者不小。非贊美也。居就位處之尊言。養就祿奉之厚言。氣乃氣象之氣。體乃體態之體。上言居養下獨言居有是居。則有是養也。

朱子曰居公卿有公卿底奉養。居貧賤有貧賤底奉養。止是此意。

翼註曰居養二字。單就位尊祿厚者言。不兼尊卑厚薄言。移氣三句。泛說。夫非以下。方就王子說。

次節　王子是勢分之居。廣居是性分之居。能以天地萬物爲一體。豈不極廣。　所言同處只是日用所資之同。非言制度華美之同也。然曰多與人同。亦見有不盡同處若彼。以氣體之異而言。

哉居乎。夫非盡人之子與。

范齊邑。居謂所處之位。養奉養也。言人之居處所繫甚大。王子亦人子耳。特以所居不同。故所養不同。而其氣體有異也。

孟子自范之齊。遥望見齊王之子。中有所感。乃喟然而嘆曰。今乃知居能移人之氣。而神釆爲之發揚。養能移人之體。而容貌爲之充盛。大矣哉居之所繫乎。夫王子者。非一槪是人之子也與。

王子宮室車馬衣服多與人同。而王子若彼者。其居使之然也。況居天下之廣居者乎。

尹氏曰。睟然見於面。盎於背。居天下之廣居者然也。

王子所居之宮室。所乘之車馬。所被之衣服。亦多與人同。而王子之氣象獨若彼之異者。其所居之位與人不同有

末節　指南曰呼門必非魯君自呼門。或有所命令人而別有所呼守者聞其聲耳。此非吾君二句是訝詞。非疑詞。此無他二句孟子之言。引魯君事雖以証王子而居廣居意亦自見於言外。

食而節

以使之然也。夫勢分之居。猶足移氣而與人異如此。況居天下之廣居者。全乎所性之理。溢爲盛德之容。其氣象又當何如乎。

魯君之宋呼於垤澤之門守者曰此非吾君也何其聲之似我君也此無他居相似也

垤澤宋城門名也孟子又引此事爲証

吾謂居能移氣。觀之魯君之事又有可信者焉。昔魯君嘗之宋。呼於宋垤澤之門。其守門者曰。此呼於門者非吾君也。何其聲之似我君也。以守者之言觀之。二君之聲相似者。無他。以其所居之位原相似也。居能移氣。此其明徵矣。而何疑於王子乎。又何疑於廣居者乎。

食而章全旨　此孟子爲時君待賢不誠者發。首節言待君子者貴於能敬。下二節恐人認幣帛爲敬。故又言貴實而不貴虛也。敬字一章之旨。實字即在敬字內。通章俱暗指當時諸侯說。

首節　食愛敬遞直歸到敬上見人君之於賢。不貴於能養。而貴於能愛。不徒貴於能愛。而貴於能敬也。食祿養也。愛用情以愛之也。敬誠心以禮之而崇其道德也。

次節　王觀濤曰。恭敬者。幣之未將者也。不是釋恭敬之義。只要見幣帛不可為恭敬。以起虛拘而申上文豕交獸畜之意耳。此承上敬字而言恭敬存於幣未將之先。正所謂恭敬之有實者也。與下文虛字相反。

末節　許東陽曰。恭敬者之恭敬。以發於心者言。恭敬而無實之恭敬。以幣帛言。　末

孟子曰食而弗愛豕交之也愛而不敬獸畜之也

交接也畜養也獸謂犬馬之屬

孟子曰。凡人之待賢者第食之而已。而無愛慕之意。是以豕交之也。即或愛之矣。而無尊敬之誠。是以獸畜之也。豈待賢之道乎。

恭敬者幣之未將者也

將猶奉也詩曰承筐是將程子曰恭敬雖因威儀幣帛而後發見然幣之未將時已有此恭敬之心非因幣帛而後有也

待賢之道。恭敬其所不容已也。然所謂恭敬者。乃幣帛未將之先而存諸中者也。非徒恃幣帛之虛文也。

恭敬而無實君子不可虛拘（指幣）

節恭敬字即次節幣字末節實字即次節恭敬字要辨得眞虛字從無寔生蓋言時君不能以虛禮留賢非謂君子當去不可虛拘也

形色章

勿齋程氏曰至誠盡性充其形色是曰踐形

朱子曰形是耳目口鼻之類色如一顰一笑皆有至理形色上便有天性視便有視之理聽便有聽之理 問形色天性下卻云踐形而不言色何也 朱子曰有此形便有此色言形則色在其中矣 踐猶踐言踐約之踐言聖人所爲便踏著個形色之性耳性即理之謂 又曰人生天地莫不有形有色而本其有得於天者則是形是色莫不有所以然之故所當然之則焉則是所謂天性者也然衆人梏於氣稟狃於

此言當時諸侯之待賢者特以幣帛爲恭敬而無其實也

拘留也

若徒以幣帛爲恭敬而無將之實是亦豕交獸畜之類而欲以虛文拘君子也焉有君子而可以虛文拘留之者哉然則人主欲待君子亦盡其恭敬之實而可矣

形色章全旨 此示人以盡性之實學末句非推尊聖人把聖人立個樣子以勉人也

孟子曰形色天性也惟聖人然後可以踐形

人之有形有色無不各有自然之理所謂天性也踐如踐言之踐蓋衆人有是形而不能盡其理故無以踐其形惟聖人有是形而又能盡其理然後可以踐其形而無歉也

程子曰此言聖人盡得人道而能充其形也蓋人得天

習俗不能無人欲之私。是以視則不明。聽則不聰。貌則不恭。言則不從。不能盡其形色本然之理。則雖有是形。而無以踐其形也。惟聖人能盡其性。而無一毫人欲之私雜于其間。是以視則極明。聽則極聰。於形色本然之理無一不盡。既有是形。而有以踐其形。本有是物。而能修其實以副之也。

陳新安曰。如洪範五事。貌言思聽思極於肅乂哲謀聖。皆踐形意也。

陳潛室曰。聖人盡性地位。方償得他本來形色。學未至於聖人。則於性分道理未免虧欠。纔於性分有虧欠。即是空具此形色。不能充踐滿足也。　問孟子曰形色天性也。告子曰食色性也。二者之分如何。陳潛室曰。形色爲性。是引氣入道理中來。食色爲性。是逐道理出形氣外去。霄壤之分。

短喪章

首節　陳新安曰。丑附其說。謂三年短而爲期。猶勝於止而不爲者乎。

地之正氣而生。與萬物不同。既爲人。須盡得人理。然後稱其名。衆人有之而不知。賢人踐之而未盡。能充其形。惟聖人也。楊氏曰。天生烝民。有物有則。物者形色也。則者性也。各盡其則。則可以踐形矣。

孟子曰。人之生也。有所具之形。即有所運之色。而爲形爲色。莫不各有自然之理。是形色皆天性所爲也。但衆人爲氣拘欲蔽。而不能盡其理。故形體雖具。而不能實其形。惟聖人氣禀清明。物欲無累。於形之所運。各盡其自然之理。然後可以踐其形而無歉也。人可不以聖人自勉哉。

短喪章全旨　此章以至情二字爲主。即孝弟是也。首二節因丑論短喪而譏之。下二節又因丑有所証而釋之。要之釋之之意。即所以發明譏之之意也。

齊宣王欲短喪。公孫丑曰。爲期之喪。猶愈於已乎。

次節 是猶二字直貫到底。除此二字。不但就紾兄說。幷不可短意在言外。非以弟屬紾兄孝屬短喪也。

已猶止也

齊宣王以三年之喪爲太久遠。欲減而短之。公孫丑曰既不能三年。爲期之喪差愈於止而不行喪者乎

孟子曰是猶或紾其兄之臂。子謂之姑徐徐云爾亦教之孝弟而已矣。

紾戾也教之以孝弟之道則彼當自知兄之不可戾而喪之不可短矣此言外意孔子曰子生三年然後免於父母之懷。子也有三年之愛於其父母乎所謂教之以孝弟者如此蓋示之以至情之不能已者非强之也

孟子聞而責之曰是猶有人紾戾其兄之臂。而子謂之曰姑徐徐云爾。夫徐徐亦紾也豈所以教紾兄者乎亦教之以孝弟使彼自知兄之不可戾而已矣今王欲短喪不以孝弟教之而發其本心乃欲行期之喪誠徐徐之類也

末節　正解曰一則數月亦可以爲厚爲其
有孝弟之心一則期年亦所以爲薄爲其

意若阻王仍是徇王頗
其失爲姑息非正論矣

王子有其母死者其傅爲之請數月之喪公孫丑曰若此者
何如也

陳氏曰王子所生之母死厭於嫡母而不敢終喪其傅爲
請於王欲使得行數月之喪也時又適有此事丑問如此
者是非何如按儀禮公子爲其母練冠麻衣縓緣既葬除
之疑當時此禮已廢或既葬而未忍即除故請之也

當其時適齊王之子有其生母死者其傅爲之請於王行
數月之喪丑因舉以問曰期年既爲不可若此爲數月者
其是非
何如也

曰是欲終之而不可得也雖加一日愈於已謂夫莫之禁而

無孝弟之心

所以教章

蒙引曰時雨化成德達財答問私淑艾皆主

君子之教言

非爲者也

言王子欲終喪而不可得其傅爲請雖止得加一日猶勝不加我前所譏乃謂夫莫之禁而自不爲者耳　此章言三年通喪天經地義不容私意有所短長示之至情則不肖者有以企而及之矣

孟子曰是王子爲制有所壓欲終三年而不可得也當不可得之時雖加一日猶愈於已況數月乎吾前譏子不能教王終喪者謂夫莫之禁止而自不肯爲三年者也不必短而短豈與不得已而加者等乎哉

所以教章全旨

此章見君子多術之教首句作一句下詳其實而悉言之人品不同各異其施時地不同俱被其澤君子之教思無窮如此五段平看重君子教人不重人能受教上　按私淑艾似屬人能受教畢竟是君子教澤之所及若君子教澤不廣雖欲私淑無由從矣

首節　蔡氏曰所以教謂教之術也五字見教術之廣五者字皆主教言言有如此一教又有如彼一教

次節　朱子曰時雨化者不先不後適當其時而已　地位已高因而發之如孔子告顏淵以四勿告曾子以一貫所謂時雨化之者

三節　成就其德德則天資純粹者通達其材材是天資明敏者

孟子曰君子之所以教者五

下文五者蓋因人品高下或相去遠近先後之不同

孟子曰君子教人之心無窮而其施教也亦與所以為教者大約有五焉

有如時雨化之者

時雨及時之雨也草木之生播種封植人力已至而未能自化所少者雨露之滋耳及此時而雨之則其化速矣教人之妙亦猶是也若孔子之於顏曾是已

有其人真積力久將有所得因迎而發之不先不後適當其時如時雨之化養百植者

有成德者有達財者

財與材同此各因其所長而教之者也成德如孔子之於

四節　張南軒曰，成德達材。答問固在其中。而又有所謂答問者。此則專爲凡答其來問者也。雖鄙夫之空空，所以答之者亦無非竭兩端之教也。

五節　朱子曰，艾芟草也，自艾淑艾，皆有斬絕自新之意。有答問者，未及師承，只是來相答問而已。私淑艾者，未嘗親見面授，只是或聞其風而師慕之，或私竊傳其善言善行學之以善於其身，是亦君子之教誨也。

冉閔達財如孔子之於由賜

有其人天資純粹爲之涵育薰陶去其疵而一于純以成全其德者有其人天資明敏爲之開導誘掖矯其偏而歸於正以通達其用者

有答問者

就所問而答之若孔孟之於樊遲萬章也

有德無可成才無所達但隨問而答以解其惑者

有私淑艾者

私竊也淑善也艾治也人或不能及門受業但聞君子之道於人而竊以善治其身是亦君子教誨之所及若孔孟之於陳亢夷之是也孟子亦曰予未得爲孔子徒也予私

此節　趙氏曰。君子之教人。如天地之生物。各因其材而篤焉。天地無棄物。聖賢無棄人。

陳伊菴曰。誨人不倦。君子之心。曲成不遺。君子之教。

道則章

首節　道字之說。不明指孟子。高美二字不言。高矣而又美矣。直高一邊。下云若登天。方有來歷。高是上達乎性命。便見峻絕。美是和順於道德。便見精粹。何不二句。正欲其貶教。非欲其貶道。然教因道設。道體有定。教法豈容貶耶。

淑諸人也

有居不同地。生不同時。得聞其道而私以善治其身。亦教誨之所及者。

此五者君子之所以教也

聖賢施教。各因其材。小以成小。大以成大。無棄人也。

此此五者。人品不同。各異其施。時地不同。同被其澤。皆君子之所以教也。

道則章全旨

此章見君子之教不可貶。以教有成法為主。所以有成法者。以道有定體故也。然設喻曰拙工拙射。正言曰能者從之。亦見教有一定之法。而學有巧拙之異。要得激勵學者之意。

公孫丑曰。道則高矣美矣。宜若登天然。似不可及也。何不使彼為可幾及而日孳孳也。

公孫丑曰。君子之道。則誠卓絕而高矣。且精粹而美矣。學者欲求至乎道。宜若登天然而不可及也。君子立教。何不

次節　蒙引曰。大註字曰教人者皆有不可易之法。皆字指大匠及羿。君子教人正意却在下文。蓋此是比喻。下是正言也。　註不能字。正透下能者從之能字。

末節

朱子曰。引而不發。謂漸啓其端。而不竟其說。躍如。謂義理昭著。如有物躍然於心目之間。　道理散在天下事物之間。聖賢也不是不說。然也全說不得。自是那妙處不容說。然雖不說。只縱撥動那頭了。特那個物事自跌落在面前。如張弓十分滿而不發箭。雖不發箭。然已知得真個是中這物事了。

張南軒曰。自卑者視之。以爲甚高。而不知其高之爲中也。自隘者視之。以爲甚大。而不知其大之爲常也。徇彼而遷就。則非所以爲道矣。能與不能。則在乎其人耳。中道而立。能者從之。此正大之體。而天地之情也。

少近人情。爲卑近易行之法。使彼學者爲庶幾及之。而日孳孳然以自勉也

孟子曰。大匠不爲拙工改廢繩墨。羿不爲拙射變其彀率

彀率。彎弓之限也。言教人者皆有不可易之法。不容自貶。以徇學者之不能也。

孟子曰。大匠誨人制器。必以繩墨。不能爲拙工改廢繩墨以徇之。羿教人射。必以彀率。不能爲拙射變其彀率以徇之。教有一定之法。卽曲藝有然者。況君子之教乎。

君子引而不發。躍如也。中道而立。能者從之

引。引弓也。發。發矢也。躍如。如踴躍而出也。因上文彀率而言君子教人。但授以學之之法。而不告以得之之妙。如射者之引弓而不發矢。然其所不告者已如踴躍而見於前

陳新安曰。雖語有不能顯者。謂引而不發。雖默有不能藏者。謂躍如也。

蒙引曰。授以學之之法。如孔子之博文約禮。三子之徒。均此教也。若顏曾獨得其傳。則所謂能者從之也。 引字發字。乃因上文發率字而借射中字。以明君子之教。不必泥中如字滯作譬喻。 此節逐句項說。有以中道句雙承不發躍如兩意說下者。不可從。中道而立。雖兼非難非易。只重非難。避以破他登天一喻。能者從之。見不能者君子無奈之何也。 中道猶云中途。若作大中之道。則而立二字說不去矣。立字是不可遷就之意。正與下從字相應。譬如君子在中路站立。聽那能者跟我上來。我不去遷就他。 通節總只說教不可貶。其故却由於道有定體。不可誤認中道而立句是說道有定體。

天下章

首節 趙氏曰。道不可離也。雖時有治亂。已身窮達。非道殉身。即以殉道以死徇從身

矣。中者無過不及之謂。中道而立。言其非難非易。能者從之。言學者當自勉也。 此章言道有定體。教有成法。卑不可抗。高不可貶。語不能顯。默不能藏。

君子教人。但示以學之之法。而不能告以得之之妙。正如射者之引弓而不發矢。然既引其端。而其所不發者。已如踊躍而見於前。而不能藏也。蓋君子之道。本有一定之體。固非卑而易幾。亦非高而難及。只中道而立。有善學而能者。理得於深造之餘。行純於習熟之後。明從之而與爲一矣。何不可及之有。如不能從。亦拙工拙射之責。君子豈容自貶以狥之也哉。

天下章全旨 此孟子見有身徒與而道不行。道不行而身猶不知隱者。故發此論。上節引起下節。

孟子曰。天下有道。以道殉身。天下無道。以身殉道。

殉如殉葬之殉。以死隨物之名也。身出則道在必行。道屈

可得而離哉○

有道內便含身顯意無道內便含道屈意

身與道不可須臾離使身不殉道道不殉

身即是以道殉乎人矣○

二節 以道殉人如枉尺直尋之類○不指儀

衍一流說彼無道可以殉人也 以道殉

人在天下無道邊居多

滕更章

節倫 介弟則貴求學則賢故曰若在所禮

此以世俗之見望孟子之答也○

則身在必退以死相從而不離也

孟子曰君子之身以道爲體者也當天下有道之時身可

出而仕矣則道隨身而顯足以道殉乎身也當天下無道

之時道屈而不行矣則身隨道而隱是以身

殉乎道也君子之處世止有此二端而已

未聞以道殉乎人者也

以道從人妾婦之道

若夫身顯而道不能行惟知枉道以求合道屈而身不能

隱惟知希世以取容是則以道狥人者也豈吾之所聞乎

滕更章全旨 此章見受教之貴誠受教者以虛心爲本則能

受有所挾則私意先橫於中而不能入矣首節

公都子疑孟子之不答而問之下節孟子表

滕更之有二挾雖無明指正不屑之教誨也

公都子曰滕更之在門也若在所禮而不答何也

趙氏曰滕更滕君之弟來學者也

二節　輔慶源曰、學者之心。須是專一。方有受教之地。有所挾。則二三矣

陳新安曰、勳勞巳嘗有功勞於師。故謂巳與師有舊好。恃此以來學。望師待以異禮而教之。皆所不當得答。

張南軒曰、受道者。以虛心爲本。則能受。有所挾。則私意先橫於中而不能入矣。故空空之鄙夫。聖人必竭兩端之教。而滕更挾二故不答也、

愚按滕更有二只宜虛說勿如註明入挾貴挾賢。蓋趙氏揣摩之辭。未必是孟子定指也。

公都子問曰、滕更以國君之弟。而知來就學。其在門也。若在所禮過者。而每有問而不答。何也。

孟子曰挾貴而問挾賢而問挾長而問挾有勳勞而問挾故而問皆所不答也滕更有二焉（須虛活說）

趙氏曰二謂挾貴挾賢也尹氏曰有所挾則受道之心不專所以不答也　此言君子雖誨人不倦又惡夫意之不誠者。

孟子曰、君子有答問之教。答其問道之誠也。若矜其爵位。挾貴而來問。矜其才能。挾賢而來問。或挾長而問。恃其年加於我。或挾有勳勞而問。恃其有功於我。或挾故而問。恃其有舊好於我。則受道之心不專。皆所不答也。今滕更所挾。殆有其二焉。吾答之何爲哉。

不可已章全旨　此章著用心失中之弊。須看過不及之說。總是人情必至之弊。非理勢必然。可歸變地二

不可已章

首節　首項以處事言。次項以待人言。下方是爲學。

次節。蔡覺軒曰。進銳退速。其病正在意氣。意氣方盛之時。已有易衰之勢。不待意氣既衰之後。始見其失也。

輔慶源曰。不及者之弊。流於欲者之所爲也。過者之弊。役於氣者之所爲也。

何有味。以處事待人爲學三項關說。

孟子曰。於不可已而已者。無所不已。於所厚者薄。無所不薄也

已止也。不可止。謂所不得不爲者也。所厚。所當厚者也。此言不及者之弊

孟子曰。凡人當用心者。不可不用其心。而亦不可過用其心。以處事言之。於必不可已而亦已者。則怠心勝。而無所不已矣。以待人言之。於所當厚者既薄。則忍心勝而無所不薄矣。此二者。以不用其心而廢弛者也。

其進銳者。其退速

進銳者。用心太過。其氣易衰。故退速。　三者之弊。理勢必然。雖過不及之不同。然卒同歸於廢弛

若夫人之爲學其進太鋭者則躁心勝而其退必速此則以過用其心而廢弛者也人宜知所戒矣

君子章全旨　此章論君子施恩之等也上段重而弗仁而弗親上見君子施恩之不過下段重親親仁民上見君子施恩之有序然上四句輕講在末二句重發蓋末二句正明上四句之意也

孟子曰君子之於物也愛之而弗仁於民也仁之而弗親親親而仁民仁民而愛物

物謂禽獸草木愛謂取之有時用之有節程子曰仁推己及人如老吾老以及人之老於民則可於物則不可統而言之則皆仁分而言之則有序楊氏曰其分不同故所施不能無差等所謂理一而分殊者也尹氏曰何以有是差等一本故也無僞也

君子章

眞西山曰凡生於天地間者莫非天地之子而吾之同氣者也是之謂理一然親者吾之同體民者吾之同類而物則異類矣是之謂分殊故仁愛之施則有差

朱祖義曰不以待人者施之物以其有貴賤之分也不以待親者施之他人以其有親疎之殺也於無所不愛之中而不失其貴賤親疎之等差此聖人之仁所以曆萬世而無弊也

許東陽曰愛之而弗仁之愛愛惜之義不輕用物不暴殄天物之意仁民之仁乃愛之本義親又重於仁

陳新安曰梁武之宗廟不用犧牲亦非愛物之宜但愛之而弗仁是以仁民者仁物也無怪其於民反不仁也墨氏之愛無差等施由親始亦非仁民之宜蓋仁之而弗親

是以親親者親民也無怪其無父而於親反不親也是皆倒行逆施之道也。

蔡虛齋曰此章要先認個物字民字親字在這裏然後將親仁愛三字擇所要施者而施之則各得其分而不至於輕其所重重其所輕矣

知者章

首節　陳新安曰上四句言知仁之理下六句舉堯舜之知仁以實之

王觀濤曰無不知無不愛只據理可以如此若去一一知之愛之又是偏了故曰以體段言不以發用言　當務空空說不可指定何事蓋亦隨其時事不同

朱公遷曰博施濟衆者聖人之所病爲天下得人者聖人之所能故曰堯舜之仁不偏愛人急親賢也

孟子曰天下之理本一而其分各殊君子之於物也取有時用有節其愛之也至矣然體卹有所不周而弗仁於民也聚所欲去所惡其仁之也至矣然篤厚有所未至而弗親其篤厚之情則施之於親而於民第仁之親親而仁民親疎有其等也其體卹之意則施之於民而於物第愛之仁民而愛物貴賤有其等也君子之恩豈混於所施哉。

知者章全旨　此章見治貴知務主人君圖治而言重一務字首節言仁知各有所急而舉堯舜以實之下節是不知務的榜樣非不知務之實也

孟子曰知者無不知也當務之爲急仁者無不愛也急親賢之爲務堯舜之知而不徧物急先務也堯舜之仁不徧愛人急親賢也

知者固無不知然常以所當務者爲急則事無不治而其爲知也大矣仁者固無不愛然常急於親賢則恩無不洽

大節　陳新安曰不知務是併結上文當務親賢爲務二務字。張南軒曰孟子所譬特言舍大徇小者爲不知務耳非謂能三年之喪則緦小功有不足察無放飯流歠則齒決有不必問也。

而其爲仁也博矣。

孟子曰道莫大於知仁然皆有要焉不可不知也夫知者之心通達萬變無所不知也然必當務之爲急蓋事事而急之則不勝其勞惟急於當務由要以及其餘則事無不治而其爲知也大矣仁者之心包含徧覆無所不愛也然必急親賢之爲務蓋人人而愛之則不勝其煩惟急於親賢任賢以治萬民則澤無不周而其爲仁也博矣如古來稱智仁者莫過於堯舜堯舜之知而不徧物物而知之非遺乎物也急先務而已堯舜之仁而不徧人人而愛之非遺乎人也急親賢而已然則知仁而不及堯舜者當知所務矣

不能三年之喪而緦小功之察放飯流歠而問無齒決是之謂不知務

三年之喪服之重者也緦麻三月小功五月服之輕者也察致詳也放飯大飯流歠長歠不敬之大者也齒決齧斷

乾肉不敬之小者也問講求之意　此章言君子之於道識其全體則心不狹知所先後則事有序豐氏曰知不急於先務雖徧知人之所知徧能人之所能徒弊精神而無益於天下之治矣仁不急於親賢雖有仁民愛物之心小人在位無由下達聰明日蔽於上而惡政日加於下此孟子所謂不知務也

何今之爲知仁者獨不然乎試比類而觀之服之輕重易知也不能行三年之喪而緦麻小功則察之而致詳焉不敬之大小易知也乃恣爲放飯流歠而於無齒決則問之而講求焉是忘其至重而詳其至輕忽其至大而究其至小此之謂不知所務也知仁不知所務者何以異此

四書述朱卷之二十六　終

不仁章

首節　蒙引曰仁者以萬物爲一體無一物不在所愛之中。今乃以民物爲所不愛。何也。此亦所謂其所厚者薄而其所薄者厚之意。蓋民物皆吾所愛。視親則爲在所不愛矣。

四書述朱卷之二十七

婺江黃昌衢康謠甫編
錫山張麗金荊南參訂
弟　昌衍晉蕃
　　昌修庭獻　仝校

孟子

盡心章句下　凡三十八章

不仁章全旨　此章譏惠王之不仁。以爲好戰者儆。上節斷。下節發明。

孟子曰。不仁哉梁惠王也。仁者以其所愛及其所不愛。不仁者以其所不愛及其所愛

親親而仁民。仁民而愛物。所謂以其所愛及其所不愛也。

次節　曹雲槃曰驅其所愛子弟以殉之於子弟獨言所愛蓋子弟親於民尤爲所當愛也然不妥添出民較子弟爲不愛來以土地之故糜爛其民而不已又殉之以所愛之子弟是之謂以其所不愛及其所愛數句一直說下註以土地之故及其民以民之故及其子却多了一層且以民爲不愛於理亦似有碍

孟子曰君德莫大於仁乃不仁哉梁惠王也仁者以其所愛及之於所不愛并不愛者亦愛之不仁者以其所不愛及之於所愛并所愛者亦不愛之今惠王以所不愛而及其所愛非不仁而何

公孫丑曰何謂也梁惠王以土地之故糜爛其民而戰之大敗將復之恐不能勝故驅其所愛子弟以殉之是之謂以其所不愛及其所愛也

梁惠王以下孟子答辭也糜爛其民使之戰鬬糜爛其血肉也復之復戰也子弟謂太子申也以土地之故及其民以民之故及其子皆以其所不愛及其所愛也　此承前篇之末三章之意言仁人之恩自内及外不仁之禍由疏逮親

春秋章

首節　胡雲峰曰，春秋書戰，皆以著無王之罪。召陵之戰，猶知假尊王之義。

顧麟士曰，春秋是說春秋之經，非謂春秋之時也。無義戰，言無義其戰者，指孔子書法說。彼善於此則有之矣，要見總是無義戰處。

公孫丑問曰，何謂以所不愛及所愛也。孟子曰，梁惠王以土地之故，驅民於鋒鏑，糜爛其血肉而戰之，至於大敗。將復戰之，又恐民不用命，不能必勝，故驅其所愛子弟以殉之，附之於死。因土地以殘民，殘民不已，而禍及於其子，是之謂以其所不愛及其所愛也。吾故曰不仁也。

春秋章全旨　此章意重尊王。全重春秋無義戰句，彼善句輕。正見無義戰也。征者節，推原所以無義戰之故，由於僭王也。

孟子曰：春秋無義戰，彼善於此，則有之矣。

春秋每書諸侯戰伐之事，必加譏貶，以著其擅興之罪，無有以爲合於義而許之者，但就中彼善於此者則有之，如召陵之師之類是也。

孟子曰，嘗觀春秋一書，所紀諸侯之戰多矣。或書名以示貶，或書人以示譏，無有以爲合於義而許之者。但就其中

二節。陳新安曰春秋以道名分使征伐自天子出則春秋不作矣惟不自天子出而自諸侯出春秋所以作也無義戰三字斷盡春秋諸侯兵爭之罪

顧麟士曰此條可解春秋所以無義戰之意總說相征便是無王安得有義

盡信章

首節　說約曰書字且泛不指尚書然大意

則照末節

謂彼之戰猶有善於此之戰者則有之矣然總之無義戰也

征者上伐下也敵國不相征也

征所以正人也諸侯有罪則天子討而正之此春秋所以

無義戰也

是何也蓋征者以上而伐下也諸侯有罪則天子討而正之諸侯奉而伐之是天地間之大義也若彼此相敵之國則不相征也相征則無王矣今春秋所書之戰皆是敵國相征安得有義戰乎

盡信章全旨　此章防好戰之禍首節爲武成而發非泛論讀書法也不盡信亦非爲武王暴白惡好戰殺人之君借之爲口實也

孟子曰盡信書則不如無書

程子曰載事之辭容有重稱而過其實者學者當識其義

二節　張子曰不以文害辭。不以辭害意此教人讀詩法也。於武成取二三策而已此教人讀書法也

三節　朱子曰此乃拔本塞源之論血流漂杵武王以此自多之辭。當時倒戈攻戰殺人固多非止一處豈至血流漂杵乎孟子深慮戰國之君以此藉口故曰盡信書。則

而已苟執於辭則時或有害於義不如無書之愈也

程子曰。載事之書。辭或溢乎事。事或拂乎理。學者當識其大義而已。不可執其詞而一一盡信之也盡信書則時或有害於義。不如無書之愈也。

吾於武成取二三策而已矣

武成周書篇名武王伐紂歸而記事之書也策竹簡也取其二三策之言其餘不可盡信也程子曰取其奉天伐暴之意反政施仁之法而已

是故武成一書吾但取其二三策。如奉天伐暴反政施仁而已其餘不可盡信也

仁人無敵於天下以至仁伐至不仁而何其血之流杵也

杵舂杵也或作鹵楯也武成言武王伐紂紂之前徒倒戈

不如無書。

有人章

首節　以帝王之世律之大罪人也

攻于後以北血流漂杵孟子言此則其不可信者然書本意乃謂商人自相殺非謂武王殺之也孟子之設是言懼後世之惑且長不仁之心耳

武成有云血流漂杵夫仁人之師應天順人無敵於天下以武王之至仁伐紂之至不仁應不戰而屈其兵矣而何其與商人敵至殺之而血流漂杵也書不可盡信有如此

有人章全旨　此章爲強兵者發首言善戰之罪下皆言國君好仁之無敵重人君上君能好仁則無敵於天下戰雖善亦無所用决不可以善戰者爲良臣也

孟子曰有人曰我善爲陳我善爲戰大罪也

制行伍曰陳交兵曰戰

孟子曰今有人自負曰我善爲陳而行伍必明我善爲戰而攻取必克窮兵殃民大罪之人也

次節　張南軒曰、戰國之際以功力相勝。善爲戰者則謂之能臣矣。而孟子前以爲當服上刑、今又以爲大罪、蓋所謂深救當時之弊。使之循其本也。循其本有道焉、其惟好仁乎。好仁無敵於天下。若不志於仁而徒欲以功力取勝、則天下孰非吾敵。勝與負均爲殘民而逆天下。

三節　吳蘇右曰、舉夷狄以見其遠也。重奚爲後我句、見其無敵。

四節　革車、載輜重之車、以皮縵其輪、籠其轂、故號爲革車。虎賁、執射御、蓋勇士之近王者、如今之親軍禁軍也。三百兩三千人、以武王所率者言。若八百來會及庸蜀羌髳諸國、其兵不在此數。

國君好仁天下無敵焉

且今之國君所以必用善陳善戰者、欲以威武服天下也。不知國君好仁、以寬代虐、以治易亂、則天下之人皆樂歸於我矣。誰與我爲敵哉。

南面而征北狄怨東面而征西夷怨曰奚爲後我

此引湯之事以明之、

何以見仁者之無敵。如湯之征諸國也。南面而征北狄之人皆怨、東面而征西夷之人皆怨、僉曰奚爲不先來征我之國也。民之望湯如此、孰有敵之者。

武王之伐殷也革車三百兩虎賁三千人

又以武王之事明之也兩車數一車兩輪也

又如武王之伐殷也、革車只三百兩、虎賁只三千人、未嘗盛軍容多戰士也。

五節　王曰至姓也止。乃謂商人之詞。若崩句。敘詞崩只是垂向下之意。言商人所頭抵地。有如獸角之下觸也

末節　不重解征字之義。只由湯武之事看來。以决其無敵耳。重各欲正已句。正發明好仁二句之義。焉用戰言外見有國者不可用此人也。

胡雲峰曰。大抵此四章相承而言。一章以梁王之戰爲不仁。二章以春秋之戰爲無義。三章言武王仁義之師。必無血流漂杵之事。四章言湯武仁義之師。必不用我善爲戰之人。

王曰無畏寧爾也非敵百姓也若崩厥角稽首

書泰誓文與此小異孟子之意當云王謂商人曰無畏我也我來伐紂本爲安寧汝非敵商之百姓也於是商人稽首至地如角之崩也

乃其入商之初。武王謂商人曰。爾無畏我。我來以安爾也。非與百姓爲敵也。而商人歸附。若崩厥角然以稽首焉。夫誰與王敵。湯與武皆好仁而無敵於天下者也。

征之爲言正也各欲正已也焉用戰

民爲暴君所虐皆欲仁者來正已之國也

夫國君好仁。而自能無敵於天下者。何也。蓋征之爲言正也。以好仁之師。正虐民之罪也。民爲暴君所虐。皆欲仁者來正已之國也。又豈有敵之者。既無有敵之者。又焉用戰爲哉。既不用戰。又焉用彼善戰之人哉。

梓匠章　張南軒曰聖人之教人自洒掃應對而上皆規矩也行著習察則存乎人聖賢亦豈能使之然哉然而固不外乎規矩舍規矩以求巧無是理也

陳新安曰巧即在規矩中是既熟後自得之妙未有舍規矩而可以得巧者上達即是下學之覺悟處未有舍下學而徑可以上達者但巧與上達非教者所能致力耳

梓匠章全旨　此章勉學者自求心悟不可徒恃教者之啟發也規矩喻下學之法巧喻下學中有上達之功但悟即是巧不悟即是規矩故有能使不能使之別本文如詩六義之比未嘗說破正意於前後見之

孟子曰梓匠輪輿能與人規矩不能使人巧

尹氏曰規矩法度可告者也巧則在其人雖大匠亦末如之何也已蓋下學可以言傳上達必由心悟莊周所論斲輪之意蓋如此

孟子曰梓匠輪輿之教人也能與人以規矩而示之可循之成法至於善運其規矩而有得心應手之巧者則存乎其人而不能使之也然則君子之教有可傳者有不可傳者亦貴學者之心悟耳

舜之章全旨　此章總在舜心上見他雖大行不加雖窮居不損也蓋聖人盡性故無所欣戚於其間隨寓而安不以物動乎已也無預於已不以已隨乎物也

舜之章

張南軒曰若將終身若固有之可謂善形容舜者盖所欲不存樂天而安土故無適而不得也

吾今章

趙注曰父仇不同天兄仇不同國以惡加人人必加之

孟子曰舜之飯糗茹草也若將終身焉及其爲天子也被袗衣鼓琴二女果若固有之

飯食也糗乾糒也茹亦食也袗畫衣也二女堯二女也果女侍也言聖人之心不以貧賤而有慕於外不以富貴而有動於中隨遇而安無預於己所性分定故也

孟子曰當稽舜其始之飯糗茹草實也貧賤極矣自他人處之或不能無慕於外也而吾窺舜之心殆若將終身於此焉不知其爲貧賤也及其後爲天子也被袗衣鼓琴二女果侍富貴極矣自常人處之或不能無動於中也而吾窺舜之心則若固有之者焉不知其爲富貴也遇雖懸而心常一非聖人其孰能之

吾今章全旨

此言慘施必得慘報重一間字言無異自殺其親以深示儆戒之意

孟子曰吾今而後知殺人親之重也殺人之父人亦殺其父

南軒曰孟子斯言欲使時君無動於忿欲寡怨息爭以保其宗廟親戚是仁術也

爲關章

蔡慶源曰關則一而古今所以爲關之意則不同譏察非常爲義也天理也征稅出入爲利也人欲也天下之事莫不然孟子舉關之一事言之

殺人之兄人亦殺其兄然則非自殺之也一間耳

言吾今而後知者必有所爲而感發也一間者我往彼來間一人耳其實與自害其親無異也范氏曰知此則愛敬人之親人亦愛敬其親矣

孟子曰吾今而後知殺人之親所係之重也蓋殺人之父者人亦必殺其父殺人之兄者人亦必殺其兄然則非自殺其父兄也我往彼來特間一人耳其實皆自殺之也有父有兄者可不惕然儆乎

爲關章全旨　此傷當時之橫征譏察則禦民之害橫征則反爲害於民將以者原設關之意如此重下段從禦暴處挑出爲暴來無限慨嘆見壞法即在借法中

孟子曰古之爲關也將以禦暴

譏察非常

身不章

朱子曰身若不行道則妻子無所取法全無畏憚了然猶可使也若使人不以道則妻

孟子曰非有在古爲良法而在今爲弊政者如古之爲關也將以譏察非常以之禦暴此設關之本意也

今之爲關也將以爲暴

征稅出入　范氏曰古之耕者什一後世或收大半之稅此以賦斂爲暴也文王之囿與民同之齊宣王之囿爲阱國中此以園囿爲暴也後世爲暴不止於關若使孟子用於諸侯必行文王之政凡此之類皆不終日而改也

乃今之爲關也將以征稅出入而以之爲暴民其如之何哉即一關而古今之仁暴相違如此深可慨也夫

身不章全旨　此章見人當盡道意上二句以躬行言下二句以出令言獨言妻子者妻主順子主承吾居尊而妻子皆居卑勢最易行令最易從今不能然則一言一行可離於道乎與妻子則外而國與天下皆從可知矣

孟子曰身不行道不行於妻子使人不以道不能行於妻子

子亦不可使矣
張南軒曰前言不躬行則無以化之後言使之非道則不得而強之古人謂進德者必考之於妻子其此之謂歟

周于章
輔慶源曰德貴蓄積。然後有餘用。而外物不足以亂之若夫拔一善一長而自以爲足。而欲以涉於邪世則鮮有不爲其所亂者矣

陳新安曰豐利厚者豐凶皆給積德厚者理亂皆正孟子不言利而此言之主周于德而言借以爲喻而引起耳
蒙引曰識不到則眩如荀彧之從曹操是也守不到則敗如楊雄之爲莽大夫是也。識不到則懾如王坦之之倒執手板是也。

身不行道者以行言之不行者道不行也使人不以道者以事言之不能行者令不行也

孟子曰道者。由己及人之本也。苟身不行道而專行之違理則己之不正。焉能正人。化不行於妻子。使人不以道而命令之悖出則拂人之情人將違命。令不行於妻子。夫妻子至近且不可化不可令。而況他人乎。故欲以道率人必自其身始。

周于章全旨
此章勉人蓄德意把周利引起周德上段輕下段重周利乃無所不備之意周德見定守在意邪世與亂世有別治亂以政言。邪正以道言如孟子戰國之世崇王黜霸。明仁義闢楊墨正邪世不能亂也。

孟子曰周于利者凶年不能殺周于德者邪世不能亂

周足也言積之厚則用有餘

孟子曰君子處世。不患世道之不正。而患吾德之未修。試觀周于利者。儲積素充而凶荒有備。雖遇凶年。不能殺之。

不能亂，不但不爲邪說所亂，當體註中應用有餘。意如君之不正者，可以正之；民之不正者，有以化之；異端有以辯之；伯術有以反之，皆是。

好名章

朱子曰：讓千乘之國，惟賢人能之。然好名之人亦有時而能之。本非真能讓國也，徒慕讓國之美名而勉強爲之耳。道邈雖能讓千乘之國，那邊簞食豆羹必見於色。東坡謂人能破千金之璧，而不能無失聲於破釜，正此意也。苟非其人，其人指真能讓國者，非指好名之人也。　常把此一段對鄉爲身死而不受爲義，蓋此段是好名之心勝，大處打得過，小處漏綻也；動於萬鍾者是小處遮掩得過，大處露也。

如人而周于德焉，則見之定而邪說不能眩，守之固而邪行不能搖，雖處邪世，必不能亂之矣。然則君子之立德豈可不厚其畜哉。

好名章全旨　此章論觀人之法，爲欺世盜名者發其病，全在一好字。以名爲好，其心只曉得有名，故名之所在則讓，名之所不在則爭。爭讓未必至此，特舉其極以形容耳。

孟子曰：好名之人能讓千乘之國；苟非其人，簞食豆羹見於色。

好名之人矯情干譽，是以能讓千乘之國。然若本非能輕富貴之人，則於得失之小者反不覺其真情之發見矣。蓋觀人不於其所勉而於其所忽，然後可以見其所安之實也。

不信章

張南軒曰信仁賢則君有所輔民有所庇社稷有所托姦宄有所憚國本植立而堅固矣有禮義則自身以及國君君臣臣父父子子而上下序所謂治也有政事則先後綱目粲然具舉百姓足而君無不足焉此三者爲國之大要也

首節　陳新安曰仁賢分言則仁仁人也賢有德之人也合言則仁德之賢人也　禮義由賢者出爲政在人三者所以仁賢爲本也何代不生賢在人君能信用之耳有之而不信用與無人同孟子不曰無仁賢而曰不信仁賢見仁賢信用之則有不信用則無此不信二字之深意

次節　吳蓀右曰禮必有義義即其所以爲禮之理也義爲事物之宜準之以行則自然有節文而爲禮宜合看無禮義總是名

孟子曰讓美德也能讓美名也天下有好名之人卽與之以千乘之國彼亦能讓之而不受然苟非眞能讓國之人則於簞食豆羹得失之小者反不覺其喜怒之見於色蓋名之所在則矯情以爲之名之所不在則計較生而眞情發見矣此觀人者所以不於其所勉而於其所忽也

不信章全旨　此章見爲國之要道仁賢國之楨幹禮義國之防維政事國之綱紀皆不可缺三段語平而敘其次第當以仁賢爲主蓋仁賢爲國之本禮義自仁賢而出政事自仁賢而修也

孟子曰不信仁賢則國空虛

空虛言若無人然

孟子曰國之所恃以爲楨幹者仁賢也苟不信仁賢則無以安其位而行其志雖有人若無人而國空虛

無禮義則上下亂

禮義所以辨上下定民志

分不正，道揆不明意。

三節　吳蒙谷曰：政事不但為財用，而財用則必由政事，故云。　政是大綱，事是節目。然亦不必分，如周禮九職任萬民，九賦斂財賄，九式節財用，皆是政事，皆所以經理國用者也。

不仁章

張南軒曰：後之取天下而立國差久者，其始所行，亦必庶幾於仁。不然，雖得土地於一時，亂亡亦相踵而至，是其得也，適以速其滅亡耳。

得國以土地言，得天下以人心言。不仁得國，如田恒之於齊，三卿之於晉是也。

國之所以為防維者，禮義也。苟無禮義，則無以辨名分而定民志，而上下亂。

無政事則財用不足

生之無道，取之無度，用之無節故也。　尹氏曰：三者以仁賢為本。無仁賢，則禮義政事處之皆不以其道矣。

國之所以為紀綱者，政事也。苟無政事，則百度盡弛，生財無道，而財用不足。此三者實為國之大要也。

不仁章全旨

當時七國之雄，互相吞噬，自謂力可以得天下矣。故孟子以仁字與醒之。

孟子曰：不仁而得國者，有之矣；不仁而得天下，未之有也。

言不仁之人，騁其私智，可以盜千乘之國，而不可以得丘民之心。鄒氏曰：自秦以來，不仁而得天下者有矣，然皆一再傳而失之，猶不得也。所以得天下者，必如三代而後可

民貴章

首節　朱子曰以理言之則民貴。以分言之則君貴此固兼行而不悖也各於其時視其輕重之所在而已爾。

次節　存疑曰得乎天子亦可以為天子若舜禹是也然舜禹亦得乎丘民也觀夫朝

孟子因小得天下與得國不同。故不仁之人。騁私智以上君而能得千乘之國者容有之矣。若天下之得未係於民心之向背民心至公不可以術愚不可以力制不仁而得天下斷未之有也。

民貴章全旨　此章見人君當卹其民全重民為貴一句立國以民為本得乎民則社稷安而君亦安失乎民則社稷危而君亦危總見君與社稷皆輕於民不可劃分三段看

孟子曰民為貴社稷次之君為輕

社土神稷穀神建立則立壇壝而祀之蓋國以民為本社稷亦為民而立而君之尊又係於二者之存亡故其輕重如此

孟子曰當世之君莫不自恃其尊而輕其民自我論之天下之至重惟民民為貴社稷則次之至於君則實為輕焉

是故得乎丘民而為天子得乎天子為諸侯得乎諸侯為大

覲訟獄謳歌之皆歸可見此曰得乎天子而爲諸侯則是未得乎丘民者也　得乎天子二句不重只形容得乎丘民句耳四井爲丘故曰丘民註則天下歸之貼爲天子句

三節　張南軒曰人君惟恃崇高之勢而忽下民之微故肆其私欲輕失人心以危其社稷使其知民之貴社稷次之而已不與焉則必兢兢業業不敢自恃惟懼其失之也則民心得而社稷可保矣是以明王畏其民而闇主使民畏己畏其民者昌使民畏己者亡驕亢自居民雖廹於勢而憚之然其心日離民心離之是天命去之矣

末節　輔氏曰兩變置字不同集註釋之亦異變置諸侯更立其人也變置社稷改立

夫丘民田野之民至微賤也然得其心則天下歸之天子至尊貴也而得其心者不過爲諸侯耳是民爲重也

惟民爲貴是故得乎丘民之心皆樂歸於我則我以得乎天下而爲天子若得天子之心不過命爲諸侯已耳得乎諸侯之心不過命爲大夫已耳民之爲重何如哉

諸侯危社稷則變置

諸侯無道將使社稷爲人所滅則當更立賢君是君輕於社稷也

若諸侯之立所以主社稷也苟濡佚無道危反社稷則當更立賢君以主之是君且輕於社稷矣況與民相較乎

犧牲既成粢盛既潔祭祀以時然而旱乾水溢則變置社稷

其祀神之壇壝而非改立其神也

聖人章

朱子曰孟子於二子論之詳矣雖以爲聖之清和然又嘗病其隘與不恭且以其道不同於孔子而不願學也及一旦發爲此論乃以百世之師歸之而孔子反不與焉蓋孔子道大德中而無跡故學之者沒身鑽仰而不足二子志潔行高而跡著故慕之者一日感慨而有餘也

蒙引曰聖人百世之師也聖人二字重宜一

祭祀不失禮而土穀之神不能爲民禦灾捍患則毀其壇壝而更置之亦年不順成八蜡不通之意是社稷雖重於君而輕於民也

至於社稷之立所以依民生也苟純色之犧牲既肥腯黍稷之粢盛既豐潔春祈秋報不失祭祀之時然而或旱乾或水溢不能爲民禦灾捍患則當毀其壇壝而更置之是社稷亦輕於民矣況君而可衡乎

聖人章旨 此表二聖垂範之遠與 願學孔子意全不相涉 ○正說

孟子曰聖人百世之師也伯夷柳下惠是也故聞伯夷之風者頑夫廉懦夫有立志聞柳下惠之風者薄夫敦鄙夫寬奮（反形）乎百世之上（何）百世之下聞者莫不興起也（此何輕帶）非聖人而能若是乎而況於親炙之者乎

頑故聞至若是乎。亟解夷惠之師百世而斷其出於聖人也。況於親炙何。大段無此一句。則似聖人可以師百世。而反未必感當時。故追論之。疑反不甚重。

仁也章

朱子曰。仁則性而已矣。道則父子之親。君臣之分。見於人之身而尤著也。

鄱陽朱氏曰。此章見仁爲吾身天理。而體仁即爲率性之道。

興起感動奮發也。親炙親近而熏炙之也。

孟子曰。行造其極之謂聖。聖人者。流風餘韻。足以垂法於將來。爲百世之師表也。求其可以當此者。伯夷柳下惠其人也。故伯夷往矣。聞其風之清者。頑夫化而廉焉。不苟取也。懦夫化而有立志焉。不苟安也。柳下惠往矣。聞其風之和者。薄夫化而爲敦行歸厚也。鄙夫化而爲寬量有容也。夫夷惠以清和之行。奮起乎百世之上。而百世之下聞者莫不感發而興起也。非清和之造其極。一無所勉之聖人。而能若是乎。夫百世之下聞其風者。猶感化之若是。而況生當其時。親炙其範。日陶於薫陶之內者。其感化又當何如哉。

仁也章全旨

此章是率性之謂道註腳。不可把仁與道並提釋。只因道不外於性。故從仁說起。仁也者人也。不是仁之名義。蓋言仁之性爲人之所固有。以仁之性合於人之身而言之。是即所謂率性之道也。玩章句當如此說。

孟子曰。仁也者人也。合而言之道也。

仁者人之所以爲人之理也。然仁理也。人物也。以仁之理。

紹聞編曰仁合於父子則父子之道也仁合於君臣則君臣之道也

語類曰且如君臣之義君臣便是人義便是仁盡君臣之義即是道所謂合而言之者也

只説仁不説人則此道理安頓在何處只説人不説仁則人者特一塊血肉耳必合將來説乃是道 仁也者人也全重在人未行合意至下句方合之以見道之所以爲道處合言則仁與人字並重矣

去魯章

蒙引曰遲遲句在未行之時説蓋因子路可去之言而發 去父母去他國二句孟子釋之之詞

合於人之身而言之乃所謂道者也程子曰中庸所謂率性之謂道是也

孟子曰人有四德而仁者爲首仁也者在天爲生物之心人爲有生之理即人之所以爲人也以仁之理合於人而言之仁在君臣則有令共之道仁在父子則有慈孝之道仁在夫婦則有倡隨之道仁在兄弟則有友恭之道仁在朋友則有相信之道是乃所謂率性之道也求道者亦反求諸身而可矣

去魯章全旨 當其可即爲道故去魯以遲行爲道去齊則以速爲道也上句即其意而記其事下句即其事而釋其意

孟子曰孔子之去魯曰遲遲吾行也去父母國之道也去齊接淅而行去他國之道也 重出

孟子曰昔孔子爲受女樂而去魯曰遲遲吾行也豈濡滯哉去父母之國情不容恝道當如是也又因晏嬰之沮而

陳蔡章
輔慶源曰陳蔡之阨聖人之極否也是亦氣數之窮在聖人則何與焉

貉稽章
首節　輔慶源曰大不理於口者言大爲衆口所訕也

去齊則接淅而行豈急遽哉去他國義不可淹道當如是也所謂聖之時者也

陳蔡章全旨　此章下句釋上句言外見厄爲氣數之窮與聖人之道無與也上下以君臣言無交主孔子無可與交而言

孟子曰君子之尼於陳蔡之間無上下之交也

君子孔子也尼與厄同君臣皆惡無所與交也

孟子曰昔君子之厄於陳蔡二國之間夫豈道之故哉以上無禮賢下士之君下無推賢讓能之臣以爲與交也

貉稽章全旨　此章見人當盡其在己只重一士字雖文王不過士而君者耳孔子亦不過士而師者耳何患不理於口哉無傷就貉稽言雖只慰以無傷而盡其在我之意已寓矣士憎以下泛就古今之士論

貉稽曰稽大不理於口

趙氏曰貉姓稽名爲衆口所訕理賴也今按集注俚　方言亦作賴

次節　惛字註訓益多猶言比常人更多受訕謗也

末節　陳新安曰文王孔子二聖人尚不免逢人之愠怒况今能絶衆口之謗訕乎惟在自反而盡其在我者耳孔子當之如見毁於叔孫文王當之如見囚於羑里　二愠字俱是人愠我即訕意也

貉稽言於孟子曰人得衆口之譽則有所賴稽今爲人所訕太無賴於衆口將如之何

孟子曰無傷也士憎兹多口

趙氏曰爲士者益多爲衆口所訕按此則憎當從土今本皆從心蓋傳寫之誤

孟子曰衆口所訕固無傷於實行也凡人情好同而惡異士之行每異於流俗益加爲衆口所訕乃其常也子亦盡其在我者而已

詩云憂心悄悄愠于羣小孔子也肆不殄厥愠亦不隕厥問文王也

詩邶風柏舟及大雅緜之篇也悄悄憂貌愠怒也本言衞之仁人見怒於羣小孟子以爲孔子之事可以當之肆發語辭隕墜也問聲問也本言太王事昆夷雖不能殄絶其

賢者章
輔慶源曰以巳昭昭使人昭昭者求之巳也
以巳昏昏使人昭昭者求之人也

慍怒亦不自墜其聲聞之美孟子以爲文王之事可以當之　尹氏曰言人顧自處如何盡其在我者而巳

嘗徵諸詩云憂心悄悄然日見怒於羣小此孔子之謂也孔子畏天憫人嘗遭小人之慍然不免於衆口矣又有云故今雖不殄絕人之慍怒亦不隕墜巳之聲聞此文王之謂也文王嘗蒙大難而無損其德音亦不免於衆口矣然則君子亦弟患在我者有未盡耳多口何傷乎

賢者章全旨　此章見爲治貴有本二段抑揚不平思古以傷今也指南兩以字重看上是躬行以率人下是法令以驅廹兩使字與一是引道他一是驅廹他

孟子曰賢者以其昭昭使人昭昭今以其昏昏使人昭昭

昭昭明也昏昏闇也尹氏曰大學之道在自昭明德而施於天下國家其有不順者寡矣

高子章

陳新安曰學問漸進則理義日開學問纔止則理義日窒氣習物欲皆塞理義之心之茅也學問廢弛譬之茅又生而塞子之心矣

許東陽曰山間之小徑倏然有人行而不斷即成大路小徑無人行則茅長而遂塞之學問之道纔有間斷私欲便生而塞天理之路矣

孟子曰明德者新民之本此道古今之道也然古之賢者自明其德然後明人之德是以其昭昭使人昭昭躬行以率之也今之為治者已德不明而欲人明其德則以其昏昏使人昭昭法令以驅之而已

高子章大旨　提醒高子在介然為間四字見心學不可少有間斷

孟子謂高子曰山徑之蹊間句介然用之而成路句為間不用則茅塞之矣今茅塞子之心矣

徑山路也蹊人行處也介然倏然之頃也用由也路大路也為間少頃也茅塞茅草生而塞之也言理義之心不可少有間斷也

孟子謂高子曰人心貴乎善養不可有頃刻間斷如山中小徑可容人跡之間本非大路如使倏然之頃而人皆由之則遂成大路矣然雖成路及為間之暫而人不由焉則茅草生而塞之矣路之通塞視乎俄頃之用不用如此而

禹聲章

首節　吳蓀右曰只重禹樂不以文王平看

次節　集註曰鐘乃樂之一器舉鐘則衆樂之器可知

況於人心乎彼理義之心甚微猶之山徑之蹊也一念存養則此心開明一念少弛則此心蔽塞今茅塞子之心矣可不思所以啟治之哉

禹聲章全旨　此章總是高子以器論樂孟子辨其不嘗泥迹而以易曉者通之城門二句只以之喻禹樂非喻文王樂也

高子曰禹之聲尚文王之聲

尚加尚也豐氏曰言禹之樂過於文王之樂

高子曰禹與文王皆古之盛王也而就其樂論之禹之聲若過於文王之聲者然

孟子曰何以言之曰以追蠡

豐氏曰追鐘紐也周禮所謂旋蟲是也蠡者齧木蟲也言禹時鐘在者鐘紐如蟲齧而欲絕蓋用之者多而文王之

本節 城門之軌。貼轍迹深意在內。喻鐘之
蠡也。兩馬之力與貼日久車多所致在內。
喻禹在文王前千餘年也。日久車多不平
日久故車多也。 論樂當以德以功高子
徒以器之蠡不蠡言樂。其見殊陋。故孟子
亦不與深言而以軌迹之易曉者示之

鐘不然是以知禹之樂過於文王之樂也

孟子曰子何所據而言之高子曰樂之優劣視乎人用之
多寡今禹鐘之追如蟲齧而欲絕此必用之者多而器乃
敝也吾是以知
其尚於文也

曰是奚足哉城門之軌兩馬之力與

豐氏曰奚足言此何足以知之也軌車轍迹也兩馬一車
所駕也城中之涂容九軌車可散行故其轍迹淺城門惟
容一車車皆由之故其轍跡深蓋日久車多所致非一車
兩馬之力能使之然也言禹在文王前千餘年故鐘久而
紐絕文王之鐘則未久而紐全不可以此而議優劣也

孟子曰是一追耳奚足以知樂哉彼城門之軌迹其深獨
異於城中豈一車兩馬之力能使之然與蓋城門中惟

齊饑章

首節　范氏曰孟子在賓師之位方以仁義說齊王幸而聽其言故發棠邑之粟然而不行仁政孟子言終不合及再饑孟子遂不復言度其不可言也

次節　張南軒曰世固有勇於為善事者不察夫義理之當然與否而必為之蓋亦足

車日久而車多故其轍獨深也然則禹之追蠡亦在文王前千餘年日久積用而然也豈為其優而用之多邪以是為尚於文王子過矣

齊饑章全旨　此見孟子知止之義全重一復字前已發棠而復發棠如前已搏虎而復搏虎搏虎非美事而復搏於為善士之後尤不可發棠雖美事而復發於王不用之時則不可

齊饑陳臻曰國人皆以夫子將復為發棠殆不可復先時齊國嘗饑孟子勸王發棠邑之倉以賑貧窮至此又饑陳臻言齊人望孟子復勸王發棠而又自言恐其不可也

孟子在齊值齊國又饑陳臻曰今日國人望賑皆以夫子將復有勸王發棠之舉以臻論之殆不可復請也

孟子曰是為馮婦也晉人有馮婦者善搏虎卒為善士則之

以悅於流俗，然發不中節，有害於君子之跡，是皆馮婦之類耳。學者無惑於衆人之悅，而勤省諸己而已矣。

輔慶源曰：齊人之所以望於孟子者，利也；而孟子之所以自處者，義也。夫告君以發粟賑民，是亦美事，固君子所樂為者，但是時齊王已不能用孟子，而孟子亦將去矣，故其義不當復有所言耳。

口之章

曹雲峯曰：上口之於味至性也，一氣輕說，重有命焉二句，言君子安命以制性，下仁之

野有衆逐虎，虎負嵎，莫之敢攖。望見馮婦，趨而迎之。馮婦攘臂下車，衆皆悅之，其為士者笑之。

手執曰搏。卒為善士，後能改行為善也。之，適也。負，依也。山曲曰嵎。攖，觸也。笑之，笑其不知止也。疑此時齊王已不能用孟子，而孟子亦將去矣，故其言如此。

孟子曰：以吾今日之遇而復請發棠，是為馮婦也。昔人有馮婦者，善搏虎，卒之改其前行而為善士，是足見重於士林矣。一日則之野，有衆人逐虎，虎負山曲之嵎，據險之威，莫敢攖觸。望見馮婦，衆人趨而迎之。馮婦不覺心喜，攘臂下車，以狥其請，斯時也，衆皆悅之，其為士者笑之，笑其為善之不終而不知止也。復勸發棠，得無類是而為士所竊笑也哉？子以為不可，誠然也。

口之章全旨　此章伸性命之辨，總是要人安命而盡性。上節於衆人以為性者，則伸命而抑性，即見命之當

於文可兼命也亦一氣輕說重有性焉二何言君子盡性而不委命兩節開看是正解一說前五者不謂性則人欲日消然能盡後五者之性於後五者不謂命則天理自全然能安前五者之命於後者亦可

首節　朱子曰此性字指氣質而言此命字合理與氣而言五者之欲固是人性然有命分既不可謂我性之所有而求必得之又不可謂我分可以得而必極其欲如貧賤不能如願此固分也富貴之極可以無所不爲然亦有限制裁節又當安之於理命人只說得一邊不如合而言之未嘗不同也

陳新安曰此命字合理與氣言貧賤之安於分此以氣言也富貴之不過其則此以理言也

安下節於衆人以爲命者則伸性而抑命便見性之當盡無非欲人遏人欲而存天理也蓋性命一也天所限制爲命我所稟受爲性前五者我所稟受而實天所限制後五者天所限制而實我所稟受通章主意如此首節不謂性非說全不是性但重在命耳次節不謂命非說全不是命但重在性耳故總註云各就其重處言之

孟子曰口之於味也目之於色也耳之於聲也鼻之於臭也四肢之於安佚也性也有命焉君子不謂性也

程子曰五者之欲性也然有分不能皆如其願則是命也不可謂我性之所有而求必得之也愚按不能皆如其願不止爲貧賤蓋雖富貴之極亦有品節限制則是亦有命也

孟子曰學莫大於性命君子貴得其正如口之於味而欲其甘也目之於色而欲其美也耳之於聲而欲其可聽也

三節　朱子曰命也有性焉此命字專指氣而言此性字專指理而言如舜遇瞽瞍固是所遇氣數然舜惟盡事親之道期於底豫此所謂盡性。　口之於味五者此固性之所欲然在人則有所賦之分在理則有不易之則皆命也是以不謂之性而付命於天仁之於父子五者在我則有厚薄之稟在彼則有遇不遇之殊是皆命也然有性焉君子不謂之命而責成於己須如此看意思方圓無欠缺處　口之於味等固是性然亦合下便有賦予之命仁之於父子等固是命然亦各得其所受之理便是性孟子恐人只見得一邊故就其所主而言。　上云性也是氣稟之性有命焉是斷制人心欲其不敢過也下云命也蓋其所受氣稟亦有厚薄之不齊有性焉是充廣道心欲其無不及也此段只要遏人欲長天理　前一節人以為性我所有須要必得後一節以為命則在天多委之而不修所以孟子到人說性處却曰有命人說命

鼻之於臭而欲其馨香也四肢之於安佚而欲其感適也此氣稟之性也然而有命焉在人則有所賦之分在理則有不易之則或不能必得或得之而不可過君子不謂此為性而狥之也

仁之於父子也義之於君臣也禮之於賓主也智之於賢者也聖人之於天道也命也有性焉君子不謂命也

程子曰仁義禮智天道在人則賦於命者所稟有厚薄清濁然而性善可學而盡故不謂之命也張子曰晏嬰智矣而不知仲尼是非命邪愚按所稟者厚而清則其仁之於父子也至義之於君臣也盡禮之於賓主也恭智之於賢否也哲聖人之於天道也無不脗合而純亦不已焉薄而濁則反是是皆所謂命也　愚聞之師曰此二條者皆性

處却曰有性

張菰川曰此章說性命所指固不同然結歸君子不謂上正以一之非以歧之也上節說性是不好的既有命焉以制性故君子於此不謂嗜欲之性爲性而有立命之修下節說命是不好的既有性焉以率命故君子於此不謂氣禀之命爲命而有盡性之學在孟子總是道性善見得只有一箇性無兩箇性耶若紛紛說性有兩樣及命兼理氣便非直捷指點語意於兩不謂處不反添葛藤乎蓋前五者之性人心惟危也君子精以擇之則不謂性矣後五者之命道心惟微也君子一以守之亦不謂命於前性字是容後性字是主前命字屬正後命字屬偏惟君子能歸於一此兩節必貫看乃洗隨文訓詁之陋

浩生章

首節　善人信人空講不可說出意義既曰善人而又曰信人便見得以爲善人則有

之所有而命於天者也然世之人以前五者爲性雖有不得而必欲求之以後五者爲命一有不至則不復致力故孟子各就其重處言之以伸此而抑彼也張子謂養則付命於天道則責成於已其言約而盡矣

加仁之於父子有至有不至義之於君臣有盡有不盡但禮之於賓主有恭有不恭也智之於賢者有哲有不哲也聖人之於天道有純有不純也此氣禀之命也然而有性焉降衷本於有生之初秉彝全於有生之後聖不得而加愚亦不得而損君子不謂此爲命而委之也此君子所以遏人欲全天理而得其性命之正也

浩生章全旨　此章見學者當造其極意首節許正子以善信下因論善信而推其極斷正子之爲人亦策勵正子之意也

浩生不害問曰樂正子何人也孟子曰善人也信人也

餘以爲信人則不足。界在中間的人。了此意。含蓄。

二節　何謂善信。只就善信名義發問。非問正子何以謂之善信人也。

三節　朱子曰、可欲、是資稟好。別人以爲可欲、是說這人可愛也。只是渾然一個好人。其爲人處心造事、行已接物、一皆可欲。而不可惡。則可謂之善人矣　有可欲之善。然後有諸已。而充實將去若無可欲者則充實個甚物。

四節　朱子曰、善人者、或其天資之美。或其知及之而勉強慕焉。未必其意以爲然。而

趙氏曰浩生姓不害名齊人也

浩生不害問曰、樂正子所造之品。果何如人也。孟子曰、據其今日之資學言之。殆善人也。而又信人也。

何謂善何謂信

不害問也

浩生不害曰、何以謂之善。何以謂之信

可欲之謂善

天下之理其善者必可欲其惡者必可惡其爲人也可欲而不可惡則可謂善人矣

孟子曰、天下之理善者必可欲。其人立身行已使人皆以爲可欲。是則可謂善人矣。

有諸已之謂信

果能不失也必其用力之久真實有此善於己而無一毫虛僞意然後可謂之信人矣

五節　朱子曰既信之則其行必立其守必固如是而不已焉則其所有之善充足飽滿於其身雖其隱微曲折之間亦皆滿和純懿而無不善之雜是則所謂美人也

六節　朱子曰美能充於內而已未必其能發見於外也又如是而不已焉則其善之充於內者彌漫布濩洋溢四出而不可禦其在身也則睟而盎背而施於四體其在事也則德盛仁熟而天下文明是則所謂大人者也

凡所謂善皆實有之如惡惡臭如好好色是則可謂信人矣　張子曰志仁無惡之謂善誠善於身之謂信

由是而知之真好之篤凡所謂善皆實有諸己而無一毫矯飾之意則可謂信人矣

充實之謂美

力行其善至於充滿而積實則美在其中而無待於外矣

然人則以善信爲賢非以善信爲極也由信而進之力行其善使所有之善至於充滿而積實無一毫瑕類之雜則粹然純懿而美在其中矣是則所謂美人也

充實而有光輝之謂大

和順積中而英華發外美在其中而暢於四支發於事業則德業至盛而不可加矣

七節　程子曰大而化之只是理與已一其大者如人操尺度量物用之尚不免有差至於化則已便是尺度尺度便是已

朱子曰大而不化則其大者未能離乎方體形迹之間必其德之盛者日益盛仁之熟者日益熟則向之所謂大者方且春融凍解渾然無迹而與天地合德日月合明四時合序鬼神合其吉凶矣是則所謂聖人者也

八節　朱子曰至於聖則造道入德之功至矣盡矣是其盛德至善之極無聲無臭之妙必有非耳目所能測者是則所以神者而非聖人之上復有神人也　善渾全的好人無可惡之惡有可喜可欲之善有諸

由美而進之善既充實於中而因有光輝發越于外在身則粹面盎背在事則德溥化光斯德業至盛而不可復加矣是則所謂大人也

大而化之之謂聖

大而能化使其大者泯然無復可見之迹則不思不勉從容中道而非人力之所能爲矣張子曰大可爲也化不可爲也在熟之而已矣

然大猶有迹也由大而化之暢於四肢而未嘗有所矜持發於事業而不見有所作爲則從容合道而非人力之所能及矣是則所謂聖人也

聖而不可知之之謂神

程子曰聖不可知謂聖之至妙人所不能測非聖人之上

已之謂信眞個有此善自此而下雖一節深入一節卻易理會充實謂積累光輝謂發見於外化則化其大之之迹聖而不可知處便是神也

張南軒曰本領在可欲之善信者信此者也美者美此者也大則充此而有光輝也化則爲聖而其不可知則神矣至於聖且神其體亦不外此而已

末節　朱子曰言在二者之中則其餘於善而不足於信矣

逃墨章

又有一等神人也

未至於聖猶可知也既至於聖則德純於不顯而天下不知其所以爲德業溥於無外而天下不知其所以爲業殆無方無體而變化莫測矣是則所謂神人也

樂正子二之中四之下也

蓋在善信之間觀其從於子敖則其有諸己者或未實也

人之所造其地位不同如此今樂正子則在善信之間而居美大聖神之下也使由其所已至而勉其所未至正子豈但爲善信人已哉

逃墨章全旨　上節言異端反正而待之當恕下節言待之者之過嚴也孟子闢楊墨原出不得已若既歸于儒而又追辨之則得已而不已亦已甚矣得無反堅其不善之念乎故孟子曰歸斯受之爲君子立法不是爲異端寬假也

首節　張南軒曰兼愛者棄本而外馳爲我者狹隘而私勝墨之比楊猶奢之比儉自爲者固非猶愈於兼愛之泛也泛者尤難反耳。

三節　張德生曰玩孟子歸斯受之洵聖賢雍容不迫氣象若與楊墨有心樹敵追辨不已是今人立旗幟分門庭氣象其心之公私大小迥然不同。

孟子曰逃墨必歸於楊逃楊必歸於儒歸斯受之而已矣

墨氏務外而不情楊氏太簡而近實故其反正之漸大略如此歸斯受之者憫其陷溺之久而取其悔悟之新也

孟子曰異端之反正有漸而聖人之設教以寬如彼墨氏厭其務外而逃之則必慕近實而歸於楊楊氏厭太簡而逃之則必求中正而歸於儒楊墨既歸於儒則爲吾儒者當憫其陷溺之久取其悔悟之新斯受而教之已矣

今之與楊墨辯者如追放豚既入其苙又從而招之

放豚放逸之豕豚也苙闌也招罥也羈其足也言彼既來歸而又追咎其既往之失也　此章言聖賢之於異端距之甚嚴而於其來歸待之甚恕距之嚴故人知彼說之爲邪待之恕故人知此道之可反仁之至義之盡也

有布章

布縷之征，從五畝之宅所出；粟米之征，從百畝之田所出；力役之征，從丁口所出。唐人租庸調之法，租即粟米，庸即力役，調即布縷。

陳新安曰：用其一，一時並用二端也；用其二，一時并取三者也。

陳潛室曰：緩非廢其征，但不作一時併征之耳。

今之儒者，楊墨既來歸，而乃與爭辨，必追咎其既往之失焉，如追放豚既入其苙矣，又從而招之以羈其足，斯不亦已甚，而絕其反正之機乎。

有布章全旨：此爲當時取民無制者發。全重「用一緩二」上下二段，不過反言以見其當緩耳。

孟子曰：有布縷之征，粟米之征，力役之征。君子用其一，緩其二。用其二而民有殍，用其三而父子離。

征賦之法，歲有常數，然布縷取之於夏，粟米取之於秋，力役取之於冬，當各以其時。若并取之，則民力有所不堪矣。今兩稅三限之法，亦此意也。尹氏曰：言民爲邦本，取之無度，則其國危矣。

孟子曰：君子於民征賦有常數。君不能自織，有布縷之征；不能自耕，有粟米之征；不能自興作，有力役之征。斯固不

諸侯章
蒙引曰諸侯之土地受之天子傳之先君是土地至重在所寶也何以守位曰人君非民罔使是人民至重在所寶也若夫所以經其土地理其人民者政事不又在所寶乎人是百官民是庶民政是大綱事是節目

能不取諸民也然愛民之君子嘗用其一而緩其二不忍併取之於一時用一則民易供緩二則民不困此民之所以樂生而父子相保也若一時併用其二則民力不堪而民有餓殍矣若一時併用其三則民力益病而父子離散矣并取之害如此爲上者可不念哉

諸侯章全旨 此見人君當知所寶意土地人民政事此極重而當寶者若寶珠玉則必置三者於不理故殃必及身身字是動其切己之想殃字是陳其危亡之機上寶字以所係之重言下寶字是珍重愛惜之意

孟子曰諸侯之寶三土地人民政事寶珠玉者殃必及身

尹氏曰言寶得其寶者安寶失其寶者危

孟子曰諸侯之所寶貴者有三焉土地所以立國而爲基業所由係人民所以守國而爲根本所由固政事所以經國而爲綱紀所由植寶止此矣若舍此三者而寶珠玉則内足以喪志外足以賈禍殃必及其身矣可不慎哉

盆成章全旨 此章見人不可恃才意首一句因其見用而策其必敗下明其言之所以驗也

盆成章

張南軒曰：道者，理義之存乎人心者也。於此有聞，則才有所不敢恃矣。人之有才，本不足以爲人害，惟無所本而徒用其才，於是才始足以病己，甚至有取死之道，又不若魯鈍無才之愈也。

輔慶源曰：才出於氣而有限，才本自小；道原於性而無方，道本自大。況曰小有才，則又才之小者也。不顧義理，而惟才是逞，則行險僥倖，無所不至，不至於顛覆不已也。

之滕章

首節　孟子之滕，當是文公問爲國時，而以業屨來或人之疑，亦道不行之兆也。

盆成括仕於齊。孟子曰：「死矣盆成括！」盆成括見殺，門人問曰：「夫子何以知其將見殺？」曰：「其爲人也小有才，未聞君子之大道也，則足以殺其軀而已矣。」

盆成，姓；括，名也。恃才妄作，所以取禍。徐氏曰：「君子道其常而已。括有死之道焉，設使幸而獲免，孟子之言猶信也。」

盆成括仕於齊之時，孟子預度之曰：死矣夫盆成括乎！至盆成括果見殺，門人問曰：夫子何以知括之當見殺也？曰：其爲人也，小有才能，而未嘗學問於君子仁義忠信之大道，茫然無聞也。既未聞道，則必恃才妄作，啓釁招尤，是其才祗足以自殺其軀而已矣，又何疑哉。

之滕章全旨　此章總是門人見疑於或人，設科一段，半解半譏，但以其言有當於君子樂與人之心，故記之。

孟子之滕，館於上宮。有業屨於牖上，館人求之弗得。

次節　輔慶源曰愚謂近世好議論者往往以學者之失而議先生長者是其識量之不逮於當時織屨者矣

館舍也上宮別宮名業屨織之有次業而未成者蓋館人所作置之牖上而失之也

孟子之滕滕君館之於上宮時有織屨將成置於牖上既而失之館人求之而弗得

或問之曰若是乎從者之廋也曰子以是爲竊屨來與曰殆非也夫子之設科也往者不追來者不拒苟以是心至斯受之而已

或問之者問於孟子也廋匿也言子之從者乃匿人之物如此乎孟子答之而或人自悟其失因言此從者固不爲竊屨而來但夫子設置科條以待學者苟以向道之心而來則受之耳雖夫子亦不能保其往也門人取其言有合

人皆章

首節　龔西山曰有所不忍不爲者此心之正也能即是心而推之雖所忍者亦不忍即仁也雖所爲者亦不爲即義也

摘訓曰所不忍不爲是一端之仁義達之於所忍所爲則爲全體之仁義矣

於聖賢之指故記之

或人因而問曰館人之弗得其屨必居於館者廋之若是乎夫子之從者之廋匿人物也孟子曰子以是從者爲竊屨而來勝與或人曰殆非爲竊屨而來也但夫子之設置科條以引進學者也其既往之不善者不追咎之其潔已而來者不拒卻之苟以是向道之心至斯受之而已矣則從者之行夫子亦安能保其往哉

人皆章全旨　此章示人擴充其良心首節泛論個不忍不爲推廣之便是仁義次節乃指出不忍不爲之實而言之正發明上節之意末二節申明充無穿窬之心

孟子曰人皆有所不忍達之於其所忍仁也人皆有所不爲達之於其所爲義也

惻隱羞惡之心人皆有之故莫不有所不忍不爲此仁義之端也然以氣質之偏物欲之蔽則於他事或有不能者

次節　輔慶源曰此一節因而說而教人以充滿其本心之量也無欲害人之心即是所不忍無穿踰之心即是所不爲是心也其量甚大其用有常人能推所不忍以達於其所忍然後能充滿其無欲害人之心能推所不爲以達於其所爲然後能充滿其無穿踰之心量能充滿其心量則其用有常而仁義不可勝用矣

陳新安曰達如導水自畎澮達之川自川達之海充如水達海而充滿於其中也

朱子曰達者推之便是展開去充者塡滿也須塡塞教滿

胡雲峰曰擴此心之用無少壅遏則謂之達滿此心之量無少欠缺則謂之充

但推所能達之於所不能則無非仁義矣

孟子曰惻隱之心人皆有之故皆有所不忍若推而達之於其所忍者亦皆不忍焉則惻隱之心到處周流這便是仁也羞惡之心人皆有之故皆有所不爲若推而達之於其所爲者亦皆不爲焉則羞惡之心隨處呈露這便是義也

人能充無欲害人之心而仁不可勝用也人能充無穿窬之心而義不可勝用也

充滿也穿穴窬踰墻皆爲盜之事也能推所不忍以達於所忍則能滿其無欲害人之心而無不仁矣能推其所不爲以達於所爲則能滿其無穿窬之心而無不義矣

達之何如如害人者人所不忍也人能即此而推之凡有類於害人者皆所不忍而充滿其無欲害人之心量則全

三節　朱子曰看來實字對名字說不欲人以爾汝之稱加諸我是惡爾汝之名也然反之於身而去其有可爾汝之行是能充其無受爾汝之實也若我身有未是處則雖惡人以爾汝相稱亦自有所愧矣

體是仁而仁不可勝用也如穿踰者人所不爲也人能即此而推之凡有類於穿踰者皆所不爲而充滿其無穿踰之心量則全體皆義而義不可勝用也

人能充無受爾汝之實無所往而不爲義也

此申說上文充無穿踰之心之意也蓋爾汝人所輕賤之稱人雖或有所貪昧隱忍而甘受之者然其中心必有所慚忿而不肯受之之實人能即此而推之使其充滿無所虧缺則無適而非義也

然所謂充無穿踰之心其類甚微如爾汝輕賤之稱人或有所貪昧隱忍而甘受之者非其實也其中心慚忿而不肯受之者乃其實也是即無穿踰之心而不爲者也人能充此不肯受之之實以去其所以得之之道凡一毫苟且汙辱之事皆所不爲則無所往而不爲義也

末節　朱子曰：餂是鉤致之意，如本不必說，自家却强說幾句，要去動人，要去悅人，是以言餂之也。[illegible]亦不[illegible]須，故為隱難要[illegible]不消心而[illegible]問此章先[illegible]仁只是一路，只是使不必之人各能充此便了。義却頭項多，故反覆再三推而言之，使人知所用力也。

輔慶源曰：此一節，事之微而理之密，又有甚於前者，故以士言之。

士未可以言而言，是以言餂之也；可以言而不言，是以不言餂之也：是皆穿窬之類也。

餂，探取之也。今人以舌取物曰餂，即此意也。便佞隱默，皆有意探取於人，是亦穿窬之類。然其事隱微，人所忽易，故特舉以見例，明必推無穿窬之心以達於此而悉去之，然後為能充其無穿窬之心也。

不特此也，又如士於應接之間，未可以言而故言之，先發窺人，是以言探取人之意也；時可以言而故不言，從發窺人，是以不言探取人之意也。一語一默，皆有意探取乎人，雖非穿窬之事，而有穿窬之心，是皆穿窬之類也。推類至此而悉去之，然後為能充無穿窬之心，而義不可勝用也。

言近章全旨

此章示人以言道之準。上二節論言道之善，而歸之君子，俱二項平說。末言今人無善道之樊

言近章

首節　輔慶源曰言近而指遠故測之而益深窮之而愈遠是君子教人之事也守約施博故推之而無不準動之而無不化是君子治天下之事也

朱子曰不知道者務爲高遠之言則因荒唐而無餘味然欲其近則又鄙淺而無深遠之趣也不知約可守之則思泛濫而不切矣然欲其約則又狹隘而無廣博之功也然則所謂善言善道者非有道之君子其孰能與之哉

次節　天下平[illegible]
下平不作感化說[illegible]是爲而措之耳見得治世之理不外於治世之中也

單承君子之守而結言之也意重近約上

孟子曰言近而指遠者善言也守約而施博者善道也君子之言也不下帶而道存焉（使事道字）

古人視不下於帶則帶之上乃目前常見至近之處也舉目前之近事而至理存焉所以爲言近而指遠也

孟子曰凡言患懸虛而無實惟言至近聽之無甚高之論而操其指趣却深遠而根極於理則善言也道患泛濫而無歸惟守極約操之非馳騖之術而究其所施却廣博而不窮於用則善道也是故君子之言也舉目前之近事固不下帶耳而天命人心之至理未始不存焉是所謂言近而指遠也

君子之守修其身而天下平

此所謂守約而施博也

末節　張南軒曰：舍其田而芸人之田者，不治其身而治人之譬也。不務在己者而責諸人，其自任亦輕矣。蓋不知一身爲天下之本故也。

劉上玉曰：善言善道平開，君子之言、君子之守平開。此條便承君子之守節意而單結之，亦古人隨意說交，不必拘拘也。如畏天樂天下，只引詩畏天之威語；仁人心義人路下，只說求心；不忍不爲後，只說充無穿踰。古法每每如此。若因而有偏有撇有側串排合者，皆非也。

堯舜章

首節　朱公遷曰：此節以德性言，聖人此性字，非指性而言，乃所以性其性也。指其人而言曰性者，自其率性而言曰性之。身之兼用功而言，反之兼成功而言。惟其能身之，所以能反之也。

君子之所守，只修其身，身既修，則推無不集，動無不化，而天下平矣。是所謂守約而施博也。

人病舍其田而芸人之田，所求於人者重，而所以自任者輕。

此言不守約而務博施之病。

今人通病，在舍其自己之田，而欲芸人之田，徒責人治其身，所求於人者重，不務在己以治其身，而所以自任者輕。此不守約而務施博者也。天下寧有是理哉。

堯舜章全旨　通章欲人盡性以希聖。首節著堯舜湯武一性一反，做個樣子；次節概言聖人率性之事，即法之所在；末節見君子當純心行法以復其性，正反之之事。　以性字作主，反之者，修爲以復其性也。

孟子曰：堯舜，性者也；湯武，反之也。

性者，得全於天，無所汙壞，不假修爲，聖之至也。反之者，修爲以復其性，而至於聖人也。程子曰：性之反之，古未有此

次節　問信言語以正行莫無害否朱子曰
言語在所當信若有意以此而正行便是
有爲而然也。
輔慶源曰三者特舉聖人之庸行人所易曉
者以例其餘。

語蓋自孟子發之呂氏曰無意而安行性也有意利行而
至於無意復性者也堯舜不失其性湯武善反其性及其
成功則一也

孟子曰古聖人若堯舜天理渾全不假修爲乃性者之聖
也若湯武由於修爲以復其性乃反之而至於聖人也

動容周旋中禮者盛德之至也哭死而哀非爲生者也經德
不回非以干祿也言語必信非以正行也

細微曲折無不中禮乃其盛德之至自然而中而非有意
於中也經常也回曲也三者亦皆自然而然非有意而爲
之也皆聖人之事性之之德也

性者之德何如如一動容而顏貌之間一周旋而動履之
際無不中乎禮者乃其盛德之至自然而中而非有意於

中也哭死而盡其哀乃自然而哀非爲生者之故而有意於哀也經常之德盡其道而不回固有待祿之理然非以是干祿而有意於不回乃自然而不回也一言一語必然信實固顧行之道然非以是正行而有意於必信乃自然而必信也此

性之之德也

君子行法以俟命而已矣

法者天理之當然者也君子行之而吉凶禍福有所不計蓋雖未至於自然而已非有所爲而爲矣此反之之事董子所謂正其義不謀其利明其道不計其功正此意也

程子曰動容周旋中禮者盛德之至行法以俟命者朝聞道夕死可矣之意也呂氏曰法由此立命由此出聖人也行法以俟命君子也聖人性之君子所以復其性也

末節 輔氏曰法者凡古聖賢之所制皆是也蓋莫非天理之當然如爲君而仁爲臣而敬子孝父慈皆是也君子行之而吉凶禍福聽天所命我皆在所不計所謂俟命也未能如聖人之安行自然已非有爲而爲之矣

朱子曰聖人是人與法爲一已與天爲一學者是人未與法爲一已未與天爲一故須行法以俟命也 行法以俟命三代以降惟董子嘗言之而諸葛忠武侯嘗於其君前曰臣鞠躬盡力死而後已至於成敗利鈍非臣之明所能逆睹也程子語其門人有曰今容貌必端言語必正非欲獨善其身以求知於人但天理當然亦曰循之而已矣

說大人章

首節　尹和靖曰。藐者。此是不以其貴勢威嚴爲事而懾。非謂便視他作無物也。

朱子曰。說大人則藐之。蓋士爲說而言。如曰見大人則藐之。則失之矣。這爲世人把大人許多崇高富貴當事。有言不敢出口。故孟子云耳。今人不是畏大人。只是畏其巍巍然者。若能勿視其巍巍然。而不失其畏大人之心。乃是眞能畏大人者。

反之之事何如。此天理之當然者。法也。君子遵法而行。一意不敢或縱。一事不敢或乖。以求中乎道。至命之吉凶禍福則俟其自至而已矣。亦非有所爲而行法也。此所謂反之之事也。

說大人章全旨

此示人以遊說之道。首節言說大人者不當有所畏。下是推言所以不足畏也。通章藐大人處。全從我所不爲處見得。而究所以不爲之故。喫緊在皆古之制。何若在我無此古制。自然壓他不下。此爲世人把大人許多崇高富貴當事。有言不敢出口而發。

孟子曰。說大人則藐之。勿視其巍巍然

趙氏曰。大人當時尊貴者也。藐輕之也。巍巍富貴高顯之貌。藐焉而不畏之。則志意舒展。言語得盡也

孟子曰。凡欲說當世之大人。以盡其所言者。當藐而輕之。勿視其巍巍之勢。有所畏而不敢盡也。

堂高數仞。榱題數尺。我得志弗爲也。食前方丈。侍妾數百人

二節　張南軒曰士必寡欲而後能守古制。守古制而后知自重。知自重而後不為勢所屈。

蔡氏曰大人不[illegible]畏以已有高於大人者非貧賤驕人之謂[illegible]不為謂志之別有所在而不淫於富貴也。

王覲濤曰制守有味正對他放縱無制說但不是不為上三段事便為已。

袁士旦曰古之制或欲以孟子所言井田學校封建征伐巡狩述職等事當之此照說大人頗切與孟子亦合然料上文皆所不為說來則制字必淡淡斂為叢藏人細蓋與前章侍子作法也如近解便把古制看作粗迹且似空言而非實德矣何足以藐大人哉。

我得志弗為也般樂飲酒驅騁田獵後車千乘我得志弗為也在彼者皆我所不為也在我者皆古之制也吾何畏彼哉

榱桷也題頭也食前方丈饌食列於前者方一丈也此皆其所謂巍巍然者我雖得志有所不為而所守者皆古聖賢之法則彼之巍巍者何足道哉　楊氏曰孟子此章以己之長方人之短猶有此等氣象在孔子則無此也

藐非故輕之也亦以其巍巍者不足畏而我有足恃耳彼大人所居堂高則數仞榱題則數尺是宮室之美巍巍然也我若得志勿為此宮室之美也食飯列於前者方一丈侍妾列於側者數百人是食色之盛巍巍然也我若得志弗為此食色之盛也般旋佚樂以飲酒驅騁車馬以田獵從車之隨下乘是宴遊之侈巍巍然也我若得志弗為此遊宴之侈也在彼之勢皆我所不為也在我者皆聖賢繩墨皆古聖賢之制大中當然之則也則我重而彼輕我大而

養心章
朱子曰孟子只是言天理人欲相爲消長分數其爲人也寡欲則人欲分數少故雖有不存焉者寡矣不存焉者寡則天理分數多也其爲人也多欲則人欲分數多故雖有存焉者寡矣存焉者寡則天理分數少也蓋多字對寡字說若眼前事事貪要時這心便一齊走出了未便說到邪僻不好的物事只是眼前的事纔多欲將心便都分雜了只減少便漸存得此心
張南軒曰寡欲爲養心之要然人固有天資寡欲者有天資多欲者其爲人也寡欲則不存者寡多欲則存焉者寡是以知養心莫善於寡欲也存者謂其心之不外馳也雖然天資寡欲之人不存固寡然不知存其存則亦莫之能充也若學者以寡欲爲要則當存養擴充由寡欲以至於無欲則其清明高遠者爲無窮矣

彼小者何畏彼哉夫如是而後可以說大人矣

養心章全旨　此示人以養心之要也孟子一書三言養字一曰養氣一曰養性一曰養心合而觀之氣生於理善養氣者在養性理具於心善養性者在養心心泊於欲善養心者在寡欲寡之又寡以至於無則心存而性存氣不必言矣。首句提起。下申言之也不存是輕。

孟子曰養心莫善於寡欲其爲人也寡欲雖有不存焉者寡矣其爲人也多欲雖有存焉者寡矣

欲如口鼻耳目四肢之欲雖人之所不能無然多而不節未有不失其本心者學者所當深戒也程子曰所欲不必沉溺只有所向便是欲

孟子曰人之有心所以具衆理而應萬事不可頃刻失其養也養心之法莫善於寡欲凡耳目口鼻四肢之欲皆累

黄後齋曰孟子嘗言求放心矣又言存其心矣而又曰莫善於寡欲何也人惟一心而攻之者衆聲色臭味交乎外榮辱利害動乎內隨感而應無有窮已則清明純一之體又安能保其常存而不放哉此孟子發明操存之說而又莫善於寡欲也

曾晳章

首節　熊勿軒曰須看不忍字重母沒而杯圈不能飲不忍故也

次節　陳新安曰不諱姓喻食膾炙諱名喻不食羊棗

朱公遷曰先君子桐岡先生曰曾子之孝見於論孟者凡四章養曾晳見其順親志啓

制之使不得放縱而無節如其爲人也寡欲則志氣清明心無所放雖有不存焉者亦寡矣如其爲人也多欲則嗜欲既紛良心日汨雖有存焉者亦寡矣欲之多寡係心之存亡若此養心者可知所勉矣

曾晳章全旨　此章見曾子之孝思須玩不忍二字曾子不食之意蓋曰羊棗猶在吾親不得復起而食之此正是不忍處全要發出一段悽愴悲慨難爲懷意

曾晳嗜羊棗而曾子不忍食羊棗

羊棗實小黑而圓又謂之羊矢棗曾子以父嗜之父沒之後食必思親故不忍食也

昔曾晳生時嗜羊棗而曾子於其沒後遂不忍食羊棗

公孫丑問曰膾炙與羊棗孰美孟子曰膾炙哉公孫丑曰然則曾子何爲食膾炙而不食羊棗曰膾炙所同也羊棗所獨

子另見其事通禮養志是生能盡其養不食
羊棗是没能盡其思
說約曰諱名不諱姓亦是推親之姓名而言

在陳章

張菰川曰孔子思狂狷惡鄉原而鄉原却譏狂狷此正取舍不同彼此對照處夫狂者行不掩言家若無取而孔子取之鄉原無非無刺家若無惡而孔子惡之何也皆解春而詩亦僞爲有瑕玉無爲無瑕石是其驗乎豁從來學術之辨只爭眞僞狂狷或於中道同是道中人眞也鄉原貌似中行而不可與入道僞也從來眞僞之辨只爭名實忠信廉潔似是悅人者名也三綱五常不可移易者實也名眞名實乃是經故曰君子反經而已矣

此節 輔氏曰狂簡二字該括得下兩句進

也諱名不諱姓姓所同也名所獨也

肉聶而切之爲膾炙炙肉也

公孫丑問曰膾炙與羊棗孰爲較美孟子曰膾炙尤美哉公孫丑曰然則曾晳必尤嗜膾炙然則曾子何爲食膾炙而但不忍食羊棗孟子曰膾炙人所同嗜也人同嗜之則已食之而不覺羊棗曾晳所獨嗜也父獨嗜之則子食之而不忍矣此猶人子諱親之名而不諱親之姓以姓爲一姓所同故不必諱名爲親之所獨故不忍不諱也

〔在陳章全旨〕此章見聖賢崇正闢邪之心通章以中道作主狂狷非中而可進乎中故孔子思之鄉原似中而實亂乎中故孔子絶之欲經正此亂道之人只在反經經者天下之大經所謂堯舜之道也率天下歸於中道者也

萬章問曰孔子在陳曰盍歸乎來吾黨之士狂簡進取不忘其初孔子在陳何思魯之狂士

盍何不也狂簡謂志大而略於事進取謂求望高遠不忘

取即是志大。不忘其初即是略於事也。

次節　蒙引曰，其次專指狂者。孔子言本兼狂狷。孟子引來。特要應何思魯之狂士一句。　中道二字。提起直看言無過不及。有狂之志。又有狷之守。而併融其偏者也。中道狂狷。俱以天資言。與之謂教以學問之功。而進之聖人之域也。若中道即兼學問說。則聖賢已成。夫子無可與之矣。

三節　此問狂者之人。何以謂之狂。乃問狂者之實。

其初謂不能改其舊也

萬章問曰，昔孔子在陳曰。盍歸來於魯乎。吾黨之士有狂簡者。求望高遠。志進取矣。而猶不忘其初。孔子當日在陳。何不思其上者。而取於魯之狂士邪。

孟子曰。孔子不得中道而與之。必也狂獧乎。狂者進取。獧者有所不為也。孔子豈不欲中道哉。不可必得。故思其次也。

論語道作行。獧作狷。有所不為者。知恥自好。不為不善之人也。**孔子豈不欲中道以下孟子言也**

孟子曰。孔子嘗曰。不得中道而行者與之。必也狂獧乎。狂者進取。獧者有所不為也。由此觀之。孔子豈不欲士之中道者哉。不可必得。故不得已而思其次。及於狂士也。

敢問何如斯可謂狂矣

四節　如琴張如字有不能盡舉意

五節　問其狂之大槩不是徵三人事實故下節以其志其言答之

萬章問

萬章問曰敢問當時魯士中何如人斯可謂之狂也

曰如琴張曾晳牧皮者孔子之所謂狂矣

琴張名牢字子張子桑戶死琴張臨其喪而歌事見莊子雖未必盡然要必有近似者曾晳見前篇季武子死曾晳倚其門而歌事見檀弓又言志異乎三子者之撰事見論語牧皮未詳

孟子曰如琴張曾晳牧皮之三子者其孔子之所謂狂也已

何以謂之狂也

萬章問

六節　陳新安曰志大言大。動欲慕古。狂故也。乎考其行。行不掩言。簡故也。

七節　說約曰并及狷者二字。必也狂狷語也。以上思狂狷。下惡鄉原。此處分截。

萬章曰其爲人之實何如乃以謂之狂也

曰其志嘐嘐然曰古之人古之人。夷考其行而不掩焉者也

嘐嘐志大言大也重言古之人見其動輒稱之不一稱而已也夷平也掩覆也言平考其行則不能覆其言也程子曰曾晳言志而夫子與之蓋與聖人之志同便是堯舜氣象也特行有不掩焉耳此所謂狂也

訢子曰其志極大而嘐嘐然曰古之人古之人。動輒以聖賢自期及夷考其行事則不能實踐而掩其言也此所謂進取不忘其初者也孔子思得其人。非欲因其志而進之中道乎

狂者又不可得欲得不屑不潔之士而與之是獧也是又其次也

八節　輔慶源曰鄉人無知其所謂愿固非真愿也。

此因上文所引遂解所以思得狷者之意狂有志者也狷有守者也有志者能進於道有守者不失其身屑潔也

思狂者又不可得於是欲得不屑爲不潔之士而與之是狷也是所謂有所不爲。又其次於中行者也既思狂又思狷孔子之爲中道計者誠切矣。

孔子曰過我門而不入我室我不憾焉者其惟鄉原乎鄉原德之賊也曰何如斯可謂之鄉原矣

鄉原非有識者原與愿同謂謹愿之人也故鄉里所謂愿人謂之鄉原孔子以其似德而非德故以爲德之賊過門不入而不恨之以其不見親就爲幸深惡而痛絕之也萬章又引孔子之言而問也

九節　輔慶源曰、閹然媚於世、是鄉原隱情隱志、孟子說破其情狀。何以是嘐嘐至善斯可矣、是因其譏狂獧之言、而知其志、可矣二字、正與何以何爲相呼應。閹然二句、是因其志而知其行、乃判斷鄉愿之公案。

萬章既得狂獧之說矣、問孔子又嘗曰有人於此過我門而不入我室、我亦不之憾焉者、其惟鄉原乎。鄉原亂德、蓋德之賊也、萬章引之而問曰、敢問何如斯可謂之鄉原矣。

曰何以是嘐嘐也、言不顧行、行不顧言、則曰古之人古之人行何爲踽踽涼涼、生斯世也、爲斯世也、善斯可矣、閹然媚於世也者、是鄉原也

踽踽獨行不進之貌、涼涼薄也、不見親厚於人也、鄉原譏狂者曰、何用如此嘐嘐然、行不掩其言、而徒每事必稱古人邪、又譏獧者曰、何必如此踽踽涼涼、無所親厚哉、人既生於此世、則但當爲此世之人、使當世之人皆以爲善則可矣、此鄉原之志也、閹如奄人之奄、閉藏之意也、媚求悅

十節 萬章誤認一鄉皆稱爲公論。故下節孟子以流俗汚世破之。

於人也。孟子言此深自閉藏以求親媚於世。是鄉原之行也。

孟子曰。狂獧因皆孔子所取也。鄉原則譏狂者曰。何用是嘐嘐然也。言夸大而不顧其行。行簡略而不顧其言。事必曰古之人古之人耶。又譏獧者若曰。行何爲是踽踽然獨行。涼涼然疏薄不見親厚於人哉。人既生於斯世也。則爲斯世之人也。使人皆以爲善焉。斯可矣。鄉原志意如此。故不爲狂者之自高。不爲獧者之自潔。閹然閉藏以求親媚於世者。是鄉原之行也。

萬章曰。一鄉皆稱原人焉。無所往而不爲原人。孔子以爲德之賊何哉。

萬章曰。一鄉之人公論所出。今一鄉皆稱之爲原人焉。必無所往而不爲原人。其謹厚如此。亦無害於德也。而孔子原亦謹厚之稱。而孔子以爲德之賊。故萬章疑之。

十一節　張南軒曰此數句極鄉愿之情狀非之無舉刺之無刺言其善自矯飾流俗能同汙世能合言其無所執守也以忠信廉潔曰似則非眞矣衆皆悅之則異乎鄉人之善者好之矣自以爲是所以卒爲鄉原而不知反也

輔慶源曰鄉原既欲人以爲謹愿故同乎流俗而不敢自異合乎汙世而不能自拔故衆皆悅之自以爲是則又逃而不知反故不可與入堯舜大中至正眞實之道也

蒙引曰非輕刺重流俗狹汙世廣忠信以立心言故曰居廉潔以制行言故曰行

以爲德之賊何哉

曰非之無舉也刺之無刺也同乎流俗合乎汙世居之似忠信行之似廉潔衆皆悅之自以爲是而不可與入堯舜之道故曰德之賊也

呂侍講曰言此等之人欲非之則無可舉欲刺之則無可刺也流俗者風俗頹靡如水之下流汙濁也非忠信而似忠信非廉潔而似廉潔

孟子曰子亦知鄉原之情狀乎其處已則善自彌縫將欲概舉而非議之令人無可舉也將欲細舉而刺責之令人無可刺也其處人則自心迎合同乎流靡之俗不矯以立異合乎汙濁之世不聆以取忤心之所居非眞忠信而似乎忠信身之所行非眞廉潔而似乎廉潔此正所謂閹然而媚於世者衆人不知其僞皆悅而稱之彼亦自以爲是

十二節　蔡氏曰上文言鄉原德賊莫非似是而非之意既發明孔子之意而此節又引孔子之言以証之首句是冒下再言惡似而非之實

翼註曰恐字是自推其惡之之心亂者眩亂莫辨之意當重惡鄉原句

而附之不疑而實不可與入堯舜之道大中至正德之在者也鄉原竊其似而淆其眞故曰德之賊也

孔子曰惡似而非者惡莠恐其亂苗也惡佞恐其亂義也惡利口恐其亂信也惡鄭聲恐其亂樂也惡紫恐其亂朱也惡鄉原恐其亂德也

孟子又引孔子之言以明之莠似苗之草也佞才智之稱其言似義而非義也利口多言而不實者也鄭聲淫樂也樂正樂也紫閒色朱正色也鄉原不狂不獧人皆以爲善有似乎中道而實非也故恐其亂德

孔子嘗有言曰凡天下之似是而非者最爲可惡以其能亂眞也如苗似苗使人觀之眞以爲苗則亂乎苗惡莠正恐其亂苗也佞人之言似義使人聽之以爲眞義則亂乎義惡佞正恐其亂義也利口之言似信使聽之者以爲眞

問反經之說朱子曰經便是大經君臣父子夫婦兄弟朋友且先復此大經天下事未有出此五者使大綱既正則其他節目皆可舉若不先此大綱則其他細碎工夫如何做　孟子論鄉愿亂德之害而卒以君子反經爲說此所謂上策莫如自治者況異端邪說日新月盛其出無窮蓋有不可勝排者惟吾學既明則彼自滅熄耳此學者所當勉而不可以外求者也庶民興則人人知反其本而見善明見善明則邪慝不能惑也既人之不惑則其道自然銷鑠而至於無也

陳新安曰邪慝不止是鄉愿如楊墨皆是以此章言則指鄉原故云鄉原之屬

吳氏程曰回互委曲掩覆也是非以下八字皆所以貼正字且見不容邪慝之意

胡雲峰曰此章言經正而下章則以聖人相傳之統言之不無意也

信則亂乎信惡利口正恐其亂信也鄭聲似雅樂使聽之者以爲真雅樂則亂乎雅樂惡鄭聲正恐其亂雅樂也紫色似朱使人視之真以爲朱則亂乎朱惡紫正恐其亂朱也鄉原似德使人信之以爲真德則亂乎德惡鄉原正恐其亂德也

君子反經而已矣經正則庶民興庶民興斯無邪慝矣

反復也經常也萬世不易之常道也興興起於善也邪慝如鄉原之屬是也世衰道微大經不正故人人得爲異說以濟其私而邪慝並起不可勝正君子於此亦復其常道而已常道既復則民興於善而是非明白無所回互雖有邪慝不足以惑之矣

然鄉原亂德由大經不正而人心之惑是未明耳君子有世道之責者思所以絕之亦惟反經而已矣蓋經乃堯舜

由堯章

首節　胡雲峰曰、語孟末皆言堯舜以來相傳之意。但論語以行言。故歷叙其政事之實。孟子以知言。故歷叙其見聞之實。堯言執中。中之用也。湯言降衷。中之體也。舜自心說出執中之蘊。而六經言心始此。湯自性上推原降衷之初。而六經言性始此。此可見堯舜湯明道處。若見而知之。言禹皋而不及稷契。或曰舉禹皋可例其餘矣。然考之書。稷契不言謨。而禹皋獨曰謨。益可見也。以洪範九疇禹發之。天敘天秩五典五禮。皋陶發之。其明道之功固不小也。

以來斷。此不易之常道。君子於此躬行以率之。修教化以明之。而復其大經。大經既正。則凡爲庶民者。莫不感發而興起於善。庶民既興起於善。則是非明白。雖有似是而非者。不足以惑之。而邪慝之行。自銷爍而至於無矣。夫觀孔子之思狂狷。可以見傳道之心。觀孔子之惡鄉原。可以見衛道之志。孔子固道之所歸。後之君子亦豈得辭其責哉。

由堯章全旨　此承了歷敘道統之傳。而終之以自任之意。明己之得統於孔子也。前三節敘羣聖。重在孔子。末節重一今字。隱然有守先待後意。道統之所以傳。總在見知聞知四字。而見知較重。蓋聖人之道。必有同時之見知者羽翼推廣之於前。然後後世之聞知者。得有所考據。以續其不傳之緒也。

孟子曰。由堯舜至於湯。五百有餘歲。若禹皋陶則見而知之。若湯則聞而知之。

趙氏曰。五百歲而聖人出。天道之常。然亦有遲速。不能正五百年。故言有餘也。尹氏曰。知謂知其道也。